Ursula Lobert

Therapie zum Frühstück

Ulrike Löblich ist unscheinbar, untalentiert und ungeschickt in puncto Lebensführung. Ihre angeschlagene Gesundheit veranlasst sie, ihren Hausarzt aufzusuchen, der die Ursache ihrer Beschwerden an der psychologischen Wurzel packen will. In morgendlichen Therapiesitzungen durchforstet er das Leben seiner Patientin, die in zahlreichen Rückblenden ihre unglaubliche Lebensgeschichte enthüllt.

Mit viel Humor erzählt sie dabei, wie sie in ihrer Jugend mit einer Ballet-Truppe durch Deutschland tingelte. Und weshalb sie ausgerechnet im Rhein-Main-Gebiet nach Winnetou suchte. Oder warum sie eine vermeintlich hochkarätige Ausbildung nicht in eine vielversprechende Karriere umsetzen konnte. Sie beschreibt auch, warum sie immer wieder Opfer von Dieben, Schlitzohren und Traumtänzern wird und wie sie statt in einem Urlaubsparadies an einem Kriegsschauplatz landet. Da wundert es schon nicht mehr, dass ihr sogar Howard Carpendale nachts im Traum erscheint.

Als der Arzt seine Patientin schließlich als geheilt entlässt, erkennt er nicht, dass Ulrike Löblich sich durch eine kleine List seinen etwas inkompetenten therapeutischen Bemühungen entzieht ...

Ursula Lobert

Therapie zum Frühstück

Roman

Die Handlung dieses Romans sowie die darin vorkommenden Personen sind frei erfunden; eventuelle Ähnlichkeiten mit realen Begebenheiten und tatsächlich lebenden oder bereits verstorbenen Personen ist rein zufällig.

Bibliografische Information der Deutschen Nationalbibliothek
Die Deutsche Nationalbibliothek verzeichnet diese Publikation in der Deutschen Nationalbibliografie; detaillierte bibliografische Daten sind im Internet über http://dnb.d-nb.de abrufbar.

ISBN 978-3-842358652

Impressum

Herstellung und Verlag: Books on Demand GmbH, Norderstedt
Printed in Germany

„Das Leben ist zu wichtig, um darüber zu sprechen.“
(Oscar Wilde)

Kapitel 1

„Wir müssen noch weiter in die Tiefe vordringen, um den Ursachen all Ihrer Allergien und Krankheiten auf die Spur zu kommen. Oft sind diese Dinge ja auf unbewusste Angstneurosen oder Stress-Symptome zurückzuführen."
Es ist früh am Morgen. Heute habe ich den ersten Therapie-Termin des Tages bekommen. Draußen ist es längst hell, und die Vögel zwitschern munter vor sich hin. Herr Dr. Liebmann schiebt seine Brille voller Tatendrang auf der Nase zurück und legt sich für die Sitzung des heutigen Tages einen frischen Bogen Papier zurecht.
„Neben der umfassenden Anamnese ist eine psychologische Untersuchung unumgänglich. Das heißt, wir haben viel vor." Erfreut sieht der Arzt von dem leeren Papier auf und nickt mir aufmunternd zu. „Ich werde Ihnen dazu eine ganze Reihe von Fragen stellen müssen, die Sie mir bitte so wahrheitsgemäß wie möglich beantworten. Fangen wir doch gleich ganz vorne an ... äh ... hatten Sie eine glückliche Kindheit?"
„Ja, ich komme aus einer sehr liebevollen Familie", bestätige ich mit einem Kopfnicken, „und ich hatte eine wirklich sehr schöne Kindheit."
„Wie ungewöhnlich! Kein Mensch hat so viele Ängste wie Sie und behauptet dabei, eine glückliche Kindheit gehabt zu haben. Irgendwas muss da vorgefallen sein. Vielleicht in den Jahren, an die Sie sich nicht mehr erinnern können? Sagen wir in Ihren ersten drei bis vier Lebensjahren?"
Ich habe mit dieser Frage bereits gerechnet, da ich als geschiedene Frau nicht zum erstenmal einem Therapeuten gegenüber sitze. Letzte Woche habe ich deshalb meine Mutter schon vorsorglich zu diesem Thema konsultiert. Aber sie war auch der Meinung, dass nichts Besonderes vorgefallen sei. Meine Gedanken wandern zurück in meine Kindheit. Was kann es gewesen sein, dass ich heute so bin, wie ich bin?
„Ja, Herr Dr. Liebmann, ich sehe diese Zeit, an die ich mich nicht erinnern kann, ganz klar vor mir ..."

Es gibt wenige Menschen, die bereits in der embryonalen Phase mit den Härten des Lebens konfrontiert werden. Ich gehöre dazu.
So habe ich es nur der guten gesundheitlichen Konstitution meiner Mutter zu verdanken, dass ich kein Kontagarn-Kind geworden bin. Meine Mutter war Zeit ihres Lebens eine gute Schläferin und schob das für die

Schwangerschaft vorsorglich verschriebene Schlafmittel ihres Arztes einfach in eine Schublade, ohne auch nur einen Gedanken daran zu verschwenden. Ich bin ihr für ihren gesunden Schlaf bis heute dankbar. Sie schläft, so lange ich denken kann, vor allen Fernsehprogrammen binnen weniger Minuten ein. Doch die kurzen Monate im Mutterleib wurden auch ohne Kontagarn eine Prüfung für mich.
Während ich in der Fruchtblase meiner Erdenankunft noch gelassen entgegensah, ereilte mich ein herber Schicksalsschlag, der meinem kurzen Dasein ein jähes Ende hätte bereiten können.
An einem lauen Tag im April hatte meine Mutter beschlossen, ein Lieblingsgericht für meinen Vater und meine fast zwei Jahre alte Schwester zu servieren. Meinem Vater und meiner Schwester schmeckte es vorzüglich. Nur meine Mutter wäre fast daran erstickt. Ein von Hand geschabtes Käsespätzle hatte sich auf unangenehme Weise in ihrer Luftröhre verkeilt und unterbrach dort hartnäckig die Sauerstoffversorgung. Es gab nicht viel, was mein Vater hätte unternehmen können. Mit einiger Verwunderung sah er zu, wie meine Mutter sich an die Kehle griff und verzweifelt würgte, um wieder zu Atem zu kommen. Hochschwanger wie sie war, rang sie tapfer um Luft, denn es galt nicht nur ihr eigenes, sondern auch das Leben ihres ungeborenen Kindes vor dem Erstickungstod zu retten.
Ich selbst konnte nichts weiter tun, als diese erste schwere Krise meines Lebens passiv auszusitzen. Und an dieser Strategie sollte ich mein weiteres Leben lang festhalten.
So verzichtete ich darauf, die Unbill meiner Mutter durch kräftiges Strampeln weiter zu verschärfen, so dass meine Mutter sich ganz auf ihren Überlebenskampf konzentrieren und den heimtückischen Käsespatz letztendlich aus ihrer Kehle heraus husten konnte. Um ein Haar hätte dieses Abendessen unser beider Leben gekostet und somit die letzte Mahlzeit vor unserem gewaltsamen Dahinscheiden sein können. Aber so konnte ich weiter in der warmen Fruchtblase des Mutterleibes schwimmen und mich dem Müßiggang widmen.
Nur wenn meine Mutter sich beim Abwasch eine Pfanne auf den geschwollenen Bauch stemmte, musste ich mich energisch zur Wehr setzen und kräftig zurücktreten. Ich schätzte es nicht sonderlich, wenn man mein Wohlbehagen empfindlich störte, in dem man Druck von außen auf

mich ausübte. Meiner armen Mutter war es eine Lehre, behutsamer bei der Hausarbeit vorzugehen.
Und dann kam der Tag, an dem es Zeit für mich wurde, das Licht der Welt zu erblicken. Meine Eltern hatten an diesem Abend keine besonderen Pläne.
„Ich habe etwas Druck auf dem Bauch“, meinte meine Mutter nachdenklich kurz vor der abendlichen Tageschau. „Vielleicht sind es nur Blähungen. Möglicherweise müssen wir heute auch noch ins Krankenhaus. Aber das hat bestimmt noch viel Zeit“, beruhigte sie meinen Vater, der schon hellhörig geworden war. „Wir können ruhig die Nachrichten zu Ende schauen. Bei Katharinas Geburt hat es auch die ganze Nacht gedauert.“

Beim Wetterbericht war ich bereits geboren. Meine Eltern waren zuvor noch zu Fuß durch eine kleine Grünanlage gehastet, um auf einer Abkürzung das Krankenhaus zu erreichen. Zum Glück konnte dieses anstelle der Grünanlage auf meinem Geburtsschein als Geburtsort eingetragen werden. Und da lag ich dann und brüllte der Welt mein Unbehagen darüber entgegen, aus der wohligen Wärme des Mutterleibs ausgestoßen worden zu sein. Mein Vater gestand mir erst Jahre später, dass er mich für wenig anmutig gehalten hatte.
„Das ist wohl der hässlichste Dergel, den die Welt je gesehen hat“, kommentierte er damals meine Geburt, und meine Mutter widersprach ihm nicht.
Meine Haut war faltig und gelb, da ich die typische Gelbsucht eines Frischgeborenen durchlief. Dazu waren meine Haare pechschwarz und standen wie bei einer Klobürste von meinem kleinen runzeligen Köpfchen ab. Eine gelbe Toilettenbürste war geboren worden.
Die Enttäuschung meines Vaters war immens, zumal er sich diesmal einen Jungen gewünscht hatte. Es war sogar kurzfristig von einer Vertauschung der Babys die Rede, denn meine Eltern waren beide blond, genauso wie meine erstgeborene Schwester. Doch das Armband an meinem Ärmchen, das alle Babys gleich nach der Geburt erhalten, wies mich unerbittlich als Tochter meiner Eltern aus.
Als hätte ich die Reaktion meines Vaters wahrgenommen, entledigte ich mich bald der dunklen Haare, die mich wie einen Indianer aussehen ließen. Einen besonders hässlichen, alten Indianer mit Runzeln und Falten. Und einer Gelbsucht.

Der Arzt meinte noch zögerlich: „Das wächst sich noch alles raus."
„Und wie lange wird das dauern?", erkundigten sich meine Eltern hoffnungsvoll.
„Ach, ... wissen Sie, das kann schon dauern. Vielleicht bis zur Pubertät?"
Doch diese Prognose sollte sich nicht bestätigen. Meine Eltern nahmen es mit zurückhaltendem Humor.
„Hässliche Kinder werden oft ganz hübsche Erwachsene", trösteten sie sich gegenseitig. Geglaubt haben sie es selber nicht.
In einem Moment wie diesem muss man dankbar sein, dass man als Baby nicht im Vollbesitz seiner sprachlichen Fähigkeiten geboren wird, sonst hätten mich diese anfänglichen Reaktionen meiner Eltern sicherlich sehr gekränkt. Selbst als ich meine rabenschwarzen Haare verloren hatte und durch helleres, glattes Haar mit undefinierbarer Farbe ersetzte, verwandelte ich mich in keine Schönheit. Weder bis zur Pubertät, noch zu einem späteren Zeitpunkt. Um es vorwegzunehmen: Ich sollte für den Rest meines Lebens eine eher unscheinbare und wenig bemerkenswerte Person bleiben.
Ganz anders verhielt es sich mit meiner älteren Schwester Katharina. Als diese geboren worden war, hatte sie ausgesehen wie ein kleines Rubensengelchen. Sie hatte rosige Wangen und goldblonde Löckchen, die sich verspielt um ihren Babykopf kringelten. Dazu war sie ein echter Wildfang mit überschäumendem Talent, während ich still und eher apathisch von Gemüt war. Ich lag einfach ruhig in meiner Wiege, fiel nicht weiter auf und sabberte leise vor mich hin.
Und so stürmisch wie meine Schwester von Natur aus war, so empfing sie mich auch im Kreise der Familie.

Wir bewohnten zu dieser Zeit eine Wohnung im Nordend von Frankfurt. Sie befand sich im zweiten Stock eines Wohnblocks und hatte einen herrlichen Balkon, auf dem meine Mutter mit uns Kindern bei Sonnenschein gern die Zeit verbrachte. Ich saß dann in meinem Kinderwagen und konnte von dort aus gerade so über die Balkonbrüstung spähen. Meine Schwester tobte und spielte zu Füßen des Wagens mit allem, was nicht niet- und nagelfest war.
Eines Tages ging meine Mutter für einen kurzen Moment in die Küche, um dort ein Fläschchen für mich zu erwärmen, und ließ mich für diesen kurzen Augenblick mit meiner Schwester allein auf dem Balkon zurück.

Es dauerte auch gar nicht lange, da beschloss diese, mir die herrliche Aussicht vom Balkon etwas näher zu bringen. Dazu stemmte sie den Kinderwagen in die Höhe und schickte sich an, das Gefährt mit samt meiner Person über die Brüstung zu hebeln. Instinktiv rasselte ich wie wild mit einem kleinen Babyspielzeug, das ich in der Hand hielt, und schielte angstvoll in die Tiefe, die sich vor meinen entsetzten Kinderaugen darbot. Seit dieser Zeit habe ich übrigens eine diffuse Angst vor großen Höhen.
Meine Mutter wurde durch mein ungewohnt temperamentvolles Agieren glücklicherweise auf meine missliche Lage aufmerksam und konnte einschreiten, bevor mich meine goldgelockte Schwester ins Jenseits befördern konnte.
Im Winter verbrachten wir die Tage dann in unserem Kinderzimmer. Damals gab es noch die gemütlichen gusseisernen Bulleröfen, die mit Kohle und altem Zeitungspapier befeuert wurden. Und auch daran zeigte meine Schwester ein besonderes Interesse.
An einem besonders frischen Winternachmittag schob sie mich mit samt dem Kinderwagen dicht an diesen Ofen heran, um mir mehr Wärme zu gönnen. Diesmal saß ich reglos und prüfte mit meiner kleinen Nase, welch ungewohnter Duft sich bald im Zimmer ausbreitete. Es war der Duft von angebrannten Kopfkissen. Er brachte meine Mutter, die nur für einen Moment in die Küche gegangen war, sofort zurück auf den Plan, um mich vor dem Übergreifen von Flammen zu retten. Ich muss zugeben, dass ich selbst als Erwachsener noch immer großes Unbehagen vor Feuer habe. Doch meine Mutter konnte nicht überall zu gleicher Zeit sein.
Ein anderes Mal rammte meine Schwester im Spiel sicherlich völlig unbeabsichtigt meinen Kinderwagen und stieß ihn um. Nun lag ich auf dem Boden, und auf mir befand sich ein Berg von Kissen und Decken, die mir die Luft abschnürten. Meine Schwester kauerte sich davor, um zu beobachten, wann ich darunter zum Vorschein käme. Unfähig, den Ernst der Lage kompetent einzuschätzen, vertraute ich meiner Taktik, die Lage einfach passiv auszusitzen. Zumal ich noch zu klein und schwach war, um mich selbst von all den auf mir ruhenden Lasten zu befreien.
Diesmal wurde meine Mutter von der ungewöhnlichen Stille im Kinderzimmer angezogen. Sie konnte mich unter all den Kissen gerade noch hervorziehen, als ich mich bereits leicht im Gesicht verfärbte. Sie hatte fortan ein sehr wachsames Auge auf meine Schwester, die man

guten Gewissens nicht mit mir allein lassen konnte. Zumindest nicht, solange ich noch so klein war.
Möglicherweise liegt in diesem besonderen Erlebnis die Ursache meiner starken klaustrophobischen Ängste begraben.
Dennoch liebte ich meine Schwester vorbehaltlos und sah immer stumm zu ihr auf, wann immer sich eine Gelegenheit dazu bot. Sie dagegen verlor bald ihr Interesse an mir, weil sie mit mir nichts Rechtes anzufangen wusste.
Da sie zwei Jahre älter war als ich, kam sie schon bald in den Kindergarten. Wir gehörten zwar zur Generation der Baby-Boomer, was die Aussicht auf einen Kinderplatz erheblich eintrübte, doch meine Eltern hatten sich bei Zeiten um alles Organisatorische gekümmert.
Der Kindergarten befand sich nur wenige Fußminuten von unserem Wohnblock entfernt. Und dort tobte und spielte Katharina fortan mit anderen Kindern, die viel mehr ihrem Alter und Temperament entsprachen als ich. Wenn sie mittags nach Hause kam, war ihr Spieltrieb noch lange nicht gestillt, und von Müdigkeit war keine Spur. Anstatt wie alle anderen Kinder sittsam nach Hause zu laufen, rollte sie sich den ganzen Weg bis zu unserer Haustür durch den Dreck auf der Straße. Meine Mutter sah dies nur ungern, denn inzwischen hatte meine Schwester zwei wunderschöne goldblonde Zöpfe, die bis zu ihrer Hüfte reichten. Jeden Tag musste meine Mutter diese Haare sorgfältig waschen, kämmen und pflegen, was nicht ohne heftiges Gezeter und Geschrei seitens meiner Schwester ablief.
Die Konsequenz war, dass meine Eltern schon früh beschlossen, diesen Ärger nur einmal auf sich zu nehmen. Man ließ meine Haare gar nicht erst wachsen, sondern schnitt sie auf die Länge von einem guten halben Zentimeter einfach ab. Solange ich klein war, schien mich das nicht zu stören. Doch als ich meine ersten Worte äußern konnte, sagte ich laut und deutlich „Nein!“ zu dieser Körperverstümmelung. Es war mir nicht entgangen, dass meine Schwester wie ein Engel aussah und von allen Menschen herzlich angelächelt wurde. Zu mir beugte man sich nur mit erster Mine herunter und meinte „Der kleine Herr Ulrich muss mehr essen, er ist ja viel zu dünn.“
Ich hieß zwar Ulrike, doch machte das in der Wahrnehmung meiner Person keinerlei Unterschied. Ich sah aus wie ein kleiner, magerer Junge.

Mein Vater war davon durchaus angetan, weil er auf diese Weise doch noch zu dem kleinen Jungen kam, den ich ihm durch mein Geschlecht arglistig verweigert hatte.
Mit großer Begeisterung unterstrich er mein knabenhaftes Äußeres, indem er mich in kurze Hosen und kleine Hemden steckte.
Meine Schwester trug dagegen weit schwingende Röcke mit bunten Petticoats, und so verschwand ich stumm im Schatten dieser kleinen Schönheit, die zudem jeden durch ihr munteres Wesen zu bezaubern wusste. Ich wünschte mir nichts sehnlicher, als auszusehen wie sie. Und ich wünschte mir, dass Menschen zu mir herab lächelten. Aber mich begrüßte stets das sorgenvolle Stirnrunzeln ob meiner spinnenartigen Gliedmaßen, während meine Schwester sich im Lächeln der Erwachsenen sonnte.
Für meine bürstenartig kurzen Haare konnte ich nichts. Aber ich war nicht ganz unschuldig an dem spinnenartig dünnen Aussehen meiner Gliedmaßen. Im Gegensatz zu meiner Schwester, die über eine gesunden Appetit verfügte, verweigerte ich jedes Essen. Ich hatte bislang noch keinen Gefallen daran gefunden.
Das einzige, was ich gern zu mir nahm, waren Speisen, die von Konsistenz und Geschmack wie ein süßer Brei waren. Alles, was ich kauen musste, versenkte ich wie ein Hamster in meinen Backen und hob es dort vorsorglich auf. Meine Mutter hat mich nicht selten mittags zum Schlafen gebettet und sich über meine ausgebeulten Backen gewundert. Erst als sie der Sache mal näher auf den Grund ging und in meinen Backen ein komplettes Mittagessen vorfand, reagierte sie mit Schrecken. Ich hätte daran im Schlaf ersticken können.
„Wieso isst du Fratz nicht? Du musst das alles doch nur runter schlucken. So schwer kann das doch nicht sein! Wenn du keinen Hunger hast, dann spuck das Ganze doch wenigstens ins Klo!“
Aber ich saß die Sache wie immer einfach passiv aus. Für mich war klar: Es schmeckte mir nicht, und das Kauen bereitete mir allzu große Mühe.
An meinen Nachthemden hingegen hatte ich weit mehr Interesse als an meinen Mahlzeiten. Nachts pflegte ich den Brustteil meiner Nachthemden aufzubeißen und zu zerkauen.
Dies lag weniger daran, dass ich sie für kulinarische Leckerbissen hielt, als mehr daran, dass ich ein ängstliches Kind war, das sich vor vielem fürchtete und nachts keinerlei Schlaf fand. Ich fürchtete mich vor Höhe, vor Feuer,

vor engen und dunklen Räumen und keiner wusste so recht, warum eigentlich.
Wenn mich nachts allzu böse Träume quälten, geisterte ich durch die Räume unserer Wohnung und versuchte Unterschlupf im Bett meiner Eltern zu finden. Sie zeigten dafür keinerlei Begeisterung. Also lag ich meist wach in meinem eigenen Bett und zerkaute ein Nachthemd nach dem anderen, während ich tagsüber die Aufnahme jeglicher Mahlzeit verweigerte.
Meine Mutter verlor jedoch nicht die Geduld mit mir, sondern saß bei jeder Mahlzeit neben mir und versuchte, mir alles in den Mund zu löffeln, was ich essen sollte, um zu wachsen. Ich für meinen Teil hielt stur den Mund geschlossen und starrte trotzig auf die Wand gegenüber.
Bis meiner Mutter eines Tages endlich der Geduldsfaden riss, und sie mich über eine Portion Spinat hinweg anschrie „Du isst jetzt, oder ich klatsch dir das Gesicht in den Spinat."
Meine Schwester wohnte dem Schauspiel mit größtem Vergnügen bei und wartete gespannt darauf, mein Gesicht im Teller versenkt zu sehen. Doch ich reagierte sofort auf die Drohung und würgte die grüne Masse so lange runter, bis ich nicht mehr an mich halten konnte und den ganzen Brei auf die Wand gegenüber spuckte. Meine Mutter hat mir seitdem nie mehr mit ähnlichen Aktionen gedroht. Doch weiterhin musste ich mir von anderen Leuten anhören, dass der Herr Ulrich zu dünn sei und mehr essen müsse.

Ich begann bald, gegen die kurzen Hosen und die Besuche beim Friseur zu rebellieren. Doch was konnte man mit drei oder vier Jahren schon gegen zwei entschlossene Erwachsene ausrichten? Ich wurde immer wieder zum Herrenfriseur verfrachtet, der mir einen Kittel wie einen Müllbeutel um den Leib wickelte, das Ganze mit einer Krepphalskrause verstärkte, die heftig juckte und kratzte, und mir dann mit einem Rasierapparat und einer Schere zu Leibe rückte.
Es war an einem dieser Tage, als ich beim Friseur im Spiegel zusah, wie man mich verstümmelte, als ich beschloss, mir nie wieder die Haare schneiden zu lassen, wenn man mir endlich erlaubte, selbst über meine Frisur zu entscheiden.
Sobald ich vom Friseur zurückkam, griffen meine Eltern zum Fotoapparat, um meine optische Schande, die beide zauberhaft fanden, auf Zelluloid zu bannen. Da ich noch klein war, konnte ich mich in eine Lücke zwischen

einem Schrank und einer Wand retten, in die ich mich aufgrund meiner dürren Körperform mühelos pressen konnte. Dort wartete ich einfach ab, bis meine Eltern aufgaben.

Als ich älter wurde und nicht mehr hinter den Schrank passte, musste ich mir eine andere Taktik überlegen.
Ich beschloss, einfach tagelang kein Wort mehr zu sprechen, um meine Eltern für meine Frisur zu bestrafen. Diese Strategie zermürbte meine Eltern bis auf die Knochen. Doch meine Schwester wirbelte umso temperamentvoller um mich herum und ließ keinen Augenblick aus, mich zu ärgern und entweder zum Weinen oder zum völligen Verstummen zu treiben. Am liebsten tat sie dies, wenn meine Eltern ihre kleine Filmkamera zückten, mit der sie Super-8-Filme von unterschiedlicher Qualität drehten. Wann immer deutlich wurde, dass die Kamera gezückt wurde, stellte meine Schwester sicher, dass sie mich unbemerkt ärgern konnte, so dass sie gut gelaunt und strahlend auf dem Film erschien, während ich in der Regel zornig war oder weinte. Bis heute besitzen meine Eltern einen großen Fundus an diesen Kinderfilmen. Und auf allen Werken sieht man mich herzzerreißend weinen, und keiner weiß so recht, warum eigentlich.
Nur auf einem Film weinte ich nicht. Es ist ein Film, der zeigt, wie ich ohne meine Schwester an der Hand meiner Mutter dem Günthersburgpark einen Besuch abstattete. Ich trug ein rotes Kapuzenmäntelchen, durch dessen Ärmel meine Mutter an einem Faden ein Paar Handschuhe gezogen hatte. Auf diese Weise baumelten die Handschuhe an diesem Faden links und rechts aus den Ärmeln heraus, auch wenn ich sie nicht trug, und konnten nicht verloren gehen.
So gegen Wind und Wetter gerüstet machten wir an einer Stelle im Park halt, an dem eine ältere Dame gerade ein paar Tauben fütterte.
Als Kind war ich davon so fasziniert, dass ich die Fütterungsbewegung sofort nachahmte, meine Ärmchen hob und die Handschuhe an ihren Fädchen heftig baumeln ließ. Die Tauben hoben sofort erschreckt vom Boden ab, und auf dem Film ist zu sehen, wie die ältere Dame sich mit gerunzelter Stirn zu mir herunterbeugt, um mich zu mahnen, die Vögel nicht zu erschrecken.
Als die Tauben zurückgekehrt waren, nahm die alte Dame die Fütterung wieder auf. Und wieder riss ich die Ärmchen hoch und ließ die Handschuhe

wedeln. Die Tauben waren sofort wieder verschwunden, und die Dame stellte mich wieder ernst zur Rede.
Als ich die Tauben ein drittes Mal verscheuchte, endete der Film ganz abrupt. Ich kann nur mutmaßen, warum.
So wie ich diese Frau nachahmte, versuchte ich auch, meiner Schwester alles gleich zu tun. Ich sah zu ihr auf, weil sie so schön und ich so unscheinbar war, weil sie alles konnte und ich mich vor allem fürchtete, und weil die Menschen sie anlächelten und bei mir nur die Stirn in Falten legten.
Meine Schwester hatte für meine Form der Bewunderung jedoch nicht viel übrig und meuterte, wenn unsere Eltern uns in die gleiche Kleidung wie beispielsweise identische Mäntel oder Kostüme steckten. Das taten sie dennoch über viele Jahre hinweg.
Nur an Fasching machten sie stets eine Ausnahme. Dann war meine Schwester Dornröschen, und mich steckten sie in weiße Strumpfhosen und setzten mir ein Hütchen mit Katzenohren auf.
Ich war so erzürnt darüber, dass ich mich unverzüglich wieder in meine Ecke hinter den Schrank zu pressen versuchte und tagelang kein Wort sprach. Wahrscheinlich wäre ich mit meinem Bürstenhaarschnitt auch kein schönes Dornröschen geworden. Das Katzenkostüm war sicher die bessere Lösung für mich. Aber damals wusste ich das nicht zu schätzen.

Als ich das Alter erreichte, indem ich meine Schwester in den Kindergarten begleiten durfte, sollten die sorgenfreien Tage meiner frühen Jugend vorbei sein. Meine Schwester stürmte sofort auf eine Kiste los, in der die Spielsachen aufbewahrt wurden. Wer die Kiste zuerst erreichte, eroberte die schönsten Puppen und Autos.
Aufgrund meiner angeborenen Zurückhaltung und meines furchtsamen Charakters blieb ich jedoch abwartend stehen, bis die Raufbolde mit ihren Trophäen verschwunden waren. Was in der Kiste übrig blieb, war in der Regel eine kaputte Puppe mit nur einem Auge und einem Bein und kurzen roten Locken. An kühlen, regnerischen Tagen begnügte ich mich damit. Doch wenn die Sonne schien, mussten wir alle ins Freie und an die Klettergerüste und Rutschen, vor denen ich mich entsetzlich fürchtete.
Ich hatte Angst vor Höhe. Nicht selten trug es sich auch zu, dass ich ungewollt so hurtig über die Rutsche sauste, dass ich wie eine

Kanonenkugel im Sandkasten landete und ungeschickt mit dem Gesicht aufschlug.
Es war nur zu verständlich, dass ich in dieser freudlosen Zeit meist in einer Ecke des Spielplatzes stand und mich darauf beschränkte, zu weinen und die anderen beim Spielen zu beobachten, bis ich endlich wieder nach Hause durfte. Meine Mutter bezeichnete meine passiven Charakterzüge jedoch als Geduld und lobt mich bis heute aufgrund dieser herausragenden Eigenschaft.
Sie sagte immer, „Katharina konnte man keinen Sekunde aus den Augen lassen. Aber die kleine Ulrike, die musste man nicht mal an der Hand halten. Wenn man der mitten auf einer Straßenkreuzung sagte, bleib hier stehen und warte, dann würde die auch nach Stunden noch an dieser Stelle stehen."
Was für meine Mutter wie Geduld aussah, war eigentlich nur mein grenzenloser Mangel an Entschlussfreude. Meine Schwester hatte davon so viel im Übermaß, dass für mich bei meiner Geburt scheinbar nichts mehr davon übriggeblieben war.
Im Gegensatz zu ihr konnte ich mich auch stundenlang mit ein paar alten Knöpfen beschäftigen oder mit ein paar bunten Papierschnipseln. Wahrscheinlich stimmte schon damals etwas nicht mit mir. Doch meine Mutter war hoch erfreut, sich nur um ein wildes Kind kümmern zu müssen. Und das war meine Schwester. Ich kam mehr oder weniger allein zu Recht in meiner kleinen Welt mit Knöpfen, halben Puppen, Ängsten und Schweigen.

Meine ersten vier Lebensjahre verbrachte ich während der kurzen Sommerferien stets allein bei meiner Großmutter mütterlicherseits, die versprach, mich aufzupäppeln, bis ich wieder abgeholt wurde.
Der Rest meiner Familie fuhr mit unserem VW Käfer – wie es damals nur ganz wenige Familien taten – nach Italien in Urlaub. Es war das Reiseziel, das Anfang der 60er Jahre ganz einfach modern war.
Wenn der Urlaub meiner Familie zu Ende war, stand meine Großmutter meist mit mir und meinem gepacktem Koffer schon bereit, weil ich sie durch meine Verweigerung jeglicher Nahrungsaufnahme fast um den Verstand gebracht hatte.

Aber dann musste sie sich nicht mehr um mich kümmern.

Als ich vier Jahre alt war, durfte auch ich endlich mit nach Italien und zum ersten Mal das Meer sehen. Unsere Reise führte uns nach Catolica an der Adria, wo wir tagsüber an einem herrlichen Sandstrand unsere freien Tage genießen wollten.
Meine Schwester stürzte sich auch sofort kopfüber in die blauen Wellen, obwohl sie kaum schwimmen konnte. Zu ihrer Sicherheit trug sie um ihre schmale Taille einen blauen Schwimmring mit einem Donald Duck Kopf, der sie über Wasser hielt. Aber selbst wenn sie einmal mit dem Kopf unter Wasser geriet, tauchte sie quiekend vor Vergnügen wieder auf.
Ich dagegen sah mir das Wasser aus sicherer Distanz vom Strand aus an. Ich war noch zu klein. Als Badeanzug trug ich eine größere rote Unterhose, an der man eine Kordel befestigt hatte, die das Ungetüm an meinem Hals befestigte. Ich war sehr stolz auf dieses erste Bademodell, weil es dem meiner Schwester ziemlich ähnelte. Zumindest was die Farbe anging. Die seltsame Passform ließ noch Spielraum für Optimierungen zu.
Natürlich lernten meine Eltern auch sehr schnell ein paar andere Touristen kennen, die mit ihren Kindern diesen Strand besuchten. Damals, in den 60er Jahren, gab es noch nicht so viele Touristen, so dass die Chancen gut standen, im Urlaub neue Bekanntschaften zu schließen. Ein Ehepaar hatte es meinen Eltern besonders angetan. Die Frau spielte ganz gern mal mit meiner Schwester im Wasser, ihr Mann unterhielt sich oft mit meinem Vater.
An einem dieser Tage durfte ich in der Nähe des Wassers im Schwimmring meiner Schwester sitzen und aufs Meer hinaussehen. Genau dieser wichtigen Beschäftigung ging ich auch nach, als mein Vater direkt neben mir mit einem anderen Strandbesucher ein interessantes Gespräch anfing. Er war völlig in die rege Unterhaltung mit der neuen Urlaubsbekanntschaft vertieft, als er mir zusah, wie mich eine besonders weit an Land reichende Welle erfasste, mit dem Schwimmring hochhob, umdrehte und mit dem Gesicht nach unten in einer wenige Zentimeter hohen Wasserlache liegen ließ. Das Gespräch der beiden Männer wurde dadurch nicht unterbrochen.
Noch heute sehe ich vor meinem geistigen Auge die blaue Farbe des Himmels durch das Wasser, in dem ich mich anschickte zu ertrinken. Keine Sekunde kam ich auf die Idee, mich mit den Händen nach oben zu drücken, um frische Luft atmen zu können. Ich wartete wie immer einfach ab.

Mein Vater mochte nicht glauben, dass ich so ungeschickt sein konnte und schritt deshalb nicht weiter ein, als mich der Schwimmring erbarmungslos in dieser Position festhielt.
Es dauerte eine ganze Weile, bis mich der fremde Herr an den Füßen nach oben riss und meinen Vater anherrschte: „Wie lange wollen Sie noch beobachten, wie Ihre Tochter ertrinkt?"
Meinen Vater traf keine Schuld. Er konnte sich einfach nicht vorstellen, wie man so unbeholfen oder so schwach sein konnte, sich nicht aus dieser flachen Lache zu befreien.
Ich selbst dankte ihm seine Unschlüssigkeit damit, dass ich mich fortan mit Nachdruck weigerte, auch nur in die Nähe von Wasser zu gelangen.
Auf den Super8-Filmen aus diesem Urlaub sieht man oft, wie mein Vater mich auf seinen Armen in knietiefes Wasser trägt, während ich so schreie und um mich schlage, als ginge es um den Fortbestand der Menschheit.
Ich dehnte meine Aversion feuchten Elementen gegenüber so weit aus, dass ich mir auch nicht mehr die kurzen Haare waschen ließ. Und ich badete nie, ohne die Wohnung zu fluten. Ich muss zugeben, dass ich seither ein sehr ambivalentes Verhältnis zu Wasser habe. Noch heute sehe ich es mir gern vom Ufer aus an. Aber ich bin nicht gern unter oder auf dem Wasser. Ich bin auch nie mehr eine gute Schwimmerin geworden.
Im Alter von 5 Jahren machte ich zwar meinen Freischwimmer in Frankfurts Stadtbad Mitte, doch ich versagte fast beim Sprung vom ein Meter Bock und konnte auch nur mit ein paar losen und völlig nutzlosen Schwimm-Korken um den Bauch herumschwimmen. Nahm man sie mir fort, versank ich wie ein Stein im Wasser. Mein Zutrauen in meine eigenen Fähigkeiten war nicht ohne Grund sichtlich geschrumpft.

Von nun an entwickelte ich mich zu einem kleinen Wesen mit mausigen Haaren, Zahnlücken, dünnen Beinchen und einem kugelrunden Gesicht. Ich war das, was meine Eltern als „Sprietzie" bezeichneten – eine charmante Umschreibung eines nicht allzu erfolgreich geratenen Kindes.
Es war um diese Zeit, als ich meine ersten Albträume entwickelte, an die ich mich bis heute so klar erinnern kann, als wäre es gestern gewesen.
In dem angenehmeren der beiden Träume befand ich mich in einer regennassen, herbstlichen Parklandschaft. Es war Nacht und nur hier und da erleuchteten die Lichtkegel einer einsamen Laterne die laubbedeckten, nassen Wege des Parks. Und über diesen schwebte ich wie ein Vogel und

suchte nach dem Ausgang, den ich natürlich nie fand. Ich erinnere mich noch an die Unmengen feuchten Laubs, das dort die Wege bedeckte.
In dem anderen Traum befand sich die Familie im Wohnzimmer unserer kleinen Frankfurter Wohnung und sah Fernsehen. Mein Vater schickte mich dann los, ich solle ihm ein Bier aus der Küche holen, was er in der Realität von mir als Kleinkind nie verlangt hätte. Im Traum war es ein völlig normaler Vorgang. Also verließ ich das gemütlich warme, freundlich beleuchtete Wohnzimmer und den behaglichen Kreis der Familie, um mich Mutterseelen allein einen langen, dunklen Korridor bis hin zur weit entlegenen Küche zu bewegen. Dort öffnete ich den Kühlschrank und griff nach der gewünschten Flasche Bier. Und in diesem Moment fing ich auch schon an zu schweben und bewegte mich ungewollt und schreiend aus dem geöffneten Küchenfenster in die dunkle Nacht hinaus. Manchmal versuchte meine herbei eilende Mutter im Traum noch, mich an einem Fuß zu fassen und zurückzuhalten. Aber sie kam in der Regel einen kurzen Augenblick zu spät. Zum Glück wachte ich nach Träumen wie diesen immer rechtzeitig in meinem Kinderbett auf, wo ich unverzüglich eines meiner Nachthemden vor lauter Angst verspeiste, bis es endlich Morgen wurde.

Dann kam ein großer Einschnitt in meinem jungen Leben. Es war der Tag, an dem meine Schwester Katharina eingeschult wurde. Für diesen wichtigen Ehrentag erhielt sie eine riesige Schultüte, die ihr mit allerlei Leckereien den Einstieg in eine weniger amüsante Lebensphase versüßen sollte.
Für mich waren es aber nicht die zuckrigen Überraschungen, die faszinierten, sondern die herrliche Form und Farbe der Schultüte selbst. Sie war blau. Zu gern hätte ich sie mal angefasst oder in meinen Armen gehalten. Doch meine Schwester ließ es nicht zu, dass ich die Freude des ersten Schultages auf diese Weise mit ihr teilte.
Es dauerte auch gar nicht lange, und es flossen Tränen, die auf einem der vielen Super8-Filme meiner Eltern festgehalten wurden.
Und schon bald sollte meine Schwester noch viel weniger Zeit zum Spielen für mich übrig haben als zuvor. Vormittags war ich im Kindergarten, während meine Schwester in der Schule saß. Und nachmittags musste Katharina Hausaufgaben machen, während ich darauf wartete, dass meine große Schwester mit mir spielen würde. Da diese von innerer Unruhe angetrieben wurde und sich nur für kurze Zeit auf etwas so Unwichtiges

wie Hausaufgaben konzentrieren mochte, blieb immer weniger Zeit für mich und zum Spielen.
Während meine Mutter geduldig an der Seite meiner Schwester überwachte, wie diese auf einer Schiefertafel mit einem weißen Kreidegriffel erste Schreibversuche unternahm und einfache Rechenaufgaben löste, setzte man mich der Einfachheit halber einfach dazu.
Meine Schwester und meine Mutter saßen auf der einen Seite des Wohnzimmertisches, und ich saß stumm allein gegenüber und beobachtete, wie meine Mutter täglich die Geduld verlor, weil sich Katharina durch alles ablenken ließ und manchmal nur vorschützte, sie könne manche Aufgaben nicht lösen. Sie hatte einfach keine Lust dazu und provozierte meine Mutter hier und da gern absichtlich. Vielleicht wollte sie mich auch quälen, weil sie wusste, dass ich nur darauf wartete, endlich mit ihr spielen zu können.
So vergingen einige Monate, die ich still abwartend meiner Schwester gegenübersaß und ihre Lernfortschritte stumm beobachtete. Bis dann jener Tag kam, an dem meine Schwester sich bei einer einfachen Rechenaufgabe wie 7 minus 3 so sehr sperrte, dass es selbst meine Geduld überstieg. Meine Mutter versuchte noch mit den Resten ihrer Geduld, das Rechenbeispiel in anschauliche Situationen aus dem täglichen Leben zu übertragen.
„Du hast sieben Äpfel und isst drei davon auf. Wie viele hast du dann noch übrig?“
Als Katharina grinsend an uns vorbei aus dem Fenster sah, um eine Amsel zu beobachten, die auf dem Balkon im Erdreich unserer Geranienkästen nach Nahrung bohrte, griff ich ein und brüllte Katharina wütend an. „Vier, das ist doch nicht so schwer!“
Meine Mutter erstarrte und erkannte zum ersten Mal, dass ich von meiner Tischseite aus all die Monate den Lehrstoff meiner Schwester mitgelernt hatte. Sie überprüfte mein Wissen und musste feststellen, dass ich sogar Schreiben und Lesen gelernt hatte. Das einzige Problem war, dass ich die Buchstaben auf den Kopf stellte, was allein der Tatsache zu verdanken war, dass ich den Hausaufgaben meiner Schwester immer auf der gegenüberliegenden Tischseite beiwohnte.

Jetzt musste man die Buchstaben in meinem Kopf nur noch um 180 Grad drehen, und schon konnte ich lesen, schreiben und etwas rechnen, als ich zwei Jahre später eingeschult wurde.
Auch für mich gab es eine wunderschöne Schultüte, doch sie hatte lange nicht mehr den Reiz wie damals die unerreichbare blaue Tüte meiner Schwester Katharina. Meine ersten Schuljahre waren für mich dann sehr angenehm, da ich den anderen Schülern gegenüber einen gewissen Wissensvorsprung mitbrachte. Ich hatte somit keine Mühe, meine erste Fibel durchzuarbeiten und war stets die Schülerin, die vor Feiertagen und Ferien den anderen etwas vorlesen durfte, was einer kleinen Auszeichnung gleichkam.

In diesen ersten Jahren meiner schulischen Laufbahn gab es ein Phänomen, das mich sehr beschäftigte.
Ich besuchte eine reine Mädchenschule und musste in den Pausen wie alle anderen Schülerinnen auf den Schulhof gehen. Diesen teilte sich meine Schule mit einer gegenüberliegenden Jungenschule.
Damit es in den Pausen nicht zu einem unsittlichen Aufeinandertreffen beider Geschlechter kam, zogen die Lehrer in der Mitte des Schulhofs mit Kreide eine weiße Linie und patrollierten an dieser Grenze entlang. Wenn ein Mädchen oder Junge diese Linie unbefugt überquerte, war mit strengsten Bestrafungen zu rechnen. Auch das heimliche rüber Schielen oder Winken wurde gar nicht gern gesehen. So lernte ich in jungen Jahren, dass ein zu freundlicher Kontakt mit dem männlichen Geschlecht unerwünschte und eher unerquickliche Folgen haben konnte. Dieser Erkenntnis bin ich gefolgt und habe mich von der weißen Linie instinktiv fern gehalten.
Vielmehr zog es mich zu Märchenfiguren und Fabelwesen hin, die mich, seit ich lesen konnte, mehr und mehr inspirierten. Ein Nachbarsmädchen, mit dem ich eine herzliche Freundschaft pflegte, teilte diese Begeisterung und schlug vor, wir könnten doch gemeinsam mal nach dem Osterhasen Ausschau halten. Aus angeblich zuverlässiger Quelle hatte sie damals die Information, dass sich dieser Osterhase in einer der hölzernen Kisten mit Metalldeckel befinden müsse, die damals in ganz Frankfurt an den Straßenrändern standen und Streugut für den Winter enthielten. Ich selbst empfand diese Information als durchaus plausibel und machte mich mit meiner Freundin sogleich auf den Weg, dem Osterhasen einen Besuch

abzustatten. Eine dieser Holzkisten stand gleich in der Nähe unserer Straße und dorthin lenkten wir unsere Schritte.
Natürlich hatte die Stadt Frankfurt aus Sicherheitsgründen den Metalldeckeln dieser Kisten ein gewisses Gewicht verliehen, vielleicht um zu verhindern, dass spielende Kinder wie wir ihre neugierigen Nasen hineinsteckten. Meine Freundin und ich ließen uns davon nicht abhalten und beschlossen, den schweren Deckel gemeinsam hoch zu stemmen, um eine Blick auf den berühmtesten Hasen der Welt zu erhaschen.
Leider ließ meine Freundin mitten in diesem Unterfangen von unserem Plan ab. Sie konnte den Deckel nicht mehr länger halten und ließ einfach los, ohne mich vorher über ihr Vorhaben zu informieren. Schlagartig schlug mir der Metalldeckel auf die Hand und zertrümmerte mir sämtliche Mittelhandknochen. Wir waren uns sofort einig, dass diese Aktion keinen Anklang bei unseren Eltern finden würde. Also beschlossen wir, sie gar nicht erst zu erwähnen.
Mir war es recht. Ich war sowieso der Meinung, es sei das Beste, die Sache einfach auszusitzen, um unnötigen Ärger zu vermeiden.
Leider kam mir meine Mutter dennoch im Laufe des Tages auf die Schliche, denn inzwischen tat mir die Hand so weh, dass mir reichlich schlecht davon wurde. Nach einigem Drängen kam sie dahinter, was passiert war, und so befand ich mich wenige Stunden nach meinem Unfall auch schon im Krankenhaus, wo man mir einen riesigen Gips bis zum Ellenbogen anlegte.
Meine Mutter musste ein paar strenge Blicke auf sich nehmen, weil man der Meinung war, sie sei eine Rabenmutter, weil sie nicht unverzüglich mit ihrem Kind zur medizinischen Versorgung gegangen sei. Doch die Wahrheit war, dass sie sehr unverzüglich gehandelt hatte, zumindest ab dem Zeitpunkt, an dem ich sie in das Geschehen eingeweiht hatte.
In der Schule stand ich mit meinem Gipsarm sofort im Zentrum der allgemeinen Aufmerksamkeit. Und ich kam mir auch sehr heldenhaft vor, wie ich den Arm so in der Schlinge vor meinem mageren Brustkorb hielt.
Ein schöner Nebeneffekt war, dass ich keine Klassenarbeit mehr mitschreiben musste, weil es sich um den rechten Arm handelte, der in Gips eingepackt war. Da ich eine mustergültige Schülerin war, bekam ich dennoch gute Noten, konnte aus meinem positiven Image allerdings keinen weiteren Gewinn ziehen. Wir zogen kurz darauf aus Frankfurt weg und siedelten in den Taunus um.

Ich war inzwischen knapp sieben Jahre alt, als neben dem Umzug ein anderes Ereignis mein Dasein höchst unangenehm prägte.
Meine Schwester und ich mussten uns gleichzeitig einer Mandeloperation unterziehen. Da unsere Eltern uns Kindern jede unzumutbare Pein ersparen wollten, erkundigten sie sich in mehreren Krankenhäusern, wo man uns eine örtliche und wo man uns eine Vollnarkose verabreichen würde. Sie entschieden sich für ein Frankfurter Krankenhaus, das eine Vollnarkose in Aussicht stellte. Besonders ich, die ich noch sehr klein und zart war, sollte so vor unliebsamen Schmerzen und Erinnerungen geschützt werden. Dennoch verhielt ich mich der anstehenden Operation gegenüber sehr misstrauisch.
Um mich zur Kooperation zu bewegen, erwähnten meine Eltern, dass es nach solchen Eingriffen täglich mehrere Portionen Eiskrem gäbe. Und so träumte ich von großen Eisbechern voller Erdbeer-, Schokoladen und Heidelbeereis. Nur Vanilleeis kam nie in meinen Träumen vor, weil ich diese Sorte als Kind nicht sonderlich schätzte.
Als dann der große Tag der Operation endlich gekommen war, war ich schon ganz aufgeregt, wann man mir den ersten Eisbecher verabreichen würde. Es sollte eine ganze Weile dauern.
Zunächst wurde ich in einem dünnen Nachthemdchen in einen Operationssaal gebracht. Dort ließ man mich den Mund weit öffnen, um A zu sagen. Ich machte mit. Zumindest, bis der Arzt mir in den Mund griff, meine Zunge festhielt und mir eine äußerst schmerzhafte Spritze in den Rachen setzte. Ich schrie wie am Spieß, griff nach dem Arm des Arztes und zerrte heftig daran. Sofort eilten zwei Schwestern herbei, um meine Arme festzuhalten und den Arzt von meiner Umklammerung zu befreien.
Er versetzte mir im Gegenzug noch ein paar weitere Spritzen. Ich werde nie vergessen, welchen Hass ich in diesem Moment dem Mann gegenüber empfand. Wenn ich gekonnt hätte, hätte ich ihm links und rechts eine Ohrfeige verpasst. Oder zumindest in die Hand gebissen. Ich glaube fast, dass ich letzteren Plan in die Tat umgesetzt habe.
Kaum setzte die örtliche Betäubung ein, rammte man mir eine Zange in den Hals, um beide Mandeln abzutrennen. Das Schlimmste war fast, dass man mir hinterher die beiden blutigen Bollen zeigte. Ich bin fast in Ohnmacht gefallen. Als ich dachte, ich hätte das Übel endlich hinter mich gebracht, drückte man mir noch einen Lappen mit Äther ins Gesicht, um

kurze Zeit darauf auch ein paar Rachenmandeln oder Polypen zu entfernen.
Irgendwann kam ich in einem fremden Zimmer wieder zu Bewusstsein. Mein Hals schmerzte ungeheuerlich. Ich lag mit meiner Schwester, der es nicht besser ergangen war als mir, in einem Sechs-Bett-Zimmer. Außer uns Kindern waren noch ein paar fast erwachsene junge Frauen im Zimmer. Eine davon war Amerikanerin und hatte wie wir eine Mandeloperation hinter sich. Sie hatte Freunde und Verwandte zu Besuch, die ihr große Eimer mit amerikanischer Eiskrem mitgebracht hatten.
Auch meine Schwester und ich mussten nicht lange auf unsere Portion warten. Eine Krankenschwester servierte jeder von uns ein Bällchen Vanille-Eis in der typischen Krankenhaus Metallschale. Ich ließ es enttäuscht stehen und schielte nur noch auf das Eimerchen der Amerikanerin, in dem sich all die Sorten befanden, die ich gern gegessen hätte.
Ich kann nur sagen, dass mein Vertrauen in die Erwachsenen seit diesem Erlebnis erheblich gesunken war. Meine Eltern waren sehr bestürzt, als sie vom Hergang unserer Operation erfuhren. Das Krankenhaus hatte wohl einen Fehler gemacht. Und für das Vanille-Eis konnten meine Eltern auch nichts. Trotzdem blieb ich fortan skeptisch, wenn man mir etwas versprach. Und das behielt ich mein Leben lang bei.
Als ich aus dem Krankenhaus entlassen wurde, fragte meine Mutter meine Schwester
„Nun, Katharina, was möchtest du denn gern essen?“
Sofort listete meine Schwester alles auf, was sie gern aß.
Auch ich wurde gefragt, wenn auch nur halbherzig und ein wenig resigniert. „Und du, Ulrike, hast du wenigstens ein bisschen Hunger? Vermutlich nicht. Was frage ich dich auch.“
Meine Mutter wusste nur allzu gut, dass ich für Essen nicht sonderlich viel übrig hatte.
Doch zu ihrem und meinem Erstaunen antwortete ich: „Frikadellen mit Bratkartoffeln und Karottengemüse.“
Das Mahl wurde zu Hause unverzüglich zubereitet, und ich aß bis zum letzten Bissen auf.
Seit der Mandeloperation habe ich übrigens nie mehr mein Essen verweigert. Im Gegenteil. Ich entwickelte einen so gesunden Appetit, dass ich alles nachholte, was ich in meiner frühen Jugend versäumt hatte.

Etwa zu dieser Zeit gab meine Mutter auch auf, mich gegen meinen Willen zum Herrenfriseur zu schleppen, um mir meine verhassten Bürstenhaarschnitte zu verpassen. Ich durfte endlich meine Haare wachsen lassen und beschloss in diesem Alter, nie mehr zum Friseur zu gehen. Sobald die ersten Zopfspangen auch nur annähernd in meine Haare passten, band ich mir links und rechts zwei kleine Rattenschwänzchen, auf die ich so stolz war, wie ein Sportler nach dem Erringen seiner persönlichen Bestzeit.

Nun war ich zumindest als Mädchen erkennbar, als ich am neuen Wohnort in einer neuen Schule meine weitere Ausbildung antreten sollte.
Meine Eltern waren mitten im ersten Schuljahr umgezogen, so dass ich zu einer Klasse stieß, in der ich als Neue eine Außenseiterposition einnahm. Als wäre dies nicht schon schlimm genug, setzte man mich neben einen kleinen Jungen, der in unserer Nachbarschaft wohnte. Er schob mir auf unserem gemeinsamen Pult auch sogleich freundschaftlich seine Bücher zu, damit wir beide hineinsehen konnten, bis ich meine eigenen bekam. Doch ich starrte stur an ihm vorbei und sprach in keiner Stunde ein Wort mit ihm. Wo war die weiße Linie? Warum waren Mädchen und Jungs nicht getrennt? Es war doch verboten, zu den Jungs zu schauen und mit ihnen zu spielen. Das hatte ich auf meiner Frankfurter Schule gelernt und eisern beherzigt. Und nun saß ich neben einem Jungen.
Meine Welt war aus den Fugen geraten. Sie hatte ohne die weiße Linie ihre saubere Ordnung verloren. Ohne sie fühlte ich mich völlig hilflos und meiner Richtschnur im Leben beraubt. Es fiel mir sehr schwer, mich an die Anwesenheit der Jungs in meiner Klasse und auf dem Schulhof zu gewöhnen.

Kapitel 2

„Die Ergebnisse unserer letzten Sitzung sind ja sehr interessant."
Es ist heute wieder sehr früh, und ich bin noch nicht wach genug, um bei der Sache zu sein. Herr Dr. Liebmann beugt sich hochmotiviert unter seiner Schreibtischlampe hindurch weit genug nach vorne, so dass er mich besser sehen kann.
„Sehen Sie, es ist in der Familie doch einiges vorgefallen, was die eine oder andere unbewusste Angst bei Ihnen erklärt."
Ich starre gelassen zurück. Trotz meiner Ausführungen in der letzten Sitzung finde ich, dass ich eine glückliche Kindheit hatte. Die vielen schönen Momente habe ich ihm gar nicht erzählt. Aber immerhin ist mein Arzt mit mir soweit zufrieden. Dr. Liebmann ist davon überzeugt, dass ich kooperiere und dankt es mir mit einem strahlenden Lächeln. Dass ich im Alter von vier Jahren fast ertrunken bin, scheint einem beruflichen Erfolg für ihn gleichzukommen. Ich gönne es ihm. Hätte ich damals geahnt, welche Freude ich einem Therapeuten noch Jahre später damit machen kann – ich hätte mir wahrlich noch mehr Mühe gegeben und mich sicherheitshalber noch mal in den Main geworfen.
„Fahren wir heute also fort. Was hat denn damals eine Veränderung bewirkt bei Ihnen? Sie standen ja im Schatten Ihrer Schwester. Wann haben Sie denn einmal angefangen, aus sich herauszugehen?"
„Das weiß ich noch ziemlich genau. Ich war im Prinzip dazu gezwungen worden ..."

Ich ging inzwischen in die dritte Klasse. Aber auch in der Schule erwies sich die Zeit der Baby-Boomer Generation als Nachteil. Wir waren unendlich viele Kinder in den damaligen kleinen Klassenzimmern. Farblose Wesen wie ich gingen nur allzu leicht in einer solchen Menge unter.
Es war einer der letzten Tage vor den großen Sommerferien. Die Hitze war unerträglich, und wir dämmerten in der Klasse, in der eine große Schmeißfliege brummend ihre Kreise zog, mehr und mehr vor uns hin. Vorne saß eine Mitschülerin, die dazu verdammt war, uns die Geschichte von Tom Sawyer vorzulesen, um die letzten Stunden tot zuschlagen.
Zwei Schulbänke neben mir saß ein kleiner Junge mit schokoladenbraunen Augen, dessen Gesicht voller Sommersprossen war. Seine Haare standen stachelig vom Kopf ab, weil er sich immer mit der Hand durchfuhr, wenn er

über etwas nachdachte. Er sah unverwandt zu mir rüber, als wir an die Stelle kamen, an der Tom seine große Liebe Becky zum ersten Mal küssen durfte.
Ich bemerkte mit großem Unbehagen, wie seine Gedanken eine mir unerklärliche Wendung nahmen, und er mir immer verträumtere Blicke zuwarf. Als die Stelle mit der Ohrfeige kam, hatte er den Kopf bereits in seiner rechten Hand ruhen und lächelte mich abstrakt an.
Als die Schulglocke zur Pause klingelte, folgte er mir auf den Pausenhof und verpasste mir einen feuchten Kuss auf die Wange. Reflexartig holte ich aus und verabreichte ihm eine schallende Ohrfeige. Irgendwie schien der Junge daran jedoch keinen Anstoß zu nehmen. In der Geschichte von Tom Sawyer und Becky Thatcher war es schließlich auch so gelaufen. Er kam immer wieder auf mich zu, um sich eine neue Ohrfeige abzuholen. Leider war ich mit meinen acht Jahren noch zu jung, um zu erkennen, dass es seine hilflose Art war, meine Aufmerksamkeit zu wecken. Er war viel zu schüchtern, um mich zu fragen, ob er mich mal nach Hause begleiten könne. Und ich verstand nicht, wieso er solchen Spaß daran hatte, sich von mir schlagen zu lassen.
Heute verstehe ich die Zusammenhänge und habe das Gesicht mit den Sommersprossen und den schokoladenfarbenen Augen nie vergessen. Der Junge gab auch nach den Sommerferien nicht auf. Immer wieder spitzte er die Lippen zum Kuss und verfolgte mich kreuz und quer über den Schulhof.
In meiner Not – und um ihn von körperlichen Übergriffen abzulenken – fing ich an, irgendetwas zu erzählen. Der Junge stutzte kurz, aber er hörte zu und ließ von seinen Kussversuchen ab. Ich sprach und sprach und sprach, als müsste ich wie Sheherazade durch eine spannende Erzählung mein Leben retten. Allerdings musste ich dieses Ziel in weit weniger als 1001 Nächten erreichen. Ich hatte dafür nur die 15minütige Schulpause zur Verfügung. Doch es gelang. Eh sich der verliebte Klassenkamerad versah, war die Pause rum, und wir eilten in die Klasse zurück.
Ich hatte dabei eine wichtige Erkenntnis gewonnen: Wenn man rhetorisch versiert war, konnte dies zuweilen durchaus vorteilhaft, wenn nicht lebensrettend sein. Von diesem Moment an sprach ich und habe diese Gabe im Erwachsenen-Alter so perfektioniert, dass ich für meine Redekunst weit und breit gerühmt werde.
Genauso unvergesslich wie der kleine Junge wird mir eine meiner Sportstunden an dieser Schule bleiben. Wir hatten ein großes Trampolin

bekommen, das unsere Lehrerin gern mit uns ausprobieren wollte. Sie ließ uns alle darauf zu laufen und auf einem Sprungbrett abspringen. Von dort aus sollten wir auf das Trampolin hüpfen und dann einen großen Satz auf eine Puddingmatte machen, die in einigem Abstand bereit lag. Den meisten gelang diese Übung auf Anhieb. Nur mich, die ich sehr verhalten und ängstlich loslief, konnte das Trampolin nur sachte in Richtung Puddingmatte schleudern.
Die Lehrerin war der Ansicht, ich bräuchte mehr Anlauf und ließ mich schließlich quer durch die Halle auf das Sprungbrett zustürmen. Was ich auch hochmotiviert tat, um mir eine gute Note zu sichern. Vom Sprungbrett aus machte ich einen enormen Satz auf das Trampolin, das mich nun unverzüglich hoch in die Luft katapultierte und weit hinter der Puddingmatte mitten auf dem Gesicht und dem Brustkorb landen ließ.
Sofort zogen sich meine Lungen zusammen, so dass ich keine Luft mehr bekam. Ich rollte mich auf den Rücken und würgte und würgte. Ich konnte nicht mehr einatmen. Die Köpfe sämtlicher Mitschüler und der der Lehrerin waren besorgt über mich gebeugt. Jeder sprach auf mich ein und gab mir Ratschläge, während ich langsam blau anlief und mir überlegte, ob mein Trampolinsprung der letzte nennenswerte Höhenflug meines Lebens bleiben sollte. Es dauerte eine ganze Weile, bis sich mein Brustkorb so weit entspannte, dass ich gurgelnd wieder Luft einsaugen konnte. Von genau diesem Tag an, fürchtete ich mich vor dem Schulsport.
Ich sollte Zeit meines Lebens eine panikartige Aversion gegen jegliche Sportart haben, bei der ich nicht mit beiden Füßen fest auf dem Boden bleiben konnte.
Und damit war klar, dass ich nie eine nennenswerte Sportlerin werden würde. Radfahren, Rollschuhlaufen, Skifahren, Schlittschuhlaufen – all diese Dinge flößten mir Grauen und Angst ein, weil ich sofort darüber nachdachte, dass ich dabei bei meinem Geschick sehr wohl ums Leben kommen oder mir zumindest erhebliche körperliche Schäden zufügen konnte.
Für Sportarten, die jede nur erdenkliche Größe eines Balles involvierten, war ich ebenfalls denkbar ungeeignet, weil mir jegliches Gefühl für Fangen und Werfen oder den Gebrauch eines Schlägers fehlte. Also kamen für mich auch Tennis, Federball, Basketball und Handball nicht mehr in Frage. So trug es sich zu, dass ich stets die Gesichtsfarbe wechselte und nach

einem Grund suchte, mich den weiteren Übungen zu entziehen, wann immer ein Lehrer Geräte für ein Zirkeltraining in der Sporthalle aufbaute.
Es ist nicht weiter verwunderlich, dass ich schnell eine sehr unbeliebte Schülerin wurde. Unter Kindern sind natürlich nur diejenigen die Helden, die im Sport gute Leistungen zeigen. Ich gehörte nicht dazu und kam im Zeugnis immer nur sehr knapp an der Note 5 im Schulfach Sport vorbei. Die kompletten 13 Jahre meiner Schulausbildung lag ich Nächte lang schlaflos in meinem Bett und zählte die Tage, bis ich wieder in die Turnhalle musste. Ferien gewannen so eine völlig neue Bedeutung für mich. Sie ließen mich für einige Zeit nachts etwas mehr seelischen Frieden finden.

Kaum waren Erlebnisse wie diese verarbeitet, gab es wieder wichtige Einschnitte in meinem noch jungen Leben. Im Gegensatz zu vielen anderen Menschen traten diese wegweisenden Momente bei mir nicht an bedeutenden Orten oder zu bemerkenswerten Zeiten ein. Einer davon vollzog sich auf dem Gästeklo im Haus meiner Eltern.
Ich werde nie den Tag vergessen, an dem ich auf dem Toilettenpapier die ersten Blutstropfen entdeckte. Ich blutete zwischen den Beinen. Sofort war mir klar, dass ich dem Tod geweiht war und aufgrund innerer Blutungen in Kürze sterben musste.
Ich blieb auf dem hochflorigen Teppich, den man in den 60er Jahren vor nahezu jeder Toilettenschüssel als Auslegware liegen hatte, einfach sitzen und ergab mich mein Schicksal. Ich wusste nicht, wie ich meiner Mutter mitteilen sollte, dass ich sterben würde. Also beschloss ich mal wieder, das Problem auszusitzen. Die Taktik war mir vertraut, und sie hatte sich bereits zuvor bewährt. Stumm saß ich blutend im Gästeklo, bis meine Mutter misstrauisch anklopfte und mich überredete, mal wieder herauszukommen.
„Ulrike, ist dir schlecht? Ist alles in Ordnung? Mach doch mal die Tür auf."
„Nein, Mammi, ich kann nicht, ich sterbe gerade."
„Aber Unsinn, du stirbst doch nicht auf dem Klo. Nun mach' schon die Tür auf. Wieso solltest du sterben? Wie kommst du nur auf so dumme Ideen?"
„Ich blute zwischen den Beinen, Mammi, und das hört nicht mehr auf."
Schnell wurde geklärt, dass ich noch einige gute Jahre in Aussicht hatte und lediglich zu menstruieren angefangen hatte.
Und so musste ich mich schon im zarten Alter von acht Jahren mit dicken Damenbinden beschäftigen. Tampons gab es zu dieser Zeit noch nicht. Das

einzig Gute daran war, dass ich fast alle drei Wochen so heftige Menstruationsbeschwerden hatte, dass ich in diesen Phasen vom Schulsport freigestellt wurde. Ich begann sofort, mich über die Veränderung in meinem Körper zu freuen, auch wenn sie mir nicht selten fürchterliche Schmerzen beschied.

Ich befand mich auf dem Weg, eine Frau zu werden. Mein Körper fing an, sich entsprechend auszuformen. Es wurde eine Taille sichtbar und meine Brüste begannen zu wachsen, auch wenn ich im Prinzip noch ein Kind war. Doch so schnell wie die Brüste angefangen hatten zu wachsen, so schnell stellten sie das Wachstum auch wieder ein. Ich bin nie über eine Körbchengröße A hinausgekommen. Natürlich habe ich auch die eine oder andere emotionale Veränderung durchlaufen. Ich musste plötzlich weinen, wenn ich im Fernsehen Lassiefilme sah, wenn Fury ein Abenteuer mit Erfolg bestand oder der Kleine Dicke Ritter aus der Augsburger Puppenkiste einen Widersacher bekämpfte. Wenn ich Aufmunterung in meiner trüben Stimmung suchte, bevorzugte ich Sendungen wie der Hase Cäsar, die Kleinen Strolche, das sonntägliche Zauberkarussell oder die Familie Feuerstein.
Auch wenn mein Körper Eile bei der Reifung zeigte, war ich im tiefsten Inneren eben immer noch ein Kind. Trotzdem begann ich auch über Jungs nachzudenken, die ich inzwischen in ihrer Existenz akzeptiert hatte, die sich aber für mich imaginär immer noch jenseits einer abstrakten weißen Linie befanden.
Gerade als ich mich mit dem Gedanken anfreundete, Jungs etwas stärker zur Kenntnis zu nehmen, befand der Schulzahnarzt, dass ich eine Spange tragen müsse. Zu dieser Zeit hatten nur ganz wenige Kinder eine Zahnspange. Ich war eines davon und stand deshalb wieder als Außenseiter am Rande des Geschehens. Keiner wollte mit einem Mädchen, das eine Zahnspange trug, etwas zu tun haben. Jedenfalls nicht in diesem Alter. Kinder können da sehr grausam sein.
Zu etwa derselben Zeit wurde meiner Schwester eine Brille verschrieben. Auch das war damals eher ungewöhnlich. Die Brillenmodelle waren auch nicht mit den modischen Gestellen der späteren Jahre zu vergleichen. Eine Brille war genauso eine Krücke wie eine Zahnspange. Und wir beiden Schwestern hatten jeder eine solche Krücke zugewiesen bekommen. Wir litten unsäglich darunter. Ich für meinen Teil wandte mich unverzüglich

wieder von den Jungs ab, die mich jetzt ansahen, als sei ich ein seltsames Blechspielzeug. Meine Schwester nahm ihr Schicksal mit einem Schulterzucken hin.

Als ich kurze Zeit darauf aufs Gymnasium wechselte, konnte ich meine bislang erlernten Lektionen noch etwas vertiefen. Ich war nun etwa 10 Jahre alt. Die Zahnspangen war ich wieder los, und meine Haare reichten mir sogar schon bis zur Schulter. Ich durfte sie immer noch wachsen lassen. Nur ein Pony hatte ich, das immer wieder nachgeschnitten werden musste. Meine Mutter übernahm diese Aufgabe, weil ich mich ja weigerte, jemals wieder einen Friseursalon zu betreten. Da sie in der Handhabung der Küchenschere nicht wirklich kunstfertig war, schnitt sie mir immer wieder kleine Scharten in die Stirnfransen. Zum Ausgleich musste das Pony natürlich nachgeschnitten werden. Meist korrigierte sie so lange, bis ich nur noch wenige Zentimeter Haar auf der Stirn hatte und aussah wie ein mäßig intelligentes Insekt. Der Spott der Klassenkameraden war damit für mehrere Wochen gesichert.
In Zeiten wie diesen war ich geneigt, meinen Entschluss, nie wieder zum Friseur zu gehen, doch noch einmal zu überdenken. Aber ich entschied mich dann, lieber die Stirnhaare raus wachsen zu lassen. Somit war ich zwar immer noch keine Schönheit, aber ich fiel auch nicht mehr unangenehm auf. Ich blendete wieder nahtlos in meine diffuse Umwelt ein.
So konnte ich es mir auch leisten, einen Klassenkameraden, der für fast ein halbes Schulhalbjahr durch eine Krankheit zu Hause bleiben musste, ab und zu zu besuchen, ohne dass mir jemand zarte Gefühle unterstellte. Ich brachte einfach Hausaufgaben mit und versuchte, den Jungen einigermaßen im Schulpensum auf dem Laufenden zu halten, weil er mir leid tat. Er hat sich damals nie sonderlich für meine Bemühungen bedankt.
Aber ein anderer Junge aus meiner Klasse war in zarter Leidenschaft zu mir erblüht und stahl sich in einer Mathematik-Stunde auf den freien Platz neben mir, auf dem normalerweise eine Freundin saß, die aber an jenem Tage erkrankt war. So trug es sich zu, dass es mitten in den Ausführungen des Lehrers rund um die Multiplikation von Brüchen zu einem Handgemenge zwischen mir und diesem jungen Galan kam. Er wollte mich küssen, ich verpasste ihm eine schallende Ohrfeige, wie ich es aus der Grundschule gelernt hatte. Der Lehrer wirbelte nur so zu uns herum –

gerade rechtzeitig, um meinen Klassenkameraden daran zu hindern, den Schlag zu erwidern. Natürlich war es eine Frage der Ehre, dass mein tätlicher Angriff nicht ungesühnt bleiben durfte.

Kaum läutete die Hofglocke den Schulschluss ein, schon stürmten wir beide aus der Klasse hinaus. Der tiefbeleidigte Junge folgte mir dicht auf den Fersen durch die Korridore meiner Schule, durch die ich auf der Jagd nach einem Fluchtweg hetzte.

In meiner grenzenlosen Not riss ich eine der Klassentüren auf und rannte hinein. Dort wurde ich voller Froh vom Leiter des Schulchors begrüßt, der mein stürmisches Eindringen als Interesse an einer Mitgliedschaft fehl interpretierte. Und so fand ich meine gerechte Strafe und musste ein Jahr im Schulchor Spirituals singen. Ich lernte dabei zwar mäßig singen, allerdings war es mir eine Lehre, Jungs fortan nie wieder zu ohrfeigen. Auch nicht im äußersten Notfall.

Kapitel 3

„Halten wir das heute noch einmal fest." Herr Dr. Liebmann beginnt die heutige morgendliche Sitzung mit einer kurzen Zusammenfassung. „ Sie haben schon in sehr frühem Alter negative Erlebnisse mit ihrer Sexualität gehabt. Das dachte ich mir gleich."
Ich hebe überrascht den Kopf und studiere das Gesicht meines Arztes. Ich bin mir nicht sicher, ob mir die Spur, die wir hier verfolgen, gefällt.
„Erstaunlich auch, wie früh sie schon menstruiert haben." Mein Arzt lässt sich tief beeindruckt in seinen Stuhl zurücksinken und nimmt die Brille ab. Er mustert mich eine ganze Weile stumm, bevor er sie wieder aufsetzt und sich Notizen macht.
„Wirklich erstaunlich. Dann sind sie ja viel zu früh in die Pubertät gekommen. Das war sicher nicht einfach für Sie. Hatten Sie denn dann auch schon sehr früh sexuelle Beziehungen angefangen?"
Ich muss fast grinsen. Wenn er wüsste...

Im zarten Alter von 12 Jahren war mein Körper restlos ausgereift und meine Pubertät so gut wie abgeschlossen. Auch seelisch hatte ich einen gewissen Reifeprozess durchlaufen, der zur Folge hatte, dass ich mich von den Kinder-Fernsehprogrammen mehr und mehr verabschiedete und mich den vorabendlichen Familienserien zuwandte.
Meine Schwester und ich hatten jetzt ein Faible für Sendungen wie „Bezaubernde Jeannie" entwickelt und wurden es nie müde, uns über den stets verwunderten Doktor Bellows zu amüsieren, der mit Jeannies Streichen restlos überfordert war. Auch die „Monkees" hatten es uns angetan, weil die jungen US-Musiker für die damaligen Verhältnisse recht wild und alternativ waren. Ansonsten erlaubten unsere Eltern uns noch, Serien, wie „Immer, wenn er Pillen nahm", „Renn, Buddy, Renn" oder „Verliebt in eine Hexe" zu verfolgen. Und noch heute kann ich mich an den Titelsong von „Tammy, das Mädchen vom Hausboot" erinnern. „Hörst du den Südwind, er flüstert dir zu, Tammy, Tammy ...." Meine Schwester Katharina zeigte zu dieser Zeit auch schon ein ausgeprägtes Interesse für Little Joe aus „Bonanza", während ich auf den unangepassten, glutäugigen Zigeuner aus „Rinaldo Rinaldini" stand.
Nur die Serie „Mit Schirm, Charme und Melone" war uns verboten. Unsere Eltern waren der Meinung, dass das Geschehen für junge Gemüter zu

grausam sei. Und dann faszinierten uns die Abenteuer von „Raumpatrouille ORION", in denen Eva Pflug hier und da ein umgestyltes Bügeleisen zur Hand nahm, um technische Wunder einzuleiten. Natürlich war diese Serie nicht mit dem amerikanischen Vorbild „Raumschiff Enterprise" zu vergleichen. Dort konnte Scotty beamen, während Uhura die typisch weibliche Rolle einer Telefonistin innehatte, die Signale aus dem All empfing. Natürlich tauschten wir uns jeden Morgen in der Schule mit unseren Klassenkameraden über diese bahnbrechenden Sendungen aus.
Zu dieser Zeit hatte ich bereits eine gewisse Reife. Ich zählte neben einem weiteren Mädchen zu den Größten in meiner Klasse, was mir den zweifelhaften Ruhm einbrachte, im Sportunterricht immer als Erste bei allen Übungen an die Reihe zu kommen. Mein sportliches Unvermögen erhielt somit ein Rampenlicht, auf das ich gern verzichtet hätte. Hinzu kam, dass ich inzwischen deutlich hormonell geprägte Empfindungen zum männlichen Geschlecht entwickelte, die keineswegs erwidert wurden.
Die Jungs in meiner Klasse waren einen Kopf kleiner als ich und kamen als potenzieller erster Freund für mich nicht in Frage. Die älteren Jungs in den höheren Klassen übersahen mich geflissentlich. Und doch sollte ich in dieser Zeit meiner ersten großen Liebe begegnen.
Ich traf ihn in einem Buch von Karl May. Es war der Band „Winnetou 1", wo mir der stolze Häuptling der Apatschen vor meinem geistigen Auge auf seinem schwarzen Rappen Iltschi entgegenritt. Der edle Indianer hatte langes, seidiges schwarzes Haar, das ihm fast bis zur Hüfte ging. Um den Kopf hatte er ein Band aus Klapperschlangenleder geschlungen. Seine Haut war bronzefarben, die Augen tief schwarz. Wie es sich für einen tapferen Indianerhäuptling gehörte, war sein Körperbau männlich und athletisch. Und im Gegensatz zu mir wusste der Indianer seinen Körper sportlich bis zur Perfektion einzusetzen.
Winnetou war der Held von unzähligen Karl May Bänden, die ich ab sofort förmlich verschlang. Ich wollte diesem Mann nahe sein, der alles wusste, ein guter Mensch und tapferer Held war und im Übrigen nur die nötigsten Worte sprach.
Was mich am meisten an ihm faszinierte, war, dass er anhand eines zerdrückten Käfers genau die Spur bestimmen konnte, auf der ein Feind des Weges gekommen war. Überhaupt hatte der Indianer ein Orientierungsvermögen, das seinesgleichen suchte. Wenn er sich mitten in den Weiten Amerikas mit seinem Blutsbruder Old Shatterhand

verabredete, dann trafen beide auf die Minute und auf den Zentimeter genau aufeinander. Ohne Uhren, ohne Wegweiser, ohne Navigationshilfen wie Kompass, Sextant oder GPS. Das war eine atemberaubende Kunst, die ein junges Mädchen wie mich mehr als beeindruckte.
Mit all diesen bewundernswerten Eigenschaften und aufgrund seines exotischen Äußeren hatte dieser Indianer mein Herz im Sturm erobert und prägte das Männerbild, dem ich völlig verfiel und Zeit meines Lebens nachjagen sollte. Jeden Abend bei der Lektüre meiner Karl May Bücher sah ich mich kurz vor dem Einschlafen in meiner Phantasie in einem Indianerzelt sitzen. Ich gerbte Bärenfelle und stickte Perlen auf die Kleidung meines Helden, wenn ich nicht gerade am Fluss seine Kleider wusch oder eine Bärentatze filetierte, die ich ihm am Lagerfeuer zubereiten würde.
Ich brannte förmlich vor Eifersucht, als Winnetou sich einmal in seinem Leben verliebte und seine große Liebe zum Glück an seinen Freund Old Firehand abtreten musste. Immer wieder las ich sämtliche Bände, in dem mein geliebter Indianer erwähnt wurde, und hatte in jedem Buch mit Bleistift vermerkt, auf welcher Seite er endlich in Erscheinung trat und mir in meiner Phantasie entgegentritt.
Nur einen Band las ich nur ein einziges Mal. „Winnetou 3", den Band, in dem mein Indianer auf dem Höhepunkt seiner Schaffenskraft starb. Ich fiel nach der Lektüre dieses Bandes in tiefe Depression und konnte lange Zeit weder essen noch schlafen. Also fing ich mit einem neuen Band an, in dem Winnetou lebte und gab mich der Illusion hin, dass er nie wirklich gestorben sei. Ich besaß sogar ein paar Bilder eines wunderschönen Indianers, die ich als Lesezeichen immer in meine Bücher steckte, damit Winnetou auch bildlich immer bei mir war.
Es war diese einfache literarische Figur, auf die ich für den Rest meines Lebens so intensiv geprägt bleiben sollte wie eine junge Ente, die den ersterblickten Gegenstand unbeirrt als Mutter ansehen wird und nie wieder etwas anderes an dessen statt akzeptieren würde. Mein Beuteschema für Männer stand unverrückbar fest: Der Held meiner Träume musste dunkle lange Haare und dunkle Augen haben und idealerweise ein Band oder Tuch um den Kopf tragen. Die Haut sollte eine leichte Bräunung vorweisen, der Körper musste durchtrainiert und sportlich sein.

Es handelte sich genau um den Männertyp, der im Rhein-Main-Gebiet besonders rar war. Hätte ich mich in den blonden, blauäugigen Old Shatterhand verliebt, der im Übrigen etliche Seiten vor Winnetou durch meinen ersten Karl May Band geritten war, hätte ich mich auf der späteren Suche nach einem Lebenspartner sicherlich leichter getan. Aber mit Macht zog es mich zu seinem exotischen Bruder hin.
Dies macht es sicherlich auch nachvollziehbar, dass ich über weite Teile meines Lebens Single geblieben bin. Ich hielt hartnäckig nach dem immer gleichen Traummann Ausschau, der unter allen Burkhards, Horsts und Eberhards der Nachbarschaft einfach nicht auftauchen wollte.
Was blieb mir also übrig, als in die Traumwelt meiner Bücher zu fliehen, um meiner großen Liebe dort für ein paar Seiten nahe zu sein?
Obwohl ich noch immer eine schlechte Schläferin war, ging ich nun gern früh zu Bett und stand morgens später auf, nur um noch ein paar Seiten lesen zu können. Ich hörte auf, meine Schwester zu beneiden, die im Gegensatz zu mir über einen äußerst gesunden Schlaf verfügte und gern bis in den Tag hinein schlummerte. Manchmal unterhielten wir uns auch vor dem Einschlafen und malten uns romantische Geschichten aus, in denen wir beide mit ein paar Traumprinzen zärtlich verbunden waren.
Ich liebte diese Zeit, in der ich das Zimmer mit meiner Schwester teilte. Nie hätte ich ein eigenes Zimmer haben wollen, obwohl es im Haus meiner Eltern durchaus eines für mich gegeben hätte.
Wenn unsere Gespräche verstummten, weil meine Schwester eingeschlafen war, lag ich manchmal noch lange wach und dachte mir meine eigenen kleinen Spielfilme aus, in denen ich eine schöne Frau war und meinem Indianer begegnete. Ich lies die Filme immer beim ersten Kuss enden, weil ich keinerlei Vorstellung davon hatte, wie es dann weitergehen sollte. Und dann malte ich mir in meiner Phantasie einen neuen Film mit einem neuen Abenteuer aus, das wieder zu einem heißen Kuss führte.
So gut ich mich mit meiner Schwester auch nachts verstand, tagsüber war es oft ganz anders. Meine Schwester hatte sich längst ein eigenes Leben mit einem eigenen Freundeskreis aufgebaut, in dem ich kaum mehr eine Rolle einnahm.
Manchmal spielte sie noch mit mir. Nicht selten überredete sie mich dabei, doch mal kurz in unseren Kleiderschrank zu kriechen. Sie kannte meine Angst vor dunklen engen Räumen zwar gut, doch gelang es ihr immer wieder, mich zu überreden. Sie versprach, die Schranktür nicht zu

schließen oder zumindest nach nur einer Sekunde zu öffnen. Und immer blieb die Schranktür zu, wenn ich einmal zwischen den Kleiderbügeln im Dunkeln stand. Trotzdem fiel ich immer wieder auf die Versprechungen herein und kroch weiterhin in den Kleiderschrank. Ich spielte lieber alles mit, als allein zu sein. Denn mein Freundeskreis war längst nicht so groß wie der von Katharina.
Manchmal beschäftigte ich mich mit einem Mädchen aus der Nachbarschaft mit Gummi-Twist, bei dem ich mich nicht sehr geschickt anstellte. Im Gegensatz zu meiner Schwester, die motorisch viel begabter war als ich. Da meiner Mutter meine Defizite keineswegs entgangen waren, beschloss sie eines Tages, mich zum Ballettunterricht anzumelden.

Meine Mutter war zu der Überzeugung gelangt, dass ich steif und ungelenkig sei. Ein nicht ganz ungerechtfertigter Eindruck. Sie beschloss also, mich zwecks körperlicher Schulung in den Ballett-Unterricht zu stecken. Dies geschah natürlich unter lautem Protest.
Mehrmals in der Woche wanderte ich dann zum Privathaus einer älteren Dame, die während des zweiten Weltkriegs mit ihrer Ballett-Truppe durch sämtliche Kasernen der GIs getingelt war. Sie wies uns nun in die Grundregeln des klassischen Balletts, aber auch in die Geheimnisse des Show-Tanzes ein. Dazu gehörten Volkstänze, Steptanz und vieles mehr.
Nach wenigen Jahren formierte die alte Dame aus den talentiertesten und ältesten von uns eine kleine Gruppe, mit der sie fortan zu Auftritten fuhr. Ich gehörte aufgrund meines ausgereiften Körperwuchses mit dazu und musste für die Auftritte einfach etwas älter gestylt werden. Dazu trugen wir Mädchen viel Make-up, die gleichen blonden Perücken und sehr aufwändige Kostüme. Diese nähte unsere Trainerin alle von Hand und bestickte sie in mühseliger Fleißarbeit mit Pailletten, Perlen und Strass. Ihr Mann hatte im Keller des Hauses eine kleine Werkstatt und machte für jedes Mädchen der Truppe die passenden Schuhe zu jedem einzelnen Kostüm.
Ich war völlig gefesselt von den wunderschönen Kostümen, die mich an die Prinzessinnenkleider meiner Schwester erinnerten, die mir in meiner frühen Kindheit vorenthalten worden waren. Eines Tages wollte ich ein solches Kostüm tragen und damit auf den Brettern stehen, die die Welt bedeuten. Ich wollte im Rampenlicht stehen und der Inbegriff von Grazie

und Anmut sein. Für dieses Ziel gab ich mein Bestes und erschien fast jeden Nachmittag in der Woche zum Training.
Im Wohnzimmer des Ehepaares fanden die Ballett-Stunden statt. Das Zimmer war natürlich bis auf zwei riesige Spiegel und die langen Ballett-Stangen völlig leer geräumt. Und dort übten wir alle unsere Tänze zu den Klängen eines Tamburins, auf dem unsere Trainerin mit einem Holzklöppel den Takt vorgab.
„Und eins, und zwei, und drei, und vier – Pas de Chat, Pas de Bourré.“
Es dauerte auch nicht lange, da bekamen wir unsere ersten Engagements. Mit Erlaubnis unserer Eltern durften wir Mädchen dann zu den Veranstaltungen fahren. Unser Trainerpaar hatte dafür einen VW-Bus, mit dem wir dann nachmittags losfuhren und in der Regel erst nachts wieder nach Hause kamen.
Es war eine herrliche Zeit. Ich liebte die Auftritte mehr als alles andere. Nichts ging über den Geruch von Staub und altem Make-up hinter den Bühnen. Die Garderoben hatten wie in den alten Hollywood-Filmen diese Schminkspiegel, die mit Leuchtbirnen umrandet waren. Ich fühlte mich wie in einer anderen Welt und war von den Brettern, die die Welt bedeuten, restlos eingenommen. Ich beherrschte meine Schritte im Schlaf und war auf der Bühne auch nicht mehr das schüchterne Mädchen, das im Schatten der älteren Schwester stand.
Dafür stand ich im Schatten von Judith. Judith war ein etwas naives Mädchen, hatte enorme Brüste und besaß eine Brille, ohne die sie nahezu blind war. Zu dieser Zeit gab es noch keine Kontaktlinsen, und so musste Judith mit dem Handicap ihrer Kurzsichtigkeit umgehen, wenn sie ohne ihre schwere Sehhilfe blind auf der Bühne ihre Schritte vollzog. Sie kam deshalb auch meist als eine der letzten auf die Bühne und stand in zweiter Reihe, damit sie sich an uns festhalten und orientieren konnte.
Bei einem unserer Auftritte war es dann anders. Wir mussten bis nach Hannover fahren und standen auf der gesamten Strecke in einem Stau nach dem anderen. Bis wir unser Ziel erreicht hatten, war die Musikprobe mit dem Orchester längst vorbei.
Da die Ballettgruppe immer die erste Nummer einer Veranstaltung war, mussten wir im Prinzip sofort auf die Bühne.
In großer Hast wurden das Make-up aufgetragen, die Perücken auf dem Kopf justiert und die Kostüme – in dem jeweils die Namen der Trägerinnen eingestickt waren – verteilt. Es handelte sich um besonders schöne weiße

fließende Kostüme mit einem üppigen Federputz für den Kopf. Wir nahmen Aufstellung und bereiteten uns auf unseren Auftritt vor.
Das Besondere an diesem Auftritt war, dass es sich bei der Bühne um eine Wasserbühne handelte. Sie befand sich mitten in einem nicht allzu tiefen See. Am Ufer saßen die Zuschauer, auf der Bühne befand sich das Orchester unter einer überdimensionalen Muschel, vor der wir zu dem Lied „There is no business like show business" unsere Kunst darbieten sollten.
Aufgrund der großen Hektik kam es allerdings zu einem geringfügigen Fehler in der Aufstellung unserer Gruppe, der zur Folge hatte, dass die vollbusige Judith als erste hinaus musste. Sie streckte unbeholfen die Arme ein wenig aus, griff suchend ins Leere und trat mutig zu ihrem Auftritt an. Wir defilierten am Orchester vorbei und schritten auf den Rand der Bühne zu. Alle fanden in kürzester Zeit zu ihrer Position. Außer Judith. Die bewegte sich ohne Aufenthalt immer weiter geradeaus auf den Bühnenrand zu. Und dort geschah es. Blind wie ein Maulwurf konnte Judith die Abgrenzung der Bühne im diffusen Bild ihrer Wahrnehmung nicht ausmachen und stürzte Kopf über in den See.
Zunächst erschien nur der Federschmuck ihrer Kopfbedeckung an der Wasseroberfläche, dann tauchte Judiths Kopf auf. Schwimmend versuchte sie, einen Ausweg aus ihrer Not zu finden. Doch da sie nur unscharfe Konturen ausmachen konnte, schwamm sie mehr oder weniger ständig an der Bühne auf und ab, bis ein mitleidiger Bühnenarbeiter sie tropfnass aus dem Wasser fischte.
Wir mussten währenddessen weitertanzen. The show must go on. Aber wir haben selten so viel Applaus bekommen.
Beinahe so viel wie nach dem spanischen Gardetanz, den wir in einem Festzelt hinlegen mussten. Auch hier hatten wir uns mit unserem Tournee-Bus so verspätet, so dass wir uns bereits während der Fahrt schminkten. Gleich nach der Ankunft warfen wir dem Orchester noch schnell die Noten zu unserem Tanz zu, und schon wurden in der Garderobe eilends die Perücken aufgesetzt und die Kostüme verteilt. Es handelte sich um einen Zweiteiler mit einem netten Minirock und einem passenden Bolero-Jäckchen. Aufgrund der großen Eile wurde mein Oberteil mit Judiths vertauscht. So saß meines wie ein Zirkuszelt an meinem schmalen Körper, während das von Judith hauteng und bauchfrei war. Ich beneidete sie um ihr Kostüm.

Doch der Neid war nur von kurzer Dauer. Wir stellten uns nebeneinander auf der Bühne auf, hielten uns in einer Tanzriege an der Schulter und schmissen die Beine zu den Klängen des Gardetanzes „Malaga“ munter in die Höhe. Nach wenigen Augenblicken pfiff das Publikum vor Begeisterung und applaudierte frenetisch.
Wir waren als Gruppe zwar nicht schlecht, aber es war doch ein wenig verdächtig mit dem Zuspruch. Misstrauisch schielte ich an der Reihe unserer synchron tanzenden Mädels entlang – bis mein Blick Judith traf.
Ihr war inzwischen das Oberteil so weit hochgerutscht, dass der Blick auf ihre wogenden Brüste in einem weißen BH frei wurde. Ich weiß noch genau, dass wir von den vielen Zugaben völlig erschöpft waren. Auf die Frage, warum Judith ihr Oberteil nicht einfach festgehalten habe, erwiderte sie nur: „Ich wollte nicht auffallen. Eine solche Handbewegung war doch in der Choreographie gar nicht vorgesehen.“
Sie hatte es lieb gemeint, auch wenn ihre Taktik nicht ganz aufgegangen war.
Doch am meisten Applaus bekamen wir, als wir im Rahmen einer Varieté-Veranstaltung einen French Can Can darboten. Für diesen frivolen Tanz trugen wir trägerlose Korsagen an schwingenden Rüschenröcken. Mein Oberteil musste ich mit Söckchen ausstopfen, die sich nicht selten von allein daraus befreiten und dann im Publikum oder auf der Bühne landeten. Judith musste nichts ausstopfen. Aber bei dieser Veranstaltung schossen ihre Brüste über das Ziel hinaus und befreiten sich wie von selbst bei einer schwungvollen Drehung aus dem einzwängenden Kostüm. Sie beendete den Tanz mit nackten Brüsten und wurde als Star unserer Truppe gefeiert. Zum Glück konnte sie die Männer, die im Publikum außer Rand und Band gerieten, nicht sehen. Ich an ihrer Stelle wäre gestorben. Bei meiner Brust bestand allerdings nie die Gefahr, dass etwas über den Kostümrand wippen würde. Und falls doch, hätte wohl keiner im Publikum über die Distanz hinweg diese kleinen Wölbungen ausmachen können.
Und so wurden wir berühmter und berühmter und wandelten auf den bewundernswerten Spuren so mancher Showgrößen. Zumindest traten wir einmal kurz nach David Cassidy, dem Star aus der Fernsehserie „Die Patridge Familie“, auf der gleichen Bühne auf. In Andenken an diesen denkwürdigen Zufall hängte ich einen Starschnitt aus der Bravo in das gemeinsame Zimmer von meiner Schwester und mir.

Aber auch finanziell lohnte sich meine Mühe. Für eine Schülerin verdiente ich viel Geld mit diesem Hobby. Für drei Tänze kassierte jede von uns zwischen 20 und 50 Mark, inklusive warmer Mahlzeit, Pralinen und einem Blumenstrauß. Das war damals sehr viel. Und wir Tänzerinnen hatten riesigen Spaß an dieser Arbeit.
Keiner staunte mehr über mich als meine Eltern. Sie wussten nur allzu gut, dass ich ein unscheinbares, stilles und sehr zurückhaltendes Mädchen war. Und nun stand ich im Rampenlicht.
Natürlich gehörte Mut dazu. Aber ich stand ja nicht wirklich selbst vor dem Publikum, wenn ich die Bühne betrat. Ich versteckte mich hinter der Rolle einer Tänzerin, und war mit Perücke und Make-up nicht mehr als ich selbst zu erkennen. Ich schlüpfte einfach für wenige Minuten, die ein Tanz auf der Bühne dauerte, in die Figur einer Frau, die von anderen bewundert und beklatscht wurde. Es gab meinem Selbstbewusstsein enormen Aufschwung, auch wenn ich lernte, dass man mit Körbchen-Größe A gegen ein Doppel-D-Körbchen wenig auszurichten hatte. Auch im Showbiz nicht.
Nur wenn ich die Perücke wieder absetzte, das Make-up entfernte und mein schillerndes Bühnenkostüm wieder auf den Kleiderbügel hängte, wurde ich wieder ich selbst. Ein junges Mädchen, das hinter einer imaginären weißen Linie den anderen beim schönen Leben zusah und ihr eigenes Glück immer nur fand, wenn sie sich in die Phantasiewelt ihrer Bücher flüchtete.

So wuchs ich heran, und es sollte nicht lange dauern, bis es wieder zu einem prägenden Ereignis in meinem Leben kam. Im Alter von 12 Jahren, verband mich eine tiefe Freundschaft zu einem der hübschesten Mädchen meiner Klasse. Sie hieß Britta und war wie meine Schwester Katharina ein besonderes Temperamentsbündel. Möglicherweise zog mich dieser Umstand magisch zu ihr hin.
Was wir gemeinsam hatten, war unsere schwer zu leugnende Schwäche im Schulfach Mathematik. Natürlich saßen wir im Unterricht immer zusammen. Und im Mathematik-Unterricht ließen wir uns nur allzu gern durch alles Mögliche ablenken. In einer dieser Stunden mussten wir es übertrieben haben. Unser Lehrer wurde auf uns aufmerksam und verdonnerte Britta zu einer Strafarbeit.
„Britta, du machst als Sonderaufgabe noch die Aufgaben 3, 7 und 8 auf Seite 24, dann noch die Aufgaben 4 und 5 auf Seite 25 ... ach ja, das ist

auch gut, und die Aufgaben 14 bis 18 auf Seite 25. Vielleicht überlegst du dir es dann beim nächsten Mal, bevor du den Unterricht störst."
Als ihre beste Freundin fand ich es nur fair, diese Aufgaben mit ihr gemeinsam zu lösen, denn auch ich war ja an der Störung des Unterrichts beteiligt gewesen. Auch wenn ich nicht erwischt und bestraft worden war. Also versprach ich, am selben Nachmittag bei ihr vorbeizukommen, um die Strafarbeit mit ihr gemeinsam anzugehen.
Britta lebte damals mit ihrer Familie in einer kleinen Wohnung nur wenige Straßen vom Haus meiner Eltern entfernt. Ihre Eltern hatten ein kleines Schreibwarengeschäft in unserer Stadt, in dem wir Schüler uns für jedes Schuljahr mit allem versorgten, was für den Unterricht benötigt wurde.
Natürlich hatte der berufliche Erfolg der Eltern für Britta zur Folge, dass sie tagsüber meist allein war. Sie war eines der Schlüsselkinder unseres Jahrgangs. Mittags kamen die Eltern zwar zum Essen nach Hause, aber dann kehrten sie in den Laden zurück.
Als ich nach dem Mittagessen bei Britta eintraf, waren wir zwei Mädchen also allein in der Wohnung, um uns unseren mathematischen Herausforderungen zu stellen. Zur Begrüßung berichtete Britta mir, dass sie an diesem Tag zum ersten Mal einen Schluck Wein trinken durfte.
„Stell Dir vor. Echten Rotwein! Geschmeckt hat er nicht. Aber man gewöhnt sich daran."
Ich war beeindruckt. Denn mir war dieses Erlebnis noch nicht vergönnt gewesen. Sofort wollte meine Freundin diese Besonderheit schwesterlich mit mir teilen. Denn in der Küche war noch ein kleiner Rest in einer Weinflasche übrig. Ich kostete den winzigen Schluck und zeigte mich recht angetan, obwohl es mich fast schüttelte.
Sofort ließ mich meine Freundin wissen, dass ihr Vater in der modernen Schrankwand des Wohnzimmers ein Fach habe, in dem sich eine kleine Hausbar mit einer Auswahl hochprozentiger Alkoholika verbarg.
Schnurstracks packten wir unsere Schulhefte und machten es uns vor dieser Hausbar mit zwei Gläsern bequem. Wir beschlossen, von jeder Flasche einen winzigen Schluck zu probieren. Und so wurden wir immer munterer und ausgelassener. Wir stellten die Flaschen, deren Inhalt uns besonders gemundet hatte, in die erste Reihe der Hausbar und nahmen, nachdem wir alles durchgekostet hatten, aus diesen Flaschen zur Verifizierung unseres ersten positiven Eindrucks noch einen weiteren Schluck.

Es dauerte nicht lange, da rollten wir uns besinnungslos vor Vergnügen auf dem Teppich vor der Hausbar herum und kritzelten ausgelassen in unseren Mathematikheften herum. Im angetrunkenen Zustand schienen uns die Aufgaben gleich viel leichter von der Hand zu gehen. Wir stellten recht gewagte Berechnungen auf, die jedoch keineswegs auf irgendeiner soliden Grundlage beruhten. Leider wurden wir dann in unserem Schaffensrausch jäh unterbrochen.

Es läutete an der Tür. Ein paar Bekannte von Brittas Eltern wollten etwas abgeben, und ich kann mich noch dunkel erinnern, dass ich sie lallend in ein Gespräch über die Karnickel-Plage im Garten meiner Eltern verwickeln wollte.

„Wissen Sie ... diese Hasen ... die wohnen da irgendwo unter der Terassssse. Werden jedessss Jahr mehr ... Süß sind die. Aber, aber, aber .... Mein Vater rennt immer mit dem Spaten hinter denen her. Mit dem Spaaaten ....“

Die Bekannten müssen bemerkt haben, dass Britta und ich weder stehen, noch einen geraden Satz formulieren konnten. Wahrscheinlich ist dies der Grund, warum sie nach ihrem Abschied Brittas ältere Schwester anriefen, damit diese einmal nach uns sähe.

Corinna hatte nur mit einem Blick den Ernst der Lage erkannt und sofort meinen Vater angerufen.

„Sie können Ihre Tochter bei uns abholen.“ Mehr sagte sie nicht.

Dann steckte sie Britta in die Badewanne und brauste sie mit eiskaltem Wasser ab, während ich mich der Kloschüssel im Bad widmete und alles aus mir herausbrach, was nicht mit meinem Magen verwachsen war.

Mein Vater traf auch bald ein. Ich weiß, dass er mich einfach stumm über die Schulter warf und nach Hause fuhr. Ich kann mich sogar erinnern, dass meine Eltern in so tiefer Sorge um mich waren, dass sie erwogen, einen Arzt hinzuzuziehen, der meine augenscheinliche Alkoholvergiftung behandeln sollte. Corinna hatte sie allerdings darüber informiert, dass ich wohl den größten Teil des konsumierten Alkohols längst ausgeschieden hatte. Also ließen sie mich rülpsend in meinem Bett ruhen.

Am nächsten Morgen stand eine Physikarbeit an, und ich hatte den Kater meines Lebens. Aber meine Eltern ließen sich nicht erweichen, mir eine Entschuldigung auszustellen. Ich musste antreten und mir eine unvermeidliche 5 dafür verdienen. Auch für die Strafarbeit des Mathelehrers gab es schlechte Noten. Und als wäre das alles nicht genug,

sprachen meine Eltern noch mit dem Klassenlehrer und veranlassten, dass Britta und ich auseinandergesetzt wurden.
So endete meine Freundschaft mit Britta. Dafür hatte ich im zarten Alter von 12 Jahren eine handfeste Abneigung gegen Alkohol entwickelt, die sich nie wieder völlig abschwächen sollte. Selbst als erwachsene Frau trinke ich nur in Gesellschaft Alkohol und verzichte ansonsten ganz darauf. Rein pädagogisch gesehen, war mein Nachmittag mit Britta also nicht ganz umsonst.

Das mit den Noten war allerdings ein herber Schlag. Denn meine Eltern hatten ein Belohnungs- und Bestrafungssystem bezüglich der Schulnoten für meine Schwester und mich entwickelt. Für gute Noten gab es Geld, eine liebevolle Umarmung und viel Lob. Für schlechte Noten – und dazu zählte alles ab einer 4 – gab es wohlverdiente Vorwürfe, eisiges Schweigen und Fernsehverbot.
Eigentlich gab es damals auf den wenigen Sendern, die man überhaupt empfing – und das waren bestenfalls vier – tagsüber sowieso nur das Testbild, das nachmittags für eine Kinderstunde unterbrochen wurde. Aber meine Schwester und ich hingen sehr an den Serien im Vorabendprogramm und an den Sendungen, die am Wochenende ausgestrahlt wurden.
So war es manchmal opportun, erst mal nachzuprüfen, was im Fernsehen kann, bevor man eine schlechte Note voreilig präsentierte. Sollten also Bonanza, Maxwell Smart oder Bezaubernde Jeannie auf dem Programm stehen, hob man sich die schlechte Note besser ein paar Tage auf.
Wenn man dann Fernsehverbot hatte, wurde man im Wohnzimmer mit dem Rücken zum Fernsehen gesetzt, wenn wir zu Abend aßen. So hörte man zumindest den Ton. Stellte man es geschickt an, setzte man sich so, dass sich der Fernseher in der Fensterscheibe spiegelte. Dann konnte man zwischen einem Usambara-Veilchen und einem Kaktus, die dort auf der Fensterbank weilten, zumindest ab und zu einen Blick erhaschen.

Als ich dann 13 Jahre alt wurde, hatte mein Körper seine endgültige Form angenommen. Ich sah inzwischen wie eine 18jährige aus. Wirklich schön war ich allerdings nicht. Aber ich war jung. Und ich sah gesund aus. Vielleicht ist es diesem Umstand zu verdanken, dass ich in diesem zarten Alter meinen ersten Kuss bekam. Verabreicht wurde er mir von einem

heißblütigen Italiener, der meinem Ideal in einigen Punkten nahe kam. Er hatte lange dunkle Haare und braune Augen. Beim Tanzen auf einer Schulfeier sind wir uns begegnet. Dorthin hatten meine Eltern mich nur wegen der Choraufführung gehen lassen, an der ich aufgrund meiner Zugehörigkeit zum Schulchor beteiligt war. Für den Italiener, der damals selbst nur 15 Jahre alt war, schien ich natürlich viel älter, als ich es tatsächlich war. Der junge Mann hatte sich folglich etwas verschätzt, als er mich ohne Vorwarnung gleich bei unserem ersten Tanz in die Arme riss und mir den ersten Kuss meines Lebens auf den Mund – inklusive Zusatzbehandlung mit der Zunge – verpasste.
Ich hatte ihn nie zuvor gesehen und wusste nicht einmal seinen Namen. Er hatte einfach neben mir gestanden, einen Tanz mit mir absolviert und dann nach mir gegriffen wie nach einem Getränk, das man eben mal so zwischendurch in sich hineinschüttet.
Ich war zutiefst geschockt und in keinster Weise auf diese Attacke vorbereitet. Außerdem hatte ich mir das Erlebnis romantischer vorgestellt. In meiner Phantasie hatte ich es schon tausendmal mit meinem Indianer durchgespielt. Noch nie hatte Winnetou mich auf solche Weise einfach geschnappt und mich mit seiner Zunge fast erstickt. Natürlich habe ich dem besitzergreifenden Italiener keine Ohrfeige gegeben. Ich sagte ihm einfach mein wahres Alter und lies ihn stehen, denn ich war überzeugt davon, ihm sowieso nie wieder zu begegnen.
Doch von dieser Stunde an trafen wir uns täglich auf dem Weg zur Schule. Wir sahen uns immer in der Nähe des Bahnhofs meiner Stadt, wo er mit einem Zug anreiste, um auf eine hiesige Schule zu gehen, während ich den Zug nahm, um eine Schule in einer benachbarten Stadt zu besuchen.
Mit jedem Tag konnte ich ihn mir genauer ansehen und feststellen, wie attraktiv er eigentlich war. Über eine Bekannte erfuhr ich dann irgendwann, dass sein Name Mario war und dass er auch nur 15 Jahre alt war. Immer wieder sahen wir uns schweigend an, wenn wir uns begegneten. Dabei ist in mir langsam der schüchterne Wunsch entstanden, dass er mich noch einmal ansprechen möge. Er hat es nie mehr getan, und so sind wir viele Jahre täglich aneinander vorbeigelaufen, ohne ein Wort miteinander zu wechseln. Ich hatte es vermasselt.

Zu dieser Zeit gab es gegenüber unserem Haus einen brachliegenden Acker, auf dem eine baufällige Baracke stand. Ich weiß nicht mehr, wann es

geschah, aber eines Tages wurde sie zu einer Diskothek umgebaut, in der freitags und samstags getanzt wurde. An diesen Abenden brannte über der Tür eine kleine rote Glühbirne, während man dumpf die Musik von Black Sabbath, Deep Purple und Led Zeppelin hören konnte.
Das Publikum rekrutierte sich aus den Jugendlichen unserer Stadt. Und wie es damals Mode war, hatten sie alle lange Haare. Manche trugen sogar ein Stirnband. Angesagt für Jungs waren Westen, die man ähnlich wie die Indianer auf nacktem Oberkörper zu knall engen Hosen mit weitem Schlag trug. Die Mädels zierten ihre modischen Ensembles noch durch Gürtel aller Art und aufwendigen Silberschmuck, an dem hier und da ein Peace-Zeichen baumelte.
Trotz dieser friedlichen Anmutung sahen meine Eltern in dieser Baracke einen Ort des Lasters und der finsteren Gestalten. Gammler und Hippies nannten sie diese damals. Süß und niedlich nannten meine Schwester und ich die haarigen Jungs. Es wurde von diesen natürlich der eine oder andere Joint gekifft. Es wurde auch getrunken, getanzt und geküsst.
Meine Schwester und ich beobachteten das Treiben jedes Wochenende vom elterlichen Balkon aus. Ich weiß nicht, was dabei im Kopfe meiner Schwester vorging, aber ich war von den langhaarigen Gestalten magisch angezogen.
Hier war der eine oder andere dabei, der zumindest optisch an Winnetou erinnerte. Obwohl dieser sicherlich nie gekifft hat.
Es war völlig klar, dass wir Töchter aus gutem Haus nie an diesen Tanzabenden teilnehmen durften. Aber meine Freundin Britta habe ich dort das eine oder andere Mal gesehen. Ich bin vor Neid fast geplatzt. Abgesehen von dieser Baracke durften meine Schwester und ich auch an anderen Diskoabenden unserer Stadt nicht teilnehmen. Für meine Eltern waren wir noch zu jung. Ich bedauerte diese Einstellung zutiefst, obwohl ich ihnen heute rückblickend Recht geben muss.
Auch auf die angesagten Konzerte der damaligen Zeit durften wir nicht gehen. Da wir Kinder oder zumindest heranwachsende Jugendliche waren, hätten wir nur in Begleitung eines Erwachsenen die Konzerthallen betreten dürfen. Dafür kamen nur unsere Eltern in Frage, deren Musikgeschmack sich deutlich von unserem unterschied. Nur wenn sie der Meinung waren, sie könnten einen ganzen Abend lang die Musik eines Künstlers ertragen, durften wir dorthin. Was man aus heutiger Sicht durchaus nachvollziehen kann.

Ich muss nicht erwähnen, dass wir es folglich zu einem Konzert von Heintje schafften. Aber immerhin durften wir auch einmal in eine Veranstaltung der Edwin Hawkins Singers, zu der ich in einer trendigen Hot Pants erschien, die meine spindeldürren Beine aufs unvorteilhafteste betonten.
Auch Donny Osmond von den „Osmonds“ durften wir uns einen ganzen Abend mit Hits wie „Puppy Love“ anhören, obwohl ich lieber zu den mitreißenden Rhythmen der Jackson 5 mit dem kleinen Michael Jackson gegangen wäre. Auch ein sehr viel späteres Konzert von T.Rex mit dem in meinen Augen absolut hinreißenden Marc Bolan konnte ich mir nur in meiner Phantasie ausmalen. Zum Ausgleich, weil ich nicht live dabei sein konnte, hängte ich das ganze Zimmer mit seinen Porträts voll.
Und so tat ich irgendwann das, was ich am besten konnte: Ich malte mir die romantischen Erlebnisse, die meine Altersgenossinnen damals in der Realität schon durchlebten, in meiner Phantasie aus. Ansonsten schien mich mal wieder eine unsichtbare weiße Linie von den Vergnügungen der Jugend fernzuhalten.

Kapitel 4

An diesem Morgen reibt sich mein Arzt in Gedanken versunken das Kinn. Er liest sich in seine Notizen über die vergangene Sitzung ein.
„Bleiben wir doch noch ein wenig bei dem Thema Sexualität. Wann hatten Sie denn nun endlich Ihre ersten sexuellen Erfahrungen? Sie waren ja im Prinzip als Teenager schon fast über die Pubertät hinaus."
„Ja. Schon. Aber das war alles sehr schwierig." Ich verziehe bei den Erinnerungen das Gesicht. „Zumindest hatte ich endlich lange Haare und ich habe sie nie mehr beim Friseur abschneiden lassen. Das habe ich mit der Nagelschere lieber selbst gemacht ..."
„Ach ja", unterbricht mich der Arzt völlig interessiert, „dann hat diese Kurzhaarfrisur in jungen Jahren scheinbar wirklich Spuren bei Ihnen hinterlassen."
„Das kann man sagen. Ich habe heute noch manchmal Albträume, dass man mir die Haare abschneidet. Wenn ich dann aufwache, denke ich nur, wo sind meine Haare und bin erst beruhigt, wenn ich sie in den Händen spüre."
„Hm. Kommen wir zurück zu Ihren ersten sexuellen Erfahrungen. Sie waren reif dafür. Sie hatten lange Haare – also keinen Grund, sich unattraktiv zu fühlen ..."
„Doch, doch. Aber es waren diesmal nicht die Haare. Ich hatte mit 13 Jahren noch Milchzähne im Mund, was kein Zahnarzt bemerkt hatte. Die wurden mir dann gezogen. Die beiden Eckzähne und hinten noch mal zwei Backenzähne. Ich hatte Zahnlücken, die man gut sehen konnte und habe sofort nicht mehr gelacht und nicht mehr gesprochen."
Ich sehe an dem Arzt vorbei aus dem Fenster und versuche mich auf die Zeit damals zu konzentrieren. „Wissen Sie, in der Pubertät darf man sich solche Mängel nicht leisten. Junge Menschen können grausam sein. Ich habe dann auch wieder ganz fiese Zahnspangen bekommen, die ich trug, bis ich ungefähr 17 Jahre alt war. Damit hatte ich wenig Chancen."
„Verstehe. Aber Sie waren doch voll in der Pubertät. Und da haben Sie als Teenager so gar nicht ... ich meine ... nicht?" Der Arzt weiß nicht, wie er es ausdrücken soll. Aber ich verstehe ihn sehr gut.
„Nein. Nicht."
Ich war während meines Teenager-Alters wieder in eine Außenseiterposition geraten.

Egal, was ich tat, in meinem Leben hing nicht selten eine schwarze Wolke direkt über mir. Diese begleitet mich übrigens bis heute. Speziell auf Reisen.
So war ich die einzige, die sich auf der Skifreizeit der 10. Klasse schon am ersten Tag verletzte und dann Mutterseelen allein in einem einsamen Sporthotel in Saas Almagell freudlose Tage fristete, während alle anderen tagsüber mit den Skiern unterwegs waren.
Der Grund meiner Verletzung war ein Unfall. Ich hatte Steigwachs auf den Skiern gehabt. Meine Mutter hatte es besorgt, um ein paar alte Skier aufzupeppen, und irrtümlich nach der falschen Sorte gegriffen. Die Folge war, dass ich senkrecht den Übungshang hochlaufen konnte, nur hinunter fahren konnte ich nicht. Ich blieb buchstäblich auf dem Hang kleben. Also lief ich wie auf Langlaufskiern den Berg hinauf und hinab, bis ich irgendwann im Babylift so im Schnee stecken blieb, dass ich aus dem Stand hinfiel und meinen Knöchel so schwer verletzte, dass er dick anschwoll und ich in keinen Schuh mehr passte. Ganz zu schweigen von einem Skistiefel.
Ich musste auf den Skiunterricht also verzichten und mich allein für die paar Tage unseres Aufenthalts beschäftigen. Zum Glück hatte ich eine Gitarre dabei, auf der ich, wie wir es in den 70er Jahren alle taten, Folk Songs von Bob Dylan und Joan Baez sowie das unvermeidliche „House of the Rising Sun“ vor mich hin klimperte. Daneben gab es nicht viel zu tun. Im Hotel waren außer mir nur ein paar Angestellte. Der Ort war klein und mit dickem Fuß nur schwer zu erkunden.
Unweit vom Sporthotel lag ein kleiner beschaulicher Friedhof, auf dem im Prinzip zwei Familien-Namen die Grabsteine dominierten, was mich auf den einen oder anderen inzestuösen Vorgang innerhalb dieses Bergtales schließen ließ. Es war ein Einblick in das Leben der Gemeinde, der nur geringen edukativen Nutzen für meine spätere Zukunft versprach. Trotzdem schleppte ich zuweilen an diese friedliche Stätte, um wenigstens frische Luft zu schnappen. An den vielen Tanzabenden und Ski-Ausflügen konnte ich als einzige nicht teilnehmen.
So war ich auf der Heimreise im Bus auch die einzige, die sich keinen „ersten“ oder zweiten oder dritten Freund geangelt hatte. Wahrscheinlich hatte ich es nicht nur dem Umstand zu verdanken, dass ich von den anderen isoliert in völliger Einsamkeit die Skifreizeit verbrachte.

Eine große Rolle spielte sicherlich auch die Tatsache, dass ich inzwischen wieder das neueste Modell einer Zahnspange trug. Diese war im Gegensatz zu meiner ersten Zahnspange fest im Mund montiert, so dass man sie nicht heimlich herausnehmen konnte. Und sie ließ mich nur mit Spucken und Zischen sprechen.
Ich muss nicht erwähnen, dass ich in dieser Zeit nicht nur beim männlichen Geschlecht chancenlos war, auch meine schulischen Noten wiesen deutliche Einbrüche auf, weil ich mich vom mündlichen Unterricht zurückhielt. Die Zahnspange funktionierte so viel besser als jede weiße Linie, um mich von pubertären Zerstreuungen jeglicher Art fernzuhalten.

So wurde ich älter und älter und starrte die Jungs mit zunehmend eisigen Blicken an. Ich wollte mir nicht anmerken lassen, wie sehr auch ich mir eine Schulter zum Anlehnen ersehnte. Am liebsten eine durchtrainierte bronzefarbene, die Pfeil und Bogen handhaben konnte.
Nur ein sehr netter Schulkamarad, der uns direkt gegenüber wohnte, fand mich tolerabel und verbrachte hier und da etwas Zeit mit mir. Seine kleine Schwester Marie hätte eine Liaison zwischen uns beiden sehr begrüßt, weil sie einen besonderen Draht zu mir hatte, der sich aufgrund eines historischen Ereignisses noch festigen sollte.
Es geschah 1977, als ich mich mit meiner Familie auf einer Urlaubsreise an der französischen Atlantik-Küste befand. Meine Französischkenntnisse reichten so weit aus, dass ich der Titelseite einer örtlichen Tageszeitung entnehmen konnte, dass Elvis Presley gestorben war. Marie hatte diese Legende mehr verehrt als viele der Fans, die zumindest Zeitgenosse des Sängers gewesen waren.
Bei meiner Rückkehr musste ich täglich zum Trösten antreten, weil die kleine Marie in Garten der Eltern ein Mausoleum für Elvis angelegt hatte, vor dem sie nachts zeltete.
Es bedurfte einiger sensibler Maßnahmen, um das junge Mädchen dazu zu überreden, ihr Schlafzimmer wieder zu beziehen und die Kerzen für Elvis zu löschen. Auch mich hatte der Verlust dieser Musik-Legende betroffen gemacht, aber ich konnte gut auf Gebetstäfelchen und ähnliche Memorabilien verzichten.
Doch trotz all meiner Bemühungen um Maries Seelenheil und meiner ständigen Anwesenheit in deren Haus, kam es nie zu einer wirklichen Beziehung zu ihrem Bruder.

Irgendwann in diesen bewegten Zeiten durfte ich dann sogar mal an einem Schulfest teilnehmen, obwohl meine Mitgliedschaft im Schulchor endlich ein Ende gefunden hatte. Ich weiß nicht, wie viele Stunden ich mit meinen Zahnlücken und Zahnspangen das Mauerblümchen abgab. Aber irgendwann kam ein ganz attraktiver Schüler aus einer höheren Klasse auf mich zu und forderte mich zum Tanzen auf. Ausversehen musste ich aus Freude kurz den Mund zu einem Lächeln verzogen haben. Der Junge machte sich die Mühe, sich zu bücken, um meinen Mund genauer zu inspizieren. Als er das orale Fiasko bemerkte, ließ er mich einfach kommentarlos stehen.
Ich stand für den Rest des Abends in einer dunklen Ecke und schämte mich zu Tode. Wieder war ich das unbemerkte Mauerblümchen, mit dem keiner tanzen wollte. Und das sollte ich für viele weitere Schulfeste auch bleiben.

In der Oberstufe schloss ich mich noch einmal einer Klassenfahrt an. Diesmal ging es mit dem Französischkurs nach Paris. Und wieder war es der erste Abend, an dem ich ein einschneidendes Erlebnis hatte. In Begleitung mehrerer Lehrkräfte streiften wir mit rund 30 Schülern durchs nächtliche Paris. An einer unübersichtlichen Kreuzung mitten im Menschentrubel kam es zu einer Unaufmerksamkeit, die dazu führte, dass sich ein Trupp von 10 Schülern versehentlich nach rechts orientierte, während die anderen links abbogen. Ich war natürlich bei der verirrten Truppe dabei. Wir hatten keine Ahnung, wo wir waren, und Französisch sprach keiner gut genug, um sich nach dem Weg zurück zur Jugendherberge zu erkundigen. Es war nur eine Frage der Zeit, bis wir endlich im Rotlicht-Milieu der Stadt der Liebe landeten.
Eine Schülerin, die noch am sprachbegabtesten war, musste in einem zwielichtigen Lokal nach unserer Herberge fragen, die ganz in der Nähe des Louvre lag.
„In diesem Lokal haben die noch nie vom Louvre gehört!“, verkündete sie von ihren Versuchen, uns Orientierung im nächtlichen Paris zu verschaffen.
„Wir müssen uns sehr weit verirrt haben“, schloss sie ihre Ausführungen klug ab.
Auf kulturelle Bildungslücken der Befragten schloss keiner von uns. Bis in die frühen Morgenstunden beschäftigte uns diese kleine Odyssee durch die Alleen dieser sonst sehr hübschen Stadt. Es war wohl mehr ein Zufall, der uns schließlich in eine Gegend führte, die wir wieder erkannten. Zum Glück

waren wir spät genug in der Jugendherberge eingetroffen, um die anstehende Standpauke unserer Lehrer in überschwengliche Dankbarkeit ob unserer Wiederkehr umzuwandeln. Wir wurden nur moderat gemaßregelt und durften uns dann zurückziehen.
Aber fortan durfte keiner mehr ohne Begleitung eines Lehrers einen Schritt unternehmen und dies trübte die Tage in Paris doch merklich ein. Wieder hatte ich die Chance verpasst, mit einem Franzosen oder einem Mitschüler ein wenig anzubandeln. Die Stadt der Liebe blieb mir so eher als die Stadt der langen Nachtwanderung im Gedächtnis.

Kapitel 5

Es ist gemütlich warm im Wartezimmer von Dr. Liebmann. Ich bin überpünktlich und muss noch einen Moment warten, bis sich der Patient vor mir verabschiedet. Aber dafür, so betont Herr Dr. Liebmann stets, nimmt er sich auch für mich immer sehr viel Zeit. Ich bin ihm dankbar dafür. Ich sehe auf die Uhr. Welches Thema er sich wohl für heute vorgenommen hat? Bevor ich mir selbst eine Antwort auf diese Frage geben kann, öffnet sich auch schon die Tür zum Sprechzimmer.
„Der nächste bitte ...“
Herr Dr. Liebmann begrüßt mich schon an der Tür mit einem freundlichen Lächeln.
„Ach ja, die junge Dame mit den vielen Stresssymptomen und der Allergie. Ich freue mich, Sie zu sehen. Wie geht es Ihnen heute?“
Ich kratze mich unwillkürlich ein wenig am Ohr und überlege kurz.
„Soweit ganz gut. Ich denke, ich kann weiter machen.“
„Natürlich. Nehmen Sie doch Platz.“ Herr Dr. Liebmann legt sich noch kurz einen Stift zurecht, bevor er Platz nimmt. Sauber geordnet liegen die notwendigen Papiere und Unterlagen bereits vor ihm. Er greift sich seinen Stift und liest sich kurz in seine letzten Anmerkungen ein.
„Wo waren wir stehen geblieben? Ach ja! Sie hatten immer noch keinen Freund und waren immer allein. Das hat mich übers Wochenende doch etwas beschäftigt.“ Dr. Liebmann lächelt mich nachsichtig an. „Die meisten jungen Damen haben heute bereits wesentlich früher Sex, als Sie es hatten. Sie sind doch eine gesunde Frau. Warum hatten Sie denn solche Schwierigkeiten mit diesem Thema?“ Interessiert sieht mich der motivierte Arzt an.
„Ich weiß es nicht. Es hat mich einfach nie einer gefragt. Und ich selbst kann nicht den ersten Schritt machen. Da bin ich viel zu schüchtern.“
Der Arzt macht sich eine Notiz und kommentiert meine Antwort ohne Aufzusehen.
„Aber Sie haben doch bestimmt viele nette junge Männer kennengelernt.“
Ich spiele nachdenklich an einer Haarsträhne meiner langen Haare. Hatte ich das?

Irgendwann besuchte ich eine Tanzstunde und erweiterte die Palette meines tänzerischen Könnens um Foxtrott, Wiener Walzer, Cha Cha Cha und Rumba. Der Tanzkurs fand in einem nahegelegenen Quellenpark in einer Kurhalle statt. In deren Mitte befand sich ein Gurgelbecken mit schwefelhaltigem Wasser, das unangenehme Duft-Aromen verstreute. Dieses Becken war einer der Hauptanziehungspunkte der ortsansässigen Kurgäste, die sich genau hier aus gesundheitlichen Gründen trafen. Und das taten sie auch, als wir mit unbeholfenen Schritten um das Becken herum unsere Tänze übten.

Tanzstunden waren damals nicht wirklich populär, und nur wenige Jungs nahmen überhaupt daran teil. Da ich aufgrund meines Ballettunterrichts eine gewisse Begabung an den Tag legte, entschied sich ein Junge, der eine Klasse über mir in der Schule war, einen Versuch mit mir zu wagen. Ich war sehr dankbar dafür, denn für gewöhnlich war ich ja sonst diejenige, die auf allen Schulfesten ein geduldiges Mauerblümchen abgab. Auf die privaten Geburtstagsfeiern meiner Mitschüler wurde ich grundsätzlich nie eingeladen.

Um mir meinen Tanzpartner also zu bewahren, ließ ich all meine Grazie und Anmut, mein Taktgefühl und meine Auffassungsgabe für Tanzschritte zum Tragen kommen. Es dauerte auch nicht lange, und Thomas wich mir nicht mehr von der Seite. Er hatte zwar längere dunkle Haare und dunkle Augen, doch trug er einen Schnauzbart und entsprach nicht wirklich meinem Idealtyp. Da ich mir seine Gunst bis zum Abschlussball jedoch sichern wollte, war ich stets freundlich und liebenswürdig zu ihm, auch wenn er mir ständig auf die Füße trat. Vielleicht betrachtete er meine nette Art als Aufforderung, Gefühle für mich zu entwickeln, die ich nicht erwiderte.

So war es nur folgerichtig, dass ich ihm einen Korb gab, als er mich zu seiner Geburtstagsfeier einlud. Als Vorwand gab ich an, dass mein strenger Vater es mir verbieten würde hinzugehen. Dies entsprach nur halb der Wahrheit. Mein Vater war zwar streng und untersagte mir die Teilnahme an zahlreichen öffentlichen Partys, aber zu dieser Geburtstagsfeier hätte er mich sicherlich zumindest bis 22.00 Uhr gehen lassen. Ich war sicher, mit dieser Notlüge die Situation gut gemeistert zu haben. Doch ich sollte mich täuschen.

Als ich eines Abends nichts ahnend mit meiner Familie vor dem Fernseher saß und „Dalli Dalli" schaute, klingelte es an der Tür. Wir erwarteten keinen Besuch und machten nur zögernd auf. Vor uns stand Thomas mit seiner Mutter. Mit gackerndem Lachen schob mich diese zur Seite und

bahnte sich den Weg zu meinen Eltern frei. Thomas folgte ihr mit gesenktem Kopf dicht auf den Fersen.
„Angenehm, Frau ..., kommen Sie doch herein ... wie nett.“ Natürlich bat mein Vater die beiden geflissentlich ins Wohnzimmer, wo immer noch der Fernseher lief.
Thomas Mutter machte es sich sofort auf unserem Sofa bequem und ließ meinen Vater wissen, warum sie gekommen war. „Das kann doch wohl nicht wahr sein, dass Sie Ihre Tochter nicht zur Geburtstagsfeier meines Sohnes kommen lassen. Er ist so ein Prachtjunge, das sehen Sie doch selbst, oder nicht?“
Ich hoffte, dass er es nicht sehen würde. Die Frau wollte meinen Vater überreden, mich doch zu Thomas‘ Geburtstag gehen zu lassen. Thomas behielt den Kopf gesenkt und presste seine Hände fest zwischen seine Knie.
Ich war entsetzt. Wie sollte mein Vater zu etwas überredet werden, von dem ich ihm nie erzählt hatte, weil ich gar nicht hin wollte? Mein Vater sah mich verwirrt an. Ich redete ihn sofort mit einem Wortschwall an die Wand, damit er nichts Falsches sagte und mich entlarvte.
„Bestimmt hast du wieder mal nicht zugehört, als ich die Geburtstagsfeier erwähnt habe“, unterstellte ich ihm schnell, „weißt du nicht mehr? Du hast gleich Nein gesagt“.
Da dies nicht ganz so ungewöhnlich war, glaubt mein strenger Vater mir diese Version. Und Thomas Mutter schickte sich sofort an, alle Vorzüge ihres Sohnes ins beste Licht zu rücken, während dieser stumm seine Hände zwischen den Knien behielt.
„Mein Sohn, ist ein guter Schüler, ein ausgezeichneter Leichtathlet und musikalisch überdurchschnittlich begabt.“
Alles Eigenschaften, die mich nicht weiter für Thomas einnahmen.
Zu meinem großen Unglück ließ sich mein Vater aber sofort erweichen, mich zur Geburtstagsfeier gehen zu lassen. Vielleicht wollte er damit den ungebetenen Besuch einfach abwimmeln, damit sich die Familie wieder dem abendlichen Fernsehprogramm zuwenden konnte.
Ich war sehr unglücklich über diese Entwicklungen. Aber es half nichts. Ich musste zu dem Geburtstag gehen. Natürlich ließen meine Klassenkameraden, die davon erfuhren, sofort hämische Bemerkungen los und erzählten mir, dass ich mir mit Thomas ein feines Muttersöhnchen geangelt hatte. Nicht, dass mir diese Tatsache verborgen geblieben wäre.

„Wusstest du, dass Thomas Mutter immer auf dem Sportplatz dabei ist und ihm persönlich die Holzlatte für den Hochsprung platziert? Und beim Weitsprung streicht sie für ihn den Sand glatt wie einen Kinderpopo, damit man nicht übersehen kann, wie weit der Depp gesprungen ist. Meist landet der doch sowieso unter ferner liefen."
Im Geiste versuchte ich mir vorzustellen, wie Winnetous Mutter die Pfeile hielt, während der Häuptling auf Feinde zielte. Es war einfach unvorstellbar, und Thomas konnte keine weiteren Sympathiepunkte mehr bei mir gewinnen.
Ich ging zu der Geburtstagsfeier und wurde von der Mutter wie eine künftige Schwiegertochter begrüßt.
„Nein, das ist aber nett, ich hoffe, du magst Rhabarberkuchen. Ich gebe dir gern das Rezept dafür", versuchte sie sich bei mir einzuschmeicheln.
Ich musste handeln, um Thomas Gefühle für mich wieder in die richtige Spur zu lenken. Ich schlug einen Wettbewerb vor. Wir sollten ermitteln, wer das größte Stück des von der Mutter eigenhändig gebackenen Rhabarberkuchens auf einen Schlag im Mund versenken konnte. Ich gewann um Längen, weil mein Kiefer durch meine Zahnspangen bereits über die Maßen gedehnt worden war. Und dann stand ich mit Hamsterbacken vor Thomas und würgte und schluckte.
Da junge Menschen normalerweise so unendlich kritisch gegenüber potenziellen Liebespartnern sind, erhoffte ich mir, Thomas durch diesen Anblick verprellen zu können. Doch er hielt mir die Treue, was ich ihm im Nachhinein hoch anrechnen muss. Ich durfte immer noch auf ihn als Partner für den Abschlussball zählen.

Der Abschlussball übertraf dann in vielerlei Hinsicht meine Erwartungen. Meine Mutter nähte mir dafür mein erstes Abendkleid. Es war rückenfrei mit einem Nackenträger und einem langen schwingenden Rock. Man konnte sagen, dass ich in dieser Robe für meine Verhältnisse gut aussah. Thomas erschien mit seiner energischen Mutter, die sich lachend und kichernd zu meinen Eltern gesellte, während sie Thomas mit verschwörerischem Augenzwinkern mir zuschob.
Ich wollte uns beiden den Abend nicht verderben und gab mir Mühe, unterhaltsam zu sein. Doch Thomas hatte nur bedrückt den Kopf gesenkt, weil er schon richtig vermutete, dass nach diesem Ball seine Verbindung zu mir enden würde.

Um ihn auf andere Gedanken zu bringen, zog ich Thomas immer wieder auf die Tanzfläche, wo er mir unnachgiebig so oft auf meine neuen Schuhe trat, dass ich am liebsten zurückgetreten hätte.
Irgendwann wurde dann im Verlauf des Abends ein Tanzwettbewerb unter den Tanzschülern ausgerufen. Thomas wollte nicht daran teilnehmen, weil er sich seiner mangelnden tänzerischen Fähigkeiten sehr wohl bewusst war. Ich dagegen war zuversichtlich, diesen Wettbewerb dank meiner Ballett-Ausbildung gewinnen zu können und hinderte ihn nachdrücklich daran, die Tanzfläche zu verlassen.
So geduldig ich sonst bei Walzer, Rumba und Foxtrott mit ihm umging, so energisch wirbelte ich ihn nun herum. Ich hatte die Führung übernommen und konnte tatsächlich nach einigen Runden diesen Wettbewerb für uns gewinnen. Zu meinem Ärger war der Preis für unsere Leistung eine Magnumflasche Weißwein.
Thomas meinte mit rotem Gesicht und völlig außer Atem: „Den können wir ja schlecht teilen“, und griff sich die Flasche.
„Sehr richtig“, stimmte ich ihm zu und sagte „die müssen wir hier köpfen.“ Und riss die Flasche zurück.
Und zum ersten Mal seit meiner Alkoholvergiftung erlaubte ich mir wieder den Genuss eines alkoholischen Getränks. Nicht, weil ich plötzlich das zarte Bouquet eines Weißweines zu schätzen wusste, sondern weil ich mir den Abend, bevor er zum totalen Fiasko wurde, samt Thomas schön trinken wollte. Fast wäre mir dies auch gelungen, wenn die kritischen Augen meiner Eltern nicht jede meiner Bewegungen verfolgt hätten.
Als ich einige Gläser Wein gestemmt hatte und verdächtig glänzender Laune war, ordnete mein Vater den unverzüglichen Aufbruch an.
Ich war so guter Stimmung, dass ich mich dazu hinreißen ließ, drei blonde junge Männer aus unserem Tanzkurs zum Abschied zu küssen. Erst am folgenden Tag wurde mir bewusst, dass wir nur zwei blonde Jungs in unserer Gruppe hatten.
Thomas konnte die Situation am nächsten Tag in der Schulpause aufklären. „Du hast einen der Kellner geküsst, was meine Mutter etwas degoutant fand“, ließ er mich mit verkniffenem Gesicht wissen.
Natürlich zeigte ich mich anstandshalber zerknirscht. Aber ich fand die Vorstellung äußerst komisch, im Rausch einen Ober geküsst zu haben. Er hat sich jedenfalls nicht gewehrt. Trotzdem beschloss ich, wieder etwas mehr Abstand zu alkoholischen Getränken zu wahren.

Allmählich fühlte ich mich in dieser Zeit wie ein Glas Marmelade, das im Regal sitzen blieb. Aber dann passierte es endlich, als ich 17 Jahre alt wurde. Während einer Klassenfahrt des Lateinkurses nach Trier habe ich meinen ersten Freund näher kennengerlernt.
Harald hatte dunkle Augen und lange schwarze Haare, was mich entfernt an Winnetou erinnerte. Wie er meiner Mutter später einmal unter vier Augen gestand, hatten meine langen Haare sein Interesse geweckt. Er saß im Lateinunterricht immer hinter mir und hatte dabei auf meine Haare gestarrt. Ich ahnte davon nicht das Geringste. Aber rückblickend war es wohl ein Segen, dass meine Haare endlich lang sein durften.
In Trier ist Harald dann immer in meiner Nähe gewesen. Er fragte mich hier und da nach der Übersetzung einer Kircheninschrift, und ich konnte mir dieses plötzliche Interesse an der lateinischen Sprache nur schwer erklären. Auf zarte Liebesbande wäre ich im Traum nicht gekommen.
Irgendwann standen wir dann vor der Porta Nigra. Harald hatte sich zuvor an einem Marktstand eine Tüte Kirschen gekauft und überredete mich, mit ihm allein ganz noch oben auf den Turm zu steigen. Es sei wegen der famosen Aussicht, sagte er damals. Ich ging mit. Die Aussicht war nett, aber auch nicht überwältigend. Wir standen schnell unschlüssig und verlegen auf dem alten Gemäuer herum, bis Harald die rettende Idee hatte. Er bot mir die saftig süßen Kirschen an und forderte mich zum Kirschkernweitspucken auf.
„Wer weiter spucken kann und einen Touristen trifft, gewinnt."
„Was denn?"
„Weiß nicht. Schlag was vor."
„Der muss morgen die Lateinhausaufgaben für uns beide machen, okay?" antwortete ich prompt.
Sofort rückten wir am Geländer gemütlich dicht aneinander und spuckten unsere Kirschkerne in das inzwischen deutlich interessanter gewordene Panorama. Ich schlug ihn um Längen, und damit hatte ich sein Herz endgültig erobert. Wir tauschten Telefonnummern aus.
Täglich rief er mich heimlich von einer Telefonzelle aus an, wenn er für seine Eltern offiziell den Rauhaardackel Gassi führte. Wir hatten uns auch jeden Tag stundenlang etwas zu erzählen. Zum Glück sprach ich wieder. Meine Spange trug ich inzwischen nur noch nachts.

Und den Status der Jungfräulichkeit konnte ich auch endlich verlassen. Es geschah eines Abends im Hause meines jungen Freundes. Seine Eltern waren im Theater, und wir saßen im Keller, wo Harald mir etwas auf der Gitarre vorspielte. Dazu verspeisen wir ein paar Ravioli aus der Büchse, die wir damals durchaus noch als kulinarischen Leckerbissen betrachteten. Etwas von der Sauce, die wir nach Kräften durch Gewürze aufgewertet hatten, war auf Haralds Lippen haften geblieben. Als ich sie von dort mit dem Finger zu entfernen versuchte, kam es zu unserem ersten Kuss, der sich soweit ausdehnte, dass wir beide irgendwann in der Hitze des Augenblicks unsere Kleidung ablegten und uns eingehender mit unserer Anatomie beschäftigten. Harald zauberte ein Kondom herbei, das er wohl schon in weiser Voraussicht zurecht gelegt hatte und stahl mir die Unschuld.

Es tat weh, dafür dauerte es nicht lange. Ich war schon nach wenigen rhythmischen Bewegungen eine Frau geworden. Das erste Erlebnis hätte schlechter verlaufen können.

Harald war sehr zur Freude meiner Eltern aus gutem Hause. Denn inzwischen kannten meine Eltern meine ungewöhnliche Präferenz gegenüber besonders alternativ wirkenden Männern mit Langhaar-Frisur und unkonventioneller Kleidung nur zu gut. Ich selbst kam ja ebenfalls aus konservativem Haus und war ein brav wirkendes Mädchen. Doch nur allzu gern hätte auch ich die damals so beliebten Bundeswehr-Parkas getragen und mich nachts auf Hippie-Feiern herumgetrieben.

Bei mir musste ein Mann nur lange Haare haben und sich nett bewegen können, schon war mein Herz im Sturm erobert. Meine Eltern setzen deutliche höhere Maßstäbe an einen potenziellen Schwiegersohn. Harald erfüllte sie. Auch von Haralds Familie wurde unsere zarte Freundschaft begrüßt. Seine Mutter hatte sich eines Abends sogar mal bei meinen Eltern vorgestellt, damit ich den Sohn auf einen Skiurlaub begleiten durfte.

Die Reise sollte in das Privathaus von Haralds Eltern in einem bekannten österreichischen Skiort gehen, und mit von der Partie sollten noch Haralds ältere Schwester Liane und deren Verlobter sein. Bei soviel liebevoller Aufsicht und Sicherheitsvorkehrungen konnten meine Eltern schlecht nein sagen.

Dennoch lief alles anders als geplant. Harald, Liane und ich fuhren im Zug nach Österreich, der Verlobte sollte ein paar Tage später mit dem Auto nachkommen.

Aber schon während der Bahnfahrt klagte Liane über heftige Bauchschmerzen. Diese entpuppten sich später als eine bedrohliche Blinddarmentzündung. Harald und ich mussten Liane gleich nach unserer Ankunft ins nächste Krankenhaus zu einer Notoperation bringen. Und dann riefen wir aus Pflichtgefühl unsere Eltern an, um zu zeigen, dass wir die Lage im Griff hätten. Dies umsichtige Handeln entpuppte sich als grober Fehler. Mein Vater bemerkte sofort, dass Harald und ich ja nun ganz allein waren und wollte mich sofort nach Hause beordern.
„Das Kind kommt sofort nach Hause“, bellte er aus dem Hintergrund, als ich mit meiner Mutter nachts um 23.00 Uhr telefonierte, um sie über alle Vorgänge zu unterrichten.
„Zu spät“, meinte diese nur, weil sie mir längst angesehen hatte, dass ich nicht mehr ganz so unschuldig war, wie mein Vater es sich gewünscht hätte und dass ich im Übrigen um diese Uhrzeit auch nicht mehr nach Hause fahren konnte.
Ich blieb. Was ich schon wenige Tage später bereute.
Harald und sein künftiger Schwager waren ausgezeichnete Skiläufer. Ich beherrschte den Sport nicht, weil ich während der Skifreizeit ja gleich am ersten Tag ausgefallen war und den Sport nicht hatte erlernen können. Harald versicherte mir, er könne mir das beibringen.
Wir fuhren bei -30 Grad auf einen Gletscher, wo uns schon in der Mittelstation Skifahrer mit vereisten Gesichtern und Erfrierungen entgegenkamen. Ich äußerte meine Zweifel, ob dies der richtige Tag für die Einweisung in den Sport sei, doch Harald meinte, ich sei ja in Bewegung.
Als ich mit dem Sessellift ganz hoch zur Bergspitze fuhr, fror mir schier die Lunge ein. Ich hatte meinen Schal um mein Gesicht gewickelt und konnte nur noch per Schnappatmung Luft holen. Als ich oben aus dem Lift fiel, waren sämtliche Gliedmaßen eingefroren. Natürlich war auch der Hang entsprechend vereist. Das erste Stück, es waren rund 15 Meter, waren ein glitzernder Eishang.
Harald, der seinerseits ebenfalls gebührend fröstelte, meinte nur: „Nur das erste Stück ist ein wenig schwierig. Schau einfach zu, wie ich es mache, und dann folgst du.“ Und schon schwang er sich in geschmeidigen Kurven den Hang hinunter zur rettenden Mittelstation. Wenn ich gekonnt hätte, hätte ich mal wieder einen Mann geschlagen. Aber Harald war zu schnell entschwunden.

Alternativ beschloss ich zu weinen, doch meine Augen vereisten sofort. Festgefroren und unschlüssig blieb ich oben auf dem Hang stehen und schaute auf Harald, der ein immer kleiner werdender Punkt war, der Richtung mollig beheizter Mittelstation entschwand. Lianes künftiger Mann, erkannte sofort den Ernst der Lage. Wenn er mich nicht unverzüglich den Hang herunter brachte, würde man mich mit ernsten Erfrierungen ins Krankenhaus einliefern müssen.
Er munterte mich mit einem breiten Lächeln auf und meinte: "Pass auf. Ich nehme dich jetzt zwischen meine Beine und lege meine Skistöcke quer vor dich. Daran kannst du dich festhalten. Ich fahre uns beiden den Hang runter. Du musst nur versuchen, einigermaßen deine Skier zusammenzuhalten."
Ich nickte ihm zu, obwohl ich weit weniger Optimismus verspürte, als ich zeigte. Der Mann war meine einzige Rettung. Ich kann mich nicht mehr erinnern, wie oft wir beide im Schnee landeten, weil ich ihm über die Bretter fuhr. Aber ich kam auf der Mittelstation an und hatte lediglich Erfrierungen, die man durch heftige Massagen beseitigen konnte, auch wenn der Prozess mehr als schmerzhaft war. Harald hatte schon heiße Getränke bestellt, die ihr übriges taten.
Am nächsten Tag beschloss ich, einen Skikurs bei einem Fachmann zu belegen. Das Skifahren habe ich nicht wirklich gelernt, aber zumindest habe ich den Kurs ohne weitere gesundheitliche Beeinträchtigungen überlebt.
Mein Verhältnis zu Harald war durch dieses Erlebnis eine ganze Weile getrübt. Aber da er mein erster Freund war, verzieh ich ihm großzügig, wenn er mich mal in die Arme nahm, was leider nicht allzu oft geschah.
Nach diesem Urlaub sprach mein Vater dann lange Zeit nicht mehr mit mir. Ich kam aus einem äußerst sittenstrengen Elternhaus und konnte die Mißbilligung in den Augen meines Vaters deutlich sehen. Trotzdem waren Harald und ich für einige Zeit ein Paar.

Einmal machten wir mit seinem Motorrad sogar einen Ausflug. Ich hatte einen seiner Helme auf, der für mich viel zu groß war. Als wir bei ziemlicher Hitze an einer Ampel halten mussten, klappte ich das Visier hoch, um frische Luft zu schöpfen. Ein Fußgänger grinste mir zu, was Harald dazu veranlasste, mich von seinem Motorrad zu werfen. Er beschimpfte mich und fuhr fort. Und ich blieb wie vom Donner gerührt an dieser Ampel mit

dem Helm auf dem Kopf stehen und wartete ab. Nach einigen Minuten kehrte Harald zu mir zurück und sammelte mich wieder ein.
Aber seine Eifersucht keimte immer wieder auf, obwohl ich nicht der Typ Frau war, der mit anderen Männern flirtete. Ich war viel zu schüchtern dazu. Ganz abgesehen davon, dass mich andere Männer sowieso nicht sahen.
Außerdem ließ mich Harald wissen, dass er der Meinung sei, ich hätte einen Stutenarsch. Als ich ihn darum bat, mir das genauer zu erklären, sagte er „Na ja, von hinten erinnerst du mich an diese Brauereipferde, die den Henningerwagen ziehen." Ich war damals sicher, dass sich in dieser Kritik auch irgendwo ein Kompliment verbarg. Heute weiß ich, dass ich ihn damals hätte verlassen sollen.
Zu allem Überfluss bestimmte er auch, wie ich mich zu kleiden hatte. Sein Lieblings-Outfit war eine weiße Bluse bis zum letzten Knopf zugeknöpft in Kombination mit einem schwarzen, nicht allzu kurzen Rock. Ich selbst habe nie eine solche Kombination getragen, weil ich mir wie eine Kellnerin bei Wienerwald darin vorgekommen wäre. Ich bevorzugte Jeans oder flotte kurze Röcke mit hautengen bunten Tops. Also hat er mich nicht selten wieder nach Hause zurückgeschickt, damit ich mich umziehen konnte, falls ihm mein Outfit mal nicht gefiel. Und ich tat es, ohne zu murren.
Die meiste Zeit verbrachte ich bei ihm zu Hause und hörte zu, wie er Gitarre spielte. Wenn ich dann von seinen Eltern eingeladen wurde, zum Essen zu bleiben, drohten schreckliche Stunden. Haralds Vater fragte seine Kinder und mich beim Essen stets mit Bildungsfragen nach unseren Kenntnissen ab.
„Wer sendete die Emser Depesche an wen? Was ist die blaue Blume der Romantik? Wie dekliniert man murus in Latein?"
Ich war stets schweißnass nach solchen Essen und lehnte die Einladungen so oft wie möglich ab.
Sex hatte ich fast nie mit meinem ersten Freund, denn Harald hatte so heftigen Heuschnupfen, dass er mit sehr starken Medikamenten behandelt werden musste. Leider dämpften diese seine Libido doch deutlich und seine Lust auf körperliche Aktivitäten schwand. Möglicherweise lag es aber auch an mir und meinem reizarmen Körper. So hatte ich zwar einen netten Freund, aber nicht wirklich einen flotten Liebhaber. Und oft war der Freund auch nicht ganz so nett, wie ich es mir gewünscht hätte.

Auf Geheiß seiner Eltern wurde ich beauftragt, Harald dazu zu überreden, an einem Tanzkurs teilzunehmen. Man war der Meinung, dass es zu den gesellschaftlichen Tugenden gehöre, dass ein Mann tanzen und bei offiziellen Anlässen sämtliche Frauen formvollendet über das Parkett führen könne.
Wir hatten tagelang Krach wegen dieses Themas. Harald interessierte sich mehr für seine Gitarre und für die Malerei. Für beides besaß er auch außerordentliches Talent. Aber schließlich gab er sogar nach und meldete sich wie ich zum Tanzkurs an. Ich bin heute nicht mehr sicher, ob sein Entschluss letztendlich auf meine Überzeugungsarbeit zurückzuführen war. Eine große Rolle spielte sicherlich die Tatsache, dass ich eine ganze Gruppe von Mitschülern animiert hatte, den Tanzkurs mit uns gemeinsam zu belegen.
Damals gehörten wir zu einer kleinen Clique von Schulkameraden, unter denen sich auch Armin, ein braungelockter junger Mann mit außergewöhnlich sonnigem Gemüt befand. Harald mochte Armin und wollte sich nicht von der Gruppe ausschließen.
Wie ich es doch manchmal bereute, Haralds Eltern diesen Gefallen getan zu haben. Wann immer wir in Richtung Frankfurt zum Kurs aufbrachen, musste ich mir Kommentare ob meines „liederlichen" Aufzugs anhören. Harald insistierte, dass ich trotz meiner minimalistischen Oberweite stets einen BH trug. Denn falls ein fremder Tänzer mir seine Hand auf den Rücken legte und feststellte, dass ich keinen trug, fände er das unverzeihlich. Also schnallte ich mir einen BH mit Körbchengröße A um und behielt meine strengen Blusen bis zum obersten Knopf geschlossen.
Harald war auch lange nicht so konziliant wie Thomas und stritt sich häufig mit mir, in welche Richtung unser Tanz führen sollte. Ich biss die Zähne zusammen.
Nur bei einer modernen Choreographie hatte ich meine Ruhe. Man tanzte sie in Reihen ohne Partner. Die Musik dazu war „Belfast" von Boney M. Mit großem Spaß nahmen wir in Reihen Aufstellung und machten ein paar pseudo-moderne Bewegungen nach vorne, die Michael Jackson einen Lachkrampf abgerungen hätten. Nach einer kleinen Sequenz musste man eine Vierteldrehung nach rechts machen und alles in diese Richtung wiederholen, bis man irgendwann wieder in der Ausgangsposition war. Wenn man es richtig machte, ergab sich eine schöne Formation.

Auf unserem Abschlussball wurde mir dieser Tanz zum Verhängnis. Haralds Eltern saßen bei meinen und Armins Eltern am Tisch, der sich hoch oben auf einer kleinen Empore befand. Von hier aus hatten sie einen herrlichen Blick auf die Gleichmäßigkeit unseres einstudierten Formationstanzes.
Wie es der Zufall wollte, stand ich zwischen Harald und Armin, der übrigens der einzige Mann war, mit dem ich einfach nicht tanzen konnte. Wir harmonierten rein tänzerisch nicht miteinander, auch wenn wir uns sonst gut verstanden.
Irgendwann muss einer von uns beiden die Konzentration verloren haben. Als wir die Wende nach rechts machen sollten, standen wir uns plötzlich von Angesicht zu Angesicht gegenüber. Einer von uns hatte sich in die falsche Richtung gedreht.
Sofort versuchten wir beide gleichzeitig den Fehler zu korrigieren und drehten uns in die Gegenrichtung – und standen einem anderen Kursmitglied gegenüber, das nun seinerseits versuchte, den Fehler zu korrigieren. Von der Galerie aus konnte man gut erkennen, dass Armin und ich die Formation gänzlich zum Erliegen brachten. Denn hunderte von Tanzschülern drehten und wendeten sich nun orientierungslos auf dem Parkett, bis unser Tanzlehrer das Vergnügen abbrach und eine Rumba auflegen ließ. Wir haben Belfast für den Rest des Abends nicht wiederholt.
Nach diesem Erlebnis änderte sich meine Beziehung zu Harald mehr und mehr. Er zog sich von mir zurück, obwohl ich immer noch täglich zu ihm fuhr, um ihm stumm bei seinen Übungen auf der Gitarre zu lauschen.
Irgendwann überraschte er mich damit, dass er mir eröffnete, er führe übers Wochenende mit seiner ersten Freundin nach Limburg. Ich reagierte etwas irritiert darauf. Er meinte daraufhin nur lapidar, er habe es ihr einmal versprochen, gemeinsam den Limburger Dom anzusehen. Der habe sich aber die letzten Jahre in einer Renovierungsphase befunden, die jetzt beendet sei. Also würde er sein Versprechen jetzt einlösen.
„Das musst du doch verstehen."
Ich stimmte ihm entgeistert zu und verstand nur allzu gut, was hinter dieser Aktion steckte.

In dieser Zeit machten wir auch Abitur. Ich büffelte wochenlang, um mir einen guten Notendurchschnitt zu sichern. Meine ältere Schwester Katharina hatte zu ihrer Zeit lieber genäht und mit ihren Freundinnen Ausflüge ins Schwimmbad unternommen. Ihr Notendurchschnitt war am

Ende nicht schlechter als meiner, obwohl ich emsig dafür arbeitete. Offensichtlich flogen ihr die Dinge leichter zu als mir. Vielleicht hätte auch ich besser schwimmen gehen sollen. Denn im Schwimmbad lernte meine Schwester dann auch ihren ersten Freund kennen.
Oliver fand meine Schwester auf den ersten Blick sehr anziehend. Sie selbst reagierte anfangs sehr zurückhaltend auf seine Avancen. Nach einigem Hin und Her beschlossen die beiden aber eines Tages, gemeinsam nach Rom zu fahren. Meine Mutter und ich fuhren sie zum Flughafen, während sie auf dem Rücksitz des Wagens in einen heftigen Streit verwickelt waren und kaum noch ein Wort miteinander sprachen. Wir fragten uns, in welcher Verfassung sie wohl sein mochten, wenn wir sie wieder abholten.
Unsere schlimmsten Erwartungen wurden nicht erfüllt. Im Gegenteil. Als wir die beiden abholten, waren sie ein strahlendes Liebespaar, das gar nicht aufhören konnte, miteinander zu turteln. Oliver war der Meinung, seine Katharina sei wunderschön, und machte ihr die liebenswertesten Komplimente, wenn er sie abends ausführte. Mein Harald hingegen schickte mich meist zum Umziehen zurück und war immer noch der Ansicht, ich hätte einen „Stutenarsch".
Während Katharina und Oliver sich immer mehr füreinander erwärmten, kühlte meine Beziehung zu Harald merklich ab, ohne dass ich es verhindern konnte und so sehr ich mich auch bemühte, Harald alles recht zu machen.

Es war eine schwierige Phase für mich, in der ich zu allem Überfluss auch noch eine der wichtigsten Entscheidungen meines Lebens treffen musste. Sie betraf meine künftige berufliche Laufbahn.
Ich war als eine der besten Schülerinnen meines Jahrgangs im Abitur hervorgegangen. Meine Leistungen waren genauso herausragend wie die meiner engen Freundin Marlene, so dass wir von der Studienstiftung eingeladen worden waren, an einem Test teilzunehmen, der uns ein Stipendium für ein Studium einbringen konnte. Marlene kam noch eine Runde weiter, ich dagegen schied bereits in der ersten Runde aus.
Zu dieser Zeit erhielt ich kirchliche Post. Da ich die beste Katholikin meines Jahrgangs war, wollte mir auch die Kirche ein Stipendium gönnen. Die einzigen Auflagen waren, dass ich sämtliche Scheine, die ich ihm Rahmen meines Studiums erwerben musste, mit der Kirche abstimmte, und dass ich drei Monate pro Jahr zu geistlichen Exerzitien in ein Kloster eintreten musste. Zu meinen Tätigkeiten gehörten dann, lesen, beten, schweigen

und mich um den Kräutergarten kümmern. Im Alter von 18 Jahren ist das keine verlockende Perspektive.
Ich beschloss das Stipendium abzulehnen. Zumal ich nicht mal wusste, ob und was ich studieren sollte. Ich bemühte mich zunächst um eine Lehrstelle in den unterschiedlichsten Branchen und Bereichen. Doch leider fiel ich durch sämtliche Aufnahmetests durch.
Irgendwann gingen mir die Zuversicht und die Ideen aus und ich wandte mich an die Berufsberatung des Arbeitsamtes.
Man fragte mich dort, was mit für mein Berufsleben wichtig sei. Und ich antwortete: „Ich möchte was mit Menschen zu tun haben."
Ohne zu zögern überzeugte man mich damals, ich müsse Lehrerin für das Gymnasium werden. Mein Vater hätte eine Karriere bei einer Frankfurter Bank vorgezogen. Doch leider hatte ich noch immer ein äußerst ambivalentes Verhältnis zu Zahlen.
Ich selbst wäre am liebsten zur Bühne gegangen und hätte einen Beruf am Theater oder beim Fernsehen ergriffen.
Was also sollte ich studieren? Für mich musste es etwas sein, was ich annähernd konnte. Studiengänge, die Mathematik involvierten, schieden völlig aus. Also entschied ich mich für die Fächer Germanistik, Anglistik und Amerikanistik. Über die ZVS bekam ich dann auch unverzüglich einen Studienplatz in Siegen zugewiesen. Ich war entsetzt über den Gedanken, die sichere Behaglichkeit meines Elternhauses verlassen zu müssen. Ich wollte weiter mit meiner Schwester ein Zimmer teilen und meinen Freund Harald an meiner Seite haben.
Ich setzte deshalb alle Hebel in Bewegung, um einen Studienplatz in Frankfurt zu bekommen, was mir schließlich auch gelang.
Harald eröffnete mir dann, dass er einen Studienplatz in Gießen habe, den er auch antrat. Wir waren trotz meiner frenetischen Bemühungen am Ende doch getrennt.
Nach drei Jahren fuhr Harald schließlich allein auf eine Bildungsreise in die USA. Als er zurückkehrte, besuchte er mich kurz im elterlichen Haus. Ich sehe ihn heute noch vor mir, wie er auf meinem Bett saß und eine Stunde lang Gitarre spielte, ohne ein Wort mit mir zu wechseln. Dann rückte er mit dem Grund seines Besuches heraus.
„Ich habe auf meiner Reise nachgedacht. Ich glaube, es ist besser, wir trennen uns. Das wirst du sicherlich verstehen."

Ich verstand es nicht. Was hatte ich getan, um meinen Freund so von mir zu entfremden?
Vielleicht hätte ich mir nicht immer alles von ihm gefallen lassen sollen. Seine erste Freundin hatte er verlassen, weil sie ihn nicht Gitarre spielen lassen wollte. Mich verließ er, weil er meine geduldige Toleranz gegenüber seiner musikalischen Neigung nicht mehr ertrug. Und damit war ich erst mal wieder allein.
Ich habe damals unsägliche Qualen gelitten. Zum ersten Mal in meinem Leben durchlebte ich eine Phase des Verlusts, die mich bis ins Mark traf und deren Ursache ich nicht verstand. Ich habe danach eine tiefe Melancholie entwickelt, die sich in späteren Lebensjahren zu einer handfesten Depression festigen sollte. Ich bin nach Harald wieder auf Jahre single geblieben.

Seit dieser Liaison hatte ich ein gespaltenes Verhältnis zur Gitarrenmusik, obwohl ich wie Harald auch eine Gitarre besaß. Dazu hatte ich ein Songbook der Beatles, aus dem ich gern etwas spielte.
Einmal habe ich mit einer Schulkameradin, die ein Blasinstrument spielte, zusammen ein Stück geübt, das aus der Feder John Lennons stammte. Ich spielte die Begleitung mit der Gitarre, sie die Melodie mit ihrem Blasinstrument. Für mein Ohr klang unsere Version „It's been a hard day's night“ so fürchterlich, dass sie John Lennon gut und gern in den Selbstmord hätte treiben können, falls er sie je gehört hätte.
Nach einer Weile beendete ich meine Darbietung und starrte in die Noten. Meine Freundin mühte sich noch auf ihrem Blasinstrument mit der Melodie ab. Nach einigen verblassenden „Füt, füüüüt, füüüt ...“ ließ sie ihr Instrument sinken und fragte mich „Warum hast du aufgehört?“
Ich deutete in die Noten und meinte nur „ich bin schon fertig.“
Ich habe es nie mehr zu besonderer musikalischer Reife gebracht und bin heute im Übrigen bei der 12-Ton-Oper „Moses und Aaron“ von Schönberg der Meinung, dass die Musik den Hörgenuss doch merklich beeinträchtigt.

Während ich meinen ersten Freund verlor, heiratete meine Schwester Katharina ihren Oliver. Für mich brach eine Welt zusammen. Meine Schwester würde mich nun genauso verlassen wie Harald. Es würde nie wieder die geliebten nächtlichen Unterhaltungen mit Katharina geben.

Diese sah ihrer Zukunft an der Seite ihres Mannes mit Freude entgegen. Sie machte mich zu ihrer Brautjungfer. Ihr zu Ehren studierte ich an der Uni in einem Sprechseminar eine Bibelpassage ein, die ich in der Kirche vortrug. Ich hielt mich tapfer aufrecht und verhaspelte mich kein einziges Mal. Am Abend nach der Hochzeit hätte dann der Brautstrauß geworfen werden müssen. Aber das tat Katharina nicht. Sie drückte mir ihr kleines Bouquet aus Wicken liebevoll in die Hand, was meine tiefe Trauer jedoch kaum beheben mochte.
Sie zog wenige Tage später schon aus unserem gemeinsamen Zimmer aus.
Ich habe es noch jahrelang unverändert genauso gelassen, wie es war. Irgendwann haben meine Eltern einfach Katharinas Bett abgebaut. Ich musste das Zimmer somit zwangsweise ein wenig umgestalten, was ich schließlich auch tat. Ich hatte ja immer noch meine Eltern, mit denen ich in unserem alten Häuschen wohnte.
So bin ich damals, als ich mich von meinem ersten Freund verabschiedet hatte, erwachsen geworden. Ich hatte meine Kindheit und Jugend weit hinter mir gelassen. Selbst in meiner Teenagerzeit hatte ich keinerlei nennenswerte Erfahrung in der Sexualität sammeln können.
Ich blieb ungesehen und ungehört als Zaungast abseits des Lebens stehen, das für meine Alternsgenossen so viel Abenteuer bereit hielt. Irgendwie schien da immer noch diese weiße Linie zu sein, die mich sorgfältig vom männlichen Geschlecht trennte. Ich fragte mich nur, wie es den anderen gelang, diese feine Linie zu übertreten?
Mit etwas Nachdenken wäre ich sicher darauf gekommen, dass es an meiner Unscheinbarkeit, meiner Unreife und meiner nicht ausgeprägten femininen Ausstrahlung lag. Aber ich dachte lieber nicht über solche Dinge nach.

Kapitel 6

„Kommen wir doch auf Ihre Angaben in der letzten Sitzung vom Dienstag zurück ... " Herr Dr. Liebmann versucht, sich in den vielen Papieren auf seinem Schreibtisch einen Anhaltspunkt zu verschaffen. Das Papier raschelt hektisch, denn heute ist durch einige Patienten Verzug verursacht worden, den Herr Dr. Liebmann gern wieder aufholen möchte.
„Ah, ... da haben wir es ja!" Er zieht eines der Papiere aus dem Stapel und legt es vor sich auf die Schreibunterlage seines Tisches. Mit geübtem Griff sucht sich der Arzt dann noch einen Stift aus einem bunten Sammelsurium von Kugelschreibern und widmet mir seine ganze Aufmerksamkeit.
„Sie haben erwähnt, dass Sie nach Ihrer ersten Beziehung offensichtlich wieder einige Zeit allein geblieben sind. Da muss ich noch einmal nachhaken. Sie sind doch eine gesunde Frau! Ich kann immer noch nicht ganz nachvollziehen, dass sie nach der Trennung von Ihrem ersten Freund nicht wieder einen neuen Versuch gewagt haben. Ganz so schlecht war die Erfahrung doch nicht, oder?"
„Es war schon ganz okay. Ich hatte damals ja noch keine Vergleichswerte. Ich fand es nur ganz erholsam, mir nicht mehr anhören zu müssen, dass ich einen Stutenarsch hätte."
„Waren Sie denn damals dick?"
„Nein, ich hatte eigentlich immer Konfektionsgröße 34/36."
Herr Dr. Liebmann mustert mich verstohlen und lässt seinen Blick unter den Schreibtisch gleiten. Aber ich sitze fest auf meinem Stuhl. Er bemerkt meinen prüfenden Blick und wechselt schnell das Thema.
„Man lernt doch immer mal jemanden kennen. Auf Reisen vielleicht?" Er sieht mich aufmunternd an.
Ich starre ihn kurz an, dann schließe ich kurz die Augen und konzentriere mich. Reisen ...

Unter der Obhut meiner Eltern wäre ich in meiner späteren Studentenzeit sicherlich weitaus geregelter gereist als alleine – wäre da nicht meine zunehmende Ähnlichkeit mit einer Terroristin aus der Baader-Meinhof-Bande gewesen. Auf jedem Fahndungsposter war sie abgebildet und keinem Grenzbeamten entging die Ähnlichkeit zu mir, die ich gerade eine junge Frau war. Und damals gab es sie noch, diese Grenzen. Ich konnte an

Kleidung tragen, was ich wollte, ich war es, die bis aufs Hemd untersucht wurde. Dies hat meine Reiselust nicht besonders angeregt.
Vor allen Dingen meine Einreise in die USA wurde mir in den 70er Jahren sehr schwer gemacht. Ich musste mich als einzige Frau nach meinem Flug bis auf die Unterwäsche frei machen und untersuchen lassen. Kaum war ich in dem Land der unbegrenzten Möglichkeiten, da rätselte ich auch schon, ob es nicht durchaus eine Option gewesen wäre, am Flughafen festgehalten worden zu sein.
Ich hatte mit meinen Eltern eine Reise nach Washington unternommen, wo wir die ersten Hurrikans unseres Lebens mitmachten. Andrew und David.
Die starken Regenfälle des frischen Morgens hatte uns Teutonen jedoch nicht so weit einschüchtern können, dass wir von unserer gebuchten All-Day-Sightseeing-Tour Abstand genommen hätten. Auch unser Busfahrer war der Meinung, dass wir das Programm auf alle Fälle absolvieren sollten, und schmiss uns bei jeder Sehenswürdigkeit einfach aus dem Bus.
Mit den mitgebrachten Klappschirmen waren wir für die zunehmend verschärfte Wetterlage nicht ideal gerüstet. Sie klappten sich spontan und selbsttätig binnen Sekunden auf bizarrste Weise zusammen. Spätestens nach dem Besuch des Lincoln Memorials waren wir alle restlos durchnässt. Ich fand, dass Lincoln auf seinem Stuhl auch wenig zuversichtlich auf uns hinab sah.
Es ging dann weiter nach Mount Vernon, zum Geburtshaus von George Washington. Es war die letzte Station unserer Sightseeing-Tour, gleich nachdem wir die Grabplatte von JFK bestaunt hatten.
Das Anwesen Washingtons wäre bei schönem Wetter sicherlich auch von bemerkenswertem Liebreiz gewesen. Aber angesichts der massiven Sturzfluten konnte ich mich nur bedingt dafür erwärmen. Ich hatte sehr schnell genug von meiner Besichtigungstour und wollte zurück zum Bus. Ich gelangte in dem anhaltenden Regenguss schnell zu der Überzeugung, dass eine Abkürzung empfehlenswert sein könne, und orientierte mich auf eine kleine gepflegte Heckenanlage zu. „Maze" stand auf einem Schild, eine Vokabel, deren Bedeutung sich mir bald erschließen sollte.
Ich war nur wenige Schritte entlang einer Hecke unterwegs, als mir auch schon klar wurde, dass ich mich in einen Irrgarten gewagt hatte. Irrgärten waren zur Zeit Washingtons das Highlight der Gartenkunst. Ich selbst bin seither kein großer Fan mehr davon. Meinem Klappschirm hatte ich damals

meine Rettung zu verdanken. Denn diesen konnte ich über die Hecken halten, damit mich meine völlig entnervten Eltern wieder aus dem Irrgarten heraus lotsen konnten.
Mein Vater meinte, nur: „Du hättest wirklich keinen schlechteren Zeitpunkt für die Erkundung eines Irrgartens auswählen können. Was hast du dir dabei nur gedacht?“
Ich konnte mich seiner Meinung voll und ganz anschließen, behielt dies aber lieber für mich.
Den Rest der Reise verbrachte ich sehr angenehm an der Seite meiner Eltern. Überhaupt reiste ich stets mit meinem Eltern und nicht allein, was es mir schier unmöglich machte, nette junge Leute kennenzulernen.
Um die Zeit zu vertreiben, spielte meine Familie nämlich abends immer Karten im Hotel, bevor wir uns zur Nacht zurückzogen. Meine Altersgenossinnen haben sicherlich andere Erinnerungen an ihre Reisen in der damaligen Zeit und auch eine vielfältigere Erinnerung an den Liebreiz des männlichen Geschlechts, der ihnen unterwegs begegnete. Ich selbst kannte so nur den Herzbuben aus dem Kartensatz meiner Eltern.

In unserer nächsten Sitzung bemerke ich, dass Herr Dr. Liebmann das Thema „Reisen“ mag. Er ist selbst ein weitgereister Mann und scheint sich sehr für die Erfahrungen anderer zu begeistern. Der Austausch mit mir scheint aber mehr seine humorige Ader anzusprechen als seine medizinische Pflicht. Ich bin ganz froh darüber, denn so lässt er vielleicht das Thema „Liebe und Sexualität“ ein wenig ruhen.
„Wissen Sie, Reisen mit den Eltern sind sehr löblich. Aber viel erfahrungsreicher ist es doch, allein zu reisen. Oder nicht?“
Ich bin voll und ganz seiner Meinung. Es ist wirklich eine Erfahrung...

Als Studentin reiste ich im Alter von Anfang 20 Jahren gern ohne meine Eltern. Es ging prompt schief.
Um mein Studium der englischen Sprache zu vertiefen und um mich für den künftigen Berufsweg gebührend zu rüsten, führte mich mein Weg zunächst nach Hastings, einem kleinen Fischerort im Süden Englands, in dem 1066 William the Conquerer entscheidende Schlachten gewonnen hatte. Ich selbst schlug mich zwar ebenfalls dort herum, jedoch gab es dafür kein historisch bemerkenswertes Gedenktäfelchen.

Meine Eltern hatten zu meiner eigenen Sicherheit dafür Sorge getragen, dass ich vom Flughafen abgeholt wurde, einen Transfer von London nach Hastings bekam und dort bei einer Familie sicher untergebracht wurde. Bis zur Verteilung der Unterkünfte lief alles nach Plan. Ich war zusammen mit einem Italiener die letzte Studentin, die noch auf die Adresse für ihre Unterkunft wartete. Dann wurde ich mit dem Italiener in ein Taxi gesteckt und losgeschickt.

Wir wollten unsere Gastfamilien endlich kennenlernen. Der Taxi-Fahrer fuhr zunächst zu meiner Adresse. Doch die genannte Familie lies mich vor der Tür stehen. Man hatte meine Buchung bereits vor Wochen gestrichen, weil inzwischen andere Schüler und Studenten mein Zimmer bewohnten. Da war nichts zu machen.

Ich musste zurück ins Taxi, wo der Italiener mich mit wachsendem Interesse beäugte. Für ihn war ich so was wie die letzte Sex-Option vor der Autobahn. Da ist man nicht mehr wählerisch. Er schlug vor, wir könnten uns ja in seiner Familie das Zimmer teilen. Ich bewundere zwar das zügige Problemlösungsverhalten dieses Italieners bis heute – zumal die Italiener international nicht gerade einen Ruf für ihr Organisationsgeschick genießen –, dennoch war ich damals für die lieb gemeinten Vorschläge nicht offen.

Der Italiener hatte mit seiner Adresse mehr Glück als ich. Seine Gastfamilie war nett und empfing ihn herzlich. Ich dagegen musste allein in die Zentrale für meinen Feriensprachkurs zurück und mir eine neue Adresse geben lassen.

Diesmal wurde auch ich erwartet. Meine Gastfamilie bestand aus einem Ehepaar, bei dem er wie Charles Bronson und sie wie Sissy Spacek in dem Horrorklassiker „Carrie“ aussah. Zur Begrüßung wurde ich gefragt, ob ich was von Renovierungen verstünde. Eine Frage, die durchaus ihre Berechtigung hatte, wie sich bald herausstellte. Das Haus meiner Gastfamilie war eine einzige Baustelle.

Mein Zimmer befand sich im Keller und konnte nicht abgeschlossen werden. Das Bett war in päpstlichem Lila überzogen, sämtliche Wände waren mit blutroter Dispersionsfarbe gestrichen. Als ich die Bettdecke zurückschlug, fand ich Blutflecken auf der Bettwäsche, und schon spielte mir meine Phantasie einen Streich. Ich sah Charles Bronson mit der irren Sissy Spacek nachts in mein Zimmer eindringen und mich auf brutalste Weise umbringen. Bis zum Morgen lag ich wach und dachte über das

liebenswürdige Angebot des Italieners nach. Ich war nahe daran, mich dafür zu erwärmen.
Am nächsten Morgen wollte ich duschen. Für diesen Zweck gab es eine Waschküche mit einer Wanne und einem Schlauch, neben einer Waschmaschine und einer Toilette. Natürlich war auch die Tür zu dieser Waschküche nicht abzuschließen. Das war dann doch alles etwas viel für mich.
Nach ein paar mageren Cornflakes in Milch raste ich zur Schule und erkundigte mich, ob es nicht doch noch eine weitere Herberge für mich gäbe. Man hielt mich inzwischen für äußerst schwierig und händigte mir nur mit Widerwillen eine neue Adresse aus. Diese befand sich dann zur Strafe sehr weit außerhalb des Stadtzentrums von Hastings.
Diesmal bestand die Gastfamilie aus einer Großmutter, deren Tochter und einem Straßenköter namens PJ. Das Haus war zwar sehr hübsch und neu, und es wohnten auch viele Studenten aus aller Herren Länder dort – aus Kolumbien, Jugoslawien, der Schweiz und Bulgarien – aber es gab nichts zu essen. Es wurde gespart. Nachts saß der kleine PJ als Wächter vor dem Kühlschrank, tagsüber bewachte er den Heißwasser-Boiler, damit wir nicht zu oft duschten. Ich nahm einige Kilos ab, lernte auch etwas Englisch und viele interessante Menschen kennen.
Meine Eltern hatten zwar das Gefühl, ich sei nur knapp dem Hungertod entronnen, als sie mich bei meiner Rückkehr sahen, ich selbst fand den Sprachaufenthalt ansonsten ganz erquicklich.
Hatte ich doch in einem Pub noch einen jungen Sänger kennengelernt, der mich aufgrund meines hygienischen Engpasses galant auf eine Dusche bei sich zu Hause einlud. Ich nahm das Angebot dankend an und verliebte mich flüchtig in den begabten Künstler, weil er mir das Gefühl vermittelte, eine attraktive junge Frau zu sein. Die Dusche, die sich außerhalb seines Zimmers auf dem Gang befand, habe ich dann auch ausgiebig genossen, nicht aber die Tatsache, dass wir uns unvorsichtig aus seinem Zimmer ausgeschlossen hatten, weil er den Schlüssel auf dem Tisch liegen gelassen hatte.
So musste der junge Musiker über das Fenster in sein Zimmer zurück klettern. Dabei legte er einen kleinen Weg an der Hauswand in schwindelnder Höhe zurück, was nicht einfach war, wenn man bedenkt, dass er nur mit einem winzigen Handtuch bekleidet war. Dieses verlor er genau in dem Moment, als auf der gegenüberliegenden Straßenseite ein

vollbesetzter Bus an einer Haltestelle die Pendler für den Abend absetzte. Leider konnte ich keinen guten Blick auf ihn erhaschen, und er hatte nach diesem erniedrigenden Erlebnis auch kein weiteres Verlangen nach mir. Nach meiner Heimkehr nach Deutschland habe ich von dem blassen und sehr dünnen Helden nicht mehr viel gehört. Er hat mir allerdings ein Lied gewidmet, das es meines Wissens nie in die Charts geschafft hat.

Herr Dr. Liebmann grinst verstohlen, als er sich in die Aufzeichnungen unserer letzten Sitzung einliest. Er scheint bester Laune für unsere heutige morgendliche Sitzung zu sein.
„Kommen wir auf Ihre Auslandserfahrungen zurück. Sind Sie denn zu einem späteren Zeitpunkt noch einmal zu einem Studium ins Ausland? Ich bin mir nicht sicher, ob wir dieses Thema in seiner Gänze erschlossen haben."
Fein. Ich habe gehofft, dass mich der Arzt nicht so schnell vom Haken lässt. Ich lehne mich in meinem Stuhl zurück und lege die Stirn in Falten. In meinem jungen Leben als Studentin passierte so manches, doch ich bin nicht sicher, ob es Einfluss auf meine heutigen allergischen Stress-Reaktionen hat, wegen derer ich ursprünglich Dr. Liebmann aufgesucht habe. Ich setze mich etwas bequemer hin, denn dies ist eine lange Geschichte.

Jahre später kehrte ich zur Vertiefung meiner Sprachkenntnisse nach England zurück. Diesmal wollte ich in Oxford studieren. Mein Vater versorgte mich wieder mit einem Flugticket und suchte mir eine Zugverbindung vom Flughafen nach London Paddington Station und dann nach Oxford raus. Bahntickets musste ich vor Ort organisieren. Untergebracht sein sollte ich in den alt ehrwürdigen Mauern des Summerville College, in dem schon die Autorin Iris Murdoch studiert hatte. Bis zur Paddington Station verlief alles nach Plan. Dann verließ mich mein Glück. Ich hatte meinen Koffer unbedachterweise so schwer gepackt, dass ich ihn allein nicht eine lange Treppe hinauf tragen konnte. Ich stand einige Zeit unschlüssig auf dem Bahnsteig herum, bis ein großer Afro-Brite hilfsbereit seine Unterstützung anbot. Er ging vor mir die Treppe hoch und schleppte meinen zentnerschweren Koffer. Auf halber Höhe bat er mich um Hilfe, da ihm der Koffer aus der Hand zu gleiten drohte. Ich vernachlässigte für einen kurzen Moment die Aufmerksamkeit, die meiner umgehängten Handtasche galt, und packte mit beiden Händen mit an.

Diesen Moment nutzte der unsichtbare Partner des dunkelhäutigen Helfers, der mir geschickt von hinten in die Handtasche griff und mein Portemonnaie schnappte, das prall mit Bargeld für ein Semester gefüllt war. Als ich oben an den Bahnsteigen für die Fernzüge angelangt war, war es zu spät. Mein Kofferträger hatte sich eilends aus dem Staub gemacht, bevor ich ihm für seine Hilfe auch nur danken konnte.
Erst da bemerkte ich, dass ich für die Fahrkarte nach Oxford und für meinen weiteren Aufenthalt in England kein Bargeld mehr hatte. Ich war in London gestrandet.
Vor Wut schmiss ich meinen Koffer einfach hin und trampelte darauf herum. Es handelte sich dabei um keine empfehlenswerte Reaktion, wenn man bedenkt, dass ich dabei einige Flaschen mit Duschflüssigkeit und anderen Dingen so zertrat, dass sie einen Teil meiner Kleidung unangenehme durchfeuchteten. Doch dies interessierte mich nicht. Mich beschäftigte ein anderes Problem. Ich wollte den Mann stellen und mein Geld zurückfordern.
Kurzerhand wandte ich mich an eine ältere Engländerin und bat sie darum, für einen Moment auf mein Gepäck zu achten. Ich hatte die Frau nie zuvor im Leben gesehen, und der Koffer enthielt alles, was ich für meinen Aufenthalt außer Geld noch nötig hatte. Aber man musste im Leben auch ein Risiko eingehen können.
Ich raste die Treppe hinunter und fand auf dem einsamen Bahnsteig tatsächlich meinen diebischen Helfer wieder. Nachdem ich ihm gehörig meine Meinung gesagt und ihn auf den kriminellen Tatbestand hingewiesen hatte, bemerkte ich, dass der Mann gut zwei Kopf größer war als ich. Diese Tatsache war bis dahin meiner Aufmerksamkeit entschlüpft. Ich wechselte sofort die Taktik und gelangte zu der Überzeugung, dass ich mich besser um mein Gepäck kümmern sollte. Ich trat den geordneten Rückzug aus auswegloser Position an.
Die alte Dame war zum Glück noch an der Stelle, an der ich sie mit meinem ramponierten Koffer zurückgelassen hatte. Ich erklärte ihr die Lage, und sie gab mir im Gegenzug den guten Rat, doch lieber die Polizei zu rufen.
Das konnte man in England über die 999 veranlassen, eine kostenlose Telefonnummer.
Die Polizei lies nicht lange auf sich warten. Zwei Beamte machten mir am Bahnhof ihre Aufwartung und stellten mir ihre Fragen.
„Wer hat sie denn ausgeraubt?“

„Das war ein großer Afro-Brite, der mich unten auf den U-Bahn-Gleisen angesprochen hat.“
„Kennen Sie den Namen, die Personalien ...?“
„Äh .... nein.“
„Ist der Mann noch hier?“
Ich wurde sauer und brachte etwas Schärfe in meinen Ton hinein. „Der Mann ist noch hier. Aber es ist wohl nicht meine Aufgabe, zu recherchieren, wo er sich zurzeit aufhält.“ Ich unterschlug lieber, dass ich das schon unternommen hatte. „Außerdem hat er mit einem Partner zusammengearbeitet, der jetzt wahrscheinlich mein Geld hat.“
„Ach. Namen, Personalien ...?“
„Nein. Tut mir leid.“
„Tja. Da können wir so nicht viel machen. Wohin wollten Sie denn eigentlich weiter reisen?“
„Nach Oxford. Aber jetzt habe ich kein Geld mehr für die Fahrkarte. Ich habe nur noch ein paar Traveller Cheques. Und jetzt ist Sonntag. Die Banken sind zu.“
Die Beamten strahlten mich an. „Da können wir Ihnen helfen. Wir wechseln Ihnen gern einen ein.“
Ich war erfreut über diese glückliche Wendung, zog einen Cheque über 20 Pfund aus meiner Handtasche und unterzeichnete ihn unter der Aufsicht der Beamten, die ihn sogleich entgegennahmen.
„So, dann bekommen Sie von uns 10 Pfund, 5 Pfund und noch ein paar Münzen über 3 Pfund.“
„Und? Der Rest?“
Die Beamten zucken gutmütig die Schultern. „Das ist unsere Bearbeitungsgebühr ... es ist Sonntag ...“
„Verstehe.“ Es geschieht im Leben nichts umsonst. Ich steckte mein Geld ein, schnappte mir meinen beschädigten Koffer und suchte mir die nächste Verbindung nach Oxford raus.
Dort traf ich dann so spät ein, dass ich vor verschlossenen Türen am College landete. Erst nach nachdrücklichem Klingeln wurde mir von einem langhaarigen blonden Mann geöffnet. Er grinste und meinte auf Englisch: „Du musst Uli aus Deutschland sein, wir haben dich schon vermisst.“
Ich verzichtete auf jeden Kommentar, murmelte nur, dass ich unerwartet aufgehalten worden sei, und verlangte mein Zimmer zu sehen. Der junge

Mann geleitete mich höflich dorthin und versuchte, mit mir ein Small-Talk-Gespräch in Gang zu bringen. Ich verweigerte jedoch.
Mein Zimmer war ganz ordentlich, roch aber etwas muffig. Ich beschloss daher, die typisch englischen Schiebefenster zum Lüften zu öffnen. Außerdem öffnete ich meinen Koffer und breitete großzügig meine Kleidung auf dem Bett aus. Sie musste schließlich trocknen. Dann entschied ich mich jedoch gegen das weitere Auspacken. Mir fiel plötzlich ein, dass ich lange nichts mehr gegessen hatte. Ein Blick auf die Uhr bestätigte, dass es höchste Zeit wurde, mich darum zu kümmern, bevor die Küche schloss.
Ich verließ mein Zimmer und begab mich auf die Suche nach dem Speisesaal. Unerfreulicherweise war die Küche längst geschlossen. Missmutig begab ich mich zurück auf mein Zimmer und schloss die Tür auf. Mit lautem Gurren flog mir da ein nicht identifizierbarer Gegenstand an den Kopf. Vor lauter Schreck zog ich die Tür sofort wieder zu. Aber meine Neugier siegte. Vorsichtig öffnete ich sie wieder einen Spalt breit und musste zu meinem Entsetzen feststellen, dass durch die geöffneten Fenster eine Taube in mein Zimmer geflogen war, aber nicht wieder hinausgefunden hatte. Um ihrer Ungemach den entsprechenden Ausdruck zu verleihen, hatte sie ihre Fäkalien großzügig auf all meine ausgebreiteten Sachen verteilt. Ich war beeindruckt, was alles in einen Tauben-Darm hinein passte.
Sofort unternahm ich ein paar halbherzige Versuche, das Tier aus dem Fenster zu scheuchen. Aber in seiner Panik attackierte es mich nur. Ich verließ daher lieber die Stätte der Verwüstung und schloss hinter mir die Tür. Ich entschied, dass es sich bei der Situation um eine Männersache handelte, und begab mich auf die Suche nach dem blonden Hausmeister, der mich empfangen hatte. Ich fand ihn bei einer Gruppe von Studenten, die auf dem College-Rasen herumlungerten, und sprach ihn kosmopolitisch versiert auf mein Problem an.
„There is a pigeon in my room and it has shitted upon everything."
Der blonde Mann wandte mir gelangweilt sein Gesicht zu und korrigierte. „Shit, shat, shat. To shit is an irregular verb. "
Ich war nicht der Meinung, dass dies der Augenblick für eine Sprachschulung war, schluckte aber meinen Ärger hinunter, denn der junge Mann machte zumindest Anstalten, sich um mein Problem zu kümmern.

Er begleitete mich auf mein Zimmer und gemeinsam gelang es uns, den beflügelten Eindringling aus meinen Räumlichkeiten zu verjagen. Der Kerl inspizierte noch kurz den Schaden und verwies mich dann auf eine Waschmaschine, die ich am besten sofort nutzen sollte, damit bis morgen früh das eine oder andere trocknen konnte. Ich nahm diesen Hinweis dankend an und verbrachte meine erste Nacht in Oxford vor einer Waschmaschine, in der sich der beschissene Inhalt meines Koffers drehte.
Am nächsten Morgen war ich unter sämtlichen Studenten hinreichend bekannt. Ich hatte einen vagen Verdacht, wem ich diese Popularität zu verdanken hatte.
Nach einem ausgiebigen Frühstück suchte ich meine erste Vorlesung auf. Und da stand er, der Hausmeister, und dozierte über die politische Lage der Nation in diesem Jahrzehnt. Er gehörte offensichtlich zum ehrwürdigen Lehrkörper des Colleges und würde mich in den kommenden Wochen unterrichten. Oh Shit. (Shat. Shat.) Was immer ich dann auch bei meinem Studium in Oxford lernte, es machte sich zumindest in meinem Lebenslauf ausgezeichnet, dass ich hier gewesen war.

Kapitel 7

Herr Dr. Liebmann führt mich an diesem Morgen persönlich in sein Sprechstundenzimmer. Ich habe das Gefühl, je mehr er über mich erfährt, desto vertrauter wird auch unsere Patienten-Arzt-Beziehung. Ich freue mich auf die heutige Sitzung. Bestimmt möchte der Arzt meine Auslandserfahrung weiter vertiefen. Doch den Gefallen tut er mir nicht.
„Wir sind stehen geblieben, ... Moment, ... als Sie Anfang 20 waren. Sie haben in Oxford studiert. Eine sehr renommierte Universität. Aber wieder erwähnen Sie keine Beziehung. War denn da unter den vielen Studenten niemand Interessantes?“
„Da war ein Ungar...“
„Ich wußte es doch!“
„... mit dem habe ich mich in einem Café in Stratford-upon-Avon während der Tea Time über Sex unterhalten.“
Der Arzt ist nicht sonderlich beeindruckt.
„Und?“
„Das war's.“
„Ach so. Und dann?“
„Ja, dann .... dann lernte ich Ronny kennen, als ich in Frankfurt weiter studiert habe.“ Der gute Ronny, an den erinnere ich mich ganz gerne mal ...

Es ist sicherlich ein Fehler, wenn man direkt vom Elternhaus in eine Ehe zieht, ohne jemals allein gelebt zu haben. Für mich war die Vorstellung vom Alleinsein der Inbegriff des Albtraums. Hätte ich es einfach mal versucht, vielleicht hätte ich im weiteren Lebensverlauf einige Probleme überspringen können.
Nur bei meiner Schwester hatte es keine Probleme gegeben. Ihre Ehe funktionierte erstaunlich gut. Sie hatte den Mann ihres Lebens geheiratet. Sehr zur Freude meiner Eltern, die mit einiger Mißbilligung beobachteten, wie ich nach meinem ersten Freund den einen oder anderen Nachfolger testete – ohne bei der Testanordnung allerdings valide Stichproben, sprich sexuelle Erlebnisse, einbeziehen zu können.
Ich wohnte immer noch bei meinen Eltern, weil mich der Gedanke, allein zu wohnen, mit zu großem Entsetzen erfüllte. Es gab für mich keine erschreckendere Idee, als eine Wohnung für mich allein zu haben. Ich

fürchtete mich vor absoluter Stille und einer leeren Wohnung, in der keiner mich liebevoll empfing und mit mir sprach, wenn ich nach Hause kam.
Zu dieser Zeit traf ich während meines Studiums Ronny. Den schönen Ronny mit haselnussbraunen verträumten Augen und einer dunklen langen Lockenpracht. Er passte ganz gut in mein Beuteschema. Ich bin ihm gleich während der Orientierungsveranstaltung an der Uni begegnet, hatte aber keine Gelegenheit gehabt, mit ihm ein paar Worte zu wechseln. Dafür hätte ich auch gar nicht den Mut gehabt. Ich war immer noch viel zu schüchtern und unerfahren. Man hatte mich so erzogen, dass der Mann den ersten Schritt machen müsse. Und den tat Ronny nicht. Vermutlich, weil ich im Heer der hübschen Mädchen mal wieder völlig verblasste.
Er verschwand dann genauso plötzlich aus meinen Studientagen, wie er hineingelaufen war. Wir sind uns zwar hier und da auf dem Campus begegnet, aber mehr auch nicht. Ich dachte vor dem Einschlafen gern an ihn. Irgendetwas hatte er mit meinem großen Helden Winnetou gemein gehabt. Die dunklen Augen und die schwarzen Haare vielleicht. Aber die Mähne von Winnetou war natürlich glatt und nicht gelockt. Ich kann mich auch nicht erinnern, dass Winnetou viel für schöngeistige Literatur übrig gehabt hätte.
Erst gegen Ende meines Studiums kam es zu einer weiteren Begegnung.
Ich hatte mich für das Filmseminar „Melodramen von Douglas Sirk“ eingeschrieben, das Donnerstagabend stattfand. Die Studenten sahen sich dabei erst einen entsprechenden Film – meist mit Rock Hudson und Jane Wyman – an, um hinterher die Inhalte, die Kameraführung und weitere cineastische Einzelheiten zu besprechen.
In einem Film war Rock Hudson ein Gärtner, Jane Wyman war eine trauernde Witwe. Beide waren selbstverständlich ineinander verliebt. Doch aus gesellschaftlichen Gründen kam die Beziehung erst mal nicht zustande. Rock und Jane trennten sich, um sich am Ende wieder zu versöhnen. Ich glaube, die Versöhnungsszene schauten wir uns mindestens sechsmal hintereinander an. Rock stand in einer Holzfällerjacke auf einem seichten schneebedeckten Hügel mit Gewehr in der Hand. Jane war mit ihrem schicken Sportwagen vor seiner in der Natur gelegenen Hütte vorgefahren, um sich auszusprechen. Da Rock ja auf dem seichten Hügel weilte und Jane zu spät bemerkte, fuhr sie ergebnislos fort. Rock wollte dies verhindern und fing an, mit dem Gewehr in der Hand heftig zu winken und zu rufen, dabei kam er ins Rutschen und glibberte zwischen den Tannen den

seichten Hang sanft im Schnee hinab. Schnitt. Rock lag danach mit nacktem Oberkörper – allerdings mit Mull umwickelt – in seiner Naturbude, Jane saß ihm zu Füßen und versöhnte sich mit ihm, während vor dem Fenster ein Reh äste.
Das alles war so traurig, dass wir Studenten immer los heulten und das filmisch Interessante an dieser Stelle völlig verpassten. Also wurde die Szene immer wieder neu eingespielt und Rock musste wiederholt vom Hügel rutschen.
Nach mehreren „Unfällen" ging die Tür zum Hörsaal auf und Ronny trat ein. Nur neben mir war noch ein Platz frei, und auf den lies er seine schwarze Aktentasche fallen. Während der Veranstaltung wechselten wir keinen Blick und kein Wort.
Aber danach fragte er mich so, als wäre es das Natürlichste der Welt: „Wie sieht es aus – gehen wir noch was trinken?"
Wir gingen. Aber wir waren trotzdem nie ein Paar. Ich war verliebt bis über beide Ohren allein aufgrund der Tatsache, dass er mich doch bemerkt hatte. Natürlich hatte es auch nur neben mir diesen einen freien Platz gegeben.
Für Ronny war ich eine spontane, naheliegende „Chance". Aber so weit ging sein Enthusiasmus wieder nicht, dass wir miteinander geschlafen hätten. Zum einen war ich für ihn nicht aufregend genug, zum anderen nahm ich die Pille noch nicht, weil ich zu dieser Zeit durchgängig single war. Sehr zur Freude eines guten Freundes von Ronny. Ein Hubert von Mühlenberg. Ein Graf, der mir mit besten Manieren nachstellte, einfach um Ronny zu ärgern. Er fand mich toll, ich fand Ronny toll und der wusste nicht so recht, wie toll er mich finden sollte. Als es in die entscheidende Phase gehen sollte, fuhr ich nach Bristol, um wieder ein Semester im Ausland zu studieren. Ronny hatte mich noch getröstet
„Ist doch nur für zwei Monate. Vielleicht komme ich mal vorbei und besuche dich. Auf alle Fälle werde ich schreiben, so oft ich kann."

Es ist Dienstagmorgen. Ich habe fast die U-Bahn verpasst, die mich zu meiner Therapiesitzung mit Herrn Dr. Liebmann bringt. Ich rase in kurzen Sätzen die Treppe hoch und komme völlig atemlos in der Praxis an. Die Sprechstundenhilfe bedeutet mir, ich möge noch kurz im Wartezimmer Platz nehmen, Herr Dr. Liebmann würde mich gleich rufen.
„Der nächste bitte."

Ich erhebe mich und wappne mich für die heutige Sitzung. Ich bin mir fast sicher, dass wir wieder mein trübes Liebesleben näher beleuchten. Und Herr Dr. Liebmann enttäuscht meine Erwartungen nicht. Nach einigen Begrüßungsfloskeln wendet er sich diesem leidigen Thema zu.
„Sie hatten beim letzten Mal einen jungen Mann erwähnt, mit dem es wieder nicht so recht geklappt hat." Herr Dr. Liebmann wirft mir einen vorwurfsvollen Blick zu, als sei dies meine Schuld. „Warum sind Sie ausgerechnet zu diesem Zeitpunkt nach Bristol gegangen?"
„Drücken wir es so aus, ich war schon lange für diesen Auslands-Studienplatz angemeldet und hatte ausgerechnet da Ronny kennengelernt."
„Wie dem auch sei ... Ich bin sicher, dass das Studium zumindest beruflich den einen oder anderen Nutzen brachte, oder nicht?"
Ich bin mir nicht so sicher, ob wir den Begriff „Nutzen" auf die gleiche Weise definieren, aber ich nicke eifrig mit dem Kopf. Es war eine durchaus interessante Erfahrung...

Anfang der 80er Jahre habe dann auch ein Semester in Bristol studiert. Es war Winter. Und für England sollte es der kälteste Winter seit 100 Jahren werden. Ich war keineswegs darauf vorbereitet. Für gewöhnlich sind die kalten Jahreszeiten auf der britischen Insel durch den Golfstrom eher mild. Entsprechend hatte ich meinen Koffer gepackt. Und zwar so, dass ich ihn im Notfall auch allein eine Treppe hochtragen konnte. Trotzdem sollte meine Reise nicht ohne Zwischenfälle bleiben.
Da ich mit meinen inzwischen hüftlangen Haaren wie ein Möchte-Gern-Hippie aussah, wurde ich am Flughafen in Bristol sofort von den Behörden aufgehalten, um mich einer Drogenkontrolle zu unterziehen. Ich wurde so gründlich gefilzt, dass der Flughafen bereits geschlossen hatte, als die Beamten endlich mit mir fertig waren, ohne fündig geworden zu sein. Was hätten sie auch finden können? Ich trank nicht, ich rauchte weder Zigaretten noch Joints, und ich hatte keinen Sex, also weder Sexspielzeug, Kondome oder Pornos im Gepäck.
Als der Inhalt meines Koffers letztendlich offen auf einem Tisch im Flughafengebäude lag, waren außer mir alle anderen ankommenden Passagiere schon in den für England typischen grünen Bussen nach Bristol unterwegs. Und jetzt fuhr kein Bus mehr. Auch das letzte Taxi hatte bereits den Flughafen verlassen. Ich war wieder einmal gestrandet.

Ein mir gänzlich unbekannter Brite bot mir dann eine Mitfahrgelegenheit nach Bristol an. Auch wenn dieser sich als Vergewaltiger entpuppen sollte, ich konnte das Angebot schlecht abschlagen, und fuhr mit ihm in die Stadt. Er brachte mich sogar direkt vor die Tür des Hauses, in dem ich untergebracht sein sollte.
Es handelte sich um das Privathaus einer Landlady und eines Landlords, der früher mal bei der Marine gedient hatte, und beherbergte aus sittlichen Gründen nur weibliche Studentinnen. Darunter waren Irinnen, Italienerinnen, eine Philippinin und außer mir eine weitere Deutsche, mit der ich mich schnell anfreundete. Es war eine schöne Unterkunft, die den englischen Standards entsprach. Die Zimmer selbst hatten keine Heizung, ebenso wenig wie das Badezimmer auf dem Gang.
Dafür gab es im gemeinschaftlichen Wohnzimmer einen offenen Kamin mit künstlichen Holzscheiten aus Plastik. Dort wurden das Frühstück, der Tee am Nachmittag und das Abendessen serviert. Ich kann vorweg nehmen, dass die Landlady vorzügliche Torten zum Tee und abends ein mehrgängiges Menü servierte, wodurch ich insgesamt über vier Kilo Gewicht zulegte.
Kaum war ich in mein neues Domizil eingezogen, setzen heftige Schneefälle ein. Sie hielten lange genug an, um die Stadt unter einer dicken Schneedecke zu beerdigen. Der Schnee lag hüfthoch und reichte bis an die Dächer der geparkten Autos heran.
Dieser Missstand führte nicht nur dazu, mich als Fußgänger außerordentlich zu behindern, es machte mir auch meine Orientierung als Fremde in der Stadt nahezu unmöglich. Denn in England sind die Straßenschilder etwa auf Kniehöhe angebracht. Somit verschwanden sie unauffindlich unter den Schneebergen, die immer weiter wuchsen. Meinen Stadtplan konnte ich vergessen, und ich verirrte mich fortan regelmäßig in Bristol.
Ich beschloss, meine Eltern zu bitten, mir unverzüglich meine Moonboots zu senden. Doch leider brachen inzwischen der Flug- und Schiffsverkehr zum Kontinent ab. Kurze Zeit darauf wurden der Busverkehr und die Post in England lahm gelegt. Dies führte zu gewissen Versorgungsengpässen, die sich darin äußersten, dass man viele Lebensmittel gar nicht mehr kaufen konnte. Für die Artikel, die noch erhältlich waren, herrschten inflationäre Bedingungen. Der Weg vom Regal bis an die Kasse eines Supermarkts bedeutete teilweise einen Preisverfall von bis zu 50%.

Es war mir nur allzu bald bewusst, dass ich auf einer Insel war, und wenig Kontakt zur Außenwelt hatte. Die englischen Nachrichten berichteten darüber: „The whole continent was isolated."
Die Briten haben sich nie wirklich als Europäer betrachtet. Überhaupt war die britische Berichterstattung sehr einseitig. Man erfuhr höchst selten etwas aus dem Ausland. Als ich dies bei einem Abendessen einmal monierte, reagierte eine Irin höchst erstaunt.
„Es gibt doch immer wieder interessante Berichte, speziell aus Deutschland. Da war erst kürzlich dieser Beitrag über das Stopfen von Gänsen. Sehr interessant. Und gestern ... da kamen diese Nachrichten über das Rotlicht-Milieu von Frankfurt. Da kommst du doch her, oder nicht?"
„Exakt", konnte ich da nur beipflichten.
Als der Schnee nach Tagen immer noch unablässig auf Bristol niederging, fing ich langsam an, die Defizite im Haushalt zu spüren. So war meine Bettdecke morgens mit einer Raureif-Schicht überzogen. Die Vorhänge waren am Fenster festgefroren, und meine Zahncreme hatte eine eisige Konsistenz angenommen.
Es gehörte sehr viel Willenskraft dazu, morgens aufzustehen und sich in das ebenso kalte Bad zu begeben. Es gab an der Wanne zwar die beiden Ventile „cold" und „hot". Aber das eine spuckte Wasser mit polaren Temperaturen, das andere bot Wasser mit den Temperaturen der europäischen Mittelgebirge. Abends konnten wir uns ab 17.00 Uhr zur Tea-Time bei Tee und Kuchen vor dem Kamin aufwärmen, aber nach dem Abendessen war auch damit Schluss.
Die Engländer waren an die herrschenden Verhältnisse gewöhnt. Die Italienerin, Philippinin und wir beiden Deutschen nicht. Wir hatten keine viktorianische Erziehung wie die Briten, die uns hätte abhärten können. Es war schon erstaunlich, wie sehr. Denn die Britinnen begegneten mir nicht selten in Sommerkleidern und Sandalen, während ich alle Kleidungsstücke übereinander trug, die mein Koffer hergab.
Ganz schnell kaufte ich mir dann ein paar modische Accessoires, die mir dann den Look einer Marktfrau vom Münchner Viktualienmarkt verleihen sollten: fingerlose Wollhandschuhe und gestrickte Legwarmer.
Trotzdem fühlte ich mich gegen die Kälte noch immer nicht genügend gewappnet, die in meinem gemieteten Zimmer herrschte. Also ging ich gelegentlich abends ins Kino, das angenehm beheizt war. Leider spielte man dort über mehrere Wochen den gleichen Film. Ich habe ihn bestimmt

15 Mal gesehen. Es war der Film Lady Chatterly's Lover. Aber angesichts der Temperatur-Lage konnte man über den Inhalt dieses Films sicher generös hinwegsehen. Warm machte er es einem ganz bestimmt. Und im Prinzip konnte ich diese Kinoabende endlich einmal sogar als sexuelle Erfahrung verbuchen. Immerhin galt der Film als Soft-Porno.
Natürlich stattete ich auch so früh wie möglich der Universität einen Besuch ab. Unglücklicherweise war eines der Institute, für dessen Veranstaltungen ich mich interessierte, gerade abgebrannt. Ich konzentrierte mich daher voll und ganz auf die Seminare des Instituts für Anglistik/Amerikanistik, wo ich einem Professor sicherlich im Gedächtnis geblieben sein dürfte. Ich hatte ihn eines Morgens allzu schwungvoll begrüßt, was mich in eine peinliche Lage versetzte. Ich hatte vor meinem England-Aufenthalt im Keller meiner Mutter den alten Persianermantel meiner Großmutter entdeckt. Als Studentin war ich der Meinung, dass das inzwischen räudige Fell von ganz erlesenem Charme sei und nahm es mit. Als ich nun diesem Professor dynamisch die Hand zum Gruße reichte, hörte ich ein verdächtiges Geräusch an meiner Schulter.
Schon löste sich dort der rechte Ärmel, um sich beim Händeschütteln grazil um meinem ausgestreckten Arm einzuschaukeln. Ich riss den flüchtigen Ärmel zwar unverzüglich zurück in seine alte Position, aber der Professor hatte bereits mit großer Anteilnahme die Brüchigkeit meiner Garderobe erkannt. Er verzichtete fortan auf solche Begrüßungsszenen, um meinem Mantel eine gewisse Überlebenschance einzuräumen.
Neben den Seminaren dieses Professors besuchte ich dann auch gelegentlich Vorlesungen über British Landscape Gardening und keltische Ausgrabungen. Leider sollte mir das dabei erworbene Wissen in meiner späteren beruflichen Laufbahn nie wirklich von Vorteil sein.
Natürlich habe ich während meines Aufenthaltes in Bristol auch alte Beziehungen wieder aufleben lassen. Ich besuchte Hugh in Birmingham, den Dozenten aus Oxford, den ich einst irrtümlich für den Hausmeister gehalten hatte. Wir waren feste Freunde geworden und sind es bis zum heutigen Tag geblieben.
Hugh, der damals eine schulterlange blonde Mähne hatte und stets in Biker-Kluft anzutreffen war, fand meinen Mantel äußerst chic und führte mich in dem edlen Antik-Stück in einen Nachtclub aus, in dem eine Reggae-Band aus Jamaika live spielte. Wir stellten uns unweit eines kleinen Fensters ins Publikum, und Hugh gab mir Instruktionen für das Konzert.

„Wenn ich jetzt sage, hältst du dir deine Manteltaschen zu und kriechst mit mir durch dieses Fenster raus ins Freie."
„Warum nehmen wir nicht die Tür?"
„Weil es, wenn ich „jetzt" sage, eine Polizei-Razzia gibt. Ich denke, daran sollten wir nicht teilnehmen. Wir haben beide keine Pässe dabei und dich filzen die doch sowieso als Ausländerin."
„Und warum halte ich mir die Manteltaschen zu? Ich glaube, die fallen nicht ab und hinterlassen keine verdächtigen Spuren."
„Weil man dir vermutlich Drogen reinsteckt, die bei anderen nicht gefunden werden sollen. Du hast doch bestimmt den Geruch im Raum schon bemerkt."
„Ach so. Ja, das macht Sinn." Ich hatte zwar selbst noch nie gekifft, aber der süßliche Duft, der uns um die Nasen strich, war auch für einen Amateur wie mich unverkennbar.
Es wurde ein netter Abend, und wir mussten auch nicht durchs Fenster kriechen. Wir hatten ausnahmsweise Glück gehabt.
Weniger Glück hatte ich, als ich zurück in Bristol war und die Italienerin mich auf die Eisbahn einlud. Ich muss nicht extra erwähnen, dass ich nicht Schlittschuh laufen konnte, stellte es mir aber nicht allzu schwierig vor. Schließlich hatte ich als Tänzerin hinreichend Erfahrung und könnte sicherlich die eine oder andere mutige Schrittfolge wagen.
Ich lieh mir Schuhe aus, die sich auf dem festen Boden der Holzplanken ganz fahrtüchtig anfühlten. Erst, als ich mich damit auf die Eisfläche begab, merkte ich, dass das Ganze eine rutschige Angelegenheit außerhalb meiner Kontrolle werden würde. Ich beschloss daher, mich zunächst in der Nähe des Eingangs zur Eisfläche an der Seitenbande aufzuhalten und die anderen zu beobachten. Nach nur einer Minute auf der Eisfläche hämmerte mir ein weiterer Anfänger ungebremst in die Beine. „Out of the way, out of the way" rief er mir noch winkend zu, aber ich konnte nicht mehr tun, als stehen zu bleiben und meinem Schicksal todesmutig in die Augen zu sehen. Ich schlug mir bei der Aktion beide Knie so heftig in die Seitenbande, dass ich nur noch auf einer Tragebahre des Erste-Hilfe-Zentrums die Eisfläche verlassen konnte. Dafür musste ich großzügigerweise die Ausleihgebühr für die Schuhe nicht bezahlen. Bis zum Ende meines Aufenthalts in Bristol schleppte ich mich mit dicken Knien entweder in die Uni oder ins Kino zum Film „Lady Chatterly's Lover", den ich um nichts in der Welt verpassen wollte.

So ungetrübt und heiter dieser Studienaufenthalt auf den ersten Blick auch schien, so traurig stimmte er mich jeden Abend, wenn ich auf einem Sideboard im Eingangsbereich des Hauses meiner Landlady wie alle anderen Hausgenossen meine Post entgegennahm. Sehnsüchtig wartete ich auf ein Schreiben von Ronny, der mir versichert hatte, mit mir regen schriftlichen Kontakt zu halten. Sein adliger Freund Hubi schrieb mir in diesen Monaten mehrere Male und schickte mir sogar ein Buch von Somerset Maugham. Aber es kam keine Post von Ronny. Trotzdem hielt ich immer wieder danach Ausschau, wenn ich abends das Sideboard mit meinen Blicken streifte und den anderen jungen Frauen zusah, wie sie die Post von ihren Freunden begeistert aufrissen und sich damit auf ihre Zimmer zurückzogen.
Immerhin trafen nach einigen Wochen endlich meine Moonboots in Bristol ein. Der Strike der britischen Post war offensichtlich zu Ende. Allerdings war es auch mein England-Aufenthalt.
Als ich abreiste, begann der schlimmste Schnee des Jahrhunderts zu schmelzen. Ich kehrte nach Hause zurück, wo ich als erstes meinen Pelzmantel – oder das, was von ihm übrig war – entsorgte und dann die Heizungen im Hause meiner Eltern runter drehte. Es schien mir deutlich überzogen, bei 20°C im Wohnzimmer zu sitzen. Eine schier unerträgliche Hitze nach den kalten Tagen in England.
Ich erzählte meiner Familie begeistert von meinem Studienaufenthalt, einige Höhepunkte meines Aufenthaltes unterschlug ich aus christlicher Rücksichtnahme, damit sich meine Eltern nicht unnötig aufregten.
Kurz nach meiner Rückkehr erfuhr ich dann auch, dass sich Ronny in den wenigen Wochen meines Auslandsaufenthalts verlobt hatte. Keine Frage, dass wir uns von dieser Zeit an regelmäßig an der Uni begegnet sind.
Es zerriss mir fast das Herz. Auch diesmal wusste ich nicht, warum ich diesen Mann, den ich eigentlich nie zum Freund hatte, verloren hatte. Unter uns gesagt, er hielt mich nie für eine Schönheit. Was ihm damals an mir aufgefallen war, waren meine traurigen Augen. Das hatte er mir einmal gesagt. Immer wieder, so meinte er, habe er sich gefragt, warum ich wohl so traurige Augen hätte. So hatte meine zunehmende Melancholie doch auch ihre guten Seiten. Zumindest hatte Ronny mich dadurch bemerkt. Und er hatte den traurigen Ausdruck meiner Augen noch um einige Grad steigern können. Trotzdem hat mich deshalb nie wieder ein Mann angesprochen. Traurige Augen oder nicht. Und sein nobler Freund

Hubertus hatte, wie sich herausstellte, auch nur Interesse, weil er sich mit Ronny messen wollte. Kaum war Ronny vergeben, machte sich auch Hubertus aus dem adeligen Staub.

Irgendwann lernte ich an der Uni dann noch Karl kennen. Ich wollte den Fehler mit Ronny nicht noch einmal wiederholen und besorgte mir die Pille, weil ich hoffte, diesmal eine gesunde körperliche Beziehung eingehen zu können.
Das Vorhaben scheiterte daran, dass Karl Alkoholiker war, der in so hoher Geschwindigkeit sieben kleine Glas Bier trinken konnte, dass es sich kaum lohnte, den Mantel abzulegen, wenn man eine Kneipe betrat. Das Ganze führte zu einer nicht unerheblichen Beeinträchtigung seiner Libido.
Zu allem Überfluss widmete er sich auch mit jeder Frau, die sich ihm auf zwei Meter näherte. So geschah es regelmäßig, dass er mich bei Verabredungen bis zu drei Stunden warten ließ. Manchmal versetzte er mich ganz, manchmal tauchte er mit einer anderen am Arm auf, mit der er angeblich in der Bibliothek was nachschauen musste. Keine Frage, er war ein belesener Mann. Er rief mich eines Abends an und trennte sich telefonisch von mir, was mir trotz all seiner Untreue wiederum das Herz brach.
Ich war sicher, auch diesmal wieder etwas falsch gemacht zu haben. Doch der einzige Fehler bestand rückblickend in der Wahl dieses Mannes. Das einzige, was ich aus dieser fragwürdigen und kurzen Bekanntschaft lernte, war, dass ich fortan nie mehr länger als 10 Minuten auf einen Mann warten würde. Diesem Prinzip bin ich sehr lange treu geblieben. Was nicht weiter schwierig war, wenn man berücksichtigt, dass ich die meiste Zeit meines Lebens Single war und deshalb keinen großen Grund hatte, auf irgendwen zu warten. Ich hatte ja keine Verabredungen. Und so blieb ich auch während der für alle anderen so bewegten Studentenzeit auf meiner Seite der imaginären weißen Linie im Seitenaus stehen. Ungesehen, ungeliebt und ungewollt.

Kapitel 8

Herr Dr. Liebmann ist heute nicht ganz so gut aufgelegt wie zu unserer letzten Sitzung. Er kämpft mit einer Frühjahrsgrippe und sieht mich mit wässrigen Augen und einer roten Nase an. Eine Packung Kleenex steht griffbereit neben seinen Papieren, und er greift sich hier und da ein Tuch, um sich geräuschvoll zu schnäuzen.
„Ihren Unterlagen ist zu entnehmen, dass Sie irgendwann einmal verheiratet waren. Sie sind geschieden, nehme ich an."
„Korrekt."
„Und wie haben Sie Ihren Mann letztendlich kennengelernt?"
Ich kann irgendwie verstehen, dass mein Therapeut mir diese Frage stellt und schaue verträumt aus dem Fenster, rüber zu dem Baum, in dem häufig die Eichhörnchen spielen. Heute ist keines da. Die Romanze mit meinem Mann war fast so wie in einem amerikanischen Spielfilm – erst streiten sie sich, dann lieben sie sich, dann trennen sie sich...

Die Verehrer standen bei mir nie in Sechser-Reihen an. Meine Schwester war glücklich verheiratet mit einem erfolgversprechenden Mann. Ich selbst blieb das unbeachtete Mauerblümchen, um das sich keiner riss. Auf den Radarschirmen der männlichen Zunft war ich nur ein schwacher Punkt, den man schnell übersehen konnte zwischen all den leuchtenden Punkten der andere Frauen darstellten. Ich war schon 24 Jahre alt und hatte bislang nur einen Freund vorzuweisen, mit dem ich zumindest am Anfang der insgesamt dreijährigen Beziehung eine körperliche Beziehung pflegte. Ich hatte es geschafft, meine Jungfräulichkeit zu verlieren. Mehr aber auch nicht. Die letzten beiden Jahre rührte er mich nicht an. Bei Ronny und Karl hatte es nicht mal zu einem einzigen sexuellen Erlebnis gereicht.
Da ich folglich in Sachen Liebe nicht wirklich ausgelastet war, brachte ich all meine Energien in mein Hobby ein, und das war zu dieser Zeit meine eigene Bühnengruppe, die zum Kulturkreis meines Heimatstädtchens zählte.
Als diese Stadt im Rathaus ein Jubiläum feierte, wurden wir aufgefordert, einen Beitrag für das Showprogramm zu liefern. Meine Gruppe deutete mich aus, und wir beschlossen, dass ich ein Solo tanzen sollte. Ich wählte dafür ein Instrumentalstück von Jimmy Hendrix aus und übte regelmäßig

vor dem Training mit meiner Bühnengruppe eine eigene Choreographie ein.
Irgendwann kam es dann zu den Bühnenproben, wobei auch Beleuchtung und Requisiten abgesprochen werden sollten. Dabei informierte man mich, dass der Regisseur der Veranstaltung mir nicht mehr als einen Quadratmeter für meine Darbietung einräumen wolle.
„Schau doch mal Uli, ein Quadratmeter ist doch was. Du bist doch eh nicht sehr groß, was willst du mit den kurzen Beinen denn da rumspringen. Und das Orchester muss ja auch noch wo hin."
„Kurze Beine? Ich muss doch bitten. Ich bekomme die Bühne oder ich trete gar nicht auf. So ist das. Und die vom Orchester können hinten etwas dichter beisammen sitzen. Die bewegen sich doch eh nicht."
„Na schön. Sagen wir zwei Quadratmeter. Da kann man schon eine Menge mit machen, Uli. Da kannst du dich wie eine Blume entfalten."
„Man kann auch gleich einen Blumentopf drauf stellen. Ohne mich".
„Und was wäre, wenn man dir den ganzen Bühnenrand vorne ließe? Dann könnte das Orchester dahinter sitzen."
„Habt ihr euch den Rand mal genauer angesehen? Der ist asymmetrisch. Da sehe ich im Scheinwerferlicht doch gar nicht, wo ich hintrete. Ich hab doch keine Lust, mir den Hals zu brechen. Nein."
Ich blieb hart. Der Vermittler hatte kurz vor dem Veranstaltungstermin endlich die glänzende Idee, den Regisseur heimlich zu den Bühnenproben einzuladen. Dieser wusste nichts von meiner Probe, ich wusste nichts von seiner Anwesenheit. Als er mich dann verschwitzt auf der Bühne tanzen sah, ist es wohl geschehen. Das Orchester wurde von der Bühne ins Parkett verbannt, ich bekam die komplette Fläche. Selbstverständlich. Dazu konnte ich mir alles Licht der Erde für meine Ausleuchtung auswählen. Mit Farbe nach Wunsch. Ist ja klar.
Dies war der Anfang meiner Hollywood-Beziehung zu Martin, die nach wenigen Wochen dazu führte, dass wir uns während einer Wochenendreise in Salzburg verlobten. Wir haben uns dafür zunächst Ringe bei einem Juwelier ausgesucht, danach gingen wir in ein nahegelegenes Café und tranken Tee. Da mein künftiger Mann der Meinung war, dass Tee nicht ganz der Feierlichkeit des Augenblicks entspräche, bestellten wir zum Tee noch ein Glas Sekt. Eine grauenhafte Mischung, die vielleicht schon ein Indiz für unser späteres Eheleben sein sollte.

Während wir so still in diesem Café unseren Schrecken darüber verdauten, dass wir uns verlobt hatten, dachte ich bereits darüber nach, wie ich diese Nachricht meinen Eltern überbringen sollte. Ich wusste, wie speziell mein Vater an mir hing, und konnte mir nicht vorstellen, mein Elternhaus und damit mein bisheriges Leben zu verlassen. Auch konnte ich mir nicht vorstellen, meine Eltern einsam in dem Haus zurückzulassen. Es würde sehr still für sie werden.
Als wir von Salzburg nach Hause zurückkehrten, fuhren wir sofort zu meinen Eltern. In wenigen Minuten war die Katze aus dem Sack, und mein Vater ging unter Tränen in den Keller, um eine Flasche Champagner zu holen. Ich werde nie vergessen, wie fest er mich in seinem Arm hielt, als wir auf die Verlobung anstießen. Er konnte sich die Tränen kaum verkneifen. Es brach mir das Herz. Fast hätte ich alles wieder abgeblasen und wünschte mir später oft, ich hätte es tatsächlich getan. Vielleicht wäre es besser so gewesen.

Die Zeichen mehrten sich, dass die geplante Ehe unter keinem guten Stern stehen würde. Martin entsprach optisch nicht meinem Traumbild. Er hatte kurze braune Haare, die schon etwas schütter wurden, und dunkle Augen. Sein Körper war schlank und durchaus sportlich. Was aber wirklich für ihn sprach, waren sein Humor, sein Charme und seine spontane, unternehmenslustige Art. Wie ich hatte er ein Faible für die Bühne, und ich fühlte mich allein dadurch mit ihm verbunden.
Der lebenslustige Martin arbeitete in einer Event-Agentur und hatte eine Junggesellenwohnung im Frankfurter Westend. Für eine frisch verliebte Frau wie mich schien sie den Stil eines Bohemiens zu haben. Nüchtern würde man Martin aus heutiger Sicht als „Messi“ beschreiben.
Eine Nachbarin, die im gleichen Haus wohnte, sagte einmal zu mir: „Diese Wohnung erinnert mich an die des Malers Max Beckmann. Der schlief auch auf einem Strohsack und hatte ein buntes Chaos in seinem Zimmer.“
Vielleicht hätte ich mich etwas genauer mit dem Maler auseinandersetzen müssen, um zu erkennen, dass dieser Kommentar eine deutliche Warnung enthielt.
In diese Wohnung sollte ich also nach unserer Heirat einziehen. Im Prinzip gab es dort aber keine Ecke mehr, in die ich ein paar persönliche Habseligkeiten hätte einbringen können.

Im Wohnzimmer stand unter dem einzigen Fenster ein brauner Holztisch, auf dem sämtliche Utensilien für ein Frühstück fest angesiedelt waren. Martin war der Meinung, es wäre ideal für ihn, sich morgens einfach davor zu setzen, um zu frühstücken, anstatt jeden einzelnen Posten täglich zwischen Küche und Wohnzimmer hin und her zu tragen. Neben diesem Frühstückstisch stapelten sich in einer Ecke turmhoch die Ausgaben des Magazins „Stern" der letzten Jahre. Martin bewahrte sie aufgrund einer Rezeptseite auf, die man auch gut hätte heraustrennen und archivieren können.
Auch in anderen Zimmerecken stapelten sich Zeitungen in die Höhe. Schließlich hatte Martin neben dem Stern auch die FAZ und das Segelmagazin „Die Yacht" abonniert. Ansonsten befand sich eine Sitzgruppe aus den frühen 70er Jahren in Martins Besitz. Sie hatte ursprünglich einmal einen Bezug aus orangefarbenem Cord. Dieser war aber bis auf das Grundgitter abgerieben, so dass die Möbel ein bleiches, haarloses Braun aufwiesen. Da sich Martin von dieser Ausgeburt an Hässlichkeit keinesfalls trennen mochte, haben meine Mutter und ich in tagelanger Schweißarbeit die Sitzgruppe noch einmal mit gelben Stoff bezogen und aus Bettdecken passende Auflagen dafür entworfen, um das Ganze zu modernisieren. Schlafzimmer und Küche waren in keinem besseren Zustand. Speziell die Küche bestand nur aus einem Sammelsurium alter Möbel, bei dem kein Stück zum anderen passen wollte.
Martin sagte damals, er habe die Stücke einzeln von guten Freunden übernommen, die keine Verwendung mehr dafür hatten. Ich konnte nachvollziehen, warum.
Wir kannten uns nur wenige Monate, als Martin darauf bestand zu heiraten. Ich willigte ein, und wir planten eine völlig überstürzte Hochzeit.
Der Grund für diese Eile bestand einerseits in Martins angeborener Ungeduld und andererseits darin, dass ich mich kurz vor dem ersten Staatsexamen befand und danach ein Referendariat an einer Schule antreten sollte. Aufgrund der vielen Bewerber – auch hier zeigte sich der Nachteil der Baby-Boomer Generation – konnte man damals nicht bestimmen, in welcher Stadt man eingesetzt sein würde. Es sei dann, man war verheiratet. Dann wurde man am Heimatort eingesetzt. Also heirateten wir, so schnell es ging, damit wir nicht getrennt würden.

Als ich meine Universitätszeit mit einem herausragenden Examen beendete, sprach mich einer meiner Amerikanistik-Professoren an, um mir noch eine Stelle als Assistent Teacher in den USA anzubieten. Meine Dienstzeit wäre ein Jahr gewesen. Natürlich war es für mich nun unvorstellbar, gerade jetzt ins Ausland zu gehen, wo ich doch im Begriff stand zu heiraten. Ich verzichtete sofort auf diese große Chance, weil ich meine berufliche Karriere nie über mein privates Glück gestellt hätte.
Allerdings spielte ich damals noch mit dem Gedanken an eine Promotion. Mein Professor schüttelte nur den Kopf und riet mir, noch einmal darüber nachzudenken. Er machte mir deutlich, dass eine Promotion einige Jahre in Anspruch nehmen würde, Jahre, in denen ich mich zu Hundertprozent auf meine Arbeit konzentrieren müsse. Seine Ehe sei über dieser Belastung zerbrochen. Außerdem, so fügte er hinzu, würde ich mir als Frau mit einem Doktortitel die Aussicht auf eine ganze Reihe von Jobs im Voraus zerstören. Denn wer würde auf niedrigem Level eine Doktorandin einstellen?
Auf den ersten Blick mag diese Warnung sexistisch wirken. Was der Professor jedoch im Auge hatte, war die damals angespannte Lage auf dem Arbeitsmarkt. Es war in dieser Zeit nicht ungewöhnlich, dass auch Akademiker, die keinen entsprechenden Job fanden, weniger anspruchsvolle Tätigkeiten ausübten. Für Frauen war das meist die Tätigkeit einer Sekretärin.
Also zog ich auch hier zurück und verzichtete auf den Doktortitel. Meinem Mann zuliebe, und um mir möglichst alle beruflichen Optionen offenzuhalten.
In der Nacht vor unserer Hochzeit war ich dann mit einem kleinen Koffer mit wenigen Kleidungsstücken bei Martin eingezogen. Es gab in dieser Nacht noch so vieles vorzubereiten für den kommenden „glücklichsten Tag“ meines Lebens.
Die standesamtliche Trauung sollte schon um 7.30 Uhr stattfinden. Wir mussten also früh aufstehen. Ich lief deshalb nervös in Martins Wohnung herum, um möglichst vieles schon vorzubereiten, damit es am nächsten Tag zu keiner unnötigen Hektik käme. Ich war keine 30 Minuten mit Herumräumen beschäftigt, als Martin zu meutern begann. „Wenn du nicht sofort mit dem Rumräumen aufhörst, kriege ich hier die Krise.“ Er wollte, dass ich alles stehen und liegen ließ, um mich untätig neben ihn zu setzen. Er sah sich etwas im Fernsehen an und suchte meine Gesellschaft. Ich

protestierte schwach und sofort entstand ein handfester Streit. Er mündete darin, dass ich herzzerreißend schluchzte und Martin entschied, dass es wohl besser sei, wenn wir gar nicht erst heirateten.
Aber wie sollten wir jetzt noch alles absagen? Ich lag die ganze Nacht weinend neben ihm und dachte nach, wie wir aus dieser Situation noch mit Anstand rauskommen konnten.

Am nächsten Tag machten wir uns für das Standesamt fertig, als sei nichts geschehen. Binnen 15 Minuten war ich mit Martin verheiratet und kann mich an kein Wort des Standesbeamten mehr erinnern. Meine Schwester, die mit ihrem ersten Kind hochschwanger war, war meine Trauzeugin. Martins Bruder, zu dem ich über die gesamten Ehejahre hinweg ein gespanntes Verhältnis haben sollte, war der zweite Trauzeuge.
Nur einen Monat später erfolgte die kirchliche Trauung. Auch dieser Tag brachte einige negative Omen mit sich. Aber wir achteten nicht weiter darauf. So geschah es, dass wir auf der Fahrt in die Kirche den gesamten Blumenschmuck vom Auto verloren. Mein Vater warf mir das räudige Gesteck erst mal in den Schoß, bevor wir eilends in Richtung Kirche weiterfuhren. Dann verfuhren wir uns noch, korrigierten mehrfach und kamen schließlich irgendwann an unserer Kirche an. Wenige Meter zuvor steckte mein Vater die Reste des zerstörten Hochzeitsblumen-Arrangements zurück in die Halterung auf dem Wagen, und schon fuhren wir mit dem Glockenschlag auf die letzte Minute vor der Kirche vor.
Ein Teil der Gäste dachte schon, wir kämen nicht mehr, die anderen munkelten, wir hätten aus dramaturgischen Gründen unseren Auftritt mit Absicht verzögert. Ich selbst brachte kaum das Ja-Wort heraus, so fett saß mir ein Kloß in der Kehle. Dazu hatte ich zwei große eitrige Blasen im Mund, die mich an diesem Tag sehr einschränkten. Sie waren aufgrund des enormen Stresses rund um die Eheschließung entstanden. Nie wieder habe ich in meinem Leben ähnliche Blasen in meinem Mund gehabt.
Und auf den Hochzeitsfotos, die von unseren Freunden in der Kirche aufgenommen wurden, sitzt die komplette Gemeinde mit Grabesminen da. Auf einen professionellen Fotografen haben wir verzichtet, weil wir kein Standard-Bild vom Brautpaar unter einem Haselnussstrauch oder ähnliches haben wollten. Das Resultat war, dass ich als Braut auf kaum einem Bild zu sehen war. Alle meinten, sie fotografierten wohl besser die Gäste, weil die anderen sicherlich das Brautpaar aufnahmen. Sie hatten sich geirrt, und ich

habe deshalb kaum eine Erinnerung an diesen Hochzeitstag auf Zelluloid gebannt. Mal abgesehen davon, dass mein Mann nach unserer Scheidung sowieso alle Fotos und Dias behielt. Nur meine Schwester Katharina hat ein paar Fotos von Martin und mir in einem Album zusammengefasst, das ich als einzige Erinnerung an den angeblich schönsten Tag meines Lebens besitze.

Schon kurz nach unserer Hochzeit brandete ein neuer Konflikt auf. Ich wies Martin darauf hin, dass wir dringend Platz schaffen mussten in seiner kleinen Wohnung. Man müsse sich dafür nur von einigem Ballast und Müll trennen.

„Was ist mit den alten Zeitungen, Martin? Können die nicht weg? Die sind ja schon nicht mehr aus diesem Jahrzehnt.“

„Lass die bitte liegen. Die brauche ich noch. Aus irgendeinem Grund habe ich die aufgehoben. Weiß nicht mehr, warum. Hab aber jetzt keine Zeit, dem nachzugehen“, wies Martin meinen Vorschlag mit allem Nachdruck von sich.

„Ich dachte nur, wir müssten die Wohnung vielleicht mal einer Grundreinigung unterziehen.“

„Jetzt komm bloß nicht auf die Idee, die Wohnung zu putzen. Das wäre ja noch schöner.“

„Schön. Dann putz‘ du sie. Sie hat es bitter nötig.“

„Wer? Ich? Sonst geht's dir gut. Wann soll ich denn dafür noch Zeit haben? Ich arbeite, falls du das noch nicht bemerkt hast, und komme abends spät heim.“

„Na dann putze halt doch ich.“

„Nein. Auf gar keinen Fall. Das erlaube ich dir nicht. Du wirst doch nicht meine Wohnung putzen. Absurd.“

Er wollte nicht putzen, ich durfte nicht. Die Konsequenz: Ich sollte seine unordentliche Wohnung stumm hinnehmen. Ich konnte es nicht. Irgendwann war der Ekel so groß, dass ich einen Eimer nahm und mit dem Putzen anfing. Martin sprach tagelang kein Wort mehr mit mir. Aber seitdem war klar, dass Putzen meine Aufgabe sein würde. Er selbst hat nie wieder einen Handschlag dafür getan. Ich war selbst Schuld an dieser unliebsamen Entwicklung.

Zum Glück sind wir nach relativ kurzer Zeit aus dieser zugemüllten Frankfurter Wohnung ausgezogen und haben uns eine Traumwohnung mit 3,5 Zimmern, Galerie und Balkon im Taunus geleistet. Dies war die erste

wirklich eigene Wohnung meines Lebens, und ich liebte sie von ganzem Herzen. Ich malte mir im Geiste immer wieder aus, wie schön es sein würde, mich von all dem alten Ballast aus Martins Wohnung zu trennen und gemeinsam mit meinem Mann das neue Heim zu gestalten. Es sollte jedoch alles ganz anders kommen.
Da Martin aufgrund seines Agentur-Jobs zeitlich sehr eingespannt war und ich gerade zwischen Examen und Antritt für das Referendariat stand, oblag es mir, den Umzug zu bewerkstelligen. Ich habe tage- und nächtelang Martins alten Plunder in Kisten gepackt, weil er der Ansicht war, dass wir zur Überbrückung am besten erst mal alles mitnahmen, bevor wir uns um neue Anschaffungen kümmerten. Ich habe damals gelernt, dass ein Provisorium meist eine stabilere Lebenszeit als ein Brückenpfeiler hat. Wir haben uns natürlich auch nach dem Umzug von nichts getrennt, auch „Müll" ist nie mehr aussortiert worden.

Natürlich machten wir in diesem Jahr auch eine Hochzeitsreise. Mein Mann hatte entschieden, dass wir an einem Seegeltörn im Englischen Kanal teilnahmen. Ich war noch nie zuvor auf See gewesen. Und der Englische Kanal zählt weltweit zu den schwierigsten Segelrevieren überhaupt. Zu Recht. Es gibt dort einen starken Wechsel der Gezeiten. Meist muss man deshalb in den frühen Morgenstunden ablegen, um sich dann so zu sputen, dass man am Nachmittag wieder einen sicheren Hafen erreicht. Andernfalls kommt es zu Strömungsbedingungen oder Niedrigwasserständen, die dieses Vorhaben vereiteln können, weil manche Häfen nur über eine Schwelle anzusteuern waren, über der eben eine gewisse Wassermenge stehen musste.
Das morgendliche Aufstehen war nicht gerade ideal für ein Paar auf Hochzeitsreise. Aber an Sex war ohnehin nicht zu denken. Denn eine Segelyacht ist äußerst hellhörig, und die restlichen fünf Crewmitglieder, die ich damals alle noch nicht kannte, hätten jeden Lakenraschler unweigerlich mitbekommen. Meinen Mann hätte das nicht weiter gestört. Aber ich bekam in den feucht klammen engen Kajüten solche Platzangst, dass ich meist nur mit hechelnder Schnappatmung auf meiner Koje lag und wie in meinem Sarg nachts mit den Händen nach einer Fluchtmöglichkeit suchte.
Tagsüber war auch nicht gerade Hochzeitsreisenstimmung an Bord. Obwohl wir hinreichend Gepäck dabei hatten, trugen wir 14 Tage lang nur unsere Schwerwetterausrüstung: Ölzeug, Lifebelt, Schwimmweste. Die

Temperaturen waren trotz Sommersaison im niedrigen Bereich, so dass ich unter dem Ölzeug alle möglichen Kleidungsschichten trug. Zum Glück hatte ich daran gedacht, meinen pinkfarbenen Wollstrick-Anzug von meinem Ballett-Training mitzunehmen, der mich hinreichend wärmte. Er war zwar äußerst unseemännisch, aber man konnte ihn unter den vielen Lagen von Kleidung gut tarnen. Mal ganz abgesehen davon, dass er jeden Anfall von Erotik auf Seiten meines Mannes im Keim erstickte.
Das Wetter war während des gesamten Törns stabil. Der Wetterbericht meldete täglich klare Sicht mit „fog patches". Diese „Nebelfetzen" umhüllten jeweils unsere Yacht wie eine Wand und nahmen uns für 14 Tage jede Sicht. Hinzu kamen hohe Wellen, die vorzugsweise direkt über unsere Yacht hinwegbrachen und für die eine oder andere unwillkommene Erfrischung sorgten.
Nach wenigen Tagen begann ich schon, meine Entscheidung, Martin zu heiraten, ernsthaft zu überdenken. Täglich hing ich seekrank über der Reeling und brach über viele Stunden jegliche Nahrung samt der Galle aus mir heraus. Was zur Folge hatte, dass irgendwann mein Kreislauf ob des immensen Wasserverlustes gänzlich zusammenbrach. Der Skipper tat das einzig Richtige und setzte einen Notruf nach dem anderen ab: Pan Pan. Er verkündete, dass man uns – da wir zu viele Seemeilen vom nächsten Hafen entfernt waren – einen Helikopter senden könne, der mich per Seil auf offener See gut abbergen und in das nächste Krankenhaus bringen könne. Als ich das hörte, würgte ich gleich viel stärker los. Ich hatte immer noch immense Höhenangst und wollte eine Rettungsmaßnahme dieser Art im heftigen Seegang vermeiden.
„Ich schaffe das schon in den nächsten Hafen. Kein Thema. Mir geht es prächtig." Schon brach ich zusammen und zuckte nicht mehr. Fast in jedem Hafen, den wir anliefen, stand der Rettungswagen mit Blaulicht schon für mich bereit. Niemand kann sich meine Scham vorstellen, als mich die Sanitäter im Krankenhaus aus meinen diversen Kleidungsschichten schälten, bis sie zu meinem pinkfarbenen Ballett-Strampelanzug kamen. Es war insgesamt immer eine recht heitere Stimmung während meiner Re-Animation, der ich mich nur schwer anschließen konnte.
Mit Fug und Recht kann ich sagen, dass Tage wie diese die Regel auf meiner Hochzeitsreise waren. Man lief morgens bei Eiseskälte und Nebel aus, nach wenigen Seemeilen hing ich über der Reeling, und man musste wegen mir den nächsten Hafen ansteuern. Es war weder für die Crew,

noch für mich erquicklich. Aber mein Mann meinte, es wäre doch insgesamt sehr schön gewesen.
Am letzten Tag legten wir unweit unseres Endziel-Hafens in einem kleinen Fischerort an. So hatten wir am nächsten Tag nur noch wenige Seemeilen zu segeln. In weiser Voraussicht informierte ich mich über eine Busverbindung zum Endhafen, als ich im Wetterbericht hörte, dass es wieder „fog patches“ geben würde.
Aber die Crew versorgte mich mit Superpepp, einem Kaugummi gegen Reisekrankheit, und überredete mich, den letzten Tag mit ihnen gemeinsam an Bord zu verbringen. Ich tat es, und ich habe selten eine Entscheidung so bereut. In tobendem Sturm saß ich wieder in Ballett-Anzug, Ölzeug, Schwimmweste, Lifebelt an Deck. Über mir tobte ein fürchterlicher Sturm, die Wellen brachen in dichter Folge über uns herein, und ich kaute auf dem Kaugummi stumm herum, bis mir fast der Kiefer brach. Unweit vom Segelboot aus konnte man das Land sehen. Und da verfolgte ich mit hypnotischem Blick den kleinen grünen Bus, der parallel zu uns gemütlich zu unserem Endhafen fuhr. Darin hätte ich jetzt trocken, warum und gesund sitzen können.

Kapitel 9

Unsere Sitzung beginnt mit den frühen Sonnenstrahlen des Tages. Ich habe den ersten Termin für heute bei Herrn Dr. Liebmann ergattert. Längst habe ich mich an unsere Sitzungen gewöhnt und kann mir die Woche ohne meine Gespräche mit dem munteren Arzt kaum mehr vorstellen. Was habe ich vor der Therapie nur mit meinen Morgenstunden gemacht? Ich weiß es nicht mehr. Mehr und mehr kann ich mich gegenüber dem Arzt auch öffnen. Er ist ein guter Zuhörer und verzichtet auf belehrende Kommentare. Weitestgehend. Ich schätze diese Eigenschaft sehr an ihm. Es ist schon fast, als säße ich in einem Beichtstuhl und bekäme die Ohrenbeichte abgenommen. Ich kann ungeschminkt all mein Leben über dem Arzt ausschütten, ohne mich zu schämen und ohne dass jemand Einzelheiten davon erfährt. Und ich merke, dass mir das irgendwie gut tut. Soll doch Herr Dr. Liebmann Licht in das Chaos meines Lebens bringen. Ich kann es nicht.

„Wie?" Dumpf nehme ich wahr, dass Herr Dr. Liebmann mich etwas gefragt hat, und schrecke hoch.

„Ich wollte wissen, ob Sie zu der Zeit nicht auch langsam mit Ihrer beruflichen Laufbahn angefangen haben."

„Ja sicher."

„Und was genau ... wenn ich fragen darf ..." Herr Dr. Liebmann sieht mich geduldig an.

„Ach so. Ja. Mein Mann und ich haben direkt während meines Examens geheiratet. Ich wurde ja als Lehrerin ausgebildet ..."

„Welche Fächer?"

„Deutsch und Englisch. Nach dem Studium und der Hochzeitsreise hatte ich dann drei Monate zu überbrücken bis zu meinem Referendariat. Und da ich nicht ganz aus dem Rhythmus kommen wollte, dachte ich, ich nehme eine befristete Tätigkeit an."

„Das macht Sinn", pflichtet Herr Dr. Liebmann mir kurz bei.

„Ich habe mich bei einer Zeitarbeitstelle um eine Halbtagstätigkeit beworben. Und eine bekommen."

Meine Gedanken wandern zurück zu meinen beruflichen Anfängen...

Es war nur wenige Wochen her, da studierte ich noch. Dabei hatte ich nichts gelernt, was ich fürs wahre Leben in der Berufswelt hätte verwenden können. Ich hatte fatalerweise auf Geisteswissenschaften gesetzt und irgendwann gehen sie einem auch auf den Geist. Nomen est omen.
Damals beschäftigte ich mich unter anderem mit dem Amerikabild in der amerikanischen Literatur der 50er und 60er Jahre und widmete meine gesamte Aufmerksamkeit der Tatsache, dass Ulrich von Lichtenstein minnesingend durch die Lande zog, und das trotz einer Hasenscharte, die bei den mittelalterlichen Burgdamen wohl kaum auf Anerkennung stoßen durfte. Kurz: Ich hatte mit Amerikanistik und Germanistik nichts gelernt, was sich nun in irgendeiner Weise vermarkten ließe.
Trotzdem wollte ich es mit etwas handfester Berufserfahrung versuchen. Ich bewarb mich als Teilzeit-Sekretärin in einem namhaften naturwissenschaftlich orientierten Forschungsinstitut. Das passte vorzüglich, denn ich konnte völlig unvoreingenommen an die zu erwartende Herausforderung herantreten. Schließlich war ich in der Schulzeit gegen jeglichen Bildungseinfluss auf diesem Gebiet resistent geblieben und hatte mir so eine gewisse neutrale Objektivität bewahrt. Eine Tatsache, die ich jedoch beschlossen hatte, im Bewerbungsgespräch nicht intensiv zu beleuchten.
Nun wusste ich nicht so recht, wie man sich für einen solchen Termin zu kleiden hatte. Ich verwarf aber mit gutem Recht die lila Latzhose, die in meiner feministischen Studentengruppe noch als top-modisch gelten mochte, und griff zu einer Kombination aus schwarzem Jackett mit grauer Hose.
Eine todsichere Nummer, wie mir Kenner aus der Arbeitswelt versicherten. Darüber hinaus wählte ich mit Blick auf Pünktlichkeit eine Busverbindung, die mich – selbst wenn es zu einer der üblichen Betriebsstörungen im öffentlichen Nahverkehr käme – deutlich vor der verabredeten Zeit zu meinem Termin bringen sollte. An diesem Tag kam der Bus wie bestellt, und ich musste noch ein paar Ehrenrunden in strömendem Regen zu Fuß um das Gebäude drehen, um nicht zu früh zu erscheinen. Spätestens hier hätte ich eine Vorahnung haben sollen, dass nichts nach Plan laufen würde. Ich traf ein, wurde am Empfang von einem absolut humorlosen Pförtner durch eine Sicherheitsschranke geschleust, mit einem Besucherausweis versehen und in ein Korridorgewirr entsandt, dass mich aufgrund seiner

weitverzweigten Architektur flüchtig an das Labyrinth in George Washingtons Garten in Mount Vernon erinnerte. Ich nahm trotz einer guten Wegbeschreibung in meiner Aufregung jede nur erdenklich falsche Abzweigung und verlor so schließlich gänzlich die Orientierung. Als ich irgendwann vor der Materialausgabe des Hauses landete, fasste ich den Mut, mein planloses Herumziehen korrigieren zu lassen. Ich fragte nach dem Weg.
Es dauerte dann auch nicht mehr lange, und ich saß in einem kleinen Sprechzimmer mit einer Verbindungstür in einen zweiten Raum. Wahrscheinlich das Zimmer des Chefs, der mich jede Minute begrüßen musste.
Und hier saß ich dann. Und saß. Und saß. Meine Sitzhaltung, die ursprünglich aufrecht und korrekt war, ging in eine schleichende Lässigkeit über, bis ich irgendwann wie ein offenes Päckchen Mehl auf dem Stuhl hing. Nichts war bislang geschehen. Keine Tür hatte sich geöffnet. Keiner hatte nach mir gesehen. Hinter der Verbindungstür rumorte es nur ab und zu ganz leise. Bestimmt war der Chef sehr beschäftigt. Das lies auf einen anstrengenden Job schließen.
Irgendwann – nach einer Zeit, in der ich gefühlt gut und gern eine Schwangerschaft von der Befruchtung bis zur Geburt hätte durchziehen können – erschien eine lächelnde junge Dame, begrüßte mich und versicherte mir, es könne nur noch wenige Augenblicke dauern, bis der Chef mich offiziell begrüßen käme. Ich schöpfte wieder Zuversicht.
Nach wenigen Minuten kehrte die Dame mit einem breiten Grinsen im Gesicht wieder. Doch diesmal öffnete sie die Verbindungstür zum anderen Zimmer und verschwand darin. Das Rumoren hinter der Tür nahm etwas zu. Was immer sich dort abspielte, es schien voran zu gehen. Wieder waren wertvolle Minuten verstrichen, bis die Tür sich öffnete und die junge Frau mit rotem Kopf und unterdrücktem Lachen zu mir kam. Sie meinte, es sei nun an der Zeit, mich aufzuklären, warum ich noch immer warten müsse.
„Wissen Sie, die Hose unseres Chefs hat einen unvorhersehbaren Schaden genommen. Der Reißverschluss, verstehen Sie? Er geht nicht mehr zu. Aber er versucht sein Bestes. Sie werden verstehen, dass er Sie ungern mit offener Hose begrüßen möchte.“
„Verstehe.“

„Am besten lassen Sie sich nichts anmerken. Und starren Sie besser nicht auf die Hose. Kleiner Tipp."
„Natürlich. Ist auch nicht meine Art. Liegt mir fern, glauben Sie mir. Also die Hose Ihres Chefs." Aber meine Mundwinkel zuckten bereits verräterisch.
Ich saß gar nicht lange allein, da kehrte die junge Dame bereits wieder zurück. Sie hüstelte zwar, aber ich hätte wetten mögen, dass sie fast an einem Lachkrampf erstickte.
Sie hatte einen Gegenstand in ihrer Jackentasche versteckt, verschwand damit kurz nebenan hinter der geschlossenen Tür und kam sofort wieder zu mir zurück. Sie meinte, jetzt habe man die Lösung gefunden. Doch plötzlich hörten wir leise Flüche hinter der Tür. Die junge Dame wurde hineingerufen, dann wurde mit gedämpften Stimmen ein mir unbekannter Sachverhalt diskutiert, bis die Dame im Sauseschritt aus dem Zimmer stürmte. Sekunden später raste sie in das Zimmer zurück mit einem neuen kleinen Werkzeug, das sie in der Hand hielt. Es dauerte nicht lange, da gesellte sie sich wieder zu mir und erklärte mir die Situation.
„Also die Sache ist so. Unser Chef hat erst versucht, die Hose mit Büroklammern zu schließen. Ja, na ja. Dann hat er versucht, die Hose vorne zuzutackern. Sie können sich vorstellen, dass er dazu die Hose herunterlassen musste. Nein, stellen Sie sich's lieber nicht vor. Nach dem Zutackern konnte er sie dann nicht mehr raufziehen. Jetzt versuchen wir gerade, die Hose mit einem Klammeraffen wieder zu öffnen. Er will sie partout nicht mit heruntergelassener Hose begrüßen."
„Besser ist's", pflichtete ich bei. Inzwischen hatte der Mann jemanden beauftragt, einen Laborkittel zu organisieren, der das ganze Ausmaß des Unglücks kaschieren sollte. Die junge Dame verließ mich mit der Instruktion, nur nicht auf den Kittel zu starren. „An der einen Stelle. Sie wissen schon."
Irgendwann wurde ich dann auch von einem kleinen Mann mit weißem Laborkittel begrüßt, und wie mit tausend Magneten wurden meine Augen auf den Schauplatz der Rettungsarbeiten gezogen. Doch meiner geübten Konzentrationsfähigkeit verdankte ich es, dass ich den Blick zumindest weitestgehend geradeaus halten konnte. Der kleine Mann sprach mit einem charmanten Schweizer Dialekt und entschied schon nach wenigen Minuten, ich könne die Stelle haben und eine sofortige Einweisung erhalten.

Wichtigster Gegenstand der Einweisung war das Abteilungstelefon, auf dem alle eingehenden Anrufe aufliefen und von dort weiterverbunden werden mussten. Mit wenigen Tastengriffen ging mein neuer Chef in Züricher Dialekt durch die Telefonbeschreibung durch – und schon klingelte es. Wir sahen uns hilflos und verschreckt an. Ich wollte nicht drangehen. Er auch nicht.

Schließlich hob der Schweizer den Hörer ab und meinte nur „Hallo?“ Dann wurde es still, und er nickte nur noch mit dem Kopf. “Verstehe, ich verbinde Sie.“ Dann nickte er mir wohlwollend zu und wiederholte virtuos in praktischer Anwendung, was er mir in Theorie schon vermittelt hatte. „Sehen Sie? So einfach ist das.“ Legte auf und starrte nachdenklich auf das Telefon.

„Ist noch was?“, mischte ich mich kurz ein, denn ich meinte, eine leichte Verunsicherung bei ihm bemerken zu können.

Der Chef verschwand kurz nebenan, kehrte mit einer Bedienungsanleitung der Telefonanlage zu mir zurück und blieb stirnrunzelnd vor dem Telefonapparat stehen. „Ich habe den Kunden irgendwo in eine Warteschlaufe gestellt, aber ich habe keine Ahnung ... in welche.“

„Macht nichts“, versuchte ich kooperativ das Problem mit anzugehen, „der wird das schon merken und wieder anrufen.“

Der Schweizer in seinem Laborkittel strahlte mich an und sagte: „Ich glaube, wir werden gut zusammenarbeiten.“

Und das haben wir dann auch. Er war einer der nettesten Chefs, die man sich nur wünschen konnte.

Was mir ebenfalls in Erinnerung blieb, war die moderne Textverarbeitungsanlage, die der elektrischen Schreibmaschine im Hause meiner Eltern, auf der ich noch meine Examensarbeit getippt hatte, weit überlegen war.

Die Schreibapparatur war mit einem Kassettenrekorder verbunden, der in Morsetönen das Geschriebene auf kleinen Kassetten speicherte. Von dort aus konnte man die Texte mit dem Schreibgerät wieder abrufen. Der kleine Nachteil bei dieser Technik war nur, dass man in den Piepstönen nie wusste, welcher Text auf dem Band vorlag und wo dieser anfing oder endete. Wurde man fündig, war es aber eine feine Sache, falls man nachträglich noch Korrekturen machen musste. Leider bin ich an diesem Arbeitsplatz nur drei Monate gewesen. Es handelte sich um einen der wenigen Arbeitsplätze in meiner beruflichen Laufbahn, an den ich gern zurückdenke.

Mein anschließendes Referendariat an einem Frankfurter Gymnasium öffnete mir dann die Augen darüber, dass ich das Falsche studiert hatte. Ich war hochmotiviert, als ich mit der praktischen Ausbildung begann und endete ebenso unmotiviert wie sämtliche Kollegen an dieser Schule. So hatte ich mir mein Berufsleben nicht vorgestellt.
Ich erinnere mich sehr genau an meinen ersten Tag. Ich war gerade mal knapp 25 und sah nicht viel älter aus als die Schüler der Oberstufe, die ich unterrichten sollte.
Mein erster Kurs war ein Grundkurs English in der Oberstufe. Er bestand nur aus 15 Schülern, die sich alle im 0-Punkte-Bereich bewegten, diesen Kurs aber dringend benötigten, um das Abitur zu bestehen. Sie begrüßten mich damit, dass sie mir im Klassenzimmer einen schweren Metallschrank vor die Eingangstür schoben. Ich wusste, dies war eine Bewährungsprobe. Wenn ich jetzt richtig reagierte, würde die Sache irgendwie klappen.
Ich erwog kurz, mich gegen den Schrank zu werfen, um freien Zugang zu meiner neuen Wirkungsstätte zu erhalten, sah mich aber vor meinem geistigen Auge mit Schlüsselbeinbruch in Krankenhaus und verwarf den Plan.
Also beschloss ich, die ganze Sache als völlig normalen Vorgang zu akzeptieren, und begann den Unterricht ohne zu Murren im Treppenhaus. Nun zogen die Schüler der jüngeren Jahrgänge kichernd an uns vorbei, was sehr schnell dazu führte, dass meine Jungs den Schrank freiwillig zur Seite schoben. Ich habe kein böses Wort darüber verloren, und man dankte es mir.
Meine Jungs mochten mich sehr schnell. Und ich setzte alle meine Energien für diesen Kurs ein. Ich bemühte mich, Englisch mit viel Humor und Lebensnähe zu unterrichten, und schon bald hatte ich die Aufmerksamkeit der Jugendlichen gewonnen. Ich war fair, vergab Punkte, wo immer ich Einsatz und Mühe sah, und selbst in den schriftlichen Arbeiten gab es nie weniger als 1 Punkt. Und wenn es nur für unfreiwillige Komik war. Mein Studienleiter belohnte mein Engagement in diesem pädagogisch sehr schwierigen Kurs mit ausgezeichneten Noten.
Als mein erster Elternsprechtag nahte, trug sich prompt eine Mutter bei mir in die Liste ein. Ich schwitzte Blut und Wasser, weil ich befürchten

musste, dass sich jemand bei mir beschweren wollte. Die Mutter begrüßte mich, lächelte kurz und meinte nur:
„Ach so. Sie sind die Englisch-Lehrerin meines Sohnes. Dann weiß ich ja, warum er für Ihre Stunden immer einen Bus früher fährt und an anderen Tagen einen späteren Bus nimmt.“ Zu meinem Kurs kam er folglich immer pünktlich, während er sich bei meinen Kollegen notorisch verspätete. Offensichtlich mochte er mich lieber als die anderen Lehrer.
Ich schloss meinen Englisch-Kurs mehr und mehr ins Herz. Die Schüler und ich hatten Spaß am Unterricht, und es gab riesige Lernfortschritte zu verzeichnen.
Die theoretischen Begleitveranstaltungen waren allerdings nur moderat spannend. Die Referendare meiner Schule tauchten stets leicht alkoholisiert dazu auf, weil wir zuvor immer auf einer Fachveranstaltung unserer Schule waren, auf der es regelmäßig Sekt gab. Dieser auf nüchternen Magen genossen, sorgte für die richtige Stimmung im anschließenden Theorie-Unterricht. Und einmal, so muss ich gestehen, hatte ich dabei die berühmten Mikroschlafphasen, bei denen mein Kopf mehr als einmal gegen die geduldige Schulter des Studienleiters sank. Dieser sah dies aber wohl aus pädagogischen Gründen ebenfalls als völlig normal an und verlor kein Wort darüber.
Je näher unsere Ausbildung dem Ende entgegen rückte, desto häufiger drohte unsere Schule, unsere Noten zu senken, wenn wir uns nicht an der einen oder anderen Schulaktion beteiligten. Dazu gehörten das Ausheben eines Feuchtbiotops auf dem Gelände der Schule, das Umgraben der Grünanlagen und das restlose Beseitigen der von einem Pilz befallenen Hecken rund um die Schule. Ich konnte den edukativen Nutzen dieser Aktionen nicht erkennen und nahm nicht teil. Aber es brachte mir für meine Abschlussnote auch keine der angedrohten Einbußen. Es wäre sowieso unwichtig gewesen, denn unsere Ausbildung führte damals sowieso direkt in die Arbeitslosigkeit. Ob mit Prädikat oder ohne war nicht wirklich relevant. Zu dieser Zeit gab es eine Lehrerschwämme, die man bei der Berufsberatung des Arbeitsamtes offensichtlich nicht vorausgesehen hatte.
Also verabschiedete mich der Schuldirektor an meinem letzten Tag per Handschlag und heuchelte sein großes Bedauern über meine anstehende Arbeitslosigkeit. Mit nicht minder theatralischem Geschick erwiderte ich seine Freundlichkeit und heuchelte meinerseits ebenfalls Bedauern. Dabei

waren wir wohl beide nicht ganz unzufrieden, dass für beide Seiten die beruflichen Beziehungen an diesem Tag endeten. An dieser Stelle hatte meine schulische Laufbahn ein vorzeitiges, wenn auch glimpfliches Ende gefunden.

Kapitel 10

Heute bedeutet mir die Sprechstundenhilfe ausnahmsweise mal wieder, noch ein paar Minuten im Wartezimmer Platz zu nehmen. Herr Dr. Liebmann sei noch in einem Stau, käme aber gleich. Es dauert auch nicht lange, da sehe ich Herrn Dr. Liebmann mit wehendem Mantel in die Praxis eilen. Er winkt mir durch die offene Tür des Wartezimmers auch gleich zu, ich solle ihm folgen. Gemeinsam gehen wir in sein Sprechstundenzimmer, und während Herr Dr. Liebmann seinen grauen Staubmantel am Garderobenständer in seinem Zimmer aufhängt, beginnt er schon mit dem heutigen Interview. Wir wollen schließlich keine unnötige Zeit verlieren.
„Ich habe im Auto noch mal ganz schnell die Unterlagen studiert, damit wir gleich an das Gespräch der letzten Stunde anknüpfen können." Er nimmt hinter seinem Schreibtisch Platz, zieht aus seiner Tasche einen Berg Papiere und setzt seine Brille auf. Er befeuchtet kurz seinen Daumen und blättert eilends durch die Papierberge durch.
„Wo haben wir es ... da!" Er zieht ein Blatt Papier heraus und überfliegt es kurz.
„Sie waren verheiratet und haben dann sofort Ihre Lehrerausbildung beendet. Dann waren Sie arbeitslos?"
„Ja. Aber es war nicht so schlimm. Ich war Mitte 20 und dachte, wir könnten die Zeit ja nutzen, um Kinder zu kriegen. Es hat aber nicht geklappt."
„Woran lag das?"
„Mein Mann war selten zu Hause. Wir hatten bereits nach knapp zwei Jahren Ehe im Prinzip keinen Sex mehr. Da wird es halt schwierig."
„Richtig. Sehr schwierig. Ist da in dieser Zeit mal was vorgefallen, was die Ursache war, dass Sie keinen Sex mehr hatten?"
Ich muss überlegen.
„Da war nach der Lehrerausbildung diese Ausbildung für meinen Segel-Führerschein A. Danach bin ich ins Krankenhaus, um mir meine Schilddrüse zu operieren. Ab da war Sex schon fast kein Thema mehr in der Ehe ..."

Die ersten zwei Jahre meines Ehelebens verbrachten Martin und ich mit kontinuierlichen Streitereien, die ich ohne Ausnahme verlor. Und dann kam er immer seltener zu einer Zeit nach Hause, zu der wir uns noch hätten sehen können. Nur im Urlaub sahen wir uns mal länger als ein paar

Minuten. Da mein Mann passionierter Seefahrer war, dämmert mir auch langsam, wo ich in Zukunft meine Urlaube verbringen würde. Ich würde auf hoher See fest eingeschnürt in Schwimmweste, Lifebelt und Schwerwetteroverall bei tobenden Nordseestürmen verzweifelt um Erholung kämpfen.
Auch wenn es sieben Weltmeere mit einigen lagunenblauen warmen Meeresgebieten gibt, war Martin ein eindeutiger Fan der Nordsee, wo es rein statistisch betrachtet ein hohes Sturmrisiko gibt.
Ich beschloss, mich zumindest so weit in die Seefahrt einzuarbeiten, dass ich die Gefahren einzuschätzen lernte und mir auf hoher See selbst helfen konnte, sollte es einmal erforderlich werden. Ich machte zunächst den Segelführerschein der Klasse A. Da ich wie bereits erwähnt nicht behaupten kann, dass Mathematik, Geometrie und Zahlenverständnis zu meinen hervorstechendsten Begabungen zählen, fiel mir bereits der theoretische Unterricht schwer.
Er fand immer mittwochs von 18.00 bis 22.00 Uhr in Offenbach statt. Nicht einfach, sich während der dunklen Wintermonate zu solch später Stunde noch auf ein diffiziles Fachgebiet einzulassen, das mich nur mäßig begeisterte. Der Unterricht fand in einer der einsamsten Gegenden Offenbachs in einer alten Schule statt. Rings um die Schule befanden sich zahlreiche Gebäuderuinen, die eine riesige Baustelle bildeten. Die Schule selbst war bis auf unser Klassenzimmer dunkel und verlassen. Ich war froh, dass ein gemeinsamer Freund mit mir den Unterricht besuchte, so konnte ich immer bei ihm mitfahren. Denn die Baustelle war mit öffentlichen Verkehrsmitteln nicht wirklich gut zu erreichen.
Eines Abends versprach mein Mann, mich nach dem Unterricht noch abzuholen, weil wir im Anschluss zu einer Geburtstagseinladung wollten. Aus diesem Grund schlug ich die Offerte unseres gemeinsamen Freundes aus, mich wieder in seinem Auto nach Hause zurückzufahren. Ich stand vor dem Schulgebäude und verabschiedete mich von sämtlichen Kursteilnehmern.
Als ich winkend hinter dem letzten Wagen nachsah, der vom Schulhof rollte, wurde mir die Stille und Einsamkeit in der Dunkelheit bewusst. Mein Blick schweifte umher, und ich musste feststellen, dass jeder Location Scout für „Tatort“ seine helle Freude an diesem düsteren Szenario gehabt hätte. Ich war allein. Bewaffnet mit einer Seekarte, die für die Kieler Bucht Gültigkeit hatte, einem Zirkel, Bleistiften und diversen Tampen, mit denen

man die wichtigsten Seeknoten knüpfen konnte. Handys gab es damals noch nicht. Geld hatte ich keines dabei, denn ich brauchte ja in der Regel keines.
Nach einer knappen Stunde Wartezeit dachte ich anders darüber. Ich suchte in meiner Tasche nach restlichen finanziellen Beständen und fand schließlich exakt 20 Pfennig, was damals der Gebühr eines Ortsgesprächs von einem öffentlichen Telefon aus entsprach. Ich begab mich auf die Suche nach einer Telefonzelle.
Die Seekarte half mir bei der Navigation durchs nächtliche Offenbach nicht weiter. Ich war gänzlich ortsunkundig und brauchte eine ganze Weile, bis ich die rettende Zelle vor mir stehen sah. Der Anruf musste sitzen, ich hatte nur diese 20 Pfennig. Ich entschied mich dafür, die Agentur meines Mannes anzurufen, weil er – wie eigentlich jeden Abend – dort Überstunden machen würde. Ich wählte die Nummer und hatte nach wenigen Klingenzeichen den Chef meines Mannes am Apparat, der gerade die Agentur verlassen wollte. „Wo sind Sie?“
„Ich weiß es nicht genau. Irgendwo in der Nähe der Schule, wo mein Segelkurs stattfindet. Kommt denn mein Mann jetzt bald, um mich abzuholen?“
„Der ist gerade nach Wiesbaden losgefahren.“
„Offenbach.“
„Nein Wiesbaden. Er muss da noch etwas Geschäftliches erledigen.“
„Wiesbaden? Und er holt mich nicht ab? Was mache ich denn jetzt? Ich hab kein Geld dabei und will nach Hause!“ Ich war nah an einem hysterischen Weinkrampf.
„Nehmen Sie sich am besten ein Taxi und kommen Sie hierher, ich warte so lange auf Sie.“
Ein Taxi. Nichts leichter. Wenn man sich in Offenbach auskennt. Wieder irrte ich mit Seekarte, Zirkel, Bleistiften und den Tampen durch die nächtliche Stadt. Es dauerte eine geraume Zeit, bis ich ein Taxi fand und stoppen konnte. Um ca. 23.30 Uhr traf ich endlich bei der Agentur ein, wo mich der Chef meines Mannes bereits völlig übermüdet erwartete. Er löste mich aus, und ich konnte mit dem Geld sogar noch nach Hause fahren. Als mein Mann spät nachts nach Hause kam, meinte er, ich sei selbst schuld.
„Man geht nicht ohne Geld aus dem Haus.“
Ja, dachte ich, man lässt seine junge Frau auch nicht in einer gespenstischen Baustelle nachts allein in Offenbach stehen. Auf Martins

Prioritätenliste stand nun mal der Job ganz oben, und ich stand bereits nach den wenigen Ehejahren auf dieser Liste ganz unten. Wenn ich überhaupt noch auf der Liste stand. Ich habe daraus gelernt und bin nie mehr ohne Geld aus dem Haus gegangen.
Das war auch gut so. Denn während meiner ganzen Ehe konnte ich mich nie mehr darauf verlassen, dass mein Mann pünktlich oder überhaupt zu mir kommen würde. Er war jetzt noch seltener bei mir. Abends nicht. Nachts kaum. Am Wochenende sowieso nicht. Er arbeitete, sagte er. Und ich habe es nie bezweifelt. Es gibt Dinge, die man auch nicht wissen möchte. Deshalb habe ich seine Angaben auch nie überprüft und habe ihm auch sonst nie hinterher spioniert. Ich wurde mehr und mehr zu einem Phänomen, das den Namen „Martin und Frau“ trug. Ich war keine Person, sondern „und Frau“. Ein Schatten, eine Begleiterscheinung. Ich verschwand mehr und mehr aus dem Bewusstsein meines Mannes. Aus dem meiner Umwelt war ich schon längst verschwunden. Und letztendlich verschwand ich sogar aus meinem eigenen.

Die praktische Ausbildung für meinen Segelführerschein schloss ich im folgenden Sommer an. Aus diesem Grunde machten wir eine Reise auf die Insel Elba, wo wir in einem alten Kloster unter der Obhut eines ehemaligen Opernsängers wohnten. Dort machte mein Mann Urlaub, während ich tagsüber an einem Segelkurs teilnahm.
Gleich bei unserer Ankunft herrschte ein strammer Wind, der dazu führte, dass die Segel-Novizen nicht auf die Jollen durften. Die gesamte Gruppe wurde auf eine größere Yacht verfrachtet, und man kreuzte mit uns im kappeligen Wasser der Bucht ein wenig herum. Die fortgeschrittenen Segler waren natürlich mit dicken Schwimmwesten auf den Jollen unterwegs.
Eine junge Frau erkundigte sich dann, wie man denn für den Unterricht auf den Booten eingeteilt werde, sie wolle doch gern mit ihrem Mann zusammenbleiben. Der Segellehrer, ein arroganter junger Mann aus Frankfurt, ließ sie jedoch wissen, dass man Ehepartner grundsätzlich trennte. Es sei Firmenphilosophie. Die Antwort darauf, warum dies so sei, lieferten uns die Jollen, die um uns herumsegelten und mit der steifen Brise kämpften.
Nur auf einem einzigen Boot war ein Ehepaar untergebracht, dem wir uns langsam näherten. Wir fanden schnell heraus, warum es nicht

empfehlenswert ist, sich mit dem Partner zum Unterricht zu melden. Die Frau turnte wie ein Äffchen auf der wackeligen Jolle herum und erledigte alle Arbeiten. Ihr Mann dagegen saß mit seiner aufgeblähten Schwimmweste kommod am Heck und bediente geschmeidig die Pinne, während er mit scharfem Ton Kommandos und Befehle erteilte.
Wehe, die Frau befolgte sie nicht sogleich, dann bekam sie was zu hören. Schließlich war sich der Mann des Publikums nur allzu sehr bewusst. Wir fuhren noch näher an die Jolle heran.
Inzwischen war ein handfester Disput zwischen den beiden Eheleuten ausgebrochen. Die Frau war den Tränen nahe und schweißnass, der Mann hatte sich erhoben, um seinen Befehlen mehr Nachdruck zu verleihen. Genau in diesem Augenblick drehte der Wind ganz kurz, und der Großbaum der Jolle wechselte abrupt die Seite, nicht ohne den stehenden Mann mit einem Schlag zu treffen und über Bord zu katapultieren. Dieser ging unter wie ein Stein, aber nach einigen Sekunden poppte er dank der Schwimmweste wie der Sektkorken einer Veuve Cliquot Flasche zurück an die Wasseroberfläche. Unverzüglich nahm er seine Schmipf-Tirade wieder auf, die nur verstummte, als der erboste Streiter unter Wasser war. Wieder donnerten Befehle über das Wasser, und die Frau tat ihr Bestes, um ein vorbildliches Mann-über-Bord-Manöver zu absolvieren. Doch für ihren Mann war jeder Handgriff, jede Maßnahme einfach nur ein Ziel für beißenden Spott und wütende Kritik.
Nach wenigen Versuchen war die Frau nahe genug an den Mann heran gesegelt, um den Schiffbrüchigen aufzunehmen. Da dieser aber inzwischen schimpfte wie ein Rohrspatz, änderte sie spontan ihre Absicht, nahm die Segel dicht, fuhr hoch erhobenen Hauptes zurück zum Anleger und überließ ihren Mann seinem Schicksal. Er wurde von uns geborgen, und keiner kam auf die Frage zurück, warum man Ehepaare grundsätzlich für den Unterricht trennte.
Für mich stellte sich die Frage gar nicht. Martin konnte segeln und ging auf Elbe entsprechend seinen Neigungen nach. Ich befand mich den ganzen Tag im Kurs und so gingen wir getrennte Wege.
Am nächsten Morgen hatte sich das Wetter beruhigt, und wir wurden jeweils zu zweit für die Jollen eingeteilt. Meine Partnerin war eine Münchner Ärztin, mit der ich mich ausgesprochen gut verstand. Wir hatten beide nicht die geringste Ahnung vom Segeln. Mit Motorbooten wurden wir paarweise zu unseren Jollen gefahren, die in der Bucht an runden,

farbigen Bojen festgemacht waren. Wir bekamen die Instruktion, uns die Farbe der Boje genau zu merken und nur diese bei Beendigung des Unterrichts wieder aufzusuchen, es würde sonst zu einem Chaos in der Bucht führen. Per Sprechtüte erhielten wir dann genaue Anweisungen vom Motorboot aus, wie man sachgerecht ablegte, Segel setzte und Fahrt aufnahm.
Nach einigen Stunden war der Unterricht beendet, und rund 20 Boote nahmen Kurs zurück auf die Bojen. Da keiner von uns nach dem kurzen Vormittag auf See des Segelns wirklich mächtig war, kam es zu einer Konfusion. Jede Jolle schnappte sich die erstbeste Boje, die mehr zufällig als gewollt am Boot vorbei schwebte und versuchte eilends einen Tampen durch den Schniedel auf der Boje zu ziehen. Die meisten Teams waren so recht erfolgreich. Bis auf eines.
Die Münchnerin saß an der Pinne, ich lag bäuchlings auf dem Bug der Jolle und hatte meinen Tampen im Anschlag, damit auch ich eine Boje schnappen konnte. Aber wann immer wir uns einer näherten, kam uns ein anderes Boot zuvor, und wir mussten abdrehen. Irgendwann waren alle Bojen belegt, und wir kreuzten immer noch in der Bucht herum auf der Suche nach einer freien Anlegemöglichkeit.
„Da vorne, Rosi, da ist noch eine. Siehst du die rote, runde Boje da vorn? Fahr da mal drauf zu."
Winkend gab ich der Münchnerin Anweisungen, wie sie zu segeln hätte. Mehr rechts, mehr links, denn durch die Segel war der Rudergängerin teilweise die Sicht beeinträchtigt.
„Jetzt lass die Segel raus, damit wir Fahrt verlieren. Ich versuche mal, die Boje wie mit einem Lasso einzufangen. Da fehlt der Schniedel oben ... aber ich erledige das ..."
Mit einem einzigen Griff legte ich den Tampen in meiner Hand wie ein Lasso zurecht. Mit surrendem Geräusch schwang ich das Ganze über meinem Kopf in kleinen Kreisen, als hätte ich in meinem Leben nie etwas anderes gemacht, als verirrte Kälbchen auf einer Weide einzufangen. Als ich die Boje gerade fangen wollte, drehte sich diese im Wasser. Mit Schrecken musste ich feststellen, dass es sich bei der roten Boje um eine Schwimmerin mit roter Bademütze handelt.
„Dreh ab, dreh ab!" Krisch' ich nach hinten.
Die Schwimmerin kraulte mit entsetztem Blick aus unserem Wirkungskreis heraus. Das ging gerade noch mal gut. Schon konnte ich im Hintergrund

donnerndes Motorengeräusch hören. Das Motorboot unserer Ausbilder war plötzlich bei uns, nahm uns in Schlepptau und brachte uns zu einer noch freien weißen Boje mit Schniedel. Unter Anhörung eines Donnerwetters wurden wir zu den „Pappnasen" des Tages ernannt.
Am nächsten Tag gaben wir den Titel schon weiter. Keiner hielt ihn länger als einen Tag. Denn jeden Tag, pünktlich, wenn der Segelkurs endete, begab sich die Frau mit der roten Bademütze zum Schwimmen ins Wasser und verwirrte die Segler bei der Wahl der Anlegebojen.
Nach 14 Tagen Unterricht hatte ich meinen Führerschein in der Tasche und konnte mit meinem Mann nach Hause fahren, wo mich eine Schilddrüsen-Operation erwartete. Ich hatte ein paar gutartige Knoten, die entfernt werden mussten. Meine Erinnerung an meine Mandeloperation überwältige mich sofort wieder, und ich bin in höchster Panik zu diesem Termin angetreten.
Nachdem man mir die Liste der Operationsrisiken verlesen hatte, waren die restlichen beruhigenden Gedanken beseitigt. Ich hatte nur noch eines im Sinn: Flucht. Es wird mir unvergesslich sein, wie man mich an diesem Morgen mit den Trombosestrümpfen, dem OP-Häubchen und dem hinten offenen Nachthemd ausstattete, um mich dann bei vollem Bewusstsein durch das Krankenhaus – vorbei an Besuchern, die mich neugierig anstarrten – zum OP-Saal zu rollen. Dort rissen mir vermummte Ärzte die dürftige Bekleidung vom Leib, bevor ich anfing, um mich zu schlagen, damit ich die feindlichen Übergriffe abwehren konnte. In der Hektik setzte man mir schnell die Betäubung, und ich ließ alles Weitere bewusstlos mit mir geschehen. Als ich ihm Aufwachraum zu mir kam, habe ich dem Chefarzt, der mich operiert hatte, eine heftige Ohrfeige versetzt. So hatte ich es auch nach meiner ersten OP in Erinnerung, und so hielt ich es auch mit dieser. Eines stand für mich unwiederbringlich fest: Ich würde nie mehr freiwillig in ein Krankenhaus gehen, würde nur unter heftigem Protest eine OP über mich ergehen lassen und auch ungern Kranke in einer Klinik besuchen. Für mich waren Krankenhäuser zu Stätten des Terrors, des Schmerzes und der Panik geworden.
Nach der OP erholte ich mich gut. Aber nach einer langen Zeit ohne Sex, was auf die Wundschmerzen am Hals zurückzuführen war, gewöhnten Martin und ich uns an den enthaltsamen Zustand.
Ich blieb eine sexlose Frau und fand in meiner eigenen Ehe schon nach wenigen Jahren diese unsichtbare weiße Linie wieder vor, die mich von

meinem Mann trennen sollte. Wie auch vom vergnügten und erfolgreichen Leben aller anderen Menschen um uns herum. Martin sah mich nicht mehr. Und nach und nach vergaßen wir beide völlig, dass da mal was war...

Kapitel 11

Es ist Dienstagmorgen. Zeit für meine Therapie-Sitzung. Auf dem Weg zur Arzt-Praxis frage ich mich, welches Thema wir heute wohl behandeln. Ich bin mir nicht so sicher, dass wir schon ein Stück weiter in meiner Stress-Behandlung gekommen sind. Aber Herr Dr. Liebmann ist zuversichtlich und strahlt wie immer heiteren Optimismus aus.
„Heute knüpfen wir noch mal an Ihre berufliche Laufbahn an. Sie haben Ihr Studium mit Prädikats-Noten absolviert, Ihr zweites Staatsexamen auch. Sie waren im Ausland – Oxford, Bristol und Hastings, sehr schön – und sie waren jung. Da war doch eigentlich eine glänzende Karriere vorprogrammiert, oder nicht?"
„Vom Prinzip her, ja", stimme ich den Ausführungen zu.
Aber wenn man genauer hinsieht, ist da irgendetwas falsch gelaufen ...

Nachdem ich schon eine ganze Weile mein Dasein als intellektuelle Hausfrau mit zwei Prädikats-Staatsexamen beziehungsweise als arbeitslose Lehrerin fristete, fühlte ich, es sei an der Zeit, mich doch noch einmal einem Beruf zu widmen.
Mein inniger Wunsch nach Kindern war längst in den Akten gelandet, weil mir inzwischen klar war, dass ich trotz Ehemann immer eine alleinerziehende Mutter sein würde. Martin hatte zwar die gleiche Adresse wie ich, doch er wohnte dort nicht wirklich. Ich hatte, als ich Mitte zwanzig war, zwar rund zwei Jahre die Pille abgesetzt, um schwanger werden zu können, aber es hatte nicht geklappt. Bei einem der seltenen halbherzigen Versuche, ein Kind zu zeugen, brach mir mein Mann ausversehen das Nasenbein, als unsere Köpfe unglücklich aufeinander trafen.
Und als ich dann 30 wurde, schluckte ich wieder die Pille. Nach meinem Lebensplan hätte ich mein erstes Kind haben wollen, bevor ich 30 wurde. Das Ziel hatte ich nicht erreicht.
Meine Schwester dagegen hatte zwei Kinder mit ihrem Mann, ein Mädchen und einen Jungen. Ich beneidete sie oft für ihr Glück. Ich selbst würde nie in niedliche Babyaugen schauen, die mich mit rückhaltloser Liebe anstrahlten. Nie würde jemand „Mammi" zu mir sagen und die Arme um mich legen. Aber meine Kinder würden mich auch nie verlassen, wenn sie erwachsen geworden waren. Zumindest dieser Kummer würde mir erspart bleiben.

Ich sah mich also rechtzeitig nach einer Alternative um, denn die Ehe trieb immer weiter auf einen Punkt zu, mit dem ich mich damals gedanklich noch nicht auseinandersetzen mochte.
Ich bewarb mich auf eine Anzeige in der FAZ als Halbtags-Sekretärin bei einem Mann, der unter anderem „Seminare für Erfolgscoaching" anbot. Ich bekam die Stelle. Jeden Morgen um 8.00 Uhr musste ich antreten und mit einem jungen Mädchen im dunklen Souterrain seines Privathauses an einem Schreibtisch Platz nehmen. Meine Aufgabe war es, die Seminare zu organisieren, Bücher meines Chefs zu verkaufen, die Texte für seine therapeutischen Kassetten zu überarbeiten und Texte für eine eigene Hauszeitung zu redigieren. Die junge Kollegin war unter anderem für den Postversand zuständig. Ich dachte, ich hätte eine Stelle gefunden, die wenigstens in Ansätzen meinen akademischen Qualifikationen entsprach. So dachte ich etwa eine Woche lang.
Die Organisation der Seminare beschränkte sich darauf, in zwei Hotels Betten zu reservieren und den Seminarteilnehmern eine Reservierungsbestätigung zu schicken. Diese tippte ich mit einer alten Schreibmaschine von Hand. Vertippte ich mich, entsorgte ich das Papier. Bis ich dafür Ärger bekam. Mein Chef teilte mir psychologisch versiert in Form eines Wutausbruches mit, dass ich sein mühsam verdientes Geld verpulvere, wenn ich so vorginge. Er wies mich lautstark an, jedes verdruckte Papier aus dem Papierkorb zu fischen und fortan die Rückseiten als Schmierzettel zu benutzen. Dies war wohl auch der Grund, warum er uns Angestellten zu Weihnachten kleine Schreibblöcke aus diesem Abfallpapier anfertigen ließ, um sie uns zum Geschenk zu machen. Er selbst war mehrfacher Millionär. Ich ahnte, auf welche Weise er zu seinem Vermögen gekommen war.
Auch am Kopiergerät durfte man sich nicht erwischen lassen, wenn die Kopien nicht einwandfrei waren. Ich lernte sehr schnell, unbrauchbare Papiere in meiner Handtasche verschwinden zu lassen, um sie später auf dem Heimweg in einer neutralen Mülltonne zu entsorgen. Es war eine reine Ärgerbegrenzungs-Maßnahme und keinesfalls meiner ungebührlichen Verschwendungssucht zuzuschreiben.
Auch der Buchverkauf war nicht einfach. In einem kleinen Regal neben meinem Schreibtisch standen die Werke meines Chefs in Reih und Glied neben den Fachbüchern anderer Autoren. Verirrte sich ein Kunde zu mir in den Keller und bat explizit um einen bestimmten Titel, dann holte ich

diesen vom Regal herunter, bis ich durch ein Schimpflawine meiner Chefin, der Ehefrau des Psychologen, lernte, dass ich grundsätzlich die Wünsche der Kunden ignorieren solle, um die Bücher meines Chefs zu verkaufen. Ich tat es dienstbeflissen.
Die Arbeit an den Hörkassetten war nicht minder monoton. Es waren sehr teure Kassetten, die auf der A-Seite den gleichen Inhalt wie auf der B-Seite hatten. Sie starteten alle mit einer esoterischen Pling-Plang-Musik, und man hörte, wie mein Chef langsam von 10 bis 0 rückwärts zählte, um die Hörer zu entspannen. Dann kamen rund 10 bis 15 Minuten lang psychologische Ratschläge zu den jeweiligen Themen, man zählte von 0 bis 15 wieder vorwärts. Fertig. Meine Lieblingskassette war „So werde ich schlank und sportlich“. Mein Chef selbst hatte einen imponierenden Bauch, und wenn er Papierkisten zu uns in den Keller schleppte, schnaufte er wie eine Dampflock. Er war wohl selbst nicht das beste Beispiel für die richtige Anwendung seines Fachwissens.
Nicht mal die Texte für die Hauszeitung waren eine echte Herausforderung. Meist „recycelte“ ich Texte alter Ausgaben und machte aus alt einfach neu. Kein großer intellektueller Auftrag.
Nach wenigen Monaten ließ man mich wissen, dass ich grundsätzlich am Neujahrstag nicht frei haben könne. Es fand zu dieser Zeit immer ein Weihnachts-Seminar im Hause statt, und an diesem Tag war es die Pflicht der Angestellten, in Schürze die Häppchen zu servieren. Zum Glück wurde ich vor dem 1. Januar gefeuert. Die Begründung: Ich hätte so billige T-Shirts an, die sich schlecht mit dem gehobenen Stil des Hauses vertrügen. Das müsse ich verstehen. Ich verstand nur zu gut und konnte mich wenigstens auf meine eigene Silvesterfeier freuen.

Nach meinem Rauswurf war ich allerdings erst mal wieder arbeitslos und psychologisch schwer geknickt. Es war das erste Mal in meiner beruflichen Laufbahn, dass ich entlassen worden war.
Ich wurde auf dem Arbeitsamt vorstellig, aber nachdem ich tausende von Formularen ausgefüllt hatte, teilte man mir mit, dass ich kein Arbeitslosengeld bekäme. Ich verbrachte wieder eine ganze Weile zu Hause und studierte die Zeitungen auf der Suche nach einer neuen beruflichen Perspektive. Es war damals in Zeiten der Lehrerschwemme nicht leicht, eine Stelle zu finden, wenn man sich als arbeitslosen Lehrer outen musste. Noch war mein Lebenslauf allerdings zu dünn, um ihn

entsprechend zu frisieren. Also dachte ich darüber nach, wie ich als Lehrer vielleicht weiter kommen könnte.

Ich bewarb mich als Sprachlehrerin an einer Sprachschule und bekam dort eine Stelle, bei der ich die Grundkurse unterrichten durfte. Voraussetzung dafür war die Teilnahme an einer kurzen pädagogischen Einführung. Dafür saß ich mit einigen anderen Lehrer-Anwärtern in einem Seminarraum. Ein fremdländisch wirkender Pädagoge sprach in Arabisch auf uns ein. Wir verstanden kein Wort. Zur Unterstützung seines Lehrinhaltes begab sich der Mann an die Tafel und malte einige Schlangenlinien mit einem gelegentlichen Punkt ober- oder unterhalb der Linie. Das brachte uns auch nicht weiter. Nach einer ganzen Weile endete der Unterricht. Ich war völlig konfus und zweifelte an meinen intellektuellen Fähigkeiten. Bis ich erfuhr, dass uns diese Einführung nur eines klar machen sollte: Wie unendlich schwierig es für einen Menschen aus einer völlig fremden Kulturzone ist, einem deutschen Lehrer zu folgen und dass auch fremde Schriften nicht unbedingt eine Verständigungsbasis sein müssen.
Ich hatte verstanden.
Ab sofort setzte ich Hände und Füße und meine langjährige Bühnenerfahrung ein, um mit meinen Schülern kommunizieren zu können. Nach dem Unterricht war ich physisch völlig erschöpft. Es war wie Aerobic-Unterricht unter erschwerten Bedingungen und ohne Musik. Nach wenigen Monaten endete mein Beschäftigungsverhältnis, da es sich sonst um einen Kettenvertrag gehandelt hätte. Ich stand wieder auf der Straße.

Danach bekam ich auf Empfehlung unseres damaligen Steuerberaters eine neue Jobperspektive, denn leider haftete mir immer noch der Nimbus des arbeitslosen Lehrers an. Ich stellte mich als Halbtags-Sekretärin/Assistentin der Geschäftsführung in einer PR-Agentur vor und bekam den Job. Es handelte sich dabei um eine reine Frauen-Agentur. Die Inhaberin, meine zukünftige Chefin, war klein, robust, rothaarig, meist etwas überschminkt und stets in knallige Farben gekleidet. Sie selbst betrachtete sich als „den Kolibri“ unter den PR-Fachleuten – ich selbst sah sie eher als spät-expressionistisches Werk der Blauen Brücke. Sie war schrill, sie war laut, und sie war streng. Und dies schlug sich auf die Stimmung im Hause nieder. Es war uns beispielsweise untersagt, sich mit Kolleginnen zu duzen, ein Verbot, dass hier und da heimlich gebrochen wurde. Meine Aufgabe war

es, im Kopierraum zu sitzen und mich von der Chefsekretärin und der Buchhalterin in meine Arbeiten einteilen zu lassen. Für Schreibarbeiten gab es damals noch keine Computer. Es gab noch das gute alte Telex und immerhin moderne Textverarbeitungssysteme, die Texte auf Disketten speichern konnten.
Zu meinen Hauptaufgaben gehörte es, mir gleich morgens ein kleines Tonbändchen bei der Chefsekretärin abzuholen, das dem Diktaphon meiner rothaarigen Chefin entstammte. Dieses hatte sie überall dabei, wo immer sie auch war, und diktierte mir eine endlose Kette von Briefen. Die meisten davon hatten rein privaten Inhalt, den ich dann über einen Kopfhörer und eine Fußtaste in kleinen Schritten abspulen und tippen konnte.
Leider diktierte meine Chefin meist an weniger idealen Orten, weil sie sich keine Vorstellung darüber machte, wie ich den Text abhören sollte. Sie diktierte beim Autofahren, wo das Motorengeräusch ihr leises Gemurmel gänzlich erstickte. Auch in der Abflughalle vor ihren Flügen nahm sie sich gern noch die Zeit, mir etwas zu diktieren, wobei sämtliche Flughafen-Durchsagen ihre Diktate in den Hintergrund treten ließen. Auch während des Fluges machte sie keine Pause und lies mich alle Turbinengeräusche mitverfolgen oder während der Bahnreisen das geräuschvolle Quietschen, Bremsen und Fahren des Zuges anhören. Dazwischen hörte ich vereinzelte Wortfetzen des Diktats, bei dem ich mir die fehlenden Stücke durch Phantasie und kluges Raten erschloss. Meine Trefferquote war jedoch gering. Aber die schönsten Diktate brachte sie bei Friseurbesuchen aufs Band. Die besten Stellen waren jeweils die, wenn der Friseur die Trockenhaube oder den Fön zum Einsatz brachte. Nicht selten war ich dann einem Hörsturz oder Tinnitus nahe. Keine Frage, die Diktate waren eine Herausforderung, wenn gleich die Inhalte meist nicht wirklich lebensnotwendig waren.
Am häufigsten schrieb ich für meine Chefin an deren Mutter. Oder an den Gärtner ihres Anwesens in Südeuropa, dem sie genaue Anweisungen darüber gab, wie der Bereich rund um den Swimmingpool botanisch aufzuwerten sei.
Oder ihrer Freundin Frieda, die sie über jede noch so absurde Diät und ihre Erfolge unterrichtete. So startete ich meine Arbeit fast jeden Morgen mit den Worten „Liebe Frieda, heute schreibe ich dir...“ und so weiter und so

weiter. Ich habe Frieda nie kennengelernt, obwohl ich ihr beinahe täglich schrieb.
Besonders frustrierend war es für mich, wenn meine Chefin mitten im Diktat dazu überging, mich persönlich anzusprechen, ohne dies kenntlich zu machen. Meist tippte ich dann all das Gesagte so lange ab, bis sie sagte „zurück zum Diktat".
Da sie nicht nur eine eloquente Diktiererin war, sondern auch eine passionierte Anbeterin der Flora in allen Varianten, gönnte sie sich zwischendurch Malunterricht bei einem Künstler. Die dadurch entstehenden Motive wurden auf Postkarten gedruckt und als Geburtstagsgrüße versandt. Ich hätte ihre heimliche Leidenschaft gern toleriert, wenn sie mich nicht darin einbezogen hätte.
Fast nach jedem privaten Brief wies sie mich an, unten im Garten der Agentur eine bestimmte Blume zu ernten und dem Schreiben gepresst beizulegen. Sie benannte die Pflanze mit lateinischen Namen, und ich hatte keine Vorstellung, welche sie im Auge hatte. So bewaffnete ich mich mit einem Küchenkneipchen und suchte den Garten ab. Internet gab es damals nicht, ich war auf mich allein gestellt. Ich kann mit Fug und Recht über mich behaupten, dass ich eine Rose identifizieren kann. Allerdings reichen meine floristischen Kenntnisse nicht viel weiter. Erschwerend kam noch hinzu, dass im Garten der Agentur so manches nicht wuchs, was gegenüber im Garten eines Wirtschaftsinstituts durchaus gedieh.
Wenn ich also meldete, dass ich keine Veilchen oder anderes Gewächs dem Schreiben beilegen könne, schickte sie mich mit dem Küchenkneipchen über den Zaun, um in fremden Gefilden nach dem begehrten Objekt zu jagen. Dies entsprach nicht im Mindesten meinen beruflichen Neigungen, aber es gab kein Entrinnen.
Überhaupt kümmerte ich mich um das private Wohl meiner Chefin. Wenn sie im teuersten Laden einen Spiegel kaufte, der ihr dann zu Hause nicht mehr gefiel, so war es meine Aufgabe, diesen unter Herausgabe ihres finanziellen Aufwandes wieder umzutauschen. Auch einen beschädigten Koffer hatte ich eines Tages zur Reparatur in einen Laden zu bringen, den es längst nicht mehr gab. Das ganze erledigte ich per U-Bahn, weil ich die einzige Mitarbeiterin ohne Auto war. Ein Klacks für mich. Ich tauschte den Spiegel tatsächlich um und konnte auch einen unbescholtenen Kofferladenbesitzer, der mit dem Koffer meiner Chefin nicht das Geringste

zu tun hatte, fest davon überzeugen, er sei für die Reparatur verantwortlich.
Ich war in der Erledigung meiner Aufgaben so erfolgreich, dass ich weiterhin mit solchen Aufträgen betraut wurde. So musste ich beispielsweise auch den Keller entrümpeln, was mich tagelang in Anspruch nahm und meine Kleidung gänzlich ruinierte. In dem finsteren Verlies erschreckten mich zahlreiche fette Spinnen, und ich brach mir fast das Kreuz am Gewicht der vielen Akten und Papiere, die ich in den Müll schleppen musste.
Irgendwo unter einem schweren Stapel Altpapier fand ich dann eines Tages einen alten plattgedrückten Hut meiner Chefin, den ich durch einen geübten Faustschlag zurück in Form brachte.
Ich wollte ihn gerade mit entsorgen, als meine Chefin auf mich zukam. Die Freude über den wiedergefundenen Hut hat sie so überwältigt, dass sie mir zum Dank eine angebrochene Creme-Probe vermachte, gegen die sie mit einer leichten Allergie reagiert hatte. Sie war nicht undankbar.
Auch an Weihnachten, kurz nachdem sie jedes Jahr eine bewegende Ansprache an die Mitarbeiterinnen mit wogendem Busen gehalten hatte, bekamen wir jeweils eine kleine Primel. Außerdem bekam jeder ein Los, mit dem er eines der zahlreichen Präsente gewinnen konnte, die meine Chefin von Kunden erhielt aber entweder nicht mochte oder nicht gebrauchen konnte. Ich bekam einmal eine Gartenschere, obwohl ich mit meinem Mann in einer Dachwohnung wohnte, konnte diese aber gegen einen Bildband über süddeutsche Bergregionen eintauschen.
Eines Tages hatte ich die Aufgabe, mich um das Einfärben eines Haarteils zu kümmern, dass im gleichen Rotton ihrer gefärbten Haare leuchten sollte. Sie trug es allzu gern und setzte es, damit es die Form behielt, über Nacht immer einer alten Porzellanpuppe auf, wie sie mir eines Tages erzählte. Nach kurzer Zeit, fehlte der Fifi, wie wir das Haarteil despektierlich nannten, auf ihrem Haupt. Auf unsere fürsorgliche Nachfrage erklärte sie uns, sie sei nach einer Reise nach Hause gekommen, und ihre Puppe habe mit Glatze auf dem Sofa gesessen. Sie hätte sich diesen Umstand nicht erklären können, bis sie auf einem Baum gegenüber das Haarteil entdeckt hatte. Ein Eichhörnchen war in ihrer Abwesenheit durch eine gekippte Balkontür eingedrungen, hatte das Haarteil, das die gleiche Farbe wie sein Fell hatte, geschnappt und daraus ein Nest für seine Jungen gebaut.

Wir fanden diesen Einsatz des Haarteils weitaus sinnvoller als die Frisurtürme, die so oft daraus gezaubert worden waren, behielten unser Ansicht jedoch für uns. Der Verlust schmerzte unsere Chefin doch zu sehr.
Etwa zu dieser Zeit erreichte mich dann ein Schreiben des Regierungspräsidenten von Darmstadt. Man bot mir – einer schöngeistigen Gymnasiallehrerin – nur wenige Jahre nach meinem zweiten Staatsexamen endlich eine Stelle als Berufsschullehrerin in Wiesbaden an. Den Brief erhielt ich an einem Mittwoch. Berufseintritt wäre der kommende Montag gewesen. Allerdings hätte ich bis dahin noch ein polizeiliches Führungszeugnis, diverse Gesundheitsatteste vom Gesundheitsamt und einiges mehr zu organisieren gehabt. Ganz zu schweigen von einer Kündigung aus einer Festanstellung mit Kündigungsfrist und vielem mehr.
Ich rief bei der Berufsschule an und sprach mit dem Direktor. Er versicherte mir, dass dies natürlich nicht zu schaffen sei. Auf meine Frage, ob denn an dieser Schule überhaupt Deutsch und Englisch unterrichtet würde, wurde er ganz still und machte mich darauf aufmerksam, dass ich für das Fach Mathematik vorgesehen sei. Ich bin nie Lehrerin geworden.
Trotzdem habe ich nach über zwei Jahren „Liebe Frieda,...", Kofferumtauschen, Blumen jäten, Weihnachtsprimeln und Kellerentrümpeln, irgendwann gekündigt.
In meinem Lebenslauf stand jetzt, dass ich Agentur-Erfahrung hatte. Ich war nicht mehr die arbeitslose Lehrerin. Ich hatte eine neue Profession gefunden und konnte nur hoffen, dass meine langjährige akademische Ausbildung im In- und Ausland nun endlich Früchte zeigte.

Kapitel 12

„Wie ist das eigentlich zwischenzeitlich mit Ihrer Ehe weitergegangen?“
Ich denke nach.
„Wir haben uns eigentlich nur im Urlaub wirklich mal länger und intensiver gesehen. Sonst hat mein Mann gearbeitet.“
Herr Dr. Liebmann denkt ebenfalls nach.
„Sind Sie denn immer noch zusammen gesegelt?“
„Ja. Immer. Ich hatte ja extra den Segelführerschein A dafür gemacht. Ich habe sogar noch den Segelführerschein BR und den Sportbootführerschein gemacht.“
„Respekt. Sie sind also trotz der Erfahrungen auf der Hochzeitsreise wieder an Bord eines Schiffes gegangen?“
„Ja. Immer.“
„Dann kann es ja nicht mehr so schlimm wie im Englischen Kanal gewesen sein. Mann kennt ja die Bilder von den Badenixen, die vorn auf dem Boot in der Sonne liegen ...“
„Alles Illusion und Marketing“, unterbreche ich, „ so ist das meist nicht.“
„Nicht?“
„Nicht. Bei uns hat es fast immer geregnet, gestürmt, und es war kalt. Mein Mann ist am liebsten im Norden gesegelt, da ist das halt so.“
„Das haben Sie mitgemacht? Warum sind Sie nicht mal im Süden gesegelt?“
„Sind wir. Nachdem ich gemeckert habe.“
„Na also. Wo waren Sie?“
„In Elba und Korsika. Mitten im August. Es hat geregnet, war kalt und hat gestürmt.“
„Aber das ist doch sicher eine Ausnahme gewesen.“
„Nein. Leider nicht. Wir hatten immer viel Pech. Eine Irin hat uns mal eine gute Wetterprognose mit auf den Weg gegeben. Sie sagte „If you can see clear across the bay it will sure rain tomorrow. And if you can't it is already raining“. Das trifft in der Regel zu. Am liebsten wäre ich ja mal in der Karibik gesegelt und hätte mir türkisblaues Wasser statt der grau-grünen Sturmwellen im Norden angesehen. Aber meinen Mann zog es nie hin.“
„Sie hätten vielleicht mal ein anderes Gebiet im Mittelmeer versuchen können. Die Türkei ...?“

„Waren wir. Sehr viel Wind. Meltemi. Und wir haben uns eine Salmonellen-Vergiftung geholt."
Hr. Dr. Liebmann zögert etwas erstaunt.
„Das klingt nicht so gut. Haben Sie auch mal Sonne gehabt?"
„Doch. Ja. Als wir in Jugoslawien gesegelt sind."
„Wie schön. Das war doch sicherlich eine wunderbare Erfahrung."
„Oh ja, das war es ..."

In Jugoslawien haben wir ein kleines Boot gemietet. Nur für meinen Mann und mich. Dafür kamen mir meine Segelführerscheine sehr gelegen. Inzwischen hatte ich auch den Segelführerschein BR und den Sportbootführerschein. Ich war also ergänzend zu meinem Mann, der wirklich ein Weltklasse-Segler war, ein guter Co-Skipper.
Ein gemeinsamer Freund, der eine Yacht in Jugoslawien hatte, schipperte zur gleichen Zeit mit Sohn und Freundin durch die Gewässer der Adria, und wir trafen uns meist abends in einer Bucht.
Es hätte um ein Haar ein netter Urlaub werden können. Aber eines Abends hörte unser Freund, der gebürtiger Jugoslawe war, Radio und teilte uns besorgt mit, dass es im Land zu Unruhe und unkontrollierten Schießereien gekommen sei. Man habe den Touristen die Empfehlung gegeben, das Land zügig zu verlassen.
Wir hatten sowieso das Ende unseres Urlaubs erreicht. Das Schiff mussten wir in Zadar abgeben. Wir liefen noch am gleichen Abend im Hafen ein und kümmerten uns um eine schnelle Schiffsübergabe. Unser Flug sollte am nächsten Morgen gegen 7.30 Uhr gehen. In der Marina wurden wir längst erwartet. Man bat uns sofort um unsere Flugtickets, damit man unseren Flug bestätigen und uns ein Taxi bestellen könne, dass uns pünktlich zum Flughafen im Hinterland von Zadar bringen würde.
Während wir auf die Bestätigungen unserer Buchungen warteten, nahmen Leute von anderen Schiffen Kontakt zu uns auf. Überall standen Deutsche im Hafen herum und unterhielten sich über Möglichkeiten der Ausreise und einer sicheren Heimreise. Viele Straßen waren offiziell als unsicher oder gesperrt erklärt worden. Den Touristen wurde empfohlen, mit dem Auto die Küstenstraße zu nehmen, um das Land zu verlassen.
Wir waren froh, dass wir Flüge gebucht hatten. Auch wenn keiner wirklich wusste, was los war, schien das die beste Alternative. Bis wir erfuhren, dass es keine Bestätigung für die Flüge mehr gab. Wir erfuhren, dass wir

möglichst früh am Flughafen sein sollten, denn alle Deutschen würden versuchen, einen Platz in den nächsten Maschinen zu bekommen. Wir sollten lieber rechtzeitig losfahren, damit unsere Plätze nicht vergeben wurden.
Das Taxi, das rund eine Stunde zum Flughafen brauchen sollte, wurde für zwei Uhr nachts bestellt, auch wenn ich das etwas übertrieben fand.
Um Punkt zwei Uhr wurden wir von einem Jugoslawen abgeholt, der außer seiner Muttersprache keine weitere Sprache sprach. Er wusste jedoch, wie unser Fahrtziel lautete, mehr zählte in dem Moment nicht. Wir verstauten die schweren Seesäcke, die man kaum heben konnte, den Sextanten, die Pilotenkoffer mit der gesamten Bordliteratur, die Tasche mit den Seekarten und einiges mehr, dann ging die nächtliche Fahrt los.
Wir verließen die touristische Hafengegend und fuhren durch eine einsame Gegend, die uns pechschwarz und unbeleuchtet umgab. Der Taxi-Fahrer sprach kein Wort. Nach einer guten halben Stunde stoppte er plötzlich. Quer über der Fahrbahn lag eine Straßensperre. Sofort sprang der Mann erschrocken aus dem Wagen, öffnete den Kofferraum und zerrte all unsere Gepäckstücke heraus, um sie dort einfach auf die Straße zu werfen.
Wir stiegen aus. All unsere Versuche, nach der Ursache seines Gebarens zu fragen, schlugen aus Verständigungsgründen fehl. Bevor wir uns versahen, stieg der Mann wieder in sein Taxi ein, wendete und fuhr davon. Mein Mann und ich blieben mit dem ganzen Haufen Gepäck mitten in der Nacht vor der Straßensperre zurück. Ich erinnerte mich plötzlich an die Erzählungen der anderen Touristen, die im Radio von Heckenschützen im Hinterland gehört hatten. Mir wurde unheimlich. Wir hatten keine Ahnung, wo wir waren und wo der Flughafen lag. Irgendwo in der Distanz konnte man kleine Lichter ausmachen.
„Das wird der Flughafen sein. Da müssen wir hin“, meinte mein Mann sachlich.
Ich schwieg. Dann verteilten wir unser Gepäck gleichmäßig auf unsere Schultern und trabten los. Es war ein sehr beschwerlicher langer Marsch, der uns nach einer Ewigkeit vor ein dunkles Gebäude führte, hinter dem vereinzelte Lichter auszumachen waren. Es war der Flughafen. Doch er hatte um diese Stunden noch geschlossen.
In einer langen Schlange standen bereits hunderte von Touristen an den Eingängen und warteten auf Einlass. Trotzdem haben wir unseren Rückflug in die Heimat noch bekommen. Was wir damals nicht mal ahnen konnten,

war die Ursache all dieser merkwürdigen Umstände: In Jugoslawien war der Krieg ausgebrochen, und mein Mann und ich waren mitten drin, wo alles begann. Bei den Heckenschützen in Zadar. Wo sonst?

Kapitel 13

Herr Dr. Liebmann macht sich heute wieder ein paar Notizen. Ich kann erkennen, dass er seine Aufzeichnungen mit grünen Randbemerkungen versehen hat.

„Wir kommen in großen Schritten voran“, murmelt er ganz in seine Notizen versunken. Ich möchte ihm da ungern widersprechen, doch meine Allergie juckt und quält mich wie eh und jäh, und mein Stress führt zu erbarmungslosem Herzrasen.

„Wo soll ich denn heute weitererzählen, Herr Dr. Liebmann“, erkundige ich mich kooperativ.

„Wie? Sagen wir... bei Ihrem weiteren beruflichen Werdegang. Ich hatte mir notiert, dass Sie an einer Wegscheide standen. Ist das richtig?“

„Richtig. Ich war inzwischen 30 Jahre alt. Mein erstes Kind wollte ich spätestens mit 30 haben – das war also abgehakt. Ich musste noch mal was mit meiner Ausbildung anfangen, bevor es zu spät gewesen wäre.“

„Hatten Sie dabei etwas Spezielles im Auge?“

„Nein. Ich hatte keinen Plan. Ich bewarb mich auf alles Mögliche. Ich hatte ja nicht wirklich was gelernt, was die freie Marktwirtschaft brauchen konnte. Irgendwann habe ich eine Anzeige in der Frankfurter Rundschau gelesen. Eine Direktmarketing-Agentur hat einen Junior-Texter gesucht. Man musste nur gesunden Menschenverstand haben und der deutschen Sprache mächtig sein. Da habe ich mich beworben.“

„Ach. Und?“

„Ich bekam einen Anruf und wurde zu einem Vorstellungstermin eingeladen. Da sollte ich dann Arbeitsproben mitnehmen. Ich hatte natürlich keine. Also habe ich mich nachts noch hingesetzt und eine Glosse über den öffentlichen Personennahverkehrs geschrieben. Die hat mir dann den Weg in die Texter-Karriere geebnet.“

„Gratuliere. Ihr Text muss ja ganz gut gewesen sein.“

„Hätte ich gewusst, was da auf mich zukommt, hätte ich mir nicht so viel Mühe gegeben. Und ich hätte mich auf die Stelle gar nicht erst beworben.“

Ich lege den Kopf in den Nacken, mustere die frisch gestrichene Zimmerdecke des Behandlungszimmers und versetze mich gedanklich zurück zu den Anfängen meiner Werbekarriere ...

Obwohl ich erst am 1. Oktober meinen Dienst antreten sollte, wurde ich zur feierlichen Einweihung des neuen Agenturgebäudes eingeladen. Ich fand, dass dies eine nette Geste sei. Ich ging hin, obwohl ich keinen der Mitarbeiter meines neuen Arbeitgebers kannte. Bestimmt war es eine gute Idee, mich in einem ungezwungenen Rahmen den neuen Kollegen vorzustellen.
Ich kam allein abends in der Agentur an. Zahlreiche Menschen standen bereits leicht angetrunken mit Prosecco-Gläsern in der Hand herum und unterhielten sich. Ich schnappte mir auch ein Glas, damit ich wenigstens etwas in den Händen hielt, und mischte mich unter das Volk. Niemand nahm von mir Kenntnis. Wie auch? Ich hatte mich nicht verändert. Ich war unscheinbar und hatte immer noch keine bemerkenswerte Ausstrahlung erworben.
Nach einer Stunde rief uns mein neuer Chef zusammen, damit wir Aufstellung vor einer riesigen leeren Leinwand nehmen konnten. Auf dem Fußboden war eine Folie ausgebreitet, darauf standen zahlreiche offene Farbeimer mit Pinseln. Jeder Anwesende sollte sich jetzt einen Pinsel schnappen und sich auf der Leinwand wie auch immer verewigen.
Ich hatte mein bestes Kostüm an und beschloss, den anderen Gästen den Vortritt zu lassen. Dafür zog ich mich mit meinem Glas Prosecco in eine etwas entlegenere Region zurück. Schon bald leistete mir ein freundlicher junger Mann Gesellschaft. Auch er hatte gerade erst neu in der Agentur angefangen, kannte niemanden und war sichtlich froh, sich mit mir unterhalten zu können. Er war der neue Produktionschef der Agentur. Wir hatten sofort einen guten Draht zueinander. Als alle Gäste die Lust an dem Wandgemälde gründlich verloren hatten, schlenderten wir rüber, schnappten einen Pinsel und malten etwas dazu. Ich malte eine kleine Briefmarke, mein neuer Kollege malte etwas Abstraktes.
Dann hörten wir wieder die Rufe unseres Chefs, der zum Aufbruch in eine Disco drängte. Die bestellten Busse standen bereits abfahrbereit im Hof der Agentur. Natürlich gingen auch der Produktioner und ich dorthin. Im Bus wurden wir getrennt.
Ich ergatterte einen freien Sitz neben einem dicklichen älteren Herrn, der wie Columbo an einem besonders schlechten Tag gekleidet war. Ein alter Penner-Trench überdeckte das Schlimmste an seiner Garderobe, dafür war der Mann schon sehr angetrunken und fand mich in diesem Zustand durchaus reizvoll. Während er mit mir eine Konversation starten wollte,

spielte er an den Sitzhebeln so lange herum, bis er flach neben mir zum Liegen kam. Mir war das alles etwas peinlich und so beschloss ich, ihn in der Disco schnellstens wieder los zu werden. Leider war der Mann beharrlich und blieb mir in der Disco fest auf den Fersen. Notgedrungen unterhielt ich mich mit ihm und musste feststellen, dass es sich hierbei um meinen vorgesetzten Kreativ Direktor handelte. Ich musste also diplomatisch sein.
Als irgendwann das Lied „Sex Machine" von James Brown losheulte, forderte er mich zum Tanzen auf.
„Uli, das ist unser Lied", und schon ruderte er mit sexuell eindeutigen Gesten um mich herum. Ich starb fast vor Scham und dachte, dass der Song sicher bald vorüber sein müsse. Es handelte sich aber um eine spezielle Maxi-Version. Aus irgendeinem Vorwand konnte ich mich jedoch im Laufe des Abends auf dieser Veranstaltung davon stehlen.
Dann trat ich meinen Dienst an. Die Atmosphäre in der Agentur war jeden Tag zum Schneiden. Ich teilte mir mein Arbeitszimmer mit einem anderen Junior-Texter, der zeitgleich mit mir anfing. Am ersten Tag musste ich meinen Arbeitsplatz erst mal aufräumen. Auf meinem Schreibtisch standen unzählige umgekippte Weingläser, und der Tisch klebte vor lauter undefinierbaren Lachen. In einem Schränkchen kamen mir tonnenweise leere Whiskyflaschen und Bierdosen entgegen. Ich ahnte, warum mein Chef entlassen worden war.
Nachdem ich meinen Arbeitsplatz gesäubert hatte, konnte mein Dienst beginnen. Doch es gab in den neun Monaten, die ich hier sein sollte, nicht viel zu tun. So machten mein junger Kollege und ich jeden Psychotest mit, den wir in den herumliegenden Magazinen finden konnten, und beschäftigten uns donnerstags mit dem komplizierten Kreuzworträtsel in der „Zeit". Dazwischen zogen wir erschreckt die Köpfe ein, wenn sich unser Chef zeigte.
Er war Choleriker und verteilte den lieben langen Tag Abmahnungen an die Angestellten: wegen lauten Lachens, wegen sittenwidrigen Verhaltens oder wegen Sitzens auf der roten Couch im Empfang.
Es gehörte fast zum guten Ton, eine Abmahnung in der Personalakte zu haben. Hatte man keine, war man niemand. Ich selbst geriet seltsamerweise sehr schnell in die Abschusslinie. So wurde ich an einem Tag ins Konfi gerufen und sollte für ein Fotoshooting kostenlos als Model dienen. Der Fotograf war nur der Meinung, ich sei aufgrund meines

Äußeren nicht wirklich dafür geeignet. Zu dieser Zeit hatte ich blonde Haare mit luftgetrockneter Dauerwelle und trug vorzugsweise Herrenjacketts mit dicken Schulterpolstern, was allerdings der aktuellen Mode durchaus entsprach.
Da schrie mich der Chef tobsüchtig an. „Wenn Sie schon nicht aussehen wie eine Frau, dann besorgen Sie mir eine."
Ich kämpfte mit den Tränen, aber ich lies unverzüglich alle gestylten und geschminkten Damen aus dem Kontakt rufen. Für mich hatte sich die Agentur damit erledigt.
Zur Strafe für mein mangelhaftes Äußeres wurde ich dann als Texter für einen Kunden eingeteilt, der sich so heftig mit der Agentur überworfen hatte, dass keiner der Chefs oder der Kontakter mehr ein Wort mit diesem wechselte. Man schickte mich – sozusagen als Bauernopfer oder Kanonenfutter – Mutterseelen allein zu einer Präsentation nach Berlin. Das Gute für mich war, dass der Kunde mit mir und meiner Leistung sehr zufrieden war. Das Schlechte war, dass man es mir sofort neidete und ich plötzlich sehr viele Feinde hatte. Wehe, wenn man ein Zimmer verließ, man hatte sofort mehrere verbale Dolche im Rücken. Mein Chef fasste die ganze Situation auch bald souverän zusammen. „Mit echten Männern kann dieser Kunde halt nicht. Da hilft nur ein kurzer Rock."
Ich habe nie mehr zu einer Präsentation einen Rock getragen.
Es war etwa zu dieser Zeit, als eines Tages ein älterer Herr auf der berühmten roten Couch im Empfang saß, mit langen dünnen Haaren und einer grünen Bomberjacke. Wir alle hielten ihn für einen Lieferanten oder Kurier, der etwas abholen sollte. Als der Mann am Mittag noch immer dort saß, erkundigte ich mich, ob ich weiterhelfen könne. Da erfuhr ich, dass dieser Mann mein neuer Kreativ Chef werden sollte. Man hatte ihn uns nicht angekündigt. Überhaupt schien ihn keiner zu erwarten.
Ich erbarmte mich seiner, schnappte ihn und machte eine Hausführung mit ihm. Im Großraumbüro der Art Direktoren wollte er dann nicht mehr. Er wollte endlich seinen Arbeitsplatz sehen. Man lies ihn dann an der Rückseite eines Schreibtisches Platz nehmen, wo er mehr oder weniger fast in einem Regal saß. Seine Laune hatte inzwischen sichtlich gelitten. Als er auch am Nachmittag noch nicht offiziell begrüßt worden war und keinen Arbeitsplatz hatte, verließ er das Haus. Vor der Tür stand bereits seit Stunden ein Möbelwagen mit all seinen Sachen, denn man hatte den Mann

eigens aus einer lukrativen Stelle in München abgeworben. Am nächsten Tag war der Mann samt dem Möbelwagen verschwunden.
Mein Chef trauerte ihm nicht nach. „Wenn der auch so komisch ist. Solche Weicheier wollen wir hier nicht haben“, war sein einziger Kommentar dazu.
Als der Chef dann immer tobsüchtiger wurde, musste gehandelt werden. Wer nur in seine Nähe kam, musste mit einem Brüllangriff rechnen.
Leider lag die einzige Damentoilette des Hauses neben seinem Zimmer. Ich trank in dieser Zeit nur noch wenig und holte mir lieber einen Blasenriss, als zur Toilette zu gehen und mir einen Anschiss einzuhandeln.
Einmal schrie er einen Kollegen an, er solle sich zum Stand einer Präsentation, mit der er nicht das Geringste zu tun hatte, äußern. Der Kollege öffnete stumm den Mund, als er auch schon angeblasen wurde: „Nicht in diesem Ton.“
Sein Versuch, darauf hinzuweisen, er habe doch noch gar nichts gesagt, wurde mit den Worten abgeschmettert: „Kommen Sie mir jetzt nicht so.“
Es wurde also Zeit, sich nach einem neuen Job umzusehen. Ich bekam über eine Kollegin aus der Art-Abteilung einen heißen Tipp und wechselte nach erfolgreichem Absolvieren der Probezeit zu einer anderen Agentur.
Aber ich hatte bereits das mulmige Gefühl, meiner beruflichen Laufbahn eine Richtung gegeben zu haben, die ich ungern bis ans Ende verfolgen würde. Sogar durch mein Berufsleben schien sich diese berühmte weiße Linie zu ziehen. Auf der einen Seite standen all diejenigen, die ohne Umwege eine Karriere machten, die Freude bereitete und Geld einbrachte. Auf der anderen Seite stand ich.

Kapitel 14

Herr Dr. Liebmann beginnt die heutige Morgensitzung mit einer kleinen Zusammenfassung.
„Sie haben beruflich gleich zu Beginn Ihrer Laufbahn schon einige Wechsel hinter sich gebracht. Von Erfolgen wollen wir hier nicht sprechen. Scheinbar haben Sie Ihren Weg einfach nicht gefunden. Das fällt vielen Menschen schwer, falls es Sie tröstet."
Es tröstet mich nicht.
„Dann haben Sie eine Ehe geführt, die auch nicht gerade für den notwendigen Ausgleich sorgte. Selbst Ihre Urlaube sind ein einziges Abenteuer. Apropos Urlaub. Wenn es mit dem Segeln immer so problematisch für Sie war, warum haben Sie dann nicht mal etwas anderes ausprobiert? Vielleicht einen Urlaub zu Lande statt auf dem Wasser?"
„Das haben wir", antworte ich vorsichtig.
„Na also, dann müssten Sie sich doch prächtig erholt haben. Wenigstens ab und zu?" Herr Dr. Liebmann sieht mich fast beschwörend an.
Ich würde ihm ja gern den Gefallen tun und ihn mit einer positiven Antwort beruhigen. Aber es würde nicht ganz der Wahrheit entsprechen...

Ich habe über all die Jahre meinen freundschaftlichen Kontakt mit dem Dozenten aus Oxford bewahrt, den ich irrtümlich für einen Hausmeister gehalten hatte. Wir schrieben uns regelmäßig, sahen uns aber viele Jahre lang nicht wieder. Das wollten wir eines Tages ändern. Mein Mann und ich beschlossen, ihm und seiner Frau Sally in Birmingham, wo das junge Paar immer noch wohnte, für ein verlängertes Silvester-Wochenende einen Besuch abzustatten.
Hugh wohnte in einem gepflegten Vorort von Birmingham in einem der typisch englischen Reihenhäuser. Es war ein Privatbesitz mit einem kleinen Garten. Neben der sehr netten Ehefrau begrüßten uns dort auch drei Hauskatzen. Eine davon schätzte unsere Unterbringung im Lesezimmer nicht sonderlich, denn sie pinkelte dort beharrlich vor den Kamin auf den Teppich, ungefähr an die Stelle, wo unsere Schlafsäcke lagen. Es entwickelte sich deshalb für die gesamte Dauer unseres Aufenthalts ein sehr schneidender Geruch in unserem Zimmer, den Sally elegant mit einem Waldaroma-Raumspray zu übertünchen suchte. Das Resultat war ein sehr ungewöhnliches Gemisch aus Tannennadel-Katzenurin-Duft, der uns

ziemlich in die Nase stach. Die anderen beiden Katzen waren gastfreundlicher. Sobald einer von uns irgendwo Platz nahm, saßen beide Tiere für Stunden auf dessen Schoß und ließen sich das Fell graulen.
Ansonsten kamen wir mit Hugh und Sally großartig aus. Mein Mann hatte zwar nur sehr moderate Englisch-Kenntnisse, dafür war er mutig genug, sie ohne Scheu einzusetzen. Für Notfälle war ich ja auch noch da. Drei Tage später sollte noch unser gemeinsamer deutscher Freund Heinz aus Hamburg zu uns stoßen. Die Zeit bis dahin und bis zum Silvesterabend überbrückten wir mit Heimwerker-Arbeiten.
Hugh verstand als schöngeistiger Wissenschaftler genauso wenig davon wie ich. Sally war dagegen eine sehr praktisch veranlagte Frau, und auch mein Mann ist des Heimwerkens durchaus mächtig gewesen. Allerdings hat er mich diese Talente in den eigenen vier Wänden kaum spüren lassen.
Obwohl die Kommunikation zwischen Sally und meinem Mann sehr eingeschränkt war, fuhren sie beinahe täglich in den Baumarkt, um alle handwerklichen Utensilien zu erwerben, die für eine Grunderneuerung der Küche notwendig waren.
Hugh und ich staunten sehr bald über das profunde Vokabelwissen meines Mannes. Er wusste jetzt ziemlich genau alle Artikel im Bauwesen in English zu benennen. Bis zum heutigen Tag weiß er noch, dass selbstklebendes Echtholzfurnier auf Englisch „self-adhesive real wood veneer“ heißt. Leider handelte es sich dabei um Vokabeln, deren Einsatzmöglichkeiten im täglichen Gebrauch eher begrenzt waren.
Dazwischen verwöhnte uns Sally mit ökologisch einwandfreien Gerichten, weil sie gerade eine vegetarische Phase durchmachte. Wir wichen deshalb öfter mal auf ein Essen in einem Pub aus, damit vor allem Martin sich mal wieder sättigen konnte. Manchmal gingen wir auch in einen asiatisch geprägten Stadtteil von Birmingham, wo man ausgezeichnet essen konnte. Balti-Cooking war dort die Spezialität. Dabei wurden die Gerichte in eisernen Mini-Woks mit ausladenden Henkeln zubereitet. Natürlich hat mein Mann gleich ein solches Topf-Set gekauft, das das Gewicht unseres Gepäcks drastisch erhöhen sollte.
Als Heinz schließlich eintraf und ebenfalls im Lesezimmer vor dem Kamin schlafen musste, war die kleine Gesellschaft komplett, und wir freuten uns auf den Silvester-Abend.
Hugh und Sally führten uns dafür in ein trendiges Pub aus, in dem an diesem Abend „the local king of Rock'n Roll“ auftrat. Der Leadsänger war

ein Mick Jagger-Verschnitt, der mit seinen weißen Haaren etwas in die Jahre gekommen war.
Aber er galt als Star von Birmingham, und wir freuten uns auf den Abend.
Sally und ich haben uns ein wenig in Schale geworfen, Hugh hat seine langen Haare in glänzende Locken gelegt, und die beiden anderen Herren haben auch etwas Nettes aus sich gemacht. Die Band hat uns nicht enttäuscht. Der Leadsänger war schwer in Form, genauso wie sein Lead-Gitarrist, für den die weiblichen Pub-Besucher offensichtlich nicht nur musikalisch etwas übrig hatten. Das Bier floss in Strömen. Und als es Mitternacht war, überraschte uns Sally mit kleinen Party-Bombs, weil sie wusste, dass auf dem Kontinent ein Feuerwerk üblich war. Wir sollten nicht ganz darauf verzichten. Party-Bombs waren kleine Knallbonbons, die mit einem ziemlichen Knall geöffnet wurden und kleine Glücksbringer frei gaben. Wir waren bereits betrunken genug, um das alles gebührend zu goutieren.
Doch kaum war unser Tischfeuerwerk vorüber, da läutete der Wirt des Pubs bereits die berühmten „last orders“ ein. Wir Deutschen waren darüber entsetzt. Aber Hugh erklärte uns, dass der Wirt an diesem Feiertag immerhin schon länger geöffnet hatte als üblich. Reguläre Pub Closing Time war immer noch 23.00 Uhr in England. An diesem Abend wollte der Wirt um 1.00 Uhr schließen. Wir beschlossen, mit ihm zu verhandeln, denn wir waren ja von weit her extra angereist, um hier zu feiern. Der Wirt zeigte Verständnis und verdunkelte einfach die Fenster seines Pubs.
Jetzt fehlte nur noch die Musik, um den Abend noch mal aufleben zu lassen. Irgendwo lungerte der Sänger noch an der Bar rum. Ich wankte mit einem Bier zu ihm rüber und überredete ihn, noch einmal auf die Bühne zu gehen. Für die ausländischen Gäste. Er gab nach.
Leider waren die Mitglieder seiner Band schon weitestgehend nach Hause gegangen. Der Sänger fackelte nicht lange und suchte über das Mikrophon einen Drummer. „Is there any drummer in this room?“ lallte er noch nicht lange, als sich jemand freiwillig meldete, der noch nie an einem Schlagzeug gesessen hatte. Der Alkoholpegel im Raum war allerdings so hoch, dass es kaum auffiel.
Der Sänger quälte sich durch seine Musik und fragte mehrfach „Is there any chance for harmony?“. Manchmal gab er auch konkretere Anweisungen „It would help if we all played in e minor ...“. Man kann sich die Qualität des Konzerts sicher vorstellen.

Irgendwann wurde es den Musikern und dem Wirt jedoch zu blöde und man beendete den Abend. Aus Höflichkeit ging ich noch mal vor zur Bühne, um meine Dankbarkeit auszudrücken. Da schnappte mich der Gitarrist, legte mich quer über sein Knie und verpasste mir einen Zungenkuss. Er schmeckte ekelerregend nach altem Handkäse. Danach packte er Sally und dann noch Hugh, den er aufgrund der langen Haare und des vielen Alkohols wohl irrtümlich für eine Frau hielt. Daraufhin mussten wir uns alle drei den Mund noch mal mit Whisky spülen, um den fiesen Geschmack los zu werden.
Aber ich habe dieses Silvester in ganz guter Erinnerung behalten. Als wir abreisten, ging bei Heinz' Flug nach Hamburg alles glatt. Nur mein Mann und ich wurden am Flughafen von der Polizei aufgehalten. Man hatte auf dem Röntgenbildschirm unsere gusseisernen Balti-Töpfe mit den ausladenden Henkeln entdeckt und forderte eine Erklärung. Ich sah zwar nicht mehr aus wie die berühmte Bader-Meinhof-Terroristin, aber irgendwie kam ich nie aus dem Terrorismus-Verdacht wirklich heraus.

Jahre später sind wir mit einem befreundeten Pärchen auch mal mit dem Hausboot in Frankreich unterwegs gewesen. Nach wenigen Tagen gab es bereits so heftigen Streit an Bord, dass die Türen knallten und einer nach dem anderen abhaute. Ich selbst schloss mich irgendwann mit meiner Freundin zusammen. Klugerweise waren wir in Besitz der Bordkasse. Also mussten auch die Herren irgendwann reumütig wieder an Bord zurückkehren. Stein des Anstoßes war gewesen, dass es Uneinigkeit darüber gab, ob die Schauspielerin Gudrun Landgrebe nun schön sei oder nicht. Auf jeden Fall haben die Türen unseres Bootes so laut nach der Diskussion geknallt, dass wir am nächsten Morgen allein an unserem Festmacher lagen. Alle anderen Boote hatten abgelegt und die Flucht vorgezogen.
Wieder friedlich vereint, zogen wir langsam durch die Flussläufe. Abends bauten die Herren immer auf einer Wiese einen Grill, die Damen standen in der Bordküche und kochten Beilagen. Eines Tages entdeckte ich unterwegs am Ufer einen riesigen Steinpilz. Nach einem sehr aufwändigen Wendemanöver wurde der Pilz geerntet und für das Abendessen eingeplant.
Unser Jagdinstinkt war geweckt. Wir beschlossen, an der nächsten geeigneten Stelle anzulegen und auf Pilzsuche zu gehen. Mein Mann blieb

an Bord, ich ging mit unseren Freunden mit kleinen Küchenkneipchen bewaffnet zum Pilze sammeln los. Wir mussten dafür eine kleine Wiese überqueren, um zu einem Waldgebiet vorzudringen. Dort fanden wir nicht einen einzigen Pilz und beschlossen, an Bord zurückzukehren. Als wir den Waldrand erreicht hatten, mussten wir unsere Planung umstellen. Ein Plan B war gefordert.
Denn zwischenzeitlich hatte eine Gruppe Stiere unsere Wiese erreicht und graste zwischen dem Boot und uns. Jetzt war ein Held gefordert. Unser männlicher Begleiter wollte sich als Ablenkungsmanöver opfern, damit wir Damen eilends die Wiese überqueren konnten, um die Sicherheit des Boots zu erreichen.
Während wir das Für und Wider noch besprachen, sah ich zu meinem Entsetzen, dass mein Mann sich einen Kochtopf als Helm aufgesetzt hatte und mit einem Besenstil und einem roten Handtuch als Matador die Stiere von der Wiese treiben wollte. Was er uns voraus hatte, war die Erkenntnis, dass die Herde nur aus friedlichen Ochsen bestand. Aber immerhin. Er war der Held des Tages. Später spielten wir zwischen den trägen Tieren sogar noch Federball.
Bis dahin wäre die Reise fast nett gewesen. Wir hatten am Atlantik noch Station gemacht, als wir uns wieder stritten. Die einen wollten zum Baden ans Meer, meinem Mann war dies zu langweilig. Allerdings hatte er ein Auto, die anderen nicht. Ärger war vorprogrammiert. Und dann ging am Tag unserer Abreise das Auto kaputt. Der Stress war nun unerträglich, da wir alle unseren Dienst an unseren Arbeitsplätzen wieder pünktlich anzutreten hatten. Es war nur ein ganz kleines Relais am Wagen kaputt. Aber in Frankreich fuhr man kaum Saab, und so war ein Ersatzteil nur schwer zu kriegen. Irgendwie und irgendwann klappte es auf dunklen Wegen, und wir fuhren zu viert schweigend nach Deutschland zurück. Die diplomatischen Beziehungen zu meinen Freunden waren danach auf Jahre getrübt. Die zu meinem Mann sowieso.

Anfang der 90er Jahre machten Martin und ich eine große USA-Reise. Diese fing in New York an, wo die tiefsten Temperaturen herrschten, die man sich nur vorstellen kann. Es war ungefähr –20° kalt und dazu herrschte ein strenger Wind. Ich fror rund um die Uhr, obwohl ich fast den ganzen Kofferinhalt übereinander trug. Bereits von Deutschland aus hatte mein Mann für jeden Abend – und wir waren vier Tage in New York – Musical-

Karten besorgt. Aufgrund meines Jet Lags und aufgrund der Tatsache, dass wir von früh bis spät in der turbulenten Stadt herumliefen, war ich abends einem technischen K.O. nahe. Trotzdem erlebte ich einen gewissen Teil der Veranstaltungen bei vollem Bewusstsein.
Tagsüber hatten wir auch volles Programm. Wir haben uns unendlich viele Dinge aus zahlreichen Reiseführern ausgesucht, die wir sehen wollten. Also waren wir unterwegs, was das Zeug hielt. Unter anderem wollten wir zu Tower Records, dem größten Musikfachgeschäft in New York, um dort neue CDs zu kaufen. Wir fanden es, hatten aber Probleme, den Laden zu betreten. Denn genau zu dem Zeitpunkt, an dem wir dort eintrafen, ereignete sich ein Überfall. Aus allen Straßen kamen Polizeiwagen mit Blaulicht angerast. Der Laden wurde von den Polizisten mit kugelsicherer Weste gestürmt, und an einen Einkauf war zunächst nicht zu denken.
An einem anderen Tag besichtigten wir das World Trade Center und nahmen unten im Basement noch eine Erfrischung zu uns. Nachdem wir das Terrain verlassen hatten, wurde dort das erste Attentat auf das World Trade Center verübt: Es wurde im Basement eine Bombe gezündet. New York ... if you can make it there ....
Von New York aus führte unsere Reise uns nach Boulder, einem sportorientiertem Ort in den Rocky Mountains, wo wir etwa eine Woche bei Martins Bruder und dessen Freundin blieben, und von dort weiter nach Miami. Dort besuchten wir eine amerikanische Freundin, die ich durch meinen Sprachunterricht einmal kennengelernt hatte. Für den Flug nach Miami hatte ich meine dicksten Wintersachen an, weil es in Boulder so unbeschreiblich kalt gewesen war, und trug dazu ein paar Schuhe, die ganz im Stil der 50er Jahre gehalten waren. Sie sahen aus wie dicke Ski-Schuhe mit Schnallen. Für die Rocky Mountains waren sie goldrichtig, für Miami waren sie weniger empfehlenswert. Aber ich hatte im Koffer ja auch Sommersachen dabei. Allerdings ist dieser Koffer nicht mit nach Miami gereist. Er ging irgendwo verloren. So stand ich in dickster Winterausrüstung in Miami bei runden 30° Celsius. Eine Amerikanerin bewunderte am Flughafen sofort meine ausgefallenen Schuhe, in der die Socken inzwischen so nass vor Schweiß waren, dass meine Füße beim Laufen quietschten.
Zwei Tage saßen wir ohne Koffer bei meiner Freundin in der Wohnung, bis endlich das abtrünnige Gepäck geliefert wurde. Nur kurze Zeit darauf erkrankte mein Mann sehr schwer. Er hatte eine Grippe mit äußerst

hohem Fieber. Ich holte mir den Infekt sofort, meine amerikanische Freundin hatte ihn, nachdem wir abgereist waren. So lagen wir beide auf dem Rückflug nach Deutschland mit rund 40° Fieber schwitzend und frierend in unseren Sitzen und kamen nur wenig erholt wieder in der Heimat an. Mal abgesehen davon, dass wir vor lauter Aktivitäten kaum Zeit füreinander im Urlaub gefunden hatten. Damals fiel mir auch zum ersten Mal auf, dass wir eigentlich nie Urlaub zu zweit machten.

Wir stellten immer sicher, dass möglichst viele Freunde um uns herum waren. Möglicherweise wussten wir schon damals, dass wir die Zweisamkeit schon gar nicht mehr vertrugen. Und doch sollten dies die einzigen Urlaube sein, die annähernd gelungen waren.

Kapitel 15

„Ich möchte heute noch mal auf Ihre berufliche Karriere zurückkommen. Sie hatten mir vor einiger Zeit gesagt ... wo habe ich es doch gleich ... ja, hier ... Sie haben gesagt, dass Sie sich Anfang der 90er Jahre auch beruflich wieder verändert haben. Das mit der einen Agentur war ja nicht so aufregend."
Ich nicke nur kurz. „Das mit der nächsten Agentur war auch nicht viel besser. In meiner neuen Agentur sollte ich den Chef unterstützen. Wir wollten uns das Text-Pensum teilen. Ich hatte ja noch nicht so viel Berufserfahrung. Das sah dann aber so aus, dass der gar nichts mehr machte und ich alles."
„Das konnten Sie?"
„Ich? Nein. Aber es ging nicht anders. Chef ist Chef. Und Jens war eben faul und machte gerade eine Phase schwerster Depressionen durch. Er lies mich schreiben, was das Zeug hielt. Dann musste ich ihm alles vorlegen. Nichts hat ihm gefallen. Er nahm dann einen Bleistift und schrieb zwischen die Zeilen meines Textes einen neuen Text. So, wie er ihn haben wollte. Das schrieb ich ab und legte es ihm wieder vor. Dann korrigierte er es wieder."
„Das klingt ja unerträglich. Und das haben Sie mitgemacht?"
„Ja. Es blieb mir nichts anderes übrig. Habe ich diskutiert oder sonst was gemacht, was ihm nicht gefiel, dann hat er mich gegrillt."
„Was haben Sie dabei gefühlt?"
„Hilflosigkeit. Ohnmacht. Ich fühlte mich geistig wie in einer Zwangsjacke. Es ist fast wie eine tägliche geistige Vergewaltigung. Ich bin jeden Tag in dem Gefühl nach Hause geschlichen, dass ich der unfähigste Mensch zwischen hier und Chicago sei. Erfolgserlebnisse kannte ich nicht. Ich war so unter Druck, dass ich aggressiv wurde. Aber Aggressionen hätten mir nur weitere Textrunden eingebracht.
Also schluckte ich alles still in mich rein. Ich habe oft nachts noch geweint, weil ich mich nicht wehren konnte und am nächsten Tag wieder hin musste. Jede Sekretärin hatte es besser als ich. Die verdiente mehr als ich, bekam gleich den Text diktiert, den sie schreiben musste, hat ihr Zeug so auch nur einmal machen müssen und durfte um 17.00 Uhr nach Hause gehen. Versagensängste kannte die so auch nicht."
„Und der andere Chef, wie war der?"
„Der andere? Harald war etwas anders."
„Aber wie haben Sie das als Berufsanfänger denn gemeistert?"

„Ich weiß auch nicht mehr. Es ging irgendwie. Ich habe dadurch eine Menge gelernt."
„Und die Kunden haben nichts bemerkt?"
„Die Kunden? Ach wissen Sie, die meckern grundsätzlich über Texte. Da spielt es keine Rolle, ob der von einem Anfänger oder von einem Profi ist. Die haben dann auch noch selbst getextet. Also habe ich wieder gesessen und für andere als Strafarbeit alles noch mal neu abgeschrieben. Manche haben erst mal nur gemeckert und mich übel beschimpft."
„Gemeckert? Wieso?"
„Na ja ... Sie schreiben was. Der Kunde findet alles Mist. Dann schreiben Sie den Text noch zehn Mal neu. Am Ende schreibt ihn der Kunde selbst."
„Ist ja ein toller Beruf. Und Sie finden, Sie haben sich von Ihrer Stelle als Sekretärin weiterentwickelt?"
„Nein. Wie gesagt, im Prinzip macht man das Gleiche. Man bekommt dafür nur mehr Ärger und weniger Geld und verschwendet mehr Zeit."
„Wirklich weniger Geld?"
„Ja. Schon. Ich kannte viele Sekretärinnen, die deutlich mehr verdienten als ich. Wenn man dann noch den Stundeneinsatz rechnet, dann war mein Gehalt lächerlich."
„Stundeneinsatz? Wie lange haben Sie denn gearbeitet?"
„Ich habe fast immer bis in die frühen Morgenstunden gearbeitet. Am Wochenende und an Feiertagen natürlich auch."
„Dafür haben Sie aber doch sicher Geld oder einen Freizeitausgleich bekommen?"
„Sie scherzen wohl. Das ist in der Werbung leider nicht üblich."
„Was haben Sie denn nachts machen müssen?"
„Meine Arbeit ändern, wenn sie meinen Kollegen, den Chefs oder den Kunden nicht gefallen hat."
„Ihre Chefs? Und Ihre Kollegen? Wer hat sich denn da noch alles reingehängt?"
„Außer der Putzfrau eigentlich jeder. Alle können den Job besser als ich. Schreiben kann jeder. Sie legen als Texter ihre Arbeit erst dem Kontakt vor. Der korrigiert alles wie in der Schule. Schreibt an den Rand „Ausdruck", „Stil" oder ein paar pseudo-lustige Beleidigungen. Schlimmer als in der Schule eigentlich. Es fehlt nur die Note drunter. Dann schreiben Sie alles um und legen es dem Chef vor. Da geht das alles von vorne los. Der Papierkorb ist Ihr bester Freund. "

„Das ist ja fürchterlich! Wie halten Sie so was aus?“
„Was glauben Sie, warum ich so viele Stress-Symptome habe? Als Texter dürfen Sie sich niemals über den Beruf definieren. Wenn Sie das tun, müssten Sie sich eigentlich freiwillig erschießen. Man hat keinerlei Daseinsberechtigung, weil man eigentlich alles, alles falsch macht“
„Haben denn die anderen auch nachts gearbeitet?“
„Manche. Die Chefs nicht. Harald musste schon dringend nach Hause, wenn der Hund der Nachbarin Geburtstag hatte. Dafür muss man schon Verständnis haben. Meistens waren es nur die beiden Grafikerinnen und ich, die nachts Schicht geschoben haben. Oder sich mit den Sicherheitsleuten rumgeschlagen haben.“
„Welchen Sicherheitsleuten?“
„Unsere Agentur war im Gebäude einer Frankfurter Großfirma. Die haben ab 18.00 Uhr die Wach- und Schließgesellschaft eingeschaltet. Wer länger gearbeitet hat, musste dort anrufen, ein Codewort nennen und sagen, wie lange es noch dauert, bis man geht. Hat man es vergessen, standen die Jungs plötzlich bewaffnet hinter einem und man musste sich flach auf den Teppich werfen.“
„Auf den Teppich ... das ist ja abenteuerlich.“
Ja. Das Texter-Dasein ist in der Tat sehr abenteuerlich...

Mein erster Kunde in der neuen Agentur war ein Kunde aus der Food-Branche. Fast 90% aller Kunden in der Werbung kann man als schwierig bezeichnen. Dieser Kunde war sehr, sehr schwierig. An der Spitze des Unternehmens standen zwei Männer, die äußerst kleinwüchsig, dafür aber so scharf wie bissige Hunde waren. Man hüte sich vor kleinen Männern.
Der dritte Mann im Bunde hatte mit seiner Körpergröße kein Problem. Es lag auf anderem Gebiet. Wann immer ich Texte zu ihm schickte, telefonierte er mit mir persönlich, um sie mit mir durchzugehen. Dabei befragte er mich, ob ich ihn nicht mal besuchen wolle, damit wir die Arbeiten bei Mondschein und einem abendlichen Spaziergang durchgehen könnten.
Wann immer ich verneinte (und ich tat es immer), wurde der Mann bösartig und zerriss meine Texte nach Strich und Faden. Überhaupt, so beschloss der Kunde, hätte ich von kalorienreduzierten Lebensmitteln und der Art, wie Frauen fühlen, denken und sprechen, nicht die geringste Ahnung. Ich wurde dazu verdonnert, in Frankfurt an einem Diät-Seminar

teilzunehmen. Auf meine berechtigten Einwände, dass man mich bei einer Konfektionsgröße 34 und einem Gewicht von 50 Kilo bei einer Größe von 1,63 Metern kaum rein ließe, hieß es, ich solle nicht schwierig werden.
Ich ging hin. Natürlich wurde ich von all den Schwergewichtigen feindselig beäugt. Jeder von uns musste sich vor der Veranstaltung wiegen lassen. Damit das Ergebnis vorteilhafter ausfiele, gingen manche Kursteilnehmer noch rasch auf die Toilette. Jedes Gramm schien zu zählen. Als ich an der Reihe war, war die Luft bereits zum Schneiden. Aber ich musste Zugang zu diesem Kurs finden.
Als ich nach meinen persönlichen Details gefragt wurde, log ich bei Gewicht und Körpergröße zu meinen Ungunsten. Die Augenbraue des Seminarleiters schoss auch sofort indigniert in die Höhe. Ich musste auf die Waage und behielt meine schwer bepackte Handtasche einfach auf der Schulter.
„Tasche weg“, donnerte mir der Seminarleiter entgegen.
Ich ließ die Tasche von der Schulter in meine Hand rutschen, so dass sie neben mir auf der Waage stand.
„Tasche weg“, wurde das Kommando scharf wiederholt.
Es half nichts. Die Tasche wurde mir entrissen und der Zeiger der Waage sackte nach unten.
„Sie haben Untergewicht bei Ihrer Größe“, schimpfte der Seminarleiter empört. Hinter mir ging ein Raunen durch die Menge, und ich musste mir was einfallen lassen.
„Ich gehöre zum Frankfurter Ballett und muss unbedingt bis zum nächsten Auftritt drei Kilo abnehmen. Mein Partner schafft sonst die Hebefiguren nicht“, säuselte ich mit Tränen in den Augen.
Eine korpulente Frau legte mir sofort den Arm um die Schultern und erwürgte mich fast dabei in ihrem ausladenden Busen.
„Das schaffst du schon, Kleine, mir nach.“
Und schon war ich in das Diät-Seminar aufgenommen. Dieses brachte mir keine weiteren Einsichten, aber der Kunde war beruhigt. Nicht, dass er meine Texte jetzt mehr mochte. Im Gegenteil.
Er legte größten Wert darauf, dass ich immer den Lautsprecher meines Telefons anhatte, wenn er seine Wuttiraden losließ. Einmal schrie er so laut, dass beide Chefs mit wehenden Krawatten angerannt kamen und das Telefonat übernahmen. Einer der Chefs flößte mir einen mehrstöckigen Cognac ein, der andere telefonierte mit dem aufgebrachten Kunden. Ab da

musste einer der beiden die Texte schreiben, und vor jedem Telefonat ließ er sich die Flasche Cognac bringen. Ich war froh, diesen Etat nicht mehr betreuen zu müssen, ich wäre sonst zum Alkoholiker geworden. Es sind übrigens sehr viele Kreative Alkoholiker oder drogensüchtig. Ich verstand langsam den Zusammenhang zwischen Ursache und Wirkung.
Ein anderer Kunde stellte medizinische Geräte her, die wir zu vermarkten hatten. Eines davon kam bei schwersten Verbrennungen zum Einsatz. Ich musste mich mit dem gesamten Vorgang über die Fachpresse vertraut machen. Natürlich waren alle Beiträge mit Farbfotos bebildert. Ich lag bei meiner Einarbeitung in das Thema nicht selten in Schocklagerung auf dem Sofa im Empfang. Allerdings bekam ich in dieser Agentur keine Abmahnung dafür.
Dann betreute ich noch einen Kunden aus der Pharma-Branche. Der Entscheider war ein sittenstrenger älterer Mann, der grundsätzlich alles besser wusste. Von Frauen hielt er nicht das Geringste, was er mich nur allzu gern spüren lies. Als wir für einen TV-Spot eine Friseuse casten mussten, hielt ich ihm einige Set-Karten möglicher Akteure hin. Er verwarf sie alle und wählte eine Frau aus, die völlig ungepflegte Haare mit einer alten Dauerwelle hatte. Auf meinen Einwand, so sähe doch keine gute Friseuse aus, meinte er nur: „Wie wollen Sie das wissen? Sie waren in Ihrem ganzen Leben noch nie beim Friseur, das kann man sehen."
Und diesen Satz ließ er vor einer Runde von bestimmt 20 Männern los. Ich lies mir nichts anmerken und zog das Meeting ruhig bis zum Ende durch.
Der Kunde mischte sich nicht nur in die Besetzung seiner TV-Spots ein, er dachte sich auch die Geschichten dafür aus. Dabei kam derart fragwürde Werbung zustande, dass ich mich weigerte, im Zusammenhang mit diesem Unternehmen als zuständige Texterin genannt zu werden. Wenn die Inhalte allzu frauenfeindlich und sexistisch wurden, drohte ich mit Arbeitsniederlegung. Einmal konnte ich so einen besonders diskriminierenden TV-Spot verhindern.
In dieser Geschichte sollte eine erfolgreiche Karrierefrau mittleren Alters bei geöffneter Tür an ihrem Arbeitsplatz eine Venencreme auf ihre geschwollenen Beine auftragen. Dazu musste sie die Nylonstrumpfhose runter rollen und den Rock hoch schieben. Ein passierender Kollege sollte die Szene mit anerkennendem Pfeifen quittieren. Ich rannte zu meinem Chef und sagte, dass diese Filmidee nur über meine Leiche on air ginge. Keine Frau würde das am Arbeitsplatz tun. Und dann noch dieser Whistler

– degoutant. Ich setzte mich eines der wenigen Male in meiner Karriere durch. Es brachte mir allerdings keine Pluspunkte beim Kunden. Im Gegenteil. Der Etat wurde mir entzogen.
Kurze Zeit später durfte ich für eine internationale Hotelkette arbeiten. Leider mussten wir zu großen Teilen die werblichen Werke unserer ausländischen Kollegen für Deutschland adaptieren und stießen dabei auf so manche Unebenheiten. Natürlich gab es einen TV-Spot, den wir zu übernehmen hatten. Dafür bekamen wir ein Video mit dem just gedrehten Clip und sahen ihn uns an. Mir fiel dabei tatsächlich die Kinnlade runter.
Der Clip begann damit, dass man ein Trainingslager sah, in dem sich die angeblichen Angestellten der Hotelkette schweißnass quälten. Dazwischen lief ein weiblicher Drill-Sergeant rum, der aussah wie eine Gefängnisaufseherin im Frauengefängnis von Preungesheim. Sie stellte den geplagten Angestellten die absurdesten Fragen zur Stadt, und während die armen Menschen unter Höchstanstrengung trainierten, röchelten sie die Antworten auf die Fragen. Dann gab es einen Schnitt, und man sah die gesamte Truppe im Trainingsanzug das Hotel zum Joggen verlassen, begleitet von einem rasanten Drill-Song. Das war's.
Militärisch das Ganze – absolut passend für den deutschen Markt. Wir fragten uns allen Ernstes, ob man guten Gewissens in einem solchen Hotel absteigen würde, wo doch dort die Angestellten so gequält wurden. Und was machten die Hotelgäste, wenn alle Mann zum Joggen unterwegs waren?
Trotz berechtigter Einwände gegen das Filmwerk mussten wir das alles übersetzen und im Tonstudio mit deutschen Texten und Gesängen unterlegen.
Für die Gesangsdarbietung hatten wir einen Rocksänger und eine Sängerin gebucht. Als wir uns zum ersten Mal gegenüberstanden (ich musste als Texterin natürlich die Tonaufnahmen überwachen), grüßte die Sängerin sehr freundlich, der männliche Part hob gerade mal lässig einen Finger zum Gruß. Aber beide hatten sehr gute Stimmen. Weil wir uns keinen Chor leisten konnten, ließen wir die beiden mehrfach das Gleiche singen und legten die Tonspuren so übereinander, dass ein kleiner Choreffekt entstand. Gar nicht mal so mies, bis der Kunde das vollendete Werk vorgelegt bekam und – kaum war alles fertig – plötzlich Textkorrekturen im Gesangspart hatte. Das war nicht ungewöhnlich. Im Gegenteil, die meisten

Kunden korrigieren am liebsten nach Fertigstellung des entsprechenden Werbemittels.
Also mussten wir wieder texten, das Ganze freigeben lassen, das Tonstudio buchen, die Sänger bestellen und so weiter. Diesmal gab mir der Rocksänger sogar die Hand, schließlich kannten wir uns ja. Wieder ging das Werk an den Kunden. Auch diesmal fand dieser, dass der voreilig freigegebene Text einer weiteren Korrektur bedürfe. Um Zeit zu sparen, erfolgte die Textabstimmung am Telefon. Natürlich konnte sich der Kunde gar nicht vorstellen, wie der deutsche Text gesungen wirkte.
Also musste ich ihm alles vorsingen. Ich bin nicht wirklich eine begnadete Sängerin. Aus diesem Grunde verbrachte ich eine geraume Zeit singend am Telefon, bis ich den neuen Text verkauft hatte.
Dann ging die Prozedur mit dem Tonstudio wieder los. Alle Mann wurden wieder gebucht, und diesmal küsste mir der Sänger stürmisch die Wangen. Wir standen offensichtlich am Anfang einer Beziehung, wenn dies so weiterging. Wieder ging das fertige Werk an den Kunden, der diesmal den Text ganz gut fand, aber er vermisste den richtigen Choreffekt. Er meinte, wir sollten da doch noch einmal ran und nach einer Lösung suchen.
Also wieder alle Mann ins Tonstudio. Der Rocksänger riss mich förmlich in die Arme und schmatzte mich heftig ab. Ich war mir plötzlich nicht mehr sicher, ob der junge Mann sein Herz für mich entdeckt hatte oder ob er vielleicht im Moment eine kleine Buchungsflaute zu verzeichnen hatte und heilfroh war, mit uns gutes Geld zu verdienen. Wenn wir uns weiter so dusselig anstellten, dann würde der Mann sicherlich monatelang von unseren Buchungen leben können.
Um nun diesmal den Choreffekt zu optimieren, musste jeder Anwesende im Tonstudio mitsingen – ob falsch oder richtig, war egal. Auch ich musste mit ran und kann sagen, dass es mir mehr als peinlich war, dieses dämliche Drill-Sergeant-Lied zu schmettern. Es half alles nichts. Wir sangen wie die Zeiserl, und der Kunde war am Ende zufrieden. Für diesen TV-Spot, für den wir nichts konnten, haben wir in der Fachpresse einen fürchterlichen Verriss geerntet. Zum Glück wurde der Spot aufgrund von budgetären Defiziten nur auf unbedeutenden Sendern außerhalb der Prime-Time geschaltet. Und das nur kurze Zeit.
Etwa zur selben Zeit hatten wir dann auch einen sogenannten Pitch, eine Wettbewerbspräsentation. Wir wollten einen Neukunden aus dem

Tourismus gewinnen, und das bedeutet für Agenturleute Überstunden, Nachtschicht, Wochenendarbeit. Wie schön.

Der immense Stress führte sehr schnell dazu, dass meine Immunabwehr sank und ich eine Kehlkopfentzündung bekam. Ich konnte kein Wort mehr herausbringen und begab mich unverzüglich zum Arzt, um dieses Manko wieder beheben zu lassen. Schließlich sollte die Präsentation in wenigen Wochen sein und fand in englischer Sprache statt.

Da ich die einzige in der Agentur war, die fließend Englisch sprach, waren alle extrem um meine Gesundheit besorgt und ließen mich zum Arzt marschieren, wann immer es mir beliebte. Der HNO, zu dem ich ging, war nur wenige Straßen von der Agentur entfernt und war entsetzt, wie schwer es mich stimmlich erwischt hatte. Auf einem Zettel hatte ich für ihn mein Problem rund um die Präsentation aufgeschrieben – sagen konnte ich ja nichts – und er meinte, ich hätte absolutes Sprechverbot bis dahin, falls mir meine Stimme lieb sei.

Ich musste täglich antreten zum Bestrahlen, Inhalieren und Medikamente nehmen. Das Bestrahlen war für mich kein Problem. Aber ich hasste das Inhalieren. Dafür nahm man in einem separaten Raum Platz und bekam eine Konstruktion in den Mund, die wie ein Dildo aussah. Und daran musste man 10 Minuten lang rumsaugen, um die gesunden Dämpfe in Richtung Stimmband zu dirigieren.

Eines Tages geschah es, dass gleich neben mir ein Mann inhalierte, der allerdings die Nebenhöhlen vereitert hatte. Er musste an seinem Inhalator nur riechen. Dabei ging es mir ziemlich auf die Nerven, wie er mich beim Saugen an meinem Dildo schier mit den Augen verschlang. Kaum war ich mit meinem Oral-Inhalator fertig, baggerte mich der Kerl an. Und ich? Ich konnte mich nicht wehren, weil ich ja nichts sagen konnte und durfte. Eine wenig erstrebenswerte Situation.

In der Agentur arbeitete ich zwischen meinen Arztbesuchen so gut ich konnte. Ich konnte manchmal nicht umhin, bei einem Meeting etwas einzuflüstern. Es dauerte dann meist gar nicht lange, und alle flüsterten nur noch. Manchmal sprach man auch in sehr einfachen Sätzen mit mir, als sei ich ein Ausländer, der sich in gebrochenem Deutsch nach dem Weg erkundigt hatte. Ich hängte deshalb schon sehr bald einen Zettel an meine Tür mit der Aufschrift „Ich kann zwar nicht sprechen, aber ich kann hören, und bin nicht blöd.“ Am Tag der Präsentation war es dann soweit. Mein Chef und meine Kollegen hingen mir an den Lippen, als ich eine kleine

Sprechprobe vor dem Kundengebäude machte. Ich klang zwar wie Joe Cocker nach Konsum einer Flasche Jim Beam, aber es kamen durchaus Laute aus meiner Kehle. Also konnte ich die Präsentation in englischer Sprache halten. Meine Stimme hielt bis zur letzten Minute durch. Als sie restlos in sich zusammenbrach, war ich mit allem durch. Wir haben den Kunden gewonnen. Sicherlich war ein Mitleids-Bonus mit im Spiel. Und ich war für eine längere Zeit krankgeschrieben, was man mir aber gönnte. Ich hatte meine Pflicht getan.
Aber auch nach dieser Präsentation erholte sich mein Immunsystem nicht wirklich, weil ich ständig unter höchster Anspannung stand. Ich arbeitete bis morgens um 4.00 Uhr, erschien wieder um 8.00 Uhr und arbeitete auch an Wochenenden und Feiertagen. Der Körper zahlte es mir mit unzähligen Stresssymptomen heim.
Eines davon war der schnelle Farbwechsel meines Gesichts von Leichen-Weiß auf Allergie-Rot. Dies ging einher mit einem rasanten Temperaturanstieg, der dazu führte, dass ich selbst im Winter oft nur im T-Shirt bei offenem Fenster saß und tiefrot vor mich hin glühte. Für meine Chefs war es wieder Zeit, mir einen Arztbesuch nahe zu legen.
Ich ging zu meinem Hausarzt, der nach einer ganzen Reihe von ergebnislosen Untersuchungen nur noch eine Darmspiegelung anzubieten hatte. Ich verzichtete und ließ mich lieber zu einer Hautärztin überweisen.
Dort gab man mir einen Termin, und ich saß schon bald einer alten Dame mit schlohweißem Haar, Dutt und einer fingerdicken Brille gegenüber. Ich schloss aus ihrem Erscheinungsbild, dass sie über eine mehrjährige Expertise verfügen müsse. Allerdings lernte ich diese kaum kennen, denn sie ließ mich ziemlich unwirsch wissen, dass sie gar nichts feststellen könne, sofern ich kein rotes Gesicht hätte. Ich konnte auf die Schnelle auch keines produzieren. So einigten wir uns darauf, dass ich in Windeseile zu ihr kommen solle, wenn sich das Phänomen zeigte.
Es zeigte sich schon bald, als ich mit einem meiner Chefs in einem Meeting saß. Plötzlich deutete Jens auf mich und meinte „Jetzt ist der Kopf rot. Wir müssen los."
Und im Sauseschritt verließen wir mit wehenden Mänteln die Agentur. Mein Chef fuhr mich mit Bleifuß zur Ärztin durch Baustellen und dichten Stadtverkehr und hatte nur die Sorge, mein Gesicht könne vor unserer Ankunft wieder bleich werden – wer hätte auch texten sollen, wenn ich ausfiel? Er sicher nicht.

Mei Gesicht blieb rot, und ich stürzte die Treppe hoch zur Hautärztin, während mein Chef nach einem Parkplatz suchte. Natürlich kam ich auch gleich dran, doch bei der Ärztin holte ich mir dann eine Abfuhr. Sie war der Meinung, ich hätte keinen roten Kopf. Sie habe schon so viele rote Köpfe in ihrem Leben gesehen und meiner wäre nicht rot. Wir stritten uns, und ich forderte sie auf, mich doch etwas näher zu betrachten als über den Schreibtisch hinweg. Dieser Aufforderung kam sie nach, indem sie sich eine Lupe griff, durch die sich mich über den Schreibtisch hinweg auf eine Distanz von einem guten Meter beäugte. Dabei wurde eines ihrer Augen überproportional vergrößert, was sie wie eine Eule aussehen ließ. Aber sie blieb bei ihrer Meinung. Unbeirrt ließ sie mich wissen, dass mein Gesicht nicht rot sei. Aber ich fühlte, wie es glühte. Als Kompromiss gab sie mir einen Badezusatz mit und entließ mich. Mein Chef war ganz begierig zu erfahren, was ich denn nun hätte. Ich sagte nur völlig betroffen, dass ich wohl ein Simulant sei und einen Badezusatz bekommen hatte. Von da an wurde nie mehr über mein rotes Gesicht und meine Hitzeattacken gesprochen. Von höchster Stelle aus hatte man mir versichert, dass da nichts wäre, also war da auch nichts.
Ich ignorierte fortan sämtliche Stresssymptome meines Körpers und versuchte, mich wohl in meiner Haut zu fühlen. So gingen mir mehr und mehr die Haare aus.
Ich schlief fast nie mehr als 3 bis 4 Stunden, und das selten am Stück, hatte abwechselnd Durchfall und Verstopfung und diverse Magenprobleme. Meine Haut sah bald aus, wie die eines pubertierenden Teenagers – aber sonst hatte ich meine Gesundheit im Griff. Mal abgesehen von dem Herzrasen, das ich immer bekam, wenn einer von uns vergessen hatte, die Sicherheitsfirma anzurufen, die für unseren Alarm zuständig war. Wir mussten Überstunden unter Angabe eines Codeworts anmelden und uns mit gleichem Codewort auch beim Verlassen des Gebäudes abmelden, bevor wir abschlossen und den Alarm scharf machten. Da wir so gut wie jeden Abend länger machten, waren wir fast schon per Du mit den Jungs der Sicherheitsfirma. Wir wussten, dass diese sofort ausrückten und als bewaffnetes Kommando in unsere Agentur eindringen würden, wenn wir mal einen Fehler machten.
Natürlich war dies mit immensen Kosten verbunden und sollte deshalb aus budgetären Gründen vermieden werden. Aber die Jungs rückten mehr als einmal an, wenn wir im Eifer des Gefechts vergaßen, zu melden, dass

unsere Überstunden länger als angekündigt dauern würden. Schon waren die Jungs in kugelsicheren Westen im Haus, hielten ihre Waffen auf uns gerichtet und ließen uns mit dem Gesicht nach unten auf dem Teppich liegen, bis die Lage geklärt war.
Einmal ließen sie uns sogar unser Codewort buchstabieren. Reine Routine. Es lautete Alpha und meine Kollegin buchstabierte es am Telefon fehlerfrei. Dennoch lagen wir schon wenige Minuten nach unserem Anruf bei der Sicherheitsfirma mit dem Gesicht nach unten auf dem Teppich. Was wir nicht wussten, war die Tatsache, dass unsere Sekretärin das Codewort unter „Alfa", wie die Automarke angemeldet hatte und nicht wie einen griechischen Buchstaben.
Schade, dass wir darüber nicht informiert waren. Das Ausrücken der Schutzmannschaft kostete eine stattliche Summe. Und ich stand mehr als einmal in dieser Agentur kurz vor dem Herztod, wenn jemand eine Waffe auf mich richtete, während ich in unseren Teppich atmete.

Kapitel 16

Herr Dr. Liebmann macht am heutigen Morgen einen etwas verdrießlichen Eindruck. Leicht ungeduldig blättert er in seinen Aufzeichnungen herum, und es scheint, dass er mich völlig vergessen hat. Ich sitze ihm nun schon seit mehreren Minuten stumm gegenüber und verfolge eine Stubenfliege, die sich am Fenster einen Fluchtweg ins Freie sucht. Leise brummt das Tier vor sich hin, und auch Herr Dr. Liebmann brummt irgendwas vor sich her, was nicht für mich bestimmt zu sein scheint. Doch dann sieht er schließlich von den Papieren auf.
„Nun sagen Sie doch mal ganz ehrlich. So richtig normal ist das bei Ihnen in dieser Agentur ja alles nicht gewesen, oder?"
Ich bin erstaunt.
„Normal? Das Leben in einer Agentur ist überall gleich."
„Ist das so? Kaum zu glauben. Sie meinen nicht, dass das nur in Ihrer Agentur ein wenig ...." Herr Dr. Liebmann sucht nach Worten „unsystematisch zuging?"
„Unsystematisch? Nein. Das hatte alles System."
„System? Aber einen richtig normalen Eindruck habe ich nicht von Ihren Chefs und Kollegen."
„Das mag schon sein. Normale Leute arbeiten auch nicht in einer Agentur."
„Und wer arbeitet da so? Erzählen Sie doch mal von Ihren Kollegen und Chefs. Ich kann mir das so einfach nicht vorstellen."
„Wo fange ich da an? Da war Jens. Der Text-Chef. Jens hatte sich von seiner Freundin getrennt und litt an Depressionen. Er kam morgens ganz spät und las dann in seinem dunklen Zimmer erst mal Zeitung. Dabei hatte er den ganzen Tag die Füße auf dem Tisch. Und wenn er sich langweilte, schaute er in der Kreation vorbei.
Aktiv war er nicht, und er arbeitete auch nicht wirklich. Wir entertainten ihn halt so durch den Tag. Dann fühlte er sich besser und ging irgendwann abends. Aber er machte Kontrollanrufe, um zu prüfen, ob wir auch ja Überstunden machten. Wehe wir machten keine. Und dann schoss er uns fast immer alles ab mit den Worten „könne mer da net noch'n bissi ...." Der Rest blieb offen und uns überlassen.
Wir änderten so immer alles und machten nicht zuletzt deshalb eine Nachtschicht nach der anderen. Irgendwann haben wir ihm mal 10 Tennisstunden geschenkt, damit er abends pünktlich aus der Agentur ging

und uns auch gehen ließ. Leider hat er die Stunden fast alle verfallen lassen. Es war ein Versuch. Er hat es sich dann wenigstens abgewöhnt, in einem dunklen Zimmer zu sitzen und bis in die Puppen zu telefonieren."
„Ach ja, wieso das denn?", unterbricht mich Dr. Liebmann mit Interesse.
„Das war nur, weil er mal aus Versehen über Nacht eingeschlossen wurde von uns. Wir dachten, er wäre schon gegangen, und haben die Agentur verschlossen und die Alarmanlage scharf geschaltet. Da saß er dann fest und hat stundenlang versucht, den anderen Chef telefonisch zu erreichen. Natürlich hatte er keinen Ausweis dabei und das Codewort kannte er auch nicht. Weil er ja nicht so wie wir Überstunden gemacht hat. Es war ein riesiges Theater, und am nächsten Tag hat er uns fürchterlich zusammen geschissen. Die Kontakterin meinte nur, er solle froh sein, dass wir keinen Bewegungsmelder haben. So hätte er doch zumindest rumlaufen und aufs Klo können, ohne einen kostspieligen Alarm auszulösen."
Herr Dr. Liebmann lacht ungehemmt los. Er amüsiert sich offensichtlich köstlich über diese Geschichte.
„Aber Sie hatten ja noch einen zweiten Chef, nicht wahr?"
„Oh ja. Aber Harald war nicht unähnlich. Er war äußerst pingelig, machte auch nur ungern Überstunden, und er trank gern mal ein Glas. Man musste zusehen, dass man möglichst alles Wichtige mit ihm vormittags durchsprach. Nach der Mittagspause war er in der Regel betrunken und wurde ungerecht, aggressiv und gewalttätig. Mir hat er schon ab und zu mal mit der Reißschiene auf den Kopf oder die Arme und Beine gehauen. Zum Spaß. Ich fand es gar nicht witzig. Ich hatte oft blaue Flecken an Armen und Beinen, weil er mich im Scherz auch gern boxte. Auch nicht wirklich komisch. Und wenn der Hund der Nachbarin Geburtstag hatte oder ähnlich brisante Dinge seiner harrten, dann verließ er die Agentur, auch wenn wir Präsentationen, Firmenfeiern und ähnlich Unwichtiges hatten."
„Nicht zu fassen", wirft Herr Dr. Liebmann empört dazwischen. „So kann doch aus einer Agentur nichts werden!"
„Nicht wirklich. Wir haben dann ja am Ende auch irgendwann geschlossen. Zu dieser Zeit ist Jens dann ausgeschieden, und wir bekamen einen neuen Chef: Hermann. Hermann war klein, rund und schwitzte bei jeder Wetterlage. Was aber viel schlimmer war, war die Tatsache, dass Hermann alles besser wusste. Jeder Satz fing bei ihm an „Nein, so ist das nicht. Das ist ganz anders ..." Und schon war die Einleitung für ein Fachreferat geschaffen.

So musste sich Juliane, die seit Jahren eine versierte Taucherin war, belehren lassen, wie Höhlentauchen wirklich geht, obwohl der kleine dicke Hermann bestimmt noch nie unter Wasser war.
Ich selbst hörte mir als Hobby-Tänzerin einen längeren Fachvortrag über klassisches Ballet und John Forsythe an, auch wenn Hermann noch nie Leggins und Schläppchen getragen hat. Und so wie wir im Beruf alle keine Ahnung hatten, so hatten wir auch keinen Plan vom Leben im Allgemeinen. Bis eben Hermann kam und uns alles erklärte. Wir waren bald so frustriert, dass wir beschlossen, Hermann eine Lektion zu erteilen.
Nach langem Nachdenken, wie dies am besten zu bewerkstelligen sei, entschieden wir, dass wir uns alle in ein völlig abwegiges Thema einarbeiten, dieses beim täglichen Mittagessen im Konfi leger zur Sprache bringen und uns dann fachlich geschickt die Bälle zuspielen – bis Hermann beeindruckt ist. Es musste nur ein Thema sein, dass so absurd war, dass Hermann wirklich keine Ahnung davon haben konnte. Wir einigten uns auf die Abwasserkanalsysteme von Guatemala Stadt. Wie besessen lasen wir uns ein, recherchierten und versorgten uns gegenseitig mit Insiderwissen. Dann kam unsere große Stunde. Wir alle saßen im Konfi bei Pizza und Spaghetti, als Hermann uns gut gelaunt Gesellschaft leistete. Sofort bemühte ich mich, auf unser Thema überzuleiten. Es gelang mir. Scheinbar gelangweilt stiegen wir alle darauf ein und warfen mit unserem Wissen geschickt um uns. Hermann kaute nachdenklich auf seiner Pizza rum und hörte stumm zu. „Nein, nein, so ist das nicht, das ist alles ganz anders ...“ hub er an, und schon ergoss sich einer seiner Fachvorträge über uns. Hermann hatte zwar nicht wirklich Ahnung, aber er sprach sehr überzeugend über Dinge, von denen er nicht viel verstand. Es dauerte auch nicht lange, da verdrückten wir uns alle wieder zurück an unsere Plätze.
Den Trick haben wir nie wiederholt.“
„Ich kenne solche Typen, die sind wirklich nicht einfach. Nicht einfach.“
„Nein, wirklich nicht.“ Wir nicken uns einvernehmlich zu.
„Und die Kollegen? Wie waren die?“
„Ganz prima. Wir haben uns sehr gut verstanden ...“

Ich werde den Tag nie vergessen, an dem in die Idylle unserer Frauengemeinde in der Agentur der erste männliche Kollege einbrach. Die beiden Chefs waren zwar Männer, aber das zählte hier nicht.

Es war ein Kollege auf unserem Hierarchielevel. Der junge Mann sah aus, als könne er ein Sohn von Tony Curtis sein. Er war groß, hatte blaue Augen und dunkle lockige Haare, die allerdings immer durch eine Schicht Öl klebten. Das war zumindest „in“. Natürlich bekam Horst, so hieß er, sofort einen Firmenwagen. Er war zwar erst 24 Jahre alt, ein Neueinsteiger in der Agenturszene, aber er war ein Mann, und da musste ein Firmenwagen sein. Ist ja klar. Wir Mädels konnten nur mit den Zähnen knirschen. Und Horst war natürlich Kontakter. Das heißt, er hatte den lieben langen Tag die Füße auf dem Tisch, lag in einem „Chefsessel“ am Schreibtisch und telefonierte. Nicht immer waren diese Telefonate geschäftlicher Natur. Horst musste auch seine Dates mit diversen Damen für den Abend koordinieren. Tagsüber koordinierte er uns. Er versuchte es zumindest. Er teilte Briefings aus und lies uns schaffen. Und er trieb sich – rein geschäftlich – auf allen angesagten Veranstaltungen und Events der Werbeszene rum. So durfte er zur Model-Wahl „Gesicht 96“ nach Berlin fahren, während wir alle zu Hause bleiben mussten. Aus Kostengründen.
Das wäre ja fast noch in Ordnung gewesen, bis zu dem Zeitpunkt, als Horst erzählte, er hätte das männliche Supermodel Markus Schenkenberg getroffen. Da wurden wir echt sauer, dass wir nicht dabei sein durften.
Aber mit der Zeit hatten wir unseren Hahn im Korb im Griff. Er saß brav jeden Tag mit uns im Konfi zum Mittagessen, las Frauenzeitschriften wie wir und nahm an der Unterhaltung über alle Frauenthemen teil. Aus Karrieregründen verließ er uns schon wieder nach kurzer Zeit, um nach München zu gehen. Sein Kündigungsgrund war allerdings ein anderer. „Wenn ich nicht bald aus diesem Weiberladen rauskomme, dann menstruiere ich bald.“
Dann war da noch Irene. Irene war ebenfalls Kontakterin, aber im Gegensatz zu Horst hatte sie einen festen Partner, saß aufrecht am Schreibtisch und arbeitete äußerst fleißig und gewissenhaft. Wenn sie Geburtstag hatte, war ihr Zimmer bis zur Decke mit Geschenken und Blumen gefüllt. Aufmerksamkeiten von Kunden, Lieferanten und Verehrern. Wir anderen bekamen zum Geburtstag den obligaten Firmenblumenstrauß in Pink. Das musste genügen. Manchmal wurde das Bouquet auch vergessen. Meist bei mir.
Unsere Sekretärin Elsa war fürs Grobe zuständig. Keiner hatte eine vergleichbar freundliche Telefonstimme wie sie. Doch der Liebreiz am Hörer täuschte. Elsa war eine riesige Teutonenfrau mit BH-Größe E und

fülligen Körpermaßen. Wenn ihr einer quer kam, richtete sie sich einfach zur vollen Höhe auf, und schon war der Störenfried verschwunden. Wenn die Körpergröße zur Einschüchterung nicht genügte, zog sie noch kurz die rechte Augenbraue nach oben, und spätestens dann suchte jeder das Weite.
Auch die zweite Kontakterin bestach durch eine gewisse Körpergröße. Sie war baumlang, hatte breite Schultern wie ein Ringer und war doch blond und damenhaft. Für Carla legten sich alle Männer ins Zeug. Als Carla einmal auf der Toilette saß, zerbarst aufgrund einer Stromstörung die Deckenlampe genau über ihr. Im Nu waren die männlichen Chefs vor der Klotür versammelt, klopften an und erkundigten sich nach dem Wohl Carlas. Diese trat etwas konsterniert aus der Toilette und deutete nur stirnrunzelnd auf die Scherben am Boden.
Sogleich schnappte sich einer unserer Chefs einen Besen und säuberte die Damentoilette. Wäre das einer anderen passiert, dann hätte keiner gezuckt. Im Gegenteil, wir hätten einen Anschiss bekommen und den Mist selbst wegputzen müssen. Aber Carla war eben die Grande Dame. Selbst wenn sie nieste, zeigte sie vornehme Zurückhaltung und lies nur ein leises „itze, itze, itze" hören.
In der Kreation gab es neben mir als Texterin noch zwei Grafikerinnen. Susi war ein echter Chaot und Zappelphillip. Sie hatte öfters mal Autounfälle und stand hier und da wegen kleiner Vergehen auch schon mal auf der Fahndungsliste der Polizei, beispielsweise, wenn ihr Auto nicht ordnungsgemäß angemeldet oder der TÜV überfällig war. Susi hatte auch einen Freund, mit dem sie schon seit sieben Jahren liiert war. Sie zog nun endlich mit ihm zusammen, und ab da kam sie jeden Morgen übellaunig ins Büro. Pitt trug nie den Müll raus. Pitt spülte nicht. Er deckte auch nie den Tisch, und abräumen wäre auch nie in Frage gekommen. Susi dagegen schmiss allein den Haushalt, machte wie wir einen harten Job in der Agentur, und am Wochenende renovierte und dekorierte sie als ehemalige Dekorateurin das neue gemeinsame Domizil.
Eines Tages konsultierte sie mich in einer bestimmten Krisensituation. Es ging darum, dass sie Pitt beibringen wollte, auch einen Teil im Haushalt zu übernehmen. Ich dachte nach und gab ihr folgenden Rat:
„Wenn du mal wieder eingekauft, gekocht und den Tisch gedeckt hast, dann lass doch einfach mal alles stehen. Mal sehen, wie lange er das

aushält. Bestimmt versteht er den Wink und räumt den Tisch ab. Wirst sehen."
Am nächsten Morgen erkundigte ich mich nach dem Erfolg der Therapie. Die Teller standen noch. Auch am nächsten und übernächsten Tag. Die Teller setzten bereits Krusteln an. Aber sie standen. Als Susi eines Morgens verheult zur Arbeit erschien, erkundigte ich mich wieder vorsichtig nach den Krustel-Tellern.
„Die Teller sind fort. Pitt auch", heulte Susi nur noch auf.
Pitt hatte das alles nicht einsehen wollen. Er suchte sich eine neue Freundin, eine neue Wohnung ohne verkrustelte Teller auf dem Esstisch und ein neues Glück. Susi lernte zunächst nicht viel aus der Angelegenheit. Wann immer sie einen neuen Freund hatte, renovierte und dekorierte sie dessen Wohnung und wurde prompt nach der optischen Generalüberholung des Domizils verlassen. Heute lebt sie allein und dekoriert nur noch ihre eigene Wohnung.
Ihre Kollegin Juliane war das genaue Gegenteil. Sie war die Ruhe in Person. Auch Juliane hatte einen Partner. Und der kümmerte sich fast allein um den Haushalt. Er klagte zwar oft, Juliane würde sich nicht genügend in die Partnerschaft einbringen, aber Juliane saß das stur aus und verwies auf die vielen Überstunden, die sie in der Agentur zu leisten habe. Ihr Freund konnte in seinem Job pünktlich gehen, also musste er auch den Haushalt führen.
Im Erdgeschoss unseres Bürohauses saß Frau Härtling, eine strohblond gefärbte Telefonistin mit ausgefranster Mini-Pli und Leggins. Frau Härtling leistete so manchen Beitrag für unsere Arbeit. Immer dann, wenn wir in der Kreation unsicher waren, ob unsere Werbung verstanden würde, machten wir einen Putzfrauen-Test: Wir fragten jemanden, der gar nichts von Werbung verstand – Frau Härtling. Wenn Frau Härtling unsere Entwürfe einigermaßen geistig durchdrang, konnten wir guten Gewissens davon ausgehen, dass die Sache in Ordnung war. Im Gegenzug ließ sie Horst, der sie immer charmant um Unterstützung bat, an einer Ecke parken, wo absolutes Parkverbot herrschte. Die Fahrzeuge der weiblichen Kollegen ließ sie natürlich alle abschleppen.
Auf unserer eigenen Etage empfing Isa unsere Kunden und Lieferanten. Dazu trug sie knallenge Oberteile, kurze Leopardenröcke und eine satte blonde Haarmähne nebst BH-Körbchengröße C. Isa war die Augenweide des Hauses, wenn sie kurz geschürzt auf High Heels die Kunden durch die

Agentur führte. Und Isa verstand es zu leben. Sie war mit 30 Jahren noch immer Studentin und hatte nie ihren Abschluss gemacht. Bei uns arbeitete sie halbe Tage, ohne sich tot zu machen. Auf die Frage, wie sie sich denn davon ihre Wohnung, das Auto und all die teuren Klamotten leisten könne, meinte sie nur: „Wenn ich abends weggehe, dann muss mein männlicher Begleiter alles zahlen. Schließlich umgebe ich ihn ja mit meinem Glanz." Und die Herren zahlten nicht schlecht.
Schließlich gab es noch Heidi, die das Herz auf dem rechten Fleck hatte und unsere Buchhaltung machte. Heidi war ein guter Kumpel und machte ihre Arbeit sorgsam und gut. Nur Jens brachte sie um den Verstand, weil er ihr nie rechtzeitig seine Abrechnungen für Reisekosten und Spesen brachte, falls er überhaupt mal daran dachte, Belege und Quittungen aufzuheben. Sie explodierte dann, wenn er meinte, sie könne doch mal schauen, was man da noch machen könne ...
Jens war sowieso immer der Meinung, dass wir uns um alles, aber auch alles zu kümmern hätten, während er FAZ las und die Füße auf dem Tisch hatte. So wie Horst, der es auf diese Weise inzwischen sicherlich irgendwo auf einen Chef-Posten geschafft hat.
Ich selbst war im Kreise meiner Kollegen die einzige Texterin und war nebenbei noch Brandschutzbeauftragte. Nicht, dass ich mich darum gerissen hätte. Aber einer musste aus juristischen Gründen diesen Job machen, und ich war ausgedeutet worden. Es gab nicht viele Aufgaben. Ich musste wissen, wo die Feuerlöscher hingen und für deren fristgerechte Wartung sorgen. Dann musste ich die Fluchtwege kennen und freihalten und schließlich hier und da eine Brandschutzübung durchführen. Natürlich war es immer in meinem Ermessen, eine solche Übung spontan anzusetzen. Wenn mir ein Chef allzu blöd kam, sagte ich dann einfach: „La, lü, la, la – dies ist eine Brandschutzübung. Alle Mann verlassen geordnet die Agentur. Frauen und Kinder zuerst." Und wenn die Chefs dann immer noch motzten, wies ich darauf hin, dass ich sie ersuchen könne, zur sicheren Evakuierung den Weg über die Fenster anzutreten. Meist war spätestens dann Ruhe.
So nett die Kollegen auch waren, es war eine harte Zeit in dieser Agentur. Tagsüber waren wir für das Entertainment unserer Chefs zuständig, nachts und am Wochenende schoben wir Überstunden. Da den Bilanzen zuliebe auch gespart werden musste, arbeiteten wir mit veralteter Technik. Es gab einen alten Mac, den sich beide Grafikerinnen teilen mussten. Ich selbst

arbeitete an einem alten Gerät mit Word Perfect, einem Textprogramm, das mindestens einmal am Tag völlig abstürzte, meist, wenn ich gerade einen Text fertig und noch nicht gespeichert hatte.
Wir besaßen auch einen Schwarz-Weiß-Kopierer. Für unsere Layouts mussten wir Fotos in einem Copyshop in Farbe und auf Format kopieren lassen, um diese dann abends zu später Stunde (weil die Kopien nie beikamen) per Hand ins Layout einzukleben. Schriften und andere Elemente wurden manuell mit einem Bügeleisen und einer Farbfolie eingefärbt. Und da wir mit all diesen Arbeiten ständig unter Zeitdruck gerieten, war es meine Aufgabe, die Grafiker zu unterstützen. Ich suchte also Bilder, kopierte, klebte, bügelte – kurz ich unterstützte die anderen und musste, auch wenn meine Texte durch waren, bis in die frühen Morgenstunden mit zupacken. Nicht zuletzt, weil die Grafikerinnen nicht nachts allein in dem dunklen Bürohochhaus sitzen wollten.
So habe ich viele Tage, Nächte und Wochenenden für diese Agentur malocht. Abends wurden Layouts und Texte von den Chefs abgesegnet, damit diese pünktlich nach Hause gehen konnten. Jens blieb meist länger, weil er Single war und sich zu Tode langweilte. Dabei schmiss er alles um, was verabschiedet worden war, und wir mussten noch länger arbeiten.
Am nächsten Morgen war es unser Job, die Änderungen dem anderen Chef zu zeigen, der uns meist vor Ärger schier den Kopf abriss. So hatten wir erst nachts Ärger mit dem einen, und am nächsten Morgen Ärger mit dem anderen Chef. Untereinander sprachen die Chefs die Meinungsverschiedenheiten nie an. Das erfolgte immer über uns. Wir arbeiteten nur für den Mülleimer und wurden dabei ziemlich beschimpft. Aber das Betriebsklima war gut.

Die wenigen Minuten unserer Mittagspause verbrachte ich damit, für meinen Mann und mich im nahe gelegenen Supermarkt die Lebensmittel zu beschaffen. Dabei besorgte ich meist auch für sämtliche Kollegen den Lunch, damit diese in der Agentur bleiben und weiter arbeiten konnten. So trug ich Monate lang die schweren Einkäufe für alle Mann, legte Geld vor, hinter dem ich oft lange her fragen musste, und rundete die ausgerechneten Schulden in der Regel zu meinen Ungunsten ab. Wegen der paar Pfennig. Aber diese summierten sich. Ich beschloss, meine Einkäufe deshalb besser gleich morgens auf dem Weg zur Agentur zu

erledigen. Die Kollegen taten sich schwer, sich auf meinen neuen Rhythmus einzustellen. Mir fiel es dagegen ganz leicht.
Und es gab noch etwas, was ich umzustellen anfing. Ich kaufte für mich privat auch allmählich anders ein. Denn die Ehe mit meinem Mann hatte über die Jahre immer mehr Risse bekommen. Wir sahen uns inzwischen kaum noch. Nur die Wäschetürme und die wachsenden „Müllberge“ in der Wohnung, die wir unter gemeinsamer Adresse noch bewohnten, erinnerten mich daran, dass es irgendwo einen Ehemann gab.
Martin lies mich nie wissen, ob und wann er zu Hause erwartet werden durfte. Hatte ich ausnahmsweise eine Verabredung, dann deutete er an, es könne durchaus sein, dass er an diesem Abend mal zu Hause sei. Sagte ich die Verabredung dann eilig ab, war er prompt doch nicht da. Er konnte mir auch nie so recht sagen, ob er zum Abendessen zu Hause wäre oder ob er schon gegessen hätte, wenn er nach Hause kam. Er ließ sich alle Optionen offen und kanzelte mich wie ein Schulmädchen ab, wenn ich es wagte, nicht zu kochen, falls er dann doch mal hungrig unsere gemeinsame Wohnung aufsuchte.
Also kochte ich meist umsonst und warf dann hinterher alles in den Müll, weil er kurzfristig anrief, er käme später nach Hause. Und das war meist weit nach Mitternacht. Natürlich hatte er mich dazu gebracht, so lange aufzubleiben, bis ich ihn noch zu Hause begrüßen konnte. Dann musste ich alles stehen und liegen lassen, und zur Umarmung antreten. Dauerte diese länger als drei Sekunden, wurde er ungeduldig, klapste mir auf den Po und meinte: „Ist ja gut. Das reicht jetzt.“
Nach einigen Ehejahren erlaubte ich mir es dann, doch zu Bett zu gehen, wenn mir irgendwann die Augen zufielen. Dann weckte er mich, damit wir noch gemeinsam zu Abend essen konnten. Er hatte wenig Verständnis dafür, wenn ich zu später Stunde schon im Bett lag und zu den abwegigen Uhrzeiten auch nichts mehr essen mochte. Wenn ich ihm erklärte, dass ich schon längst gegessen hatte, dann meinte er nur lapidar: „Eine Kleinigkeit wirst du doch noch mit mir essen können, oder?“
Damit gab er mir nicht selten das Gefühl, dass es an mir war, wenigstens ein paar Minuten Eheleben aufrechtzuerhalten. Ich nahm im Laufe meiner Ehe auf diese Weise einige Kilo zu. Auch Martin hatte einen stattlichen Bauch entwickelt. Mich kritisierte er für meine kräftigeren Formen, er selbst war der Meinung, dass für ihn niemals eine Diät in Betracht zu ziehen sei. Hinzu kam, dass er meist etwas völlig anderes essen wollte als

das, was ich eingekauft hatte. Gab es kalt, wollte er warm. Gab es warm, wollte er kalt oder gar nicht essen. Dann hatte er schon unterwegs gegessen und einfach vergessen, mich darüber in Kenntnis zu setzen.
Ich lernte bald, dass es Sinn machte, nur Sachen einzukaufen, die ich aufgrund ihres geringen Gewichtes ohne weitere Anstrengung nach Hause transportieren konnte und die man aufgrund des niedrigen Preises gut wegschmeißen konnte. Denn ich war diejenige, die alles mühsam nach Hause trug. Ich fuhr mit der S-Bahn und musste mindestens zweimal umsteigen und eine Stunde für eine einfache Fahrt rechnen. Mein Mann hatte zwar ein Auto und arbeitete auf einer kleinen Geschäftsstraße, die mit zahlreichen Supermärkten und Feinkostläden ausgestattet war, aber er schaffte es maximal, dort zum Essen zu gehen. Zum Einkauf fehlte ihm in seiner Position in seiner Agentur die Zeit. Wenn überhaupt, dann ging er am Wochenende kurz auf den Markt, warf ein Heidengeld zum Fenster raus, produzierte ein aufwändiges Frühstück zu Hause, schüttelte sich aus den Bröseln und ließ mich mit der Aufgabe allein, den ganzen Dreck zu beseitigen. Ich hatte ja am Wochenende Zeit.
Weil auch mein Agenturjob meine Zeit über Gebühr beanspruchte, musste ich den größten Teil des Haushalts nachts erledigen. Nicht selten bügelte ich bis Mitternacht Martins Hemden, schleppte die Wäschekörbe, wusch, putzte und räumte auf.
Der Beitrag meines Mannes bestand darin, mich zu kritisieren, wenn ich es in seinem Beisein tat. Er meinte, ich könne dies doch auf einen Zeitpunkt verschieben, an dem er nicht auf dem Sofa säße – ich sei ja so ungemütlich. Geholfen hat er mir nie.
Und wenn er mal in der Wohnung auftauchte, dann nur, um seine Klamotten, Zeitungen und Geschäftspapiere in allen Zimmern zu verteilen, ohne sie jemals wieder aufzuräumen. Wehe, ich tat es. Martin ließ mich wissen, dass es sich hierbei um wichtigste Unterlagen handele, deren genau Lokalisierung in unserer Wohnung von eminenter Wichtigkeit war. Kurz: Ich sollte diese Dinge einfach liegen und sich stapeln lassen.
Und so stapelten sich in sämtlichen Ecken unserer Wohnung Zeitungen und Magazine. Wie früher in Martins Frankfurter Wohnung. Allein im Schlafzimmer türmten sich die Ausgaben der FAZ mehrere Meter hoch, während der Stapel des „Stern" im Gästezimmer nur bis zur Ecke unserer Dachschräge reichte.

Natürlich hatte Martin in allen Zimmern unserer wunderschönen dreieinhalb Zimmerwohnung Tische vor die Fenster geschoben, so dass diese sich nur durch einen akrobatischen Akt öffnen ließen. Es handelte sich um recht unterschiedliche Tischmodelle, die wir von den unterschiedlichsten Freunden geerbt oder gekauft hatten, die dafür keine Verwendung mehr hatten. So passte kein Tisch zum anderen. Aber es handelte sich sowieso um nicht mehr als Ablageflächen für ein Sammelsurium an Papier, Zeitungen, Kontoauszügen und anderen wichtigen Dingen. Dies war auch der Grund, warum wir uns nie eine Putzfrau zulegten. Es gab bei uns keine freie Fläche, die man hätte putzen können. Man hätte erst die Wohnung entrümpeln und freischaufeln müssen, um an die Basis des Übels zu gelangen.
Ich liebte unsere Wohnung mit der eleganten Galerie dennoch. Nachts hatte ich öfters Albträume, ich würde die schöne Wohnung verlieren. Aber ich fühlte mich immer unwohler darin.
Abgesehen von den Tischen hatten wir einem Kollegen meines Mannes auch eine hässliche Sitzgruppe abgekauft, die dieser bei seinem Umzug loswerden wollte, und die nun unser schönes Wohnzimmer verstellte. Überhaupt war so gut wie jedes Möbelstück, das wir besaßen, ein Ableger eines Freundes oder Kollegen.
Irgendwann bat ich dann sämtliche Bekannten, Martin keine Möbel mehr anzubieten, denn wir hatten weder Platz, noch wollte ich diesen Sperrmüll käuflich erwerben. Aber man lächelte mich meist nur an und machte die entsprechenden Transaktionen dann hinter meinem Rücken.
So habe ich nie die Erfahrung machen können, wie es gewesen wäre, die erste Wohnung meines Lebens schön einzurichten. Und je länger ich in dieser Wohnung mein Dasein fristete, desto stärker fühlte ich dort die Wände auf mich zukommen.
Martin besaß für seine Kleidung beide Schränke in unserem Schlafzimmer und einen Großteil der von einem Kollegen gekauften Schrankwand in unserem Gästezimmer. Ich selbst hatte darin nur ein paar Fächer und einen kleinen Teil mit Kleiderstange. Diese unproportionale Aufteilung war nicht etwa auf den Umstand zurückzuführen, dass Martin mehr Garderobe hatte als ich. Es lag eher an der Tatsache, dass er sich nicht von Anzügen aus seiner Konfirmantenzeit trennen mochte. Vor allem ein haarloser alter Cordanzug in trübem Braun hatte es ihm angetan. Also hoben wir den ganzen Plunder auf. Ich selbst besaß keine sehr umfangreiche Garderobe.

Da ich zu Beginn unserer Ehe entweder arbeitslos oder für ein geringes Salär beschäftigt war, widerstand es mir, Martins Geld für mich auszugeben. Ich kaufte vom gemeinsamen Haushaltsgeld alles, was den gemeinsamen Haushalt betraf und gelegentlich etwas Kleidung für Martin. Mich sparte ich völlig aus. Zu Martins Ehrenrettung muss ich hinzufügen, dass er mir unverzüglich nach der Eheschließung Zugang zu seinem bis zum Dispositionslimit überzogenen Bankkonto eingeräumt hatte und nie im Leben etwas dagegen hatte, wenn ich mir etwas kaufte. Da ich aufgrund unserer finanziellen Situation einige Barrieren hatte, nutzte ich seine Großzügigkeit jedoch nie für mich aus.

Ich versuchte nur ab und zu, Martin bei seinen Einkaufsaktivitäten zu bremsen. Ich tat dies beispielsweise, als er irgendeiner Quelle eine Palme von so enormer Größe abkaufte, dass diese sicher ein Schmuckstück in jedem Atrium einer Großbank gewesen wäre. Da ich in meinen Bemühungen scheiterte, stand das Ungetüm schon bald als riesiger Baum in unserem Wohnzimmer und reichte neben der Wendeltreppe bis hoch zur Galerie und schloss nahezu bündig dort mit der Decke ab. Auch andere Pflanzen waren auf diese Weise in unseren Besitz gelangt und stellten als botanische Inseln die Ecken unserer Wohnung zu.

Die einzigen Räume, in denen die Spuren meines Mannes noch relativ unsichtbar waren, waren das Bad und die Küche. Für die Küche hatten wir uns eine luxuriöse und elegante Einrichtung der Edel-Marke Bulthaup geleistet. Dies war dem Umstand zu verdanken, dass Martin gern kochte. Falls er einmal zu Hause war. Selbstverständlich war diese Küche mit Geräten der neuesten Generation ausgestattet.

Wir besaßen allein einen Backofen, der mit Zeitschaltuhr, Pizzastein und elektronischem Bratthermometer zu den neusten Errungenschaften des Marktes zählte. Leider sollte die Küche der einzige wirklich durchdachte und neu gestaltete Raum unseres Domizils bleiben.

Im Bad stand als einziges Möbelstück eine Umzugskiste, die alle Toilettenartikel enthielt. Dies erschwerte uns das morgendliche Auffinden eines Einzelgegenstands jedoch beträchtlich. Wir haben uns viele Jahre lustige Kommentare unserer Gäste ob dieses ungewöhnlichen Einrichtungselements angehört.

Im Schlafzimmer lag als Bett eine uralte Matratze auf dem Boden, wie seiner Zeit dieser Strohsack bei Max Beckmann. Martin war der Meinung, ein Bett sei doch sehr spießig. Ansonsten standen in diesem Zimmer die

einzigen beiden Möbelstücke, die ich in die Ehe eingebracht hatte. Es handelte sich um einen Bauernschrank und eine Bauerntruhe aus altem Kirschholz, die mein Vater mal in Bayern einem Bauern mit einer Flasche Schnaps abgekauft hatte. Vor dem Fenster stand natürlich ein Tisch, der vollbeladen war. Außerdem gab es hier noch eine hastig erworbene IKEA-Schrankwand Billy, in der sich Martins Kleidung von der Konfirmation bis heute versammelte.
Im Gästezimmer bildeten drei aufeinandergestapelte Matratzen ein Gästebett, über das wir eine Decke geworfen hatten. Dann gab es dort an einer Wand die vom Kollegen verkaufte Schrankwand, in der auch ich Raum für meine Garderobe hatte. Entlang einer anderen Wand standen mehrere Tische, auf denen das übliche Chaos herrschte.
Auf der Galerie stand Martins alte Sitzgruppe, die wir zwischenzeitlich in Gelb neu bezogen hatten. Inzwischen sah sie wieder räudig aus. Darum standen Regale und Tische so weit das Auge reichte, auf und in denen sich Bücher, Schallplatten und CDs in wildem Haufen befanden.
Das große Wohnzimmer enthielt die vom Kollegen überlassene hässliche Stuhlsitzgruppe, in der nie einer saß, den botanischen Dschungel sowie einen kleinen Marmortisch mit vier Kaffeehausstühlen – alles vom Chef abgekauft. Und zur Beleuchtung des Ganzen Anwesens hingen in der kompletten Wohnung nur Glühbirnen in den Deckenhalterungen. Als weitere Lichtquelle stand hier und da eine Lampe auf dem Boden oder auf einem der zahlreichen Tische.
Ich habe oft mit Martin über die Inneneinrichtung unserer Wohnung gestritten. Er fand alles gut so, wie es war. Ich fühlte mich eingeengt und erstickte fast in dem alten Zeug. Was noch schlimmer war, die Wohnung spiegelte nur Martins Persönlichkeit wider. Von mir war keine Spur sichtbar. Martin hätte nichts dagegen gehabt, wenn ich einfach losgezogen wäre und auf eigenen Faust ein paar neue Stücke erworben hätte. Vielleicht hätte ich das tun müssen. Was mich hinderte, war die Tatsache, dass Martin sich von vorhandenen Möbeln nicht trennen mochte und unsere finanzielle Lage angespannt war. Jedes neue Stück hätte mich wertvolle Zentimeter an Lebensraum gekostet und mich aufgrund unserer finanziellen Defizite schlaflose Nächte gekostet. Ein zu hoher Preis, wie ich fand.

Ich weiß nicht genau, wann und wie es dann passierte. Aber ich bekam immer heftigere Depressionen.
Anfangs hatte ich Kummer, wenn mein Mann mal wieder die Koffer packte, um auf eine seiner zahlreichen Dienstreisen zu gehen. Dann konnte ich nicht schlafen, weil ich mich einsam fühlte. Ich kann bis heute kaum in Worte fassen, wie sehr ich darunter litt, verlassen zu werden. Für mich war eine leere stille Wohnung immer noch ein Albtraum.
Nach ein paar Jahren bekam ich auch Depressionen, wenn ich seinen Schlüssel wieder im Schloss hörte. Dann musste ich abends die Wohnung erst wieder freischaufeln, nachdem er sie betreten hatte. Socken, Krawatte, Jackett und Hemd streute er nämlich immer so durch die Wohnung, dass man seine Laufspur durch unsere Räume genau verfolgen konnte. Dazu verteilte er eine neue Ausgabe der FAZ, des Sterns und anderer Postillen sowie Arbeitspapiere und Post auf sämtlichen Tischen und Ablageflächen.
Damit wir wenigstens auf unserem Marmortisch frühstücken konnten, lief ich einfach hinter ihm her und packte die Tageszeitungen, Magazine und Papiere zu einem einzigen großen Stapel zusammen. Ich zog es vor, nur eine Müllhalde in der Wohnung zu haben als viele kleine Baustellen. Den Stapel mit den Ausgaben der FAZ stellte ich dann irgendwann im Schlafzimmer mitten in den Raum. Ich bat Martin darum, dieses Altpapier doch schnellstmöglich zum entsprechenden Container nach unten zu bringen. Papier hat immerhin ein unvorstellbares Gewicht. Er ignorierte meine Bitte. Dieser Stapel allein zierte unser Schlafzimmer mehr als ein Jahr lang. Gleich neben den Zeitungen stand auch ein defektes Fernsehgerät mitten auf dem Boden, das Martin längst zum Müll tragen wollte.
Auch dieses Gerät stand einige Jahre so auf dem Teppichboden, so dass man sorgsam darum herumlaufen musste, um zu den Schränken zu gelangen. Ich selbst konnte das Gerät nicht vom vierten Stock hinuntertragen. Martin wollte nicht.
Ich habe ihn dennoch immer wieder angeherrscht, er möge doch endlich einmal den ganzen Müll aus unserer Wohnung schaffen. Doch seine Antwort war: „Du lässt die Dinge liegen und hältst den Mund. Oder du räumst sie weg und hältst den Mund.“ Die Alternative, bei der er etwas wegräumen würde, gab es nicht.

Ich durfte vor allen Dingen nichts wegwerfen. Irgendwann habe ich die schweren Zeitungen aus dem vierten Stock in den Müll getragen. Ich bin bis zu 10 Mal die Treppen hoch und runter gelaufen, um das Gewicht des Altpapiers tragen zu können. Martin hat dies weder bemerkt, noch kommentiert. Das defekte TV-Gerät habe ich dann irgendwann mit Hilfe unseres Nachbars entsorgt. Auch dies wurde ignoriert. Für Martin war der Krieg gewonnen. Er hatte sich durchgesetzt, und ich hatte klein beigegeben und mich selbst um den Dreck gekümmert.
Und so hatte er mich über die Jahre zu einer höchst gefügigen Ehefrau erzogen. Wenn er Durst hatte, schickte er mich in den Keller, um ihm ein Bier zu holen. Wenn die schweren Wäschekörbe in den Keller zu tragen waren, dann blieb er unbeteiligt vor dem Fernseher sitzen und klagte mich an, ich könne das doch zu einer anderen Zeit erledigen, ich störe ja das gemütliche Beieinander. Wenn ich fernsah und er nach Hause kam, musste ich alles stehen und liegen lassen, auch wenn der Film gerade in einer spannenden Phase war. Ich musste wie ein Schulkind zur Begrüßung antreten, mich dann um sein leibliches Wohl kümmern und durfte mich dann zurückziehen.
Wenn wir beide gemeinsam fernsahen, schaltete er sofort um, egal, was ich gerade ansah. Die Fernbedienung gehörte ihm. Martin war der Meinung, ich könne ja nicht mal zappen, weil ich immer mitten im gesprochenen Satz die Kanäle wechselte.
Wir gingen anfangs auch nicht of aus. Martin bekam zwar oft Eintrittskarten zu den aufregendsten Events, zu denen ich gerne gegangen wäre. Doch meist wurde ich darüber informiert, wenn der Event längst vorbei war. Martin hatte die Karten dann entweder verschenkt oder weggeworfen. Gingen wir tatsächlich einmal weg, dann versuchte ich, mich schön zu machen. Sobald ich Martin jedoch gegenüber trat, schickte er mich zurück, und zwang mich, mich umzuziehen.
Unser Geschmack, was mein Äußeres anging, war doch recht unterschiedlich. Ich fühlte mich schön in körperbetonten Etui-Kleidern. Er war der Meinung, ich müsse darüber weite Blusen tragen, um wirklich sexy zu sein. Die Blusen beraubten mich jeder weiblichen Kurve. Ich sah darin einfach nur wie ein unförmiger Sack aus. Aber Martin gefiel das viel besser. Ich kann mich noch erinnern, wie oft ich im Hause meiner Schwester Zeuge war, wie diese frisch gestylt die Treppe herunter schritt und ihr Mann

sofort in Begeisterung ausbrach und ihr die nettesten Komplimente machte. „Ich habe doch die schönste Frau der Welt. Ist sie nicht sexy?“
Mein Martin kommentierte meine Auftritte meist mit den Worten: „So können wir nicht gehen, ziehe dich bitte sofort um, oder wir gehen gar nicht.“
Ich gab immer nach. Auch was meine Frisur anging. Martin war der Meinung, es gäbe für mich nur zwei Alternativen: Kurz und glatt oder lang und lockig.
Da ich seit meiner frühesten Kindheit noch immer ein gestörtes Verhältnis zu Kurzhaarfrisuren hatte, kam für mich nur langes Haar in Frage. Wie es der Mode entsprach, quälte ich die dünnen Strähnen mit einer scharfen Dauerwelle, die mir das Aussehen eines Staubwedels verpasste. Martin gefiel es.
Neben meiner Optik spielten auch meine akademischen Errungenschaften keine nennenswerte Rolle. Martin ließ sich zwar einmal dazu hinreißen, dass er mir sagte, er wolle sich literarisch mehr bilden. Nur aus Interesse wollte er sogar mal meine Examensarbeit über die zeitgenössische Literatur der USA lesen. Aber schon beim Vorwort meinte er: „Das hätte ich alles ganz anders gemacht.“ Damit ließ er die Arbeit sinken und hat sie nie wieder zur Kenntnis genommen. Trotzdem ließ er sich von mir gern ein Buch empfehlen und hat es meist auch mit großem Interesse gelesen.
Auch für meine Sprachkenntnisse zeigte er Interesse und fing an, einige Bücher in Englisch zu lesen, so wie ich es seit meinem Studium tat. Er hatte Spaß daran und fragte mich auch gern nach der einen oder anderen Vokabel.
Ansonsten gab es nichts in seinem Leben, was unwichtiger war als ich. So verfügte er großzügig über meine Zeit, wann immer er konnte. Wenn ich einkaufte und für einen Tag vorkochte, weil meine Termine mich dazu zwangen, dann aß er einfach alles auf, auch wenn ihn die Mahlzeit für einen Abend sicher gesättigt hätte. Wenn ich ihm Vorwürfe machte, meinte er nur: „Dann kaufst du halt nochmal ein und kochst morgen neu.“
Ich stellte meine Strategie, im Voraus zu planen, sehr schnell ein. Um ihm dennoch eine Freude zu machen, backte ich für jedes Wochenende einen Kuchen. Jede Woche eine neue Sorte.
Martin liebte Kuchen über alles. Wenn er eine meiner Kreationen lobte, war es für mich das höchste Glück. Ich war nicht ungeschickt in der Küche. Martin war jedoch zweifellos der bessere Koch als ich.

Da uns beiden die Küchenarbeit Freude bereitete, hatten wir oft Gäste. Manchmal lud Martin auch Geschäftskollegen oder Kunden ein, mit denen er freundschaftliche Verbindungen pflegte. Und manchmal vergaß er diese Termine, und ich saß mit mir völlig unbekannten Gästen allein zu Hause.
So gab es viele Dinge, die mich mehr und mehr in unserer Ehe störten. Martin war ein überaus charmanter, warmherziger und humorvoller Mann. Doch leider traten diese besonderen Eigenschaften mehr und mehr in den Hintergrund, wenn er mit mir zusammen war. Ich wurde meinem Mann immer unwichtiger und gab mir deshalb immer mehr Mühe, seine Zuneigung neu zu verdienen.
Ich folgte damit dem Belohnungssystem meiner Kindheit: Gute Leistungen versprachen eine Belohnung, schlechte Leistungen eine Bestrafung. So hatten es meine Eltern mit unseren Schulnoten gehalten. Doch das System funktionierte in der Ehe mit Martin nicht. Ich bemühte mich immer mehr darum, seine Zuneigung durch Taten zu verdienen. Als Person besaß ich offensichtlich nicht die Qualitäten, die mir Respekt und Aufmerksamkeit sichern konnten. Aber auch durch Einsatz und Taten stellten sich keine Erfolge ein. Ich kochte und backte, ich wusch und putzte. Martin war dies ziemlich egal, und ich konnte nicht verstehen, warum er sich mehr und mehr von mir zurückzog. Sex hatten wir schon seit Jahren keinen mehr. Es war nicht so sehr, dass Martin mich nicht ab und zu danach fragte. Aber ich mochte nicht. Ich mochte keinen Sex mit einem Mann, der mir immer fremder wurde, der mich ignorierte und der mir ungeduldig auf den Po klapste, wenn ich ihn länger als drei Sekunden umarmte. Und irgendwann hörte Martin auf, mich zu fragen.
Es entstanden so über die Zeit bei mir viele Verletzungen, über die ich mit meinem Mann nicht sprechen konnte. Tat ich es, mündete es in einen Krach, bei dem das Fazit war, dass ich unrecht hatte. In 10 Jahren Ehe hat es nicht einmal einen Streit gegeben, bei dem mein Mann unrecht hatte, nicht einmal. Was blieb mir also? Ich kochte und war die demütige Putzfrau meines Mannes. Ich verlor die Reste meiner Persönlichkeit und meines Selbstwertgefühls. Ich wurde ein farbloser Schatten in der Hülle einer Frau. Ich war gegen ihn machtlos.
Auch gegen seine verschwenderische Art, mit Geld umzugehen, war ich machtlos. Von Anfang an waren wir verschuldet. In den Jahren unserer Ehe wuchsen die Schulden zu unübersichtlichen Bergen an. Deshalb beschloss

Martin, durch ein paar Immobiliengeschäfte steuerliche Vorteile zu erwirken, um wenigstens unsere finanzielle Lage etwas aufzuhellen.
Es handelte sich um einen der größten Fehler, den man sich selbst im trunkenen Irrwitz hätte vorstellen können. Eine äußerst attraktive Maklerin besuchte uns in unserer Wohnung, um uns zwei Objekte aufzudrängen, die wir für einen weit überhöhten Preis käuflich erwarben. Sie hatte uns dadurch überzeugt, dass sie ein einfaches Rechenmodell aufstellte, in dem sie versiert vorführte, dass wir die beiden Wohnungen allein durch Steuerrückflüsse und Mieteinnahmen finanzieren könnten.
Eigenes Kapital besaßen wir sowieso nicht. Ich hatte einen Bausparvertrag und ein kleines Aktienpaket in die Ehe mitgebracht, das wir als Sicherheit bei der Bank angaben. Ansonsten wurden die Immobilien komplett über diese Bank finanziert. Ich selbst hatte damals ein geringes Einkommen. Martin verdiente gut, konnte aber mit Geld genauso wenig umgehen wie mit unserer Wohnungsgestaltung.
Ich stellte dann bei der Transaktion mit der Maklerin nur ein paar naive Fragen, beispielsweise wegen des kleinen Hinweises im Darlehensvertrag bezüglich unserer Haftung mit unserem gesamten Privatvermögen. „Haften wir da mit allen unseren Unterhosen?"
Martin meinte nur, „das sieht auf dem Papier so aus. Aber gemeint sind nur unsere beiden neuen Immobilien."
Wie sehr er sich doch irrte.
„Und muss ich als Ehefrau wirklich mit unterschreiben? Ich verdiene doch kaum etwas?"
Hier erklärte die Maklerin sofort „Das ist nur eine Formsache. Für die Bank, Sie wissen schon."
Hätte ich mich doch besser erkundigt. Es sind Reihenweise Ehefrauen wie ich damals in dubiose Immobiliengeschäfte verwickelt worden. Und ich würde in den folgenden 20 Jahren meines Lebens erkennen, welche Schlinge ich mir mit dieser Unterschrift um den Hals gelegt hatte. Ich habe noch nie so bitter bereut, auf einer Linie unterschrieben zu haben. Diese beiden Wohnungen kosteten uns Kopf und Kragen.
Das kleine Vermögen, das mein Vater vor meiner Ehe für mich angespart hatte, floss schnell in die Tilgung ein und war unwiederbringlich dahin. Auch der Bausparvertrag fiel der Sache zum Opfer. Wir arbeiteten irgendwann nur noch, um diesen Schulden Herr zu werden. Doch geschafft haben wir es selbst nach fast 20 Jahren nicht. Mein Mann ließ sich darüber

keine grauen Haare wachsen, während es bei mir dazu führte, dass ich nachts noch schlechter schlief also sowieso schon.
Im Prinzip konnten wir uns nichts mehr leisten. Wir hatten mehrere Kredite laufen, den Dispokredit hoffnungslos überzogen, und mein Mann gab mit vollen Händen noch mehr Geld aus. Versuchte ich zu bremsen, bekamen wir Krach. Wir luden verschwenderisch Gäste zu uns ein und gaben Geld aus. Waren wir eingeladen, kauften wir ein und kochten dort. Es war gerade egal, wer wen einlud, wir gaben das Geld dafür aus. Wir gaben Geld für den Sperrmüll anderer Leute aus. Wir gaben Geld für teure Urlaube aus.
Und diese Urlaube verbrachten wir nicht zu zweit, sondern ausschließlich in einer Gruppe von Freunden. Mein Mann vertrug sich mit mir nur kurze Zeit, schon gar nicht im Urlaub. Der moderne Teppichboden im Wohnzimmer war beispielsweise inzwischen mit teuren Teppichen von diversen Türkeiurlauben zugelegt, die mir ehrlich gesagt nicht sonderlich gefielen. Bei einem weiteren Urlaub in diesem Land wollte mein Mann weitere Exemplare erwerben. Als ich ihn fragte, wo um Gottes Willen denn diese Teppiche noch hin sollten, sagte er nur: „Zur Not hängen wir die Bilder ab und nageln diese Brücken an die Wände."
Ich protestierte solange, bis wir zerstritten den Teppichladen verließen. Nicht nur, dass wir kein Geld für diese Teppiche hatten, ich wollte auch nicht wie in einem Teppichbasar leben. Mein Mann sprach zur Strafe für den kompletten Urlaub kein Wort mehr mit mir.
Und es machte mir irgendwann nicht mal mehr was aus. Ich empfand das wachsende Schweigen zwischen uns mehr und mehr als einen Zufluchtsort für meine geplagte Seele. Wenn wir schwiegen, musste ich nicht kämpfen. Und wenn ich nicht kämpfte, konnte ich nicht versagen. Es war zwischen Martin und mir zu einer unüberbrückbaren Entzweiung gekommen.

Kapitel 17

Ich bin an diesem Morgen nicht in der Stimmung für Herrn Dr. Liebmann. Ich habe schlecht geschlafen, der Himmel ist grau und überhaupt.
„Kommen wir heute doch noch einmal auf Ihre Eheprobleme zurück."
Das habe ich befürchtet.
„Die Probleme, die Sie da im Haushalt hatten, die hätte man doch sicher lösen können, ohne sich zu trennen."
„Hätte man. Als ich meinen Mann verließ gab er auch zu, dass es durchaus noch eine andere Alternative gegeben hätte außer „lass alles liegen und sei still oder räume es weg und sei still". Aber da war es bereits zu spät. Auch die Wohnung hätte man mit wenig Geld schöner machen können. Martin hat zum Schluss sogar noch Lampen bei Obi gekauft und in die Fassungen geschraubt. Und die Umzugskiste im Bad wurde noch durch ein sehr schönes Möbelstück ersetzt. Er hat sogar noch einen tollen Wandspiegel mit Ablagefächern für mich geschreinert." Ich verstumme plötzlich und kämpfte mit den Tränen. Dr. Liebmann reicht mir verständnisvoll ein Kleenex über den Schreibtisch.
„War der Spiegel so schrecklich?"
„Im Gegenteil. Er hatte sogar kleine Lichtstrahler und war wunderschön. Es war nur alles schon zu spät. Martin hat es gewusst und saß weinend im Wohnzimmer mit diesem Spiegel in den Armen, den er für mich extra gemacht hatte. Es hat mir fast das Herz zerbrochen."
„Warum eigentlich? Sie wollten Ihren Mann doch verlassen?"
Ich schnäuze in das Kleenex. „Ja, aber er tat mir so unendlich leid. Ich ertrage es nicht, anderen Menschen Kummer zu machen. Außerdem sollte die Trennung nicht für immer sein. Ich wollte nur eine Auszeit haben und mit Martin weiter an der Ehe arbeiten. Ich habe ihn immer noch irgendwie lieb gehabt und hätte so gern heilende Hände gehabt, nur um den Schmerz von ihm nehmen. So gern."
„Warum sind Sie dann nicht einfach bei ihm geblieben? Der Mann war doch sowieso selten zu Hause, da hätten Sie gar nicht ausziehen müssen. Vor allen Dingen, wo Ihre finanzielle Lage so angespannt war."
„Ich habe eben nicht mehr ertragen, dass er mich so vernachlässigte und mich immer wieder für Geschäftsreisen verließ. Ich wollte das nicht mehr. Da habe ich ihn verlassen. So wusste ich, dass ich auf keinen warten

musste, weil sowieso keiner mehr zu mir nach Hause kam. Das klingt komisch, aber so war es leichter für mich."
„Verstehe." Herr Dr. Liebmann sieht mich verständnislos an. „Der Mann hat sie nicht geschlagen, nicht betrogen ..."
„Dafür würde ich meine Hand nicht ins Feuer legen", unterbreche ich die Zusammenfassung meiner ehelichen Zerwürfnisse.
„Ach. Hat er?"
„Keine Ahnung. Ich habe ihm nicht hinterher spioniert. Aber für einen Mann, der zu Hause keinen Sex mehr hat, wäre es nur allzu natürlich."
„Das hätte Ihnen nichts ausgemacht?"
„Mir? Nein. Ich war es ja, die nicht wollte. Und was ich nicht weiß, verletzt mich nicht. Ich wollte es gar nicht wissen."
„Aber Sie haben Ihren Mann am Ende doch ganz verlassen. Nicht nur vorübergehend."
„Martin hatte eine andere Auffassung von meiner Auszeit. Für mich sollte es eine Phase sein, in der ich Abstand gewinne. Für Martin war es das Ende unserer Ehe. Er hat es mir nur nicht gleich so gesagt."
„Er hat sie aber auch nicht gedrängt, ihn zu verlassen."
„Nein, es war meine Idee. Allerdings hatte er mir ein paar Monate zuvor gedroht, er würde mich rausschmeißen. Ich weiß nicht mehr, um was es da bei der Auseinandersetzung ging."
Dr. Liebmann putzt sich seine Brille und setzt sie wieder auf, bevor er noch einmal durch seine Notizen schaut.
„Aber was machte denn das Zusammenleben dann so unmöglich, wenn doch vieles hätte anders geregelt werden können. Ihr Mann hatte das doch eingesehen."
„Ich habe ihn verlassen, weil es mich an seiner Seite als Mensch gar nicht mehr gab. Martin hatte noch unserer Heirat irgendwann vergessen, dass ich existierte ..."

Es gibt manchmal Nachrichten in den Medien, in denen darüber berichtet wird, wie ein Ehemann irrtümlich seine Frau vergisst. Zum Beispiel an einer Tankstelle. Erst nach hunderten von Kilometern fällt dem Mann auf, dass die Ehefrau nicht mehr neben ihm im Wagen sitzt. Oder die Männer vergessen die Frauen an anderer Stelle. Kaum vorstellbar. Man ist versucht, diese Meldungen für eine Ente zu halten. Doch leider sind sie

bittere Realität. Auch Martin hat mich das eine oder andere Mal einfach vergessen und irgendwo stehen lassen.
Einmal hatte er mich schon nachts nach dem Segelkurs in Offenbach stehen lassen. Einmal passierte es auf einer Urlaubsreise in die Türkei.
Wir waren mit einer siebenköpfigen Crew unterwegs und ankerten in einer kleinen Bucht vor einer Landzunge mit einer türkischen Siedlung. Da unsere Vorräte an Bord knapp wurden, machten wir das Beiboot klar und fuhren zum Landungssteg rüber. Die Crew stieg aus und sah sich nach einem Supermarkt um.
Ein attraktiver Kurde, der auch Englisch sprach, entdeckte uns und lud die Crew in seinen Teppichladen auf eine kalte Cola ein. Wir nahmen das Angebot an. Nachdem wir uns im Teppichladen erfrischt hatten, erklärte der Kurde uns, wo der nächste Supermarkt des Ortes sei. Mein Mann beschloss, mit der Crew allein loszuziehen und mich bei dem Kurden im Teppichladen zurückzulassen. Schließlich sprach ich am besten Englisch und könnte so auch mit dem Mann besprechen, wo man abends am besten zum Essen hingehen könnte. Also blieb ich in dem dunklen Teppichladen bei dem Kurden zurück.
Dieser griff mir beherzt in die Taille und setzte mich auf einen hohen Teppichberg. Dort saß ich dann mit einer kalten Cola in der Hand wie die Prinzessin auf der Erbse und ließ meine Beine verlegen baumeln. Der Kurde hingegen lag hingegossen neben mir auf den Teppichen und saugte an einer Wasserpfeife.
Es verging eine halbe Stunde, und der Kurde grinste mich allmählich feist an. Keine Spur von meinem Mann. Es verging eine Stunde. Und ich saß immer noch auf dem Teppichberg. Der Kurde betrachtete mich nun mit einem Blick, als hätte er für die Dose Cola eine Frau gekauft. Immerhin war die Dose eisgekühlt. Keine Spur von meinem Mann und der Crew.
Irgendwann war ich so eingeschüchtert, dass ich dem Kurden bedeutete, ich müsse mal nach dem Beiboot am Landungssteg sehen.
Gemeinsamen gingen wir hin, aber das Boot war weg. In der Ferne konnte man die Crew an Bord unseres Schiffes ausmachen. Der Kurde grinste breit. Es war mir schrecklich peinlich, und nach einer Weile bot er mir an, mich mit seinem Boot zur Yacht überzusetzen.
Auf der Überfahrt überlegte ich mir, was ich meinem Mann hierzu zu sagen hätte. Ich war sicher, dies könnte die erste Auseinandersetzung in unserer Ehe sein, bei der ich gute Aussichten hatte, den Streit zu gewinnen. Doch

als wir an der Yacht ankamen, übergoss mich mein Mann vor der Crew und dem Kurden mit einem Donnerwetter. „Wo kommst du denn jetzt erst her?"
„Du wolltest mich doch nach dem Einkaufen im Teppichladen abholen", wand ich vorsichtig ein.
„Das ist ja schon ewig her. Du hättest schon vor Stunden merken können, dass dich keiner abholt."
Ich verlor den Krach und das Ansehen bei dem Kurden und der Crew, und zur Strafe sprach mein Mann tagelang kein Wort mehr mit mir.
Es war ein typisches Phänomen unserer Ehe, dass wir auch nie allein verreist sind. Wir reisten entweder mit einer Gruppe von Freunden, wenn wir segeln gingen. Oder wir besuchten Freunde, wenn wir zu Land Urlaub machten. Da wir an diesen Erholungstagen ausnahmsweise Mal intensiver miteinander verkehrten, kam es auch regelmäßig zu Streits, was mir viele schiefe Blicke von unseren Freunden einbrachte.
Trotzdem reiste ich gern im Kreise einer größeren Gruppe. Ich fand es schön, meine Mahlzeiten nicht allein einnehmen zu müssen und tagsüber jemanden an der Seite zu haben, der etwas Zeit mit mir verbrachte und sogar mit mir plauderte.
Doch dann kam immer der Tag der Abreise. Ich kann mich an fast alle Abschiedsszenen noch gut erinnern. Martin und ich waren immer die letzten, deren Flieger ging oder deren Taxi sie nach Hause brachte. Immer standen wir winkend mit unseren Koffern entweder an einer Pier oder an einem Flughafen und verabschiedeten einen nach dem anderen von unseren Reisegefährten.
Ich habe diese Szenen unerträglich traurig gefunden, denn es wurde mit bitterlich klar, dass ich von nun an wieder allein sein würde. Martin würde sich wieder in seinen Beruf stürzen und ich, ich war allein. Ich habe Martin irgendwann darum gebeten, unsere Abreise so zu terminieren, dass wir bei den ersten sein würden, die gingen, und nicht bei den letzten. So verabschiedeten wir uns von den anderen und nicht umgekehrt. Ich hatte dann nicht ganz so sehr das einschneidende Gefühl, verlassen zu werden, ein Gefühl, dass mir fast immer das Herz aus dem Leib riss.
Und dann ging der Ehealltag wieder los. Martin war im Büro oder auf Reisen. Auch wenn mein Mann mal zu Hause war, kehrte er mir den Rücken zu und betätigte sich an seinem Computer. Es war nur allzu offensichtlich, dass er nicht gern zu mir nach Hause kam.

Anfangs neckten mich unsere Freunde, wenn ich immer und überall allein erschien, weil mein Mann angeblich arbeiten musste. Ich ging in der Regel ohne Martin zu unseren Einladungen. Zunächst machte man dumme Bemerkungen über Martins Abwesenheit. Irgendwann fragte keiner mehr nach ihm, und schließlich ging ich auch nicht mehr allein aus. Ich vereinsamte. Es war klar, dass ich für meinen Mann nicht mehr reizvoll genug war, um Zeit mit mir zu verbringen. Da ich meine Hausfrauenpflichten immer noch wahrte, konnte es nur an mir und meiner Persönlichkeit liegen.
Ich versteckte diese Person, die ich war, immer mehr unter einem sackigen Kleiderstil, den Martin so ansprechend fand. Meine Pullover waren weit und lang, die Röcke und Kleider waren es ebenfalls. Ich glaube, es gab Jahre, in denen nur wenige eine Ahnung von meiner Figur bekamen.
Mein Mann war in dieser Zeit selbst alles andere als schlank. Er hatte nach wenigen faulen Ehejahren schwere Ringe um den Bauch und machte nicht die geringsten Anstalten, dies für mich zu ändern.
Selbst als mein Hausarzt mir empfahl, meine Schilddrüsenhormone, die ich seit meiner Operation immer einnahm, für eine Weile auszusetzen, zeigte er sich wenig kooperativ. Der Arzt hatte mich gewarnt, dass ich aufgrund der veränderten Hormonlage weitere Kilos zunehmen könne. Martin fuhr mich, als ich ihn darüber informierte, nur schroff an: „Glaube ja nicht, dass ich deshalb eine Diät mitmache."
Unser gemeinsamer Weg war vorprogrammiert. Ich bekam Depressionen. Ich hörte auf zu essen und verlor an Gewicht. Dazu schließ ich wenig und war erschöpft. Nach ein paar Jahren hatten die Depressionen mich so komplett gelähmt, dass ich nur noch teilnahmslos vor mich hinstarrte. Ich hatte kein Selbstwertgefühl und kein Ich-Bewusstsein mehr. Ich saß nur noch regungslos zu Hause auf dem Sofa und machte nicht mal Licht an, wenn es dunkel wurde. Jeder Handgriff wurde mir zur Qual.
Und eines Tages schaufelte ich auch nicht mehr den Bistrotisch frei, an dem wir frühstückten. Ich hatte nicht mal mehr die Kraft, diesen Tisch von Martins täglichem Müll zu befreien. Ich stellte die Frühstückstassen mitten auf die Papiere meines Mannes.
Es war einer meiner wenigen Hilfeschreie, doch endlich, endlich mal etwas zur Seite zu legen und mir wieder Luft zum Atmen zu geben. Ich erstickte in all den Dingen, die sich um mich häuften, die ich aber nicht in meinen vier Wänden dulden mochte. Seine Reaktion war, dass wir ab sofort stehend in

der Küche frühstückten. Und eines Tages tauchten auch dort seine ersten Papiere auf.
Es war klar, dass die Ehe an einem seidenen Faden hing. In dieser Zeit segelten wir mit Freunden rund um Korsika. Unter den Crewmitgliedern waren auch meine langjährige Freundin Marina und deren Freund. Ansonsten waren noch ein paar Männer mit dabei. Schnell entstand zwischen Martin und Marinas Freund eine besondere Verbindung. Beide waren Machos, die uns von früh bis spät springen ließen und uns jeden Schritt diktierten. So kam es nicht nur zwischen Martin und mir, sondern auch zwischen Marina und ihrem Freund zu einem Zerwürfnis, das der gesamten Crew den Urlaub vermieste.
Jedes Mal, wenn wir einen Hafen erreichten, boten Marina und ich freiwillig an, uns um die Einkäufe zu kümmern. Wir nutzten diese Zeit, um uns irgendwo hinzusetzen und allein ein Eis zu essen. Es waren die einzigen schönen Momente der ganzen Reise. Danach haben sich Marina und ihr Freund recht schnell getrennt. Ich blieb immer noch bei Martin.
Um die Scherben vielleicht doch noch zu kitten, beschlossen wir dann, ausnahmsweise einmal ganz allein auf eine Reise zu gehen. Nur Martin und ich. Im Prinzip war es keine schlechte Idee. Sie kam nur ein paar Jahre zu spät. Hinzu kam, dass Martin einen Reisezeitpunkt für eine Städtereise nach Prag wählte, der mir so sehr widerstrebte, so dass die Reise von Anfang an zum Scheitern verurteilt war.
Martin wollte über Weihnachten in der goldenen Stadt Prag verweilen. Für mich war dies unakzeptabel. Weihnachten gehörte für mich die Familie zusammen. Ich wusste, dass es meine Eltern über alle Maßen verletzen würde, wenn ich Weihnachten nicht zu Hause wäre, und auch für mich würde meine Abwesenheit das Frohe Fest gänzlich zerstören. Martin machte sich grundsätzlich nichts aus dem gefühlsduseligen Weihnachten. Er wollte die Feiertage prinzipiell weder mit seiner noch mit meiner Familie verbringen, und jedes Jahr entzündete sich über unsere Meinungsverschiedenheit ein heftiger Streit. In diesem Jahr, so dachte Martin, hätten wir eine sehr elegante Lösung gefunden, in dem wir einfach nicht da waren. Die Reise nach Prag stand also unter einem denkbar unglücklichen Stern.
Ich befand mich ohnehin schon in einer tiefen Depression, die durch diese zusätzliche seelische Strapaze nicht gebessert wurde. Als wir in Prag eintrafen, herrschte dort Schneechaos mit arktischen Temperaturen. Der

Himmel war grau und wolkenverhangen. Die Häuser der angeblich goldenen Stadt waren zu dieser Zeit, und es war Anfang der 90er Jahre, keineswegs hell und freundlich. Sie standen in allen Schattierungen von Schwarz bis rußigen Grautönen in halbverfallenem Zustand in der Stadt und gaben meiner ohnehin schon dunklen Stimmung zusätzliche Schwarz- und Graunuancen mit auf den Weg. Sie lasteten wie ein Sargdeckel auf meiner schwermütigen Seele.
Unser Hotel war einsam und verweist, weil außer uns kaum jemand auf die Idee gekommen war, die Feiertage in einem Hotel zu verbringen.
Einsam saßen wir beim Abendessen, einsam saßen wir beim Frühstück. Im Foyer des Hauses stand ein Weihnachtsbaum als einzige Erinnerung daran, dass wir gerade frohe Festtage verbrachten.
In Gedanken war ich ganz bei meiner Familie, die jetzt seit 33 Jahren zum ersten Mal ohne mich feierten, während ich in Prag emotional und physisch schier erfror.
Man muss Martin zugutehalten, dass er uns für jeden einzelnen Abend Eintrittskarten für einen Event besorgte. So lauschten wir an einem Abend einer Kammersängerin, die sämtliche Versionen des Ave Maria vortrug. Einmal besuchten wir eine Vorstellung von Mozarts Zauberflöte und einmal saßen wir in der Oper und wohnten einer Oper bei, bei der ich mich nur daran erinnere, wie plüschig und verstaubt das Opernhaus auf mich wirkte.
Tagsüber strichen wir durch die Stadt, und ich bemerkte, dass überall um uns herum Männer mit Russenmützen und in grauen Mänteln liefen. Die meisten Geschäfte, die natürlich fast alle geschlossen hatten, verkauften Antiquitäten. In der Regel handelte es sich um altes Glas und Geschirr.
Da Martin gelegentlich geschäftlich in Prag zu tun hatte, kannte er einen Taxifahrer, der uns in der Stadt herumfuhr. Es war ein sehr freundlicher älterer Mann, der uns eines Abends sogar zu sich und seiner Frau nach Hause einlud. Das Paar wohnte in einem alten Haus, das völlig baufällig war. Vermutlich ist es seit dem zweiten Weltkrieg in diesem Zustand gewesen und nie saniert worden. Die Gastfreundschaft des Paares rührte und bewegte mich. Und trotzdem wollte ich nur noch raus. Raus aus den baufälligen schwarzen Gebäuderuinen der Stadt, raus aus den staubigen Antiquitäten, raus aus der Menge mit grauen Mänteln und Russenmützen, raus aus dem Grau der Vergangenheit. Raus aus dem gefühlten Exil im Vorhof von Sibirien.

Das einzige, was meine Stimmung aufzuhellen vermochte, war ein Musikvideo, das damals sehr häufig auf MTV gespielt wurde, einem Sender, den wir über ein kleines Fernsehgerät sogar in unserem Hotel empfangen konnten. Es war ein Video der Heavy Metal Band Extreme, die mit ihrem Hit „More than words" die Nummer 1 sämtlicher Charts waren. Es war ein Schwarz-Weiß-Video, das den Lead Sänger und den Lead Gitarristen auf zwei Barhockern zeigte. Der Gitarrist war ein wunderschöner Portugiese mit sehr ebenmäßigen Gesichtszügen, schwarzen Augen und seidigem schwarzen Haar, das er bis zur Hüfte trug. Er war das Abbild des Mannes meiner Träume, und ich verfiel ihm völlig.
Ich hatte sogar mal ein Konzert der Band besucht, bei dem ich in der zweiten Reihe direkt hinter den Bodyguards fast von kreischenden Fans zerquetscht wurde. Für diesen Mann hätte ich jede Verletzung in Kauf genommen. Ich fing an, von diesem Gitarristen zu träumen, um die Tage in Prag einigermaßen zu überleben.
Als wir endlich nach Hause flogen und ich meine Eltern wiedersah, ist mir mein Vater schluchzend in die Arme gesunken. Ich habe Martin diese erzwungene Reise nach Prag nie verzeihen können. Obwohl er es wirklich gut meinte und sich große Mühe gegeben hatte, hat es für mich in diesem Jahr kein Weihnachten gegeben.
Die Reise hatte uns letztendlich mehr voneinander entfernt, als sie uns zusammenführte. Martin zeigte mir nach unserer Rückkehr immer deutlicher, dass er es kaum noch ertrug, einen Abend mit mir zu Hause zu verbringen. So sorgte er dafür, dass wir ab sofort immer auswärts in der Kneipe eines Freundes zu Abend aßen.
Ich begann diesen Bekannten und seine Kneipe zu hassen. Wir verbrachten in dieser Gaststätte mehr Zeit als in unseren eigenen vier Wänden. Zwischen Menschen, die wir nicht kannten und die uns nichts bedeuteten. Zwischen Zigarettenrauch und Alkohol. Es spielte auch gar keine Rolle, dass ich Lebensmittel eingekauft hatte, die wir wieder wegwerfen würden. Auch spielte es keine Rolle, dass wir auf diese Weise wertvolles Geld verschwendeten, das wir gar nicht mehr hatten. Hauptsache, wir waren mit uns selbst nicht allein in einer Wohnung, in der sich weder Martin noch ich wohlfühlten.
An dieser Stelle brannten bei mir endgültig die psychologischen Sicherungen durch. Martin schien mich in all seinen Handlungen einem langsamen Erstickungstod näherzubringen. Ich wollte mir aus Verzweiflung

das Leben nehmen. Martin nahm mir vorsichtshalber sämtliche Rasierklingen ab, und wir wandten uns an Ehetherapeuten, die nach wenigen Sitzungen ein paar Einzelsitzungen mit mir durchführten. Zusätzlich hatte ich einen Psychologen an der Uni, dem ich mich für Forschungszwecke zur Verfügung stellte.
So arbeiteten drei Spezialisten daran, die Ehe zu retten, mich davon abzuhalten mich umzubringen und stattdessen lieber meine kranke Seele zu heilen. Ich hatte Angst davor, einen Strich unter dieses Kapitel meines Lebens zu ziehen. Es wäre wieder eine dieser weißen Linien gewesen. Denn die Furcht vor dem Alleinsein, die Angst davor, unfähig zu sein, alleine mit dem Leben klarzukommen, fraß an mir. Ich hatte noch nie allein gelebt. Ich hatte nachts sogar Albträume, dass ich in einem dunklen Zimmer säße und nicht mal eine Lampe anschließen könnte.
Einer der Psychologen schenkte mir deshalb eine kleine Taschenlampe. Und diese Geste gab mir schließlich die Kraft, meinen Mann zu verlassen.
In einer Sitzung an einem Freitagabend zwangen mich die Eheberater dazu, meinem Mann meinen Entschluss mitzuteilen. Dann ließen sie mich mit meinem völlig gebrochenen Ehemann nach Hause fahren, wo das Wochenende vor uns lag und ich allein mit allen Konsequenzen fertig werden musste. Später räumten die beiden ein, dass sie hinsichtlich des Zeitpunkts sicherlich einen Fehler gemacht hatten.
Doch Martin bewies unendliche Größe. Er machte zum Abschied noch einmal eine Flasche Champagner auf und stieß mit mir an.
Wir trennten uns um die Weihnachtszeit. Eine der grausamsten Zeiten des Jahres, zu der man solche Handlungen durchführen kann. Martin ließ mich allein zu meinen Eltern fahren, die noch nichts von unserer Entscheidung wussten. Er verbrachte die Festtage allein in unserer Wohnung vor einer einsamen Kerze. Ich habe mich selbst gehasst für den Kummer, den ich ihm bereitet habe. Auch Silvester verbrachten wir getrennt. Ich kann mich nicht mal mehr erinnern, wo und wie.

Nach all den Jahren, in denen ich tausend Tode starb, wenn Martin mit einem gepackten Koffer unser Heim verließ, packte ich nun meine Koffer. Ich wollte nie mehr verlassen werden. Ich wollte auf keinen Mann warten, der sowieso nie zu mir käme. Ich wollte der Übermacht meines Mannes entfliehen. Und ich tat es.

Als wäre das nicht alles schon schlimm genug, musste ich irgendwann meine Familie über mein erneutes Versagen unterrichten. Ich war die erste in unserer Familie, deren Ehe gescheitert war. Auf die Frage, woran es denn gelegen habe, konnte ich nur unvollkommen Auskunft geben. Meine Eltern konnten nichts von dem, was ich sagte, nachvollziehen. Ich verstand es selbst nicht. Das einzige, was sich in der Festplatte meines Hirns eingebrannt hatte, war, dass ich versagt hatte. Ich hatte vor dem Standesbeamten und vor dem Pater in der Kirche geschworen, dass ich meinen Mann in guten wie in schlechten Zeiten lieben würde. Und ich hatte mein Versprechen gebrochen.
Wenn ich in den Spiegel sah, um nach Gründen zu suchen, sah mir das Gesicht einer unscheinbaren Frau entgegen. Einer Frau, die weder Temperament hatte, noch so charmant und lebenslustig war, dass sie einen Mann hätte fesseln können. Und Sexualität strahlte sie schon lange nicht mehr aus.
Ich hatte seit rund 8 Jahren mit keinem Mann mehr geschlafen. Weder mit meinem eigenen, noch einem Fremden. Ich hatte in der Ehe immer mein Bestes gegeben. Ich hatte versucht, mir Martins Liebe zu verdienen, indem ich immer mehr putzte, kochte, backte, aufräumte und wusch. Martin sah in mir trotzdem nicht das, was ich sein wollte. Ich war zu langweilig und zu demütig. Vielleicht hätte ich viel früher protestieren und mein eigenes Leben leben sollen. Aber als ich Martin kennengelernt hatte, war ich noch der romantischen Vorstellung verfallen, er würde mich glücklich machen. Ich habe leider erst viel zu spät erkannt, dass es meine eigene Verantwortung gewesen wäre, mich glücklich zu machen. Und als ich anfing zu protestieren, war es zu spät. Martin konnte nicht mehr nachvollziehen, was mich plötzlich störte, nachdem ich so viele Jahre lang geduldig seine Dienerin gewesen war.

Unser Abschied voneinander hatte durchaus Stil. Martin trank mit mir nicht nur eine Flasche Champagner, er zog auch für die zwei Tage aus, in denen ich packte. Es war natürlich klar, dass er die riesige Traum-Wohnung behielt.
Ich packte nur die Sachen zusammen, die mir gehörten, bevor wir heirateten – Kleidung, Bücher, ein wenig Geschirr, das ich in die Ehe mitgebracht hatte und die zwei Bauernmöbel. Alles andere überließ ich ihm. In der Küche nahm ich noch ein paar Dinge mit, die er niemals

vermissen würde. Darunter befand sich ein Reisrand, der in den 70er oder 80er Jahren mal der letzte Schrei war und den ich selbst nie benutzte. Und ein uraltes TV-Gerät nahm ich mit, während er unser neues behielt. Leider vergaß ich das Antennenkabel und konnte meine erste Nacht in der neuen Wohnung nicht mal fernsehen. Wann immer sich nach mir eine Freundin von ihrem Mann oder Freund trennte, riet ich ihr, an das Antennenkabel zu denken.
Und natürlich putzte ich unsere komplette Wohnung, bevor ich ging, und schloss in jedem Schrank und Regal optisch die Lücken, die mein Auszug riss. Die weiße Linie war von mir gezogen worden. Ein unsichtbarer Strich, der mich unwiederbringlich von einem Leben an der Seite meines Mannes in absolute Einsamkeit riss.
Ich stand wieder auf der einen Seite des Lebens und musste sehnsüchtig zur anderen Seite hinüberschauen, auf der sich all die anderen Menschen bewegten, die geliebt wurden und erfolgreich im Beruf waren. Ich war nicht mehr „und Frau". Ich war nichts.
Ich selbst wohnte nun in einer kleinen zwei-Zimmer-Wohnung in Frankfurt, die jämmerlicher nicht hätte sein können. Im Schlafzimmer hatte ich eine Matratze auf dem Boden und eine kleine Stehlampe. Dann noch einen Wäscheständer für meine guten Jacketts. Im Bad hatte ich nicht mal eine Steckdose oder sonst was. In der Küche standen ein geliehener Zwei-Plattenkocher und ein kleiner Kühlschrank meiner Kollegin Juliane, sonst nichts. Außer etwa 10 Umzugskisten, in denen mein gesamtes Hab und Gut verstaut waren. Im Wohnzimmer hatte ich das alte TV-Gerät, ein altes IKEA-Klappsofa sowie meinen Bauernschrank und meine Bauerntruhe verteilt. Es gab keinen Tisch und keine Stühle. Von der Decke hingen Glühbirnen, die Juliane für mich installiert hatte. Sie erinnerten mich an die Glühbirnen in meiner gemeinsamen Wohnung mit Martin. Überhaupt erinnerte mich meine Wohnung an meine letzte Wohnung. Der Unterschied war, dass ich von einer mondänen Wohnung mit Galerie und Balkon in ein schäbiges dunkles Loch umgezogen war. Ansonsten hatte sich nicht viel geändert.
Die Wohnung hatte ich über meine Kollegin Susi bekommen. Zuvor hatte dort ein Freund von ihr gewohnt, der bei seinem Auszug gern ein paar alte Möbel an mich weitergereicht hätte. Unter anderem befand sich eine Sitzgruppe aus den 70er Jahren in verschlissenem braunen Cord darunter, die ich dankend ablehnte. Meine Kollegin konnte das nicht nachvollziehen

und war sehr verletzt, dass ich die Großzügigkeit ihres Freundes so schnöde zurückwies, wo ich doch gar nichts besaß.
Ich war arm. Ich war einsam. Es war dunkel, und es fehlte mir jegliche Perspektive. Aber ich wollte von vorne anfangen und nicht wieder die geerbten Altlasten anderer übernehmen. Ich besaß lieber nichts als Dinge, die ich nicht wollte. Schon gar keinen Sperrmüll anderer Leute. Das hatte ich 10 Jahre lang erduldet, und jetzt war das vorbei.
Ich ließ auch über einige Zeit hinweg meine Steuerklasse nicht von fünf auf eins ändern, damit mein Mann mit seinen Schuldenbergen nicht unnötig Schwierigkeiten bekäme. Als meine EC-Karte aber wiederholt vom Kartenautomaten geschluckt wurde, tat ich es, und mein Mann war verzweifelt. Er bot mir an, mir die Differenz der Steuerklasse zu bezahlen, damit er die Vorteile der Steuerklasse drei weiterhin nutzen könne. Ich ließ mich auf den Vorschlag ein. Eine Weile zahlte er auch, doch dann stellte er die Zahlung ein.
Also wurde ich aktiv. Das Seltsame war, dass mir der Ärger mit meinem Mann nichts mehr ausmachte. In dem Moment, in dem ich meine neue Wohnung bezog, habe ich fast nie mehr an Martin gedacht. Nie mehr. Nur wenn in meinen Therapien die Sprache auf ihn kam, dachte ich an ihn. Mein Hirn blendete Martin zum Selbstschutz einfach aus.
Ich war allerdings noch lange in Therapie, um psychisch einigermaßen wieder auf die Beine zu kommen. Ich erlernte dort eine für mich völlig neue Sprache. Wo ich gewohnt war, Sätze mit „Martin sagt ...“, „Martin möchte ...“ und „Erst mal Martin fragen ...“ zu beginnen, musste ich wie ein Kind lernen zu sagen „Ich will ...“, „Ich möchte“. Das Wort „Ich“ kam in meinem Wortschatz nämlich kaum noch vor.
Ich habe danach nie mehr für einen Mann einen Finger gerührt. Ich wasche, bügle, koche und putze nur noch für mich selbst. Kuchen gibt es so gut wie nie mehr. Ich hatte auf diese Weise plötzlich sehr viel Freizeit, mit der ich dennoch aufgrund meiner Armut nicht viel anzufangen wusste.

Zu dieser Zeit zog meine Freundin Marlene von Hamburg zurück in den Taunus. Ich kannte Marlene seit unserer gemeinsamen Schulzeit. Doch während des Studiums war sie nach München gezogen, danach verschlug es sie nach Hamburg, wo sie geheiratet und einen kleinen Sohn bekommen hatte. Natürlich freuten wir uns riesig, dass wir wieder näher beieinander wohnten, und verbrachten viel Zeit miteinander. Irgendwann sagte ich ihr

auch, wie es um meine Beziehung mit meinem Mann stand und dass ich ausgezogen sei. Sie hörte mir stumm zu, und nach und nach rückte sie zögernd damit heraus, dass es um ihre eigene Ehe nicht viel besser stünde. Sie war nur noch ein paar Schritte im Prozess zurück.
Ich sagte ihr dann, sie solle es sich gut überlegen. „In dem Moment, in dem man mit dem Ehemann das Problem anspricht, steht es im Raum und geht nicht wieder weg. Dann nimmt alles seinen unaufhaltbaren Lauf." Das müsse sie wissen.
Sie sagte mir, „ich bin noch nicht ganz so weit, aber ich werde dir sicher bald dicht auf dem Fuße folgen."
Das Schöne an Marlene war, dass sie genau wie ich sehr scharfzüngig sein konnte. Immer wenn wir zusammen waren, sprachen wir wie von Zauberhand mit so viel Geist, Esprit und Humor über unsere Probleme, dass wir – egal wie schlimm alles war – schnell über alles lachen mussten und uns auf diese Weise gegenseitig trösteten.
So war es auch an dem Tag, an dem wir zum ersten Mal über das Scheitern unserer Ehe sprachen. Sie nahm damals den Sohn im Kinderwagen zu einem Spaziergang mit, und wir sind in unserer ganz persönlichen Sprache mit unseren Problemen umgegangen.
Wir beide werden den Tag nie vergessen, an dem wir zusammen in der Sonne vor einer alten Burgruine ganz in der Nähe unserer Wohnorte saßen, den Kinderwagen schaukelten und lachten. Da sagte sie prophetisch „Noch lachen wir." Und keiner konnte sich damals vorstellen, wie schnell uns das Lachen vergehen würde.
Natürlich sprach auch Marlene bald mit Ihrem Mann. Und die Dinge nahmen wie von mir prophezeit unaufhaltsam ihren Lauf. Der Sohn, der inzwischen wenige Monate alt war, machte ihr darüber hinaus Sorgen. Wir spielten oft gemeinsam mit ihm, wenn ich sie besuchte. Sie sagte, er mache nicht die Fortschritte wie andere Kinder. Ich bestärkte sie darin, sich mit Ärzten darüber zu unterhalten. Ihr Mann meinte nur, er habe schon zwei erwachsene gesunde Töchter aus erster Ehe, sie übertreibe. Also war meine Freundin auf sich allein gestellt.
Und es stellte sich tatsächlich bald heraus, dass der kleine Sohn schwerstens behindert war. Ein trauriges Schicksal, das ich meiner Freundin so gern erspart gewusst hätte. Sie ging aber großartig damit um. Sie setzte sich gegen ihren Mann durch, forcierte die Trennung und regelte alles allein mit ihrem Jungen.

Meine Freundin hatte seinerzeit wie ich zu den besten Abiturienten unseres Jahrgangs gehört. Sie hatte sogar noch nach ihrem Studium promoviert und eine glänzende Karriere in einem Hamburger Unternehmen in Aussicht gehabt. Aber für die Ehe und den Sohn hatte sie alles aufgegeben.

Was blieb, war die Sorge um ihr behindertes Kind und die Einsamkeit. Wie bei mir.

Aber unsere Freundschaft hat uns oft über die grausamsten Zeiten hinweg geholfen. Marlene meinte oft, sie müsse nur mich anrufen, und schon könne sie über alles herrlich lachen und würde sich besser fühlen. Sie sagte immer, „Es ist doch unfassbar, dass wir bei all unserer Schläue solche Idioten sind."

Wie ich hatte auch sie auf der einen oder anderen Linie unterzeichnet. Und ich war froh, dass nicht nur ich ein solch unfassbarer Depp war.

Alle unsere Schulkameraden haben es im Übrigen weit besser getroffen als wir, die wir nach dem Abitur die besten Voraussetzungen für glänzende Karrieren hatten. Viele der anderen spielen heute bereits Golf und haben sich beruflich zur Ruhe gesetzt. Und das, während Marlene und ich in bittere Armut und psychisches Leid gestürzt wurden.

Bei Marlene sollte mit dem Tod ihres Vaters eine kleine Wende zum Besseren erfolgen. Sie erbte ein paar Immobilien, die sie in die Lage versetzten, ein finanziell sorgenfreies Leben zu führen. Den Sohn hatte sie, als dieser rund 12 Jahre alt war, in einer Pflegestätte für behinderte Kinder untergebracht. Und dann spielte auch sie Golf. Im Gegensatz zu mir, die ich finanziell eingeschränkt bleiben und weiterhin in der Agenturszene Sklavendienste verrichten sollte.

Kapitel 18

An diesem Morgen wirkt Herr Dr. Liebmann ein wenig erschöpft. Seine Augen sind leicht gerötet und geschwollen und seine Nase läuft unaufhörlich. Aha, denke ich, auch der liebe Herr Doktor leidet unter einer Allergie.
„Heuschnupfen?“ erkundige ich mich scheinheilig.
„Ja, Birke. Ganz schlimm. Die blühen jetzt.“
„Kenne ich. Kann man nichts machen.“
Herr Dr. Liebmann lächelt mich flüchtig an und zuckt die Schultern. Natürlich haben Allergien bei ihm keine psychischen Ursachen wie bei mir. Natürlich nicht. Ich bin ja auch gegen Haselnuss, Birke, Erle, Eiche, Medikamente, Sonne, Lebensmittel und was weiß ich noch alles allergisch.
„Gestern sind wir nicht mehr dazu gekommen, aber heute muss ich Ihnen doch die Frage stellen: Haben Sie mal daran gedacht, Ihre berufliche Karriere zu forcieren? Bei Ihrer Ausbildung? Vielleicht zum Ausgleich für die private Misere, in der Sie sich befanden. Zumindest hatten Sie doch einen guten Job.“
„Einen guten Job?“
„Ja. Immerhin ein Job. Es hätte doch auch schlimmer sein können.“
„Och …“
Ja, ich hatte doch diesen Job …

Ein Tag verging in der Agentur wie der andere. Ich sank immer tiefer in meine Depressionen. Ich hatte mir nie vorstellen können, mal allein zu leben. Und nun tat ich es. Nolens volens. Meine Chefs waren ausnahmsweise mal auf meiner Seite.
Ob echtes Mitleid die Grundlage ihres Mitgefühls war oder eher ihre Verantwortung als Chefs, lasse ich dahingestellt. Ich musste funktionieren. Und ich tat es. Wie ein Roboter stürzte ich mich in die Arbeit. Wozu sollte ich auch spät abends nach Hause gehen? Zu einer leeren, dunklen Wohnung ohne Möbel? Ich blieb mit meinen beiden Art Direktorinnen immer länger in der Agentur. Ich hatte Angst vor dem Alleinsein, die beiden anderen mussten sowieso länger bleiben. Also half ich meinen Kolleginnen, wo ich nur konnte. Es war zugegebener Maßen auch nicht angenehm, allein in einem dunklen mehrstöckigen Bürogebäude nachts um 3.00 Uhr zu sitzen.

Ab 19.00 Uhr hörte man noch dumpfen Lärm von der Büroetage über uns. Dort war eine asiatische Airline ansässig, deren Mitarbeiter man tagsüber nie sah oder hörte. Doch kaum war „Feierabend“ wurden die über unseren Köpfen munter. Es hörte sich immer so an, als würden die einen Hürdenlauf machen oder mit Kleinmöbeln werfen. Vielleicht feierten die nach Dienstschluss auch? Oder jemand hatte ein temperamentvolles Verhältnis mit einem Mitarbeiter? Wie dem auch sei – ab 21.00 Uhr wurde es wieder totenstill, und auch das letzte Licht erlosch im Büroturm. Außer unseren Leselampen. Die waren immer an. Und es kam noch schlimmer.
Lange vor uns erkannten unsere Chefs anhand der Zahlen, dass es nicht gut um unser Agenturnetwork in Deutschland stand. Unsere Agentur fuhr zwar schwarze Zahlen ein, aber das half global betrachtet auch nicht weiter. Wieder einmal wechselte das Management in unserem Headquarter in Düsseldorf.
Und der neue Chef führte erst mal ganz neue Strategien ein. Alle Satteliten-Agenturen sollten geschlossen werden. Zentralisierung hieß das Zauberwort. Alle Kunden sollten vom Headquarter aus betreut werden, um das marode Mutterhaus zu sanieren und um „unnötige Overheads“ zu sparen.
Jens nahm dies zum Anlass, schnell von der Bildfläche zu verschwinden. Allerdings nicht, ohne noch eine Handvoll Kunden und die Etat-Direktorin mitzunehmen. Nun blutete auch unsere Agentur. Der andere Chef ließ uns in dem Glauben, dass wir das Kind noch schaukeln würden, sah sich aber bereits in aller Stille schon auf dem Markt nach Fluchtwegen für seine Wenigkeit um.
So arbeiteten wir ahnungslos weiter, während in unseren Partneragenturen jeder darüber sprach, wann wir dummen Hühner es wohl endlich erfahren würden, dass wir alle gefeuert und arbeitslos würden. Und das war spät. Andernfalls hätten wir wohl kaum noch Überstunden gemacht und unser Bestes gegeben.
Wir gewannen für unsere Arbeit noch ein paar letzte Preise und Auszeichnungen, und dann ließ Harald uns wissen, dass die letzte Stunde geschlagen hatte. Am selben Tag erschienen bereits unsere Kollegen von der PR-Agentur, die nicht geschlossen wurde, und heftete Namenszettel an alle Computer und Bürogegenstände, die sie für sich reklamieren wollten. Die Leichenfledderei hatte begonnen, bevor der Agenturtod eintrat. Besonders an meinem Computer war ein Mitarbeiter sehr interessiert. Es

war fast ein Wunder, dass er mir seinen Namen nicht quer über die Bildfläche klebte. Und nun begannen wir fieberhaft nach einem neuen Job zu suchen. Es waren harte Zeiten, und so verlief die Sache zäh.
Wir versuchten es teilweise einzeln, teilweise als Teams.
So trat ich abwechselnd mit einer meiner Art Direktorinnen zu Bewerbungsgesprächen an, die alle sehr ernüchternd verliefen. Mit der einen stellte ich mich um 20.00 Uhr auf einer einsamen Industriestraße in Frankfurt in einer Agentur vor. Die Uhrzeit war für Agenturen nicht ungewöhnlich. Wir parkten unweit des Hauses und mir fiel auf, dass außer ein paar betrunkenen Pennern, die vor einem Aldi lagen, und ein paar Ausländern, die mit ihren Kampfhunden Gassi gingen, kaum noch Menschen in der Gegend waren.
Die Agentur war voll beleuchtet, und es wurde emsig gearbeitet. Wir erkundigten uns, ob eine Präsentation anstand, die meist der Grund für Überstunden waren. Doch man wunderte sich leicht über unsere Nachfrage. Ein Herr Grün interviewte uns und schien von Dialogmarketing – unserer Domäne – nicht die geringste Ahnung zu haben. Durch uns wollte man das Know-how der Agentur um diesen Bereich erweitern. Um 22.00 Uhr verließen wir nach einem unergiebigen Interview das Haus, während um uns herum immer noch fleißig gearbeitet wurde. Man wollte uns dann zeitnah sagen, ob wir den Job bekämen. Um es vorweg zu nehmen: Der Anruf kam fast 2 Jahre, nachdem wir uns vorgestellt hatten und bereits in anderen Agenturen arbeiteten. Herr Grün war etwas enttäuscht, dass wir so überstürzt andere Angebote angenommen hatten.
Mit der anderen Kollegin traf ich mich zu ähnlich später Stunde an einem Freitagabend in einer anderen Agentur ein. Auch dort war das Agenturleben noch in „full swing“. Doch es handelte sich nicht um Arbeit. Es fand wie jeden Freitag der „Creative Friday“ statt, ein Phänomen, das es in vielen Agenturen, die sich für fortschrittlich halten, gibt.
Es geht dabei darum, Arbeiten des Hauses vorzustellen und das alles verbunden mit kleinen Häppchen und reichlich Prosecco. Wehe dem, der nicht daran teilnahm. Was dem Japaner nach Dienstschluss sein Karaoke mit Kollegen, das ist dem Werber sein Creative Friday. Der Creative Director fiel uns schwer betrunken entgegen und war sichtlich bemüht, das Interview mit uns zu führen. Das eine oder andere Mal ließ er unabsichtlich seinen Prosecco auf unsere Arbeitsproben fallen und lästerte hämisch ab, wie blöd doch Dialogmarketing sei, ohne selbst auch nur das Geringste von

der Materie zu verstehen. Auch hier sollten wir Dialogmarketing aufbauen. Doch auch hier wurde nichts aus der Sache.
Wir suchten weiter, während man im Headquarter auf hohem juristischem Niveau die Agenturschließung vorbereitete. Sprich: Man arbeitete ein Modell aus, durch das man keinem von uns – außer den Geschäftsführern – eine Abfindung zahlen musste. So verschwanden von Monat zu Monat Mitarbeiter aus unseren Reihen, bis die Zahl der Angestellten unter die magische Grenze von sechs Personen fiel. Und dann reiste der Finanzdirektor an, um uns im Konferenzraum die traurige Mittteilung über die anstehende Firmenschließung und deren bedauerliche Begleitumstände zu überbringen. Keine der verbliebenen Mitarbeiterinnen verzog bei seiner Ansprache auch nur eine Miene, keiner sprach ein Wort. Dem Finanzdirektor lief der Schweiß in Strömen. Als kleines Entgegenkommen machte er uns ein Angebot: Man kaufte uns unseren Resturlaub ab, damit wir vor der Schließung noch alle Geschäfte abwickeln und auf das Headquarter übertragen konnten. Das hieß durchmalochen bis zum Ende.
Wer zum Anwalt ginge, der würde selbst dieses kleine finanzielle Häppchen verlieren. Man drohte uns. Und da keiner von uns in einer Rechtschutzversicherung war, nahmen wir das Angebot an. Was blieb uns übrig?
Ich hatte noch fast vier Wochen Resturlaub, und mein Herz blutete, das alles für ein paar Mark zu opfern. Aber lieber ein paar Mark auf dem Konto als pleite in die Arbeitslosigkeit. Wir bissen die Zähne zusammen und gaben bis zum letzten Tag unser Bestes.
Unsere Kunden erfuhren erst wenige Tage vor Firmenschluss von unserem Schicksal. So wollte man vermeiden, dass sich diese voreilig nach neuen Agenturen umsahen. Doch der Plan ging nicht auf. Keiner unserer Kunden wollte bei dem Agenturnetwork bleiben. Nicht einer. Man fühlte sich verarscht. Zu recht. Die Zahlen im Headquarter blieben rot, und wir packten für die Agentur die Kisten. Dazwischen liefen die Kollegen der PR-Agentur durchs Haus, um ihre neuen Besitztümer an sich zu nehmen. Ich erinnere mich noch, wie ich während eines Telefonats mit einem Kunden von meinem Stuhl aufstand, um einen Blick durchs Fenster zu werfen. Als ich mich wieder setzen wollte, fiel ich hart auf den Boden. Es hatte sich bereits jemand meines Stuhles angenommen. Kurze Zeit darauf, hatte ich auch keinen Computer, keinen Schreibtisch und kein Telefon mehr.

Was übrig blieb, war eine private Flasche Prosecco, die wir mit Harald noch zu einem letzten Anstoßen tranken. Dann fielen wir uns tränenüberströmt in die Arme und nahmen Abschied. Der 30. September war unser letzter Tag. Und an diesem Tag fanden alle wie durch ein Wunder noch in der letzten Sekunde eine Zusage für einen neuen Job in einer anderen Agentur. Wir wurden getrennt und mussten gleich am nächsten Tag antreten. Ohne Urlaub, ohne Pause. Ohne Luft zu holen. Auf alle Fälle beschloss ich, mich nie mehr für einen Arbeitgeber so aufzureiben und bis in die Nacht zu arbeiten. Die Erfahrung hatte gezeigt, dass es ohnehin nicht gedankt wurde.

In dieser Zeit heulte ich mich oft bei meiner Freundin Marina aus. Ich wollte so gern die Agenturszene verlassen. Ich wollte keine Texterin mehr sein und hatte jede Woche stapelweise Bewerbungen an die Marketingabteilungen von Unternehmen außerhalb der Werbeszene geschickt. Ohne Erfolg. Marina schlug mir vor, ich solle mich doch mal als Sekretärin bewerben. Das stürzte mich wieder in tiefe Depressionen. Sie selbst war bei einer namhaften Software-Firma auf gehobenem Posten in der Marketing-Abteilung, und ich sollte wieder zurück auf den Posten einer Sekretärin? Also wieder Keller entrümpeln, Koffer umtauschen, Mittagessen kaufen und Diätbriefe tippen? Es musste doch für jemanden wie mich eine spannendere Aufgabe geben. Doch wenn ich selbst kaum mehr an meine Fähigkeiten glaubte, wie konnte es dann ein anderer? Trotzdem beschäftigte mich die Frage, wieso für mich immer nur ein Abstieg und nie ein Aufstieg auf der Karriereleiter in Frage kam. Ich fand nie eine Antwort darauf.

Zur gleichen Zeit lernte ich im Fitness-Studio eine neue Freundin kennen. Sie hieß Ulrike so wie ich und wurde wie ich Uli genannt. Auch sie verlor gerade ihren Job und bekam ebenfalls keine Abfindung. Sie hatte zwei Tage vor mir Geburtstag und schien insgesamt ein zweites Ich zu sein.
Uli fand sehr schnell einen neuen Job. Doch im Gegensatz zu mir traf sie es wirklich gut. Sie arbeitete in einem kleinen Familienunternehmen und kannte den Drill und den Druck nicht, den ich in den Agenturen erlebte. Ich beneidete sie. Da wir beide Single waren, verbrachten wir schnell viel Zeit miteinander und wurden mit Marina im Bunde ein nettes Frauen-Trio.

Harald wurde dann Chef einer Münchner Agentur. Die beiden Art Direktorinnen wechselten in namhafte Agenturen in Frankfurt. Und ich? Ich trat in einer völlig unbekannten Agentur meinen weiteren beruflichen Weg an. Gleich am ersten Tag arbeitete ich bis in die Nacht.
Die Agentur befand sich in der Nähe der Konstabler Wache, mitten im Eldorado der Frankfurter Drogenszene. Der Chef war zum Zeitpunkt meines Einstiegs mit der Renovierung seiner Agentur beschäftigt. So konnte ich mich nahtlos wieder als Möbelschlepper und Kistenpacker betätigen.
Als ich am ersten Tag am Empfang erschien, wurde ich nicht erwartet. Keiner hatte eine Information, dass ich käme. Es war auch kein Arbeitsplatz für mich geplant oder eingerichtet. Also wurde ich an den Schreibtisch einer Sekretärin gesetzt, die inzwischen ein Home Office hatte. Der Schreibtisch stand direkt vor einem bodenlangen Fenster. Dort saß ich bei leicht rötlichem Licht wie eine Prostituierte in einem Schaufenster und beobachtete, wie ein paar Drogensüchtige in ein kleines Buschwerk direkt unter meinem Fenster kotzten. Die Pflanze sah sehr mitgenommen aus, woraus ich schloss, dass es sich hierbei um kein singuläres Ereignis handelte. Mein Verdacht wurde bestätigt, als ich eine Notiz gereicht bekam mit folgendem Hinweis:
„Wenn sich ein Drogensüchtiger über den Notausgang Zutritt zur Agentur verschafft und dich mit einer Drogenspritze bedroht, rufe die Polizei unter folgender Nummer an ….“ Die Tür des Notausgangs befand sich direkt hinter meinem Rücken.
Um nicht hysterisch zu werden, wandte ich mich ein paar praktischen Fragen zu. Ich ging zur Buchhalterin und erkundigte mich nach einem Schlüssel, damit ich abends die Agentur verlassen konnte, die von der Empfangsdame um 18.00 Uhr abgeschlossen wurde. Ich ging davon aus, dass ich wohl kaum vor dieser Zeit das Haus verlassen würde. Die Buchhalterin, die auf mich ebenfalls nicht vorbereitet war, gab mir eine Kiste mit Schlüsseln und ersuchte mich, selbst auszuprobieren, welcher davon am entsprechenden Türschloss passte. Ich saß eine gute Stunde an dieser Tür auf dem Teppichboden, bis ich ein passendes Exemplar gefunden hatte. Dann ging ich durchs Haus, um mich den Kollegen vorzustellen und um erste Arbeit zu finden.

Ein erstaunliches Phänomen des Hauses war es, dass alle Mitarbeiter mit dem Rücken zu den entsprechenden Glastüren ihrer Arbeitszimmer saßen. Man suchte offensichtlich keine Ansprache.
Es gab einen Kontakter, der den ganzen Tag mit einem Headphone Kundenkontakte pflegte. Dann gab es zwei Art Direktorinnen, die jeweils eine 4-Tage-Woche hatten und nur Konzept machten. Das eigentliche Artwork machte ein Hamburger Art Direktor, der telefonisch von den beiden Damen gebrieft wurde. Dann gab es noch eine ganze Reihe von Mitarbeitern, deren genaue Aufgabe sich mir nicht erschloss. Keiner im Haus hatte einen festen Arbeitsplatz. Das Konzept lautete „mobile workers". Das hieß, man hatte einen Bürocontainer, einen Laptop und wanderte damit durchs Haus auf der Suche nach Arbeit und ließ sich dort nieder, wo man ein Plätzchen und eine Tätigkeit fand.
Ich kehrte an meinen alten Platz zurück, wo das Telefon auf dem Schreibtisch schrill klingelte. In der Leitung war die Sekretärin, die mich in scharfem Ton anwies, auf keinen Fall an den Computer zu gehen oder sonst was anzufassen. Es seien ihre Sachen und nicht meine. Ich kann nicht sagen, dass mir dieser Arbeitsplatz Mut einflößte.
Nach zwei Tagen war der Chef im Haus. Ohne Begrüßung zog er sich in sein Zimmer neben meiner Stellfläche zurück. Auf einmal ertönte seine Stimme unmittelbar neben mir. Er herrschte mich an, warum ich die Blumen im Flur nicht gegossen hätte. Ich suchte irritiert nach dem Chef, denn in meinem Zimmer stand er nicht. Und schließlich fiel mein Blick auf das Regal zu meiner Linken. Dort starrte er mich zwischen den Regalbrettern an. Die Hinterwand ließ sich von seiner Büroseite öffnen und er nutzte das System wie eine Durchreiche. Na Bravo.
Auf diesem Weg erhielt ich auch mein erstes Briefing vom Chef persönlich und fing an zu texten. Als ich es ihm vorlegte, griff er zu einem Rotstift und schrieb alles um. Dann durfte ich es wieder abschreiben und ihm vorlegen. So sah meine neue Arbeit als Texter aus. Ich fühlte mich sofort wie zu Hause. Gleichzeitig ließ er mich wissen, dass die Hausfarben Orange und Schwarz seien, dass ich bitte das Team bei der Umgestaltung des Hauses unterstützen möge und zu Geschäftsterminen in diesen Farben gekleidet erscheine.
Ich ging also ans Werk. Es wurden Bilder von Galerien geliehen, die der Farbwelt der Agentur entsprachen. Obstschalen wurden mit Mandarinen gefüllt. Alle Stifte und Computer erstrahlten im bicoloren Design, und ich

hatte ziemlich bald die Schnauze voll – von meinem vom Chefzimmer begehbaren Schaufensterplatz, den Drogensüchtigen, der Hausrenovierung und dem Abschreiben vorgeschriebener Texte. Ich sah mich bereits nach zwei Wochen nach einem neuen Arbeitsplatz um.
Als ich eines Tages von einem Vorstellungstermin in der Mittagspause zurückkam, sah ich meinen Chef unterwegs auf der Straße und dachte, dass ich vielleicht noch mal über meinen Unmut mit ihm sprechen sollte. Ich wollte gerade winken, da bog er ab und ging heimlich in ein Beate-Uhse-Geschäft mit Pornokino. Gleich nach der Mittagspause hatte ich einen Termin bei ihm, bei dem ich mich bemühte, ihm nicht die Hand zu reichen. Und abends wurde auch hier gern ein Fläschchen aufgemacht. Ich wollte weg aus dieser Agentur und fand innerhalb von vier Wochen eine neue Anstellung gleich um die Ecke.

Aber auch die neue Agentur brachte keine Wende zum Besseren. Im Gegenteil. Hatte ich in der letzten Agentur zumindest einen Bürocontainer und einen Laptop inklusive einem Schaufensterplatz, dann hatte ich hier nicht mal mehr einen Arbeitslatz.
Auch hier wurde nicht mit meinem Erscheinen gerechnet. Außer der Chefin wusste wohl niemand, dass ich kommen würde und wofür. Ich wurde neben der Herrentoilette hinter einem Paravent an einen Tisch gesetzt, auf dem man schnellstens einen Computer und ein Telefon platzierte. Der Paravent diente als Sichtschutz, denn gleich in meinem Rücken befand sich der Konferenztisch für Meetings, Besprechungen, Kundentermine und gemeinsame Mahlzeiten. Kurz: Die notwendige Konzentration fürs Texten wurde sichtlich beeinträchtigt.
Alle drei Wochen hatte ich mit einer vietnamesischen Buchhalterin zusammen Küchendienst. Wenn ich privat einen Karton Milch kaufte und in den Kühlschrank stellte, dann war dieser nach spätestens einer Stunde von den Kollegen verbraucht.
Und diese Kollegen waren zu 90 Prozent Freelancer, die kein Wort mit mir sprachen. Kein guten Morgen, kein Hallo, kein Tschüss. Wozu auch? Man war ja nur kurzfristig da.
Auch hier hatte ich nicht wirklich eine Aufgabe als Texterin. Meine Agentur war eine Design-Agentur, die keinen Textbedarf hatte. Die freien Kontakterinnen erlaubten sich deshalb, mich für ihre Arbeit einzuspannen. Wann immer also ein strategisches Konzept zu erstellen war, musste ich es

tun, während sich die anderen eine Zigarettenpause im Treppenhaus gönnten. Nach wenigen Tagen war ich stocksauer und erkundigte mich nach wirklichen Textaufgaben. Als Reaktion durfte ich dann die Sockenbanderolen eines namhaften Handelsunternehmens betexten.
Kurze Zeit nach meinem Einstieg wurde auch diese Agentur renoviert. Wieder war es meine Aufgabe, Möbel zu rücken und Kisten zu packen. Zu allem Überfluss wurden auch alle Fenster der Agentur ausgetauscht. In diesem Gebäude reichten sie von der Decke bis zum Boden. Das hieß, wenn eines heraus montiert wurde, gab es an dieser Stelle keine Wand mehr. Und ich saß im dritten Stock direkt an einem Fenster. Dieses wurde mir dann bei minus 13 Grad mitten im Winter für mehrere Tage entzogen, und ich saß in schwindelerregender Höhe frierend hinter meinem Paravent. Die Chefin nahm sich zur Zeit der baulichen Maßnahmen Urlaub und war äußerst erzürnt, als sie bei ihrer Wiederkehr mehrere Krankmeldungen auf dem Schreibtisch vorfand. Viele hatten sich auf unerklärliche Weise erkältet.
Irgendwann gab es dann auch wieder Fenster, und der Lebensgefährte der Chefin tauchte auf.
Die Sekretärin erzählte mir, er sei einmal ein alkoholsüchtiger Penner gewesen, den die Chefin während eines Urlaubs aufgegabelt und nun als Textchef in ihrer Agentur eingesetzt hatte. Dieser Mann entfernte sofort den Sichtschutz an meinem Platz und saß täglich hinter mir am Tisch. Er gab mir sehr skurrile Aufträge und Briefings für Projekte und Kunden, die gar nicht bei uns auf der Liste standen, sondern sein persönliches Hobby waren. Ich gab mein Bestes. Auch hier wurden meine Texte so honoriert, dass dieser Mann sie mit Rotstift umschrieb und mir wieder hinlegte. Auch seine eigenen handgeschriebenen Texte oder Briefe an wer weiß wen legte er mir hin, damit ich sie für ihn in den Computer tippte. Mein Hinweis darauf, dass es hierfür auch eine Sekretärin im Hause gäbe, brachte mir endgültig seine Feindschaft ein.
Auch hier wollte ich nicht bleiben und suchte bereits nach einem Monat wieder nach einem Fluchtweg. Und der eröffnete sich, als kurz vor Weihnachten Juliane, meine Ex-Kolleginnen, bei mir anrief und mir verriet, dass ihre Agentur einen Texter suchte. Ich bewarb mich, obwohl ich Tag und Nacht damit befasst war, einen Ausweg aus der Werbeszene zu finden.
Am Nikolaustag teilte ich meiner Chefin gleich am Morgen mit, dass ich ausnahmsweise einmal keine Überstunden machen könne, sondern

pünktlich zum Zug müsse. Ich wollte in den Taunus zu meiner Familie fahren, wo der Abend gefeiert werden sollte. Damals waren meine Nichte und mein Neffe noch klein. Doch meine Chefin richtete es so ein, dass um 17.30 Uhr noch ein Meeting angesetzt wurde, dass bis 19.00 Uhr ging. Scheinheilig meinte sie dann: „Ach herrje, wolltest du nicht gehen?“ Ja, eigentlich wäre es mal schön gewesen.
Als Weihnachten heranrückte, erfuhr ich, dass alle Kollegen ab 24. Dezember bis inklusive 31. Dezember Urlaub hatten. Da ich und die vietnamesische Buchhalterin noch in der Probezeit waren, durften wir keinen Urlaub nehmen. Wir hatten zwar nichts zu tun, aber wir mussten antreten. Also saß ich unter der Aufsicht meiner Chefin am 24. und 31. Dezember bis mittags in der Agentur und las eine Zeitschrift. Es ging ums Prinzip. Und auch zwischen den Jahren schob ich als einzige lustlos Dienst, obwohl es nichts für mich zu tun gab.
Im Januar bekam ich dann einen Termin zum Vorstellungsgespräch bei der anderen Agentur. Ich werde nie vergessen, wie erstaunt mein zukünftiger Chef war, als ich meinen Arbeitsplatz sehen wollte. Auf sein Nachfragen erklärte ich ihm, ich wolle nur sicherstellen, dass ich einen Raum mit vier Wänden, einem Dach, einem Schreibtisch, einem Stuhl, einem Computer und einem Telefon bekäme. Er war verwundert, aber all das konnte er mir bieten. Ich ging bei ihm unter Vertrag und schwor mir, dass es endgültig mein letzter Job als Texter in einer Agentur sein sollte. Ich wollte mich nicht länger von Verrückten und Alkoholikern rund um die Uhr schikanieren lassen.

Zu dieser Zeit machte das Schicksal mir ein unerwartetes Geschenk. Ich lernte einen jungen Jamaikaner kennen, der als Fitness-Trainer in dem Fitness-Studio arbeitete, in dem ich mich vor kurzem angemeldet hatte. Er hieß Charly und gehört auf dieser Welt wohl zu den wenigen, die die Gabe haben, sofort in das Herz eines Menschen zu laufen. Ich habe nie einen Menschen kennengelernt, der so viel Sonnenschein verbreiten konnte.
Charly hatte das schönste und ehrlichste Lächeln und Lachen. Er war freundlich, sanft und verspielt. Man musste ihn einfach lieb haben. Er war zierlich, hatte unglaublich zarte Hände und Handgelenke und war doch muskulös und gut definiert. Aber in seinen großen Jeans und weiten Hemden mit der Baseball-Cap wirkte er wie ein kleiner, lieber Junge. Charly war gleichzeitig der Mensch mit der traurigsten Lebensgeschichte, die man

sich nur vorstellen kann. Wir freundeten uns an, und ich wollte ihm helfen, seine Deutschkenntnisse ein wenig aufzubessern.
Bei dieser Gelegenheit hat er mir viel von sich erzählt. Er musste als kleines Kind mit ansehen, wie sein Vater seine Mutter mit einem Aschenbecher aus dem Haus prügelte. Dann zog eine Stiefmutter ein, die auch gern zuschlug. Als die Fürsorge Charly einmal abholen wollte, musste er schwören, dass es ihm gut ginge. Aber er wurde von seinem Vater danach zur Vorsicht halbtot geschlagen. Seine Hunde wurden vom Vater vor seinen Augen erhängt und über die Klippe geworfen, und ab und zu bekam Charly nichts zu essen. Lehrer fütterten ihn durch. Dann hat Charly bei der ersten besten Gelegenheit sein Elternhaus verlassen und in diversen Hotels als Fitness-Trainer und Animateur gearbeitet. Ein Mann aus Leipzig hatte ihm eines Tages eine Postkarte in die Hand gedrückt und ihm gesagt, er solle doch nach Leipzig gehen, dort tobe das Leben. Das hat Charly dann gemacht und ist dort jede Menge Rassismus und Fremdenhass begegnet. Aber er bekam eine Aufenthaltsgenehmigung für Deutschland und schlug sich mutterseelenallein bis Frankfurt durch, wo ich ihm begegnete. Ich habe ihn auf den ersten Blick in mein Herz geschlossen und ihn als „kleinen Bruder" adoptiert.
Wir waren wie zwei verwandte Seelen. Allein, verletzt und immer die Pechvögel. Das verband mich mit Charly. Ich habe mich immer gefragt, wie ein Mensch nach so vielen Schicksalsschlägen so warmherzig und liebenswert sein konnte. Ich weiß aber, dass Menschen, die ohne Liebe groß werden, oft einen besonderen Charme entwickeln, und Charly gehörte zu dieser Sorte Mensch. Ich habe immer das Gefühl gehabt, ich müsse an ihm gutmachen, was seine Eltern versäumt hatten. Und ich gab mir Mühe, ihn zu unterstützen und mit liebevoller Freundschaft zu umhüllen, wo immer es mir möglich war. Irgendwo musste die Liebe, die sich in mir ungenutzt aufstaute, hin.
Dafür bekam ich einen der besten Freunde der Welt, der immer für mich da war. Wenn ich weinte, kam er bei mir vorbei und schlief vor meiner Schlafzimmertür wie ein treuer Hund. Er war und ist immer für mich da. Und kaum einer kann mir – wohl aufgrund seiner Lebenserfahrung – so gut zuhören und so kluge Ratschläge geben wie Charly.
Darunter waren auch einige Hinweise, die meinen Kleidungsstil betrafen. Ich trug immer noch die weite Sack-Kleidung, die Martin so bevorzugt hatte. Aber Charly ließ mich irgendwann in einer Kneipe wissen, dass mich

diese Textilien eher entstellten als kleideten. Ich brach in Tränen aus und verließ die Kneipe. Charly konnte nicht wissen, welche Wunde er mit seinem gut gemeinten Ratschlag aufgerissen hatte. Aber ich begann, mich wieder körperbetonter zu kleiden, und Charly half mir dabei.

In meiner neuen Agentur arbeitete ich am ersten Tag gleich an einem Pitch mit und das ging bis in die Nacht und das komplette Wochenende durch. Hier hatte ich zwar einen Arbeitsplatz, jedoch musste ich sehr schnell feststellen, dass auch dieser seine Tücken hatte.
Eine Dartscheibe, die sich bei mir im Zimmer an der Wand befand, wurde doch tatsächlich von den männlichen Geschäftsführern und einigen Kollegen gelegentlich zu einer Spielrunde genutzt. Dabei flogen die Pfeile nur so über meine Schulter, was mit grölendem Gelächter und allerhand Männergesprächen verbunden war. Mich ignorierte man geflissentlich. Ich selbst versuchte dabei, mich aufs Texten zu konzentrieren, was mir nur selten gelang. Der Rest des Raumes bestand aus völlig zugemüllten Schreibtischen und Schränken. Ich rührte nichts davon an und war froh, auf meinem eigenen Schreibtisch ein wenig Ordnung schaffen zu können.
Insgesamt gab es einen Inhaber und mehrere Geschäftsführer, einer davon war sogar weiblich. Wenn ich bei diesen einen Besprechungstermin anstrebte, dann fand dieser grundsätzlich ab 19.00 oder 20.00 Uhr statt, was ja deutlich innerhalb meiner Arbeitszeit als Agenturmensch lag. Dazu gab es noch zwei Kreativ Direktoren, wobei der eine kurz vor der Rente stand und kaum noch in das Tagesgeschehen eingriff. Der andere, der mich bereits nach wenigen Tagen ablehnte, hatte einen prima Job. Er war insgesamt nur wenige Monate des Jahres da und diese nicht am Stück. Dazwischen hatte er über sechs Wochen Urlaub. Und wenn er mal da war, dann hingen ab spätem Nachmittag bestenfalls noch seine Jacke und sein Hemd am Stuhl, denn da ging der Mann zum Joggen.
Dazwischen beschäftigte er sich mit ... ja womit eigentlich? Gelegentlich befand er sich in den ausgedehnten Mittagspausen mit der Geschäftsleitung beim Essen, wo in der Regel reichlich aufgefahren und getrunken wurde. Auch hier war es deshalb durchaus opportun, Wichtiges vor der Mittagspause zu besprechen, wenn man sich nicht dem alkoholisierten Gemäkel nach Tisch aussetzen mochte.

Ein Pitch folgte dem anderen. Ich war schnell wieder in meinem alten Arbeitsrhythmus, der bis in die Nacht ging. Trotzdem versuchte ich mich – ohne Erfolg – dagegen zu wehren.
Außer Imageverlust brachten meine Bemühungen nichts ein. Nach ein paar Pitches war mein Immunsystem durch den Stress so runtergefahren, dass ich mir eine schwere Nebenhöhlenentzündung einfing. Doch ich lies mich nicht krankschreiben, sondern erschien jeden Tag an meinem Arbeitsplatz, um mit Juliane eine Wettbewerbspräsentation vorzubereiten. Man ließ uns machen. Mir hämmerte und pochte es im Kopf, und ich hatte Fieber. Dann blieb irgendwann die Stimme weg. Gleich hinter der Agentur befand sich ein HNO-Arzt, den ich in meiner Mittagspause ohne großen Zeitverlust aufsuchen konnte. Leider zeigten Inhalation und Bestrahlung nicht die gewünschte Wirkung. Auch Medikamente griffen nicht so recht. Der Arzt meinte dann, wir könnten ja die Nebenhöhlen aufbrechen und den Eiter absaugen. Das klang ganz überzeugend, und ich hatte es noch nie machen lassen. Während der Arzt im Plauderton auf den kleinen Eingriff einging, hatte er mir auch schon was ins rechte Nasenloch gerammt. Dann krachte und knirschte es in meinem Kopf, wie nach einer kurzen Explosion.
Der Arzt riss meinen Kopf über ein Waschbecken, denn schon tropften mir Blut und Eiter aus der Nase. Bevor ich mich wehren konnte, attackierte er mein linkes Nasenloch und gab mir so das Gefühl, meinen Kopf wie einen reifen Apfel gespalten zu haben. Es tropfte nur so der blutige Schleim aus meinem Kopf, unter anderem auch auf seinen Kittel und seine Hose. Um das zu stoppen, rammte er mir zwei weiße Tampons in die Nase und meinte zuversichtlich: „Na also, geht schon. Jetzt können Sie zurück an die Arbeit."
Ich näselte ein Dankeschön und begab mich zurück in die Agentur. Keiner erkundigte sich dort nach meinem Wohlergehen, obwohl man mir meine Pein deutlich ansah und die beiden blutigen Pfropfen sichtbar aus meiner Nase hingen. Geht schon.
Also dachte ich mit Juliane weiter über die Präsentation nach. Wir einigten uns bald auf einen Ansatz. Sie machte das Layout, ich den Text. Wir wären auch um ein Haar pünktlich aus der Agentur gekommen, wären da nicht unsere Chefs aufgetaucht und hätten alles in die Tonne getreten. Man diskutierte pünktlich ab 18.00 Uhr, als wir alles fertig hatten, ob das der richtige Ansatz sei. Vorher hatte es keinen interessiert. Natürlich befand man sehr schnell, man könne das besser machen, und schon saßen alle da

und arbeiteten eine Flut neuer Ansätze aus, die immer schlechter wurden. Juliane und ich saßen an unseren Plätzen und warteten darauf, dass man sich auf etwas einigte, damit wir das irgendwann auch noch fertig stellen konnten. Es war der 30. April und am Tag darauf war Feiertag. Wir hatten keine Lust, an diesem Tag arbeiten zu müssen, nur weil sich die Herren Geschäftsführer wie immer uneinig waren.

Irgendwann haben wir dann Order bekommen, unsere Sachen wie von Anfang an geplant, fertigzustellen. Nur war es inzwischen Mitternacht. Das hätten wir schneller haben können.

Auf dem Heimweg musste ich plötzlich daran denken, dass heute mein Hochzeitstag gewesen wäre. Ich lebte zwar schon lange von meinem Mann getrennt, aber noch war Martin mein Mann. Sofort schoss mir dies in meiner trüben Stimmung durch den Kopf. Während meine Gedanken freien Lauf nahmen, fiel mir noch ein, dass jetzt die halbe Welt beim Tanz in den Mai war. Nur ich hatte in der Agentur geschrubbt, hatte blutige Tampons in der Nase und keine Einladung zum Tanz. Und das an meinem Hochzeitstag. Das gesamte Elend brach unvermittelt über mich hinein, obwohl ich noch nie beim Tanz in den Mai gewesen war.

Als ich zu Hause in meinen einsamen vier Wänden eintraf, entschied ich mich, meinen Kummer in Rotwein zu ertränken. Ich öffnete mir eine Flasche und schüttete das Zeug in mich hinein. Mit dem Ergebnis, dass ich mit meinen blutigen Tampons in der Nase sehr schnell heulend und würgend über meiner Kloschüssel hing. Dort wachte ich gering erholt am nächsten Morgen auf und begab mich ins Bett, um meinen Rausch und meinen Kummer zu überwinden. Ich habe nie mehr an einem 1. Mai über etwaige verpasste Tanzveranstaltungen oder gar meinen Hochzeitstag nachgedacht. Es musste an der entzündeten Nase und der Wettbewerbspräsentation gelegen haben.

Wir haben den Pitch übrigens gewonnen, und ich hatte einen neuen Kunden. Einen Kunden, der mich fast meinen Job gekostet hätte. Für ein erstes Meeting war der gesamte Kundenclan – natürlich nur Männer – zu uns angereist. Man hatte im großen Kreis einiges besprochen, und als man sich voneinander verabschieden wollte, fiel der Blick unserer Gäste auf Juliane und mich. Die einzigen Frauen in der Runde.

„Wie sieht es aus? Stellt Ihr uns die Mädels noch für einen Ausflug zum Wagner zur Verfügung? Wir würden gern noch ein paar Bembel Apfelwein stemmen."

„Klar, kein Thema“, antworteten unsere Chefs leutselig, „wir können alle gleich los.“
„Nee, nee. Nur die Mädels, das reicht schon.“
„Also schön, nur die Mädels. Nehmt sie einfach mit“, wurde mit einem Schulterklopfen von unseren Chefs entschieden, und ich fühlte mich vage an mein Erlebnis beim Teppichhändler erinnert.
Juliane und ich beschlossen sofort, dem Alkohol nur in Maßen zuzusprechen. Wir versuchten beim Apfelwein das Gespräch auf geschäftliche Angelegenheiten zu lenken, und als die Herren immer ausgelassener wurden, verabschiedeten wir uns. Irgendwie waren wir sauer auf unsere Chefs.
Am nächsten Tag klingelte mein Telefon. Es meldete sich ein Rolf Grau. Ich hatte einen Rolf Grau an der Uni kennengelernt und bin öfter mit ihm weggegangen. Schön, dass er sich nach all den Jahren wieder mal meldete. Vielleicht könnten wir ja mal wieder was zusammen unternehmen. Also beschloss ich, nett zu ihm zu sein.
„Du Rose meines Gartens, das ist aber schön, dass du anrufst“, begrüßte ich ihn gut gelaunt.
„Ach, ich ...“
„Wie sieht’s aus, wollen wir mal wieder einen heben gehen oder warum rufst du an?“
„Ja. Warum nicht?“, kam es zögerlich aus der Leitung und dann wurde im Hintergrund getuschelt.
„Fein, wann kannst du?“
„Ich bin morgen bei dir zum Briefing. Du weißt doch, diese Flyer, die wir brauchen ...“
„Flyer“ hauchte ich fast tonlos. Erst jetzt wurde mir klar, dass ich nicht den ehemaligen Studienkollegen, sondern meinen neuen Kunden am Apparat hatte. Er trug zufällig den gleichen Namen wie mein alter Kumpel. Mir war sofort klar, dass ich hier die falschen Signale gesetzt hatte, aber aus der Nummer nicht mehr mit Anstand rauskam. Ich musste handeln. Fieberhaft suchte ich nach einer Lösung, und ich fand sie. Es war eine naheliegende Lösung. Ich zog einfach meine Schreibtischschublade auf, warf den Hörer hinein und schob die Lade wieder zu. Nun plauderte mein Kunde mit meinen Bleistiften und Radiergummis. Dann schoss ich rüber zu Juliane und unterrichtete sie über die Vorkommnisse.
„Was hast Du? Du hast den Hörer in die Schublade gelegt?“

„Ja, was hätte ich sonst machen sollen?"
„Lass mich mal machen", und schon wanderte Juliane in mein Zimmer, angelte sich den Hörer aus der Schublade und fing eine Plauderei mit dem Kunden an. Der hatte meine Abwesenheit noch nicht mal bemerkt. So konnten wir die Situation gerade noch mal hinbiegen. Aber ich gab den Kunden sehr schnell unter fadenscheinigen Gründen an einen männlichen Kollegen ab. Herr Grau hat dies außerordentlich bedauert.

Als wäre meine berufliche Lage nicht schon schlimm genug, spitzte sich auch die Lage in meiner Bockenheimer Wohnung zu. Allein in der Zeit, in der ich dort wohnte, wurden zwei Menschen unmittelbar vor meiner Haustür umgebracht. Vielleicht lag es an der Nachbarschaft, die sich aus Arbeitslosen, Alkoholikern, Prostituierten und zahlreichen Immigranten rekrutierte. Ich war am Boden der Gesellschaft angekommen und arrangierte mich dort, so gut ich konnte. Im Hinterhof unseres Hauses wohnten ein paar seltsame Nachbarn in kleinen Absteigen, in denen jeder Streit direkt zu uns herüber drang – und das war rund um die Uhr. Gegenüber starrte mich ein Mann mit äußerst haarigem Oberkörper immer aus seinem Fenster an. Er wirkte wie ein direkter Nachfahr des Australopithecinen und war evolutionär in etwa auch auf dieser Höhe. Ich hängte mir Jalousien vor die Fenster, um mich vor den eindringlichen Blicken dieses Mannes zu schützen. Und so war meine einfache Behausung für mich nicht die Oase des Friedens, zu der ich nach langen harten Arbeitstagen fliehen konnte.
„Uli, diese Wohnung ist ein Albtraum", fand Armin, einer meiner langjährigsten Freunde, als ich dort eingezogen war. „Das Beste ist die Aussicht auf den Messeturm da hinten."
„Ja, wenn man die Baustelle gegenüber ignoriert", fand Hartmut, ebenfalls ein alter Freund aus vergangenen Studientagen. Gegenüber wurde tatsächlich ein Neubau hochgezogen, und dort waren zahlreiche schwitzende Bauarbeiter aktiv. Die Lärmbelästigung war so hoch, dass man die Stimme erheben musste, um sich unterhalten zu können.
„Jetzt seid mal nicht so kritisch", mischte sich Marina ein. „Uli wohnt hier sehr zentral. Mitten in der Stadt. Sie wird hier das aufregende Leben eines Großstadt-Singles führen. Das ...", sie deutet aus dem Fenster, „nennt man ein urbanes Umfeld. Bockenheim ist ziemlich multi-kulti. Das finde ich toll. Bestimmt hat es hier ganz interessante Nachbarn. In Stadtteilen wie

diesen bilden sich meist großartige nachbarschaftliche Verbindungen, wirst schon sehen, Uli. Du wirst viel Spaß haben."

Aber den hatte ich nicht. Ich saß meist im Dunkeln und gab mich meinem Kummer hin.
Das Leben war nicht so rosarot wie im Kino. Besser, man sah sich gar keine Filme mehr an. So wurde auch Strom gespart. Umwelttechnisch betrachtet wurde dadurch angeblich eine Ringelrobbe auf ihrer so nicht länger schmelzenden Eisscholle vor dem sicheren Aussterben bewahrt. So arm, wie ich war, und so sparsam, wie ich lebte, hatte ich in dieser Zeit vielleicht sogar einer ganzen Kolonie von Ringelrobben das Leben gerettet. Ich hoffte, die Kollegen auf der Eisscholle würden es irgendwie danken.
Zwischenzeitlich rissen mich in meinem urbanen Umfeld öfters seltsame Geräusche aus dem Schlaf. Einmal klang es, als ob ein Wasserfall kurzfristig seinen Weg in diesen Bezirk gefunden hätte. Mit den schlimmsten Befürchtungen stolperte ich durch die dunkle Wohnung. Da war das Geräusch wieder. Es schien von außerhalb der Wohnung zu kommen. Ich schaute aus dem Fenster und lernte bei dieser Gelegenheit die Nachbarn aus dem flachen Barackenhaus im Hinterhof näher kennen.
Eine Frau, deren Outfit auf eine unmoralische Profession schließen ließ, schien mit dem Hausputz beschäftigt zu sein. Alle paar Minuten schleuderte sie einen Eimer Wasser in den Hinterhof. Die unmittelbaren Nachbarn standen rauchend und Bier trinkend im Hinterhof und beschimpften sie aufs Übelste.
„Du blöde Schlampe! Kannst du das nicht tagsüber erledigen", krisch ein zahnloser tätowierter Mann die Frau an. Er schien südländischer Herkunft zu sein.
Die Frau warf den leeren Eimer nach ihren Nachbarn. „Und du Arschloch hast noch nie einen feuchten Lappen in der Hand gehabt. Kümmere dich um deinen eigenen Scheiß und deine eigene Drecksbude." Ihr Akzent ließ auf östliche Wurzeln schließen.
Die Konversation ging noch eine Weile lebhaft weiter. Ich versuchte, keine Vorurteile gegen meine Nachbarn zu entwickeln. Bestimmt waren das alles ganz unbescholtene Leute, die einfach nur in ärmlichen Verhältnissen lebten und einen interessanten Immigrantenhintergrund hatten. In den Disput mochte ich mich auch nicht einmischen. Doch eine Nachbarin zwei Etagen unter mir sah das anders. Sie richtete einen Wasserschlauch in den

Hinterhof und sprühte die Streithähne mit einem eiskalten Wasserstrahl auseinander. Nun waren ganz viele Parteien in eine durchaus multikulturelle Auseinandersetzung verwickelt. Eines war jedenfalls klar. Hier musste kein Neuankömmling damit rechnen, dass in den nächsten Tagen ein Nachbar mit Salz und Brot zum Willkommensgruß vor meiner Tür stand. Gute Nachbarschaftsverhältnisse wurden sowieso weit überbewertet.
Und dann waren da die Nächte, in denen ein Mann und eine Frau stöhnten wie unter heftigen Schmerzen. Dabei hörte ich ein rhythmisches „ink, ink, ink“. Ob sie wohl Hilfe brauchten? Menschen in Not? In der Wohnung unter mir trieben es zwei Nachbarn wie die Karnickel. Nun, damit müsste ich alle wichtigen Nachbarn kennen gelernt haben. Ich hörte den Geräuschen lange zu. Der Mann musste ein Hengst sein. Das ganze dauerte und dauerte und dauert. Irgendwann hörte man die Frau lachen und den Mann etwas rufen. Ich wollte gar nicht wissen, was. Ich hatte schon seit Jahren keinen Sex mehr gehabt. Weder mit Martin, noch mit einem anderen. Gute 15 Jahre war ich schon inaktiv. Ich konnte mich fast nicht mehr daran erinnern, wie es so war. Zum Glück hatte Mütterchen Natur dafür Sorge getragen, dass ich es nicht wirklich vermisste.
Am nächsten Morgen rief meine Freundin Marina an, um sich zu erkundigen, wie meine Nacht verlaufen war.
„Gute Frage. Ich habe wohl die meisten Nachbarn inzwischen kennen gelernt. “
„Ist denn so spät noch jemand gekommen?“
Ich musste lachen. „Ja, so könnte man das nennen. Und nicht nur einmal, sondern mehrfach.“
„Nein, wer denn?“
„Da wohnen zwei unter mir, die haben es die ganze Nacht getrieben.“
„Ach so. Und woher weißt du das?“
„Ich habe es gehört. Die Wände sind wie aus Papier. Man bekommt nahezu alles in diesem urbanen, multi-kulturellen Großstadtmilieu mit. Wenn ich daran denke, wie lange ich selbst schon keinen Sex mehr hatte, könnte ich vor Neid kotzen.“
„Zumindest hast du das Geräusch noch erkannt“, versuchte Marina zu trösten.
„Das ist aber auch schon alles. Vielleicht bin ich schon wieder zugewachsen und muss wieder entjungfert werden. Oder noch schlimmer. Vielleicht

sollte ich noch mal aufgeklärt werden, damit ich mich wieder erinnere, worum es beim Sex überhaupt geht."
Marina brach in Gelächter aus. „Vielleicht kannst du den Neandertaler von gegenüber mal auf ein Bier einladen. Der ist sicherlich für gewisse Formen der Nachbarschaftshilfe zu gewinnen."
„Davon bin ich überzeugt." Meine Laune wollte sich einfach nicht aufhellen lassen. „Aber ehrlich, wenn das hier so weiter geht, werde ich hier noch verrückt."
„Wieso, sind die beiden immer noch zugange?"
„Nein, die nicht. Aber die Bauarbeiter haben heute Morgen zwischen 6.00 und 6.30 Uhr mit dem Abladen von Bauteilen angefangen. Du kannst dir den Lärm nicht vorstellen." Mit diesen Worten lief ich nackt zum Fenster rüber, um die Aktivitäten auf der Baustelle zu beobachten. Es dauerte gar nicht lange, bis die Bauarbeiter mich bemerkten und freudig rüber winkten.
„Mist."
Marina fragt zögernd nach. „Was ist denn?"
„Ich stehe hier gerade nackt am Fenster und habe den Bauarbeitern gegenüber den Tag versüßt. Meinst du, das zählt schon als Sex?" versuchte ich, der Situation was Positives abzuringen.
„Für die Kerle schon. Für dich nicht, " erstickte Marina die aufkeimende Hoffnung. „Du schaust aber wirklich nur auf das Negative. Schau doch mal auf das Positive."
„Es gibt nichts Positives."
„Meinst du allen Ernstes, dass du alles Gute bei Martin zurückgelassen hast?"
„Nein. Nicht alles. Ich habe immerhin den Reisrand mitgenommen."

Bald musste ich auch in der neuen Agentur Möbel rücken und Umzugskisten packen. Wir zogen in einen anderen Stadtteil um. Natürlich war ich für die Altlasten sämtlicher Kollegen, die vorher mein Büro bewohnt hatten, verantwortlich. Und damit hatte ich mehr Kisten zu packen, als alle anderen Kreativen. Zusätzlich war ich für die Entrümpelung einer Küche im Keller und der gesamten Lagerbestände in den Kellerräumen verantwortlich.
Wie immer hatten die Kontakter zu viel zu tun und konnten sich nicht um diese niederen Tätigkeiten kümmern. Ein Kreativer ist dagegen immer

zuständig, und macht dann halt auch wieder entsprechend Überstunden, wenn die Jobs deshalb auf dem Schreibtisch liegen bleiben.
Also verbrachte ich meine Zeit wieder zwischen Spinnweben, Spinnen und Altlasten. Kaum waren wir umgezogen, teilte ich mir mein Büro mit meiner Kollegin Juliane, mit der ich mich gut verstand. Doch da ich meinem Creative Direktor ein Dorn im Auge war, wurde diese Partnerschaft schnell im Keim zerschlagen. Nachdem ich aus einem Kurzurlaub zurückkam, befand sich mein Trolley mit allen meinen Sachen auf dem Korridor und an meinem Platz saß eine andere Art Direktorin. Ich selbst hatte keinen Arbeitsplatz mehr.
Über die Art und Weise, wie mir das kommuniziert wurde, verlor ich schier die Fassung. Ich tobte, was das Zeug hielt. Aber es half nichts. Ich saß alle paar Wochen interimsmäßig in einem anderen Büro von Kollegen, die gerade krank oder im Urlaub waren. Ich war ständig am Umziehen mit meinem Trolley und meinen Büroutensilien. Und einen Art-Partner hatte ich auch nicht mehr. Auch keinen Partner für die Mittagspausen. Denn kaum hatte Juliane eine neue Zimmernachbarin, wendete sie dieser ihre ganze Freundschaft zu.
Am Ende landete ich in einem winzigen, leergeräumten Kopiereck, das man für mich als Büro eingerichtet hatte. Hier verschwand ich hinter einer schweren Brandschutz-Eisentür, während alle anderen Büros transparente Glastüren hatten. Mein CD war es aber so zufrieden. Und wenn ich ihn mal arbeitstechnisch auf was ansprach, dann lies er mich zur Strafe mal eben 50 bis 100 Headlines schreiben, die er mir dann alle abschoss. Ich lernte so, den Kontakt zu ihm möglichst gering zu halten.
Zur gleichen Zeit wurde mir einer der Geschäftsführer zugeordnet, der als der große Ablehner und Abschießer der Agentur galt: Tim. Tim war ein Nachtmensch. Ich dagegen ein Morgenmensch. Wir hatten nicht das Geringste gemeinsam, und er brachte mich gleich an den ersten Tagen der Zusammenarbeit zur Verzweiflung, als er Texte von mir nach Strich und Faden zerriss. Doch alles half nichts. Ich arbeitete mir die Finger wund, um alle zufrieden zu stellen.
Um die Dinge noch etwas schwieriger zu gestalten, verteilte mein CD die Jobs in der Kreation noch etwas um: Sein Lieblingstexter wurde den schwierigsten Kunden des Hauses los. Und den bekam ... na, wer wohl?
Es war ein Kunde aus dem Bereich der Telekommunikation und erinnerte mich schon bald an meinen ersten miesen Kunden aus der Food-Branche.

Dieser Kunde erforderte täglich eine Nachtschicht und jedes Wochenende die komplette Zusatzschicht. Ich habe so manche Briefe bis zu 30mal geschrieben. Am Ende musste ich Tim trösten, der auch nicht mehr wusste, wie er mich noch briefen sollte. Schreib es einfach um, war die Devise, egal, wie.
Doch mit der Zeit verband uns der gemeinsame Stress.
Um mich in puncto Motivation bei der Stange zu halten, bemühte sich Tim sogar, sich auf meinen Arbeitsrhythmus einzustellen. Anstatt mich die ganze Nacht zu quälen, einigte er sich mit mir darauf, mich abends zu briefen, damit ich bei Tagesanbruch texten und alles fertig stellen konnte. Sehr schnell wusste Tim, dass er sich blind darauf verlassen konnte, von mir morgens um 8.00 Uhr alles auf seinem Schreibtisch vorzufinden.
Ich saß dafür morgens um 6.00 Uhr schon hinter meiner Eisentür und schrieb mir die Finger bis in die späten Abendstunden wund. Wir verstanden uns immer besser, mein CD und ich immer schlechter. Keiner hatte damit rechnen können, dass sich zwei so gegensätzliche Naturen wir Tim und ich verstehen würden. Doch wir taten es. Immer mehr. Tim verschaffte mir sogar eine Gehaltserhöhung, weil er meinte, ich leiste so viel und er wolle mich nicht ausbeuten. Das brachte mir beim Personalchef und bei meinem CD auch keine Pluspunkte ein.
Doch das Team Tim und Uli wurde immer besser. Als unser mieser Telekommunikationskunde zu einem Pitch aufrief (bei dem klar war, dass sich der Kunde von uns trennen würde), kam es zu meiner großen Stunde.
Das Team für die Präsentation sollte festgelegt werden. Ich bot an, dass ich meine Sachen selbst präsentieren könne, doch alle außer Tim waren dagegen. Tim setzte sich durch, und ich präsentierte, was das Zeug hielt.
Zur Verstärkung für diese wichtige Präsentation hatten wir noch eine Telefonmarketing-Agentur mit im Boot. Die beiden Geschäftsführer waren von meiner Präsentation so angetan, dass sie dem Inhaber meiner Agentur sagten, er wisse hoffentlich, was für eine Perle er da in den Reihen habe. Er wusste es nicht. Doch bei der nächsten Präsentation von Tim und mir war er dabei, um es sich anzusehen. Er war beeindruckt, und ab sofort wurde ich von ihm unterstützt. Auch das brachte mir bei Vorgesetzten keine Pluspunkte.
Inzwischen verließ der CD das Haus und ein neuer kam. Doch damit gab es für mich keine Wende. Im Gegenteil. Der neue Mann war kein strebsamer Mann, und auch er hatte schnell raus, dass er nur seine Jacke an seinen

Stuhl hängen musste, damit alle dachten, er sei irgendwo im Haus. Tatsächlich war er aber unterwegs in der Stadt oder las Zeitung in einem nahegelegenen Cafe. Und auch er lehnte mich bald ab, denn er war misstrauisch ob meiner guten diplomatischen Beziehungen zu Tim und zum Inhaber der Agentur.
Gleichzeitig verschlechterte sich das Klima in unserem Haus. Alle litten unter der Peitsche der Vorgesetzten, alle schoben Überstunden und Wochenendschichten. Bis es zu einem denkwürdigen Kündigungstermin kam, an dem eine ungewöhnlich hohe Zahl an Mitarbeitern kündigte.
Einer nach dem anderen. Da ich eine beliebte Kollegin war, wusste ich darüber gut Bescheid, denn man hatte mich ins Vertrauen gezogen. Hinter meiner Eisentür kam es reihenweise zu vertraulichen Gesprächen. Irgendwann tauchten dann sogar die Chefs bei mir auf und heulten sich bei mir aus. Ich kam mir langsam vor wie ein Betriebspsychologe. Ich vermittelte, ich beriet, ich tröstete, und ich munterte auf. Die ausgeschiedenen Kollegen wurden langsam ersetzt, und die Stimmung hellte sich wieder etwas auf.
Allerdings hatten wir nun einige Kollegen in der Reihe, die mit mir gar nicht mehr konnten. Besonders im Kontakt, die unmittelbar mit den Geschäftsführern zusammenarbeiteten. Wir hatten eine Agentur, bei der die Kontakter von der Spitze bis in die Reihen der Junioren die Peitsche in der Hand hielten. Die Chefs und ihre Kontakter sagten an, die Kreativen sprangen und machten Handstand. So musste ich mir von Berufsanfängern die Texte um die Ohren hauen lassen oder halt von Kontaktern, den Etat-Direktoren und den Chefs. Jeder gab seinen Senf dazu. Und meist handelte es sich um solch groben Blödsinn, dass mir oft die Hutschnur platzte. Ich hatte dann die Wahl: Ich konnte diskutieren und sachlich meine Position verteidigen und dann alles umschreiben. Oder ich konnte Zeit sparen und ohne Meckern alles umschreiben – was mir aber auch als negativ ausgelegt wurde. Es hieß dann, ich sei unmotiviert, uninteressiert und alles ginge mir am Arsch vorbei. Man konnte es einfach nicht richtig machen.
Zur gleichen Zeit schlich es sich in die Reihen ein, dass man über jeden und alles hinter den Rücken herzog. Am liebsten tat dies der Inhaber der Agentur.
Die Messer hinter den Rücken sind nur so geflogen. Und da ich – da ich ja nun als Perle entdeckt worden war – den Inhaber nun häufig auf Dienstreisen zu Kunden begleitete, musste ich mir die Lästereien aus erster

Hand anhören. Und obwohl ich inzwischen mit fast allen Kollegen nicht mehr richtig grün war, setzte ich mich unermüdlich für diese bei der Geschäftsleitung ein und verteidigte sie. Doch diese hielten meine Gespräche mit den Chefs für Hinterhältigkeit und Intrigantentum. Der neue CD glaubte gar, ich würde an seinem Stuhlbein sägen. Ich tat es nicht. Im Gegenteil. Natürlich war auch der neue Mann dem Alkohol sehr zugetan. Was noch schlimmer war, er war bald spinne Feind mit einem der ebenfalls alkoholbegeisterten Chefs. Wann immer es auf einer Firmenfeier zu Alkoholexzessen kam, legten sich die beiden so heftig an, dass es sogar hier und da fast zu Handgreiflichkeiten kam – wäre ich nicht dageblieben und hätte geschlichtet. Aber auch im nüchternen Zustand war das Verhältnis der beiden unerträglich. Der CD wurde von diesem Chef so gnadenlos zusammengeschrien, das die Wände wackelten, und das meist vor versammelter Mannschaft. Der Mann tat mir richtig leid. Ich konnte nachempfinden, wie er sich unter diesem Druck fühlen musste.
Vor allen Dingen war auch mir dieser Chef ein Graus. Die Stimmung dieses Mannes schlug binnen Sekunden von einer freundlichen Unterhaltung in einen Tobsuchtsanfall um. War der Mann nicht am Schreien und Toben, dann hatte er die Hände am Sack und graulte, kratze und juckte sich da. Ein Kunde sprach uns mal darauf an und fragte vorsichtig nach, ob der Mann Sackflöhe habe und das bitte unterlassen könne. Er tat es nicht.
Zudem war er der Meinung, dass er stark zu einem positiven Betriebsklima beitrage, wenn er die Mitarbeiter und Kollegen sehr sexistisch anpöbelte. Saß man mit jemandem zusammen, schrie er durchs Haus „Geht das was?“ Ging man zum Kunden und kam einigermaßen zufrieden in die Agentur zurück, dann schrie er „Bist du dem Kunden über den Schoß gerutscht? Was hast Du denn heute für Dessous an?“
Ich war insgesamt sieben Jahre in dieser Agentur. Und bis zur Empfangsdame runter wusste wohl jeder über die Farben meiner Dessous und meine angeblichen sexuellen Beziehungen zu wem auch immer Bescheid.
Ich war in Wahrheit aber ein Single ohne Sexleben – und ich fühlte mich gedemütigt. In den USA wäre der Mann seinen Job los gewesen. Aber bei uns in der Agentur wurde das Verhalten toleriert. Man nannte diese rüde Umgangsweise dort „flache Hierarchien mit freundschaftlichem Betriebsklima“. Ich hatte also wie immer die Arschlochkarte. Doch einer musste der Arsch sein. Und wenn nicht ich, wer dann?

Kapitel 19

„Wissen Sie, ich will ja nicht wie ein Chauvi klingen", beginnt Herr Dr. Liebmann unsere heutige Sitzung, „aber vielleicht hätte Ihnen bei all diesem Stress und Kummer doch mal ein bisschen Sex gut getan. Ein bisschen. So ab und zu."
Er klingt wie ein Chauvi.
„Und wo hätte ich einen Kerl hernehmen sollen? Ich saß ja rund um die Uhr in der Agentur. Wie hätte ich da jemanden kennenlernen sollen? Der hätte schon aus meinem Kühlschrank springen müssen."
„So oft waren Sie nicht zu Hause", bemüht sich Herr Dr. Liebmann um einen Scherz. „Sie waren doch noch jung", er schaut kurz in die Akte, „na ja, immerhin. Mitte 30. Und gesund. Sexualität gehört doch zum Leben dazu."
„Schon. Aber die Männer interessierten sich nicht für mich."
„Nicht einer? Da war doch bestimmt mal einer, der sexuelles Interesse an Ihnen hatte.
„Ja ... genaugenommen war da mal einer."
„Und?"
„Das war nicht das, was mir vorschwebte."
„Kann es sein, dass Sie etwas zu romantisch denken?"
Nun, auf einer Romantikskala von 0 bis 10 war mein Erlebnis eine glatte -20.

In all dem Trubel meiner Trennung von meinem Mann und den hektischen Tagen in der Agentur wurde ich ausnahmsweise mal auf einer Feier eingeladen, bei der ich nur den Gastgeber kannte. Und der war mit seinen Gastgeberpflichten beschäftigt.
Ich war als Single natürlich allein erschienen. Und stand wie ein Idiot mit einem Sektglas in der Hand rum. Keiner sprach mit mir. Wenn ich zu einer Gruppe schlenderte, löste sich diese gerade auf oder drehte mir hartnäckig den Rücken zu. Ich aß ein wenig, nippte an meinem Sekt und beschloss, eine letzte Runde durchs Haus zu drehen, bevor ich aufgab und nach Hause ging. Da fiel mein Blick auf eine ungewöhnlich hübsche Blondine in meinem Alter, die wie ich allein mit einem Sektglas in der Hand herumstand. Ich ging auf sie zu und war im Nu in ein fröhliches Gespräch verwickelt. Wir verstanden uns auf Anhieb und beschlossen noch am selben Abend, bald

gemeinsam in den Urlaub zu fahren. Ich war schon lange nicht mehr weg und es war an der Zeit, mal wieder auf andere Gedanken zu kommen.
Ich buchte mit Betty meine erste Reise in die Karibik, auf die Isla Margherita. Eine schöne Insel. Wenngleich etwas gefährlich, wie wir nach wenigen Stunden Aufenthalt am eigenen Leib spüren mussten. Am Tag unserer Ankunft fand unweit unserer Hotelanlage in einem Strandcafé eine Beachparty statt. Wir wollten selbstredend hingehen. Tagsüber lagen wir noch am Meer, um uns einen anmutigen Teint zu verschaffen, und Betty las mir aus ihrem Reiseführer vor, dass man nach Einbruch der Dunkelheit den Strand besser meiden solle. Schlecht, wenn man vor hatte zu einer Beachparty zu gehen. Sollte es hier unter Palmen etwa Kriminalität geben? Es beschlich uns ein vager Verdacht. Natürlich war uns aufgefallen, dass unsere Hotelanlage von einer Mauer umgeben war, auf der Glassplitter angebracht waren.
Es gab mindestens 10 Wachhunde und abends lief ein bewaffneter Mann als Wachpatrouille herum. Ein völlig normaler Vorgang, fanden wir. Wir hatten Urlaub.
Also gingen wir zur Beachparty und verlebten einen vergnügten Abend. Gegen 3.00 Uhr morgens wollten wir zurück ins Hotel. Das Strandcafé lag an einer breiten, gut beleuchteten Straße, auf der einige schrottreife Taxis standen. Aber ich meinte zu Betty „Bei diesen Muttermördern steige ich nicht ein. Die sehen aus, als würden sie Geiseln nehmen."
Betty stimmte mir zu. Es war auch gar nicht weit zu unserem Hotel. Man konnte es vom Strandcafé aus sehen. Man musste nur auf der gut beleuchteten Straße drei Minuten laufen, dann noch in einen Feldweg einbiegen, der nach 300 Metern zum Hotel führte. Wir liefen los, bogen in den Feldweg ein, und da klopfte man uns von hinten bereits auf die Schultern. Es waren zwei junge Schwarze, die scheinbar einen festen Gegenstand unter ihren Pullovern hatten, dessen Spitze direkt auf uns gerichtet war. Wir zogen gerade in Erwägung, ob es sich dabei um Pistolen handeln könne, als einer der beiden Galane meiner Freundin Betty auch schon in die langen blonden Haare fuhr und sie grob zu Boden riss, wo er sich auf sie stürzte. Ich hörte sie noch fluchen „Scheiße, ich habe die Pille abgesetzt."
Bevor der zweite junge Mann mir an die Kehle sprang, antwortete ich nur „Mist, das ist hier Aids-Gebiet." Wir hatten uns also beide auf eine mögliche Vergewaltigung eingestellt. Geld oder sonstige Wertgegenstände

hatten wir nicht – was sonst sollten die zwei dunkelhäutigen Angreifer von uns weißen Frauen wollen?
Mir rasten alle möglichen Gedanken durch den Kopf. Ich glaubte, mich zu erinnern, dass ich mal gehört hatte, man müsse laut schreien, um Angreifer in die Flucht zu schlagen. Da wir dicht am Hotel waren, versuchte ich es mit dieser Taktik. Ich war selbst überrascht, wie laut ich schreien konnte. Die Hunde im Hotel schlugen sofort an. Doch weder der bewaffnete Hotelguard, noch die Fußgänger, die mit uns auf der Straße gelaufen waren, eilten uns zur Hilfe. Zur Strafe beschloss mein Angreifer, mir die Kehle unbarmherzig zuzudrücken. Ich sah nur noch das Weiße seiner Augen vor mir, und schon schnürte es mir die Luftzufuhr ab. Ich schlug zwar wie wild um mich, doch kein Erfolg. Ich konnte dem jungen Mann auch nicht zwischen die Beine treten oder ihm sonst einen Schaden zufügen. Und aufgrund des akuten Luftmangels war mein Hirn schnell mit Sauerstoff unterversorgt. Die Denkprozesse wurden beeinträchtigt, während heftige Adrenalinstöße inzwischen eine handfeste Panikattacke im mir auslösten.
Nach einiger Zeit lockerte mein Angreifer den Griff, und ich konnte würgend nach Luft schnappen. Und was tat ich blöde Kuh? Ich versuchte es mit der nicht gerade bewährten Taktik gleich noch mal und schrie erneut um Hilfe. Diesmal drückte mir der Kerl die Kehle mit mehr Nachdruck zu, und ich glaubte, am ersten Tag meines Karibikurlaubs schon mein Leben aushauchen zu müssen. Für einen flüchtigen Moment bedauerte ich zutiefst, dass der Überfall nicht am Ende des Urlaubs erfolgte. Ich hätte den Urlaub so gern noch gemacht und mich ein wenig erholt, bevor ich das Zeitliche segnete. Aber ich starb nicht. Betty auch nicht. Inzwischen hatte Bettys Angreifer Bettys Handtasche und einen Pullover ergattert und lies von ihr ab. Betty lag aber noch am Boden und sortierte sich.
Ich selbst hatte keine Handtasche und keinen Pullover dabei und kämpfte noch mit meinem Angreifer, der mir inzwischen brutal die Arme hinter dem Rücken verdrehte.
„Bist du in Ordnung, Uli?“, hörte ich Betty panisch keuchen.
„Alles in Ordnung. Ich habe den Kerl im Griff.“
Wenn man meine Lage bedachte, dann war das keine korrekte Analyse der Lage. Irgendwann verlor Bettys Angreifer die Geduld mit seinem Kollegen und bedeutete ihm, es wäre an der Zeit für die Flucht. Die Hotelhunde jaulten und heulten immer fürchterlicher. Aber ohne Beute wollte mein

Angreifer dann doch nicht fliehen. Also beschäftigte er sich zunächst mit meinen Plastikohrringen, die er mit fast aus den frisch gestochenen Ohrläppchen riss. Ich schrie nur „Plastik, Plastik", und hoffte, dass es den Begriff auch in Spanisch gab. Dann wandte der junge Mann seine Aufmerksamkeit meiner Unterwäsche zu, um zu prüfen, ob ich nicht doch an einer intimen Stelle einige Preziosen versteckt hatte. Hatte ich nicht. Und nachdem auch dies erledigt war, flohen die beiden mit der Beute durch die Nacht über den Acker vor dem Hotel. Betty schüttelte sich aus dem Staub, ich begradigte meine zitternden Knie und sortierte meine Kleidung. Gemeinsam schritten wir dann auf das Hotel zu. Dort angelangt, knapste einer der panischen Hunde Betty in die Wade. Ich trat den Hund zur Seite und murrte „Wir sind die Guten, du Idiot."
Leider hatten die beiden Schwarzen auch unseren Hotelschlüssel mit der Handtasche erbeutet. Also mussten wir den bewaffneten Hotelquard aus der hintersten Ecke des Anwesens holen, wohin er sich wohlweißlich zurückgezogen hatte, und unser Zimmer aufschließen lassen.
Er tat es widerwillig. Bis in unser Zimmer sprachen Betty und ich kein Wort. Wir hatten beide Schweiß im Gesicht, atmeten viel zu schnell und schlotterten am ganzen Leib. Betty wimmerte ab und zu „Oh je. Oh Gott." Mehr sprachen wir nicht und gingen zu Bett.
Inzwischen hatten sich die Hunde beruhigt. Doch die Ruhe währte nicht lange. Ich schoss steil im Bett hoch, weil mir plötzlich einfiel, dass die beiden Schwarzen ja den Schlüssel zu unserem Zimmer hatten. Und das lag in einem Pavillon am Rande der Hotelanlage.
„Betty", schrie ich in die Dunkelheit, „die haben unsere Schlüssel, die kommen bestimmt in der Nacht und holen sich noch was von uns." Kein schlechter Gedanke. Denn der Pullover war nicht wertvoll, und in der billigen Handtasche befanden sich nicht mehr als ein benutztes Taschentuch, ein Feuerzeug und eine Münze im Gegenwert von einem Bier. Entsetzt fuhr auch Betty im Bett hoch.
Wir beschlossen, uns zu unserer eigenen Sicherheit zu verschanzen und rückten die wenigen Hotelmöbel vor die Tür, was nicht ganz geräuscharm verlief. Sofort schlugen die Hotelhunde wieder an. Ich wusste, dass wir uns in dieser Nacht unter den Hotelgästen ganz besonders beliebt machten. Um die Sicherheitsmaßnahmen zu vervollkommnen, nahm ich meine Turnschuhe und setzte mich aufrecht ins Bett. Sollte einer zur Balkontür

reinkommen, würde ich ihm mit dieser Biowaffe über den Kopf hauen. So verbrachte ich meine erste Nacht in der Karibik.
Am nächsten Morgen wurden wir beim Frühstück mit feindseligen Blicken von den anderen Hotelgästen empfangen.
Die Hotelchefin eilte auf uns zu, um sich nach den nächtlichen Vorkommnissen zu erkundigen. Die Polizei wurde alarmiert und es dauerte auch nicht lange, da tauchten zwei schwer bewaffnete Jungs mit kugelsicheren Westen auf. Leider sprachen sie nur Spanisch, und die Hotelchefin musste für uns dolmetschen. Als wir zu der Stelle kamen, an der ich beschrieb, wie mir mein Angreifer an die Wäsche ging, fragte sie mich sofort: „Konntest du das wenigstens genießen?“
Eine komische Frage für eine Frau. Aber ein Single ohne Sexlife muss wohl für Momente wie diese dankbar sein. Zumindest hatte ich so was wie Sex, wenn man es großzügig betrachtete.
Ansonsten verlief die Geschichte im Sande. Es interessierte keinen wirklich. Betty und ich standen immer noch unter Schock. Trotzdem beharrte ich darauf, dass wir das Hotel verlassen und zum Strand gehen sollten. Nach heftigem Weigern, folgte mir Betty vors Haus. Ich ließ meinen Blick über den Acker schweifen, über den unsere beiden Schwarzen geflohen waren.
„Ist da nicht was Blaues? Das könnte doch dein Pulli sein.“
„Was? Wo“
„Na, da vorne. Das haben wir gleich. Ich gehe mal nachschauen.“ Und schon wanderte ich mit meinen Adiletten wie ein Storch durch das flache Gestrüpp. Unweit vom Acker winkten mir ein paar Bauarbeiter heftig zu. Ich vermutete, dass diese annahmen, ich hätte den Weg zum Strand verfehlt, und ging unbeirrt weiter. Und tatsächlich, ich konnte Bettys Pullover zurückerobern. Die Handtasche fand ich allerdings nicht und watete durchs Gestrüpp zum Feldweg zurück, wo sich die Hotelchefin zu Betty gesellt hatte.
„Was machst du da in dem Gestrüpp? Bist du blöde?“ brüllte sie mich an, „weiß du nicht, dass die ganze Insel Schlangengebiet ist?“
Jetzt wusste ich es und hatte auch überhaupt keine Lust mehr, nach Handtaschen zu suchen. Ich wollte nur noch an den Strand und meine Ruhe haben. Betty ging es nicht anders. Wir haben uns für den Rest des Urlaubs sehr gut verstanden. Fast hätten wir uns auch erholt, wenn da nicht dieser Überfall gewesen wäre, bei dem mich ein junger Mann fast umgebracht hätte. Und das wegen ein paar billigen Plastikohrringen. War

ich für meinen Ex-Mann schon nicht sehr wertvoll, so musste es in den letzten Monaten einen inflationären Wertverfall meiner Person gegeben haben. Mein Leben war einem Mann offensichtlich weniger als Plastik-Ohrringe wert. Und die hatten umgerechnet nicht mal 5 Euro gekostet.

Kapitel 20

„Bin ich zu spät?" Ich haste auf die Sprechstundenhilfe von Herrn Dr. Liebmann zu.
„Ich habe völlig verschlafen, bin erst gegen 4.00 Uhr von der Agentur nach Hause gekommen und heute Morgen ..."
„Herr Dr. Liebmann steckt im Stau", informiert mich die junge Sprechstundenhilfe. „Nehmen Sie doch einfach noch einen Moment Platz, er wird bald hier sein."
„Ach. Was hetzte ich mich auch so", murmele ich zurück und nehme schweißnass vor im Wartebereich Platz. Ich habe keine Lust, Zeitschriften zu lesen und starre einfach missmutig vor mich hin. Es dauert fast eine halbe Stunde, bis Herr Dr. Liebmann zur Tür herein rast und seine Sprechstundenhilfe fragt: „Ist meine Patientin schon gegangen?"
„Nein, die ist auch erst gekommen", beruhigt die nette Mitarbeiterin den aufgelösten Arzt.
Erst? Das ich nicht lache. Ich muss dringend in die Agentur und sitze hier untätig rum, weil der Doktor im Stau steht.
„Schön, schön, dann kommen Sie doch gleich mit", ruft mir der vorbei eilende Arzt über die Schulter zu. Ich folge ihm dicht auf den Fersen. Er wirft nur kurz seinen Mantel über einen Garderobenständer, schaltet seine Schreibtischlampe ein und bedeutet mir Platz zu nehmen.
„Ich habe mir im Stau Ihren Fall durch den Kopf gehen lassen. Wissen Sie, was ich nicht verstehe? Warum Sie sich nicht von Ihrem Mann haben scheiden lassen." Er nimmt Platz und wischt sich den Schweiß von der Stirn.
„Hab ich doch. Hat nur etwas gedauert."
„Und worauf haben Sie so lange gewartet?"
„Auf den richtigen Impuls."
„Und das wäre?"
Was das wäre? Dass mir jemand diese schwere Entscheidung abnimmt, während ich sie langsam aussitze ...

In meiner Agentur machte ich irgendwann im Rahmen meiner Möglichkeiten eine gewisse Karriere durch und konnte dadurch auch meine finanziellen Verhältnisse deutlich verbessern. Da der Inhaber mich immer häufiger zu Kunden mitnahm und diesen immer vorlog, ich sei Group Head oder gar Creative Director, damit ich mehr hermachte, fühlte

ich mich unwohl. Nie konnte ich eine Visitenkarte vorlegen. Denn dort stand Texterin drauf. Und wenn die Kunden anriefen und nach mir verlangten, wusste die Empfangsdame oft nicht, wen sie eigentlich sprechen wollten. Aus diesem Grund beschloss der Inhaber eines Tages, mich tatsächlich zum Kreativ Direktor zu befördern. Ich bemerkte es an der Tatsache, dass man mir formlos ein paar neue Visitenkarten auf den Schreibtisch donnerte. Kommentarlos, grußlos. Ich ließ sie ein paar Tage liegen, da ich noch genügend Visitenkarten hatte. Doch dann merkte ich, dass auf den neuen Karten der Titel nicht stimmte. Als ich die Korrektur veranlassen wollte, bedeutete man mir, das habe schon seine Richtigkeit. Ich sprach meinen Chef Tim darauf an, der sich mit mir gemeinsam über dieses Prozedere empörte. Er fragte mich auch vorsichtig, ob ich denn wenigstens mit der Beförderung eine Gehaltserhöhung erhalten hätte. Hatte ich nicht. Tim versprach, sich darum zu kümmern. Zähneknirschend wurde mein Gehalt pro Forma geringfügig erhöht, der Inhaber wollte es mit seiner Güte nicht übertreiben, und es sollte sogar eine kleine Firmenfeier geben.
Mit mir war noch ein Kollege aus dem Kontakt befördert worden, und wir beide sollten geehrt werden. An einem Montagabend sollte sich die Agentur zu diesem Anlass zu einem Glas Prosecco im Konfi treffen. Mein Kollege und ich beschlossen, dass wir auch einen Beitrag zu unserer Beförderung leisten wollten, und schossen noch schnell in den nächsten Laden, um etwas Brot und Käse auf unsere Kosten zu organisieren.
Als wir wenige Minuten nach 18.00 Uhr im Konfi eintrafen, wurden wir durch eisiges Schweigen empfangen. Auf dem Tisch standen die eingeschenkten Gläser Prosecco, in denen kaum noch eine Perle lebte. Darum saßen mit ernsten Gesichtern die Geschäftsleitung und die Kollegen als wir beide vollbepackt mit unseren Goodies in der Tür erschienen. Die Stimmung war zum schneiden, als wir alles schnell auf dem Tisch verteilten. Dann erhob der Inhaber sein Glas und ließ die schlimmste Laudatio hören, die ich je gehört habe. Mein Kollege und ich wurden auf das kleinstmögliche Origami-Format zusammengefaltet, weil wir es gewagt hatten, uns um ein paar Minuten für unsere eigene Feier zu verspäten. Kein Wort des Lobes, kein Wort des Dankes. Aber gefressen haben sie wie die Wilden.

Als mich meine Mutter später fragte, wie die Feier und Ansprache gewesen seien, meinte ich nur: „Ach, der Chef hat so vieles gesagt. Wie das in einer Agentur halt so ist.“ Ich war nach diesem Abend nicht gerade motiviert.

So saß ich also an meinem Schreibtisch und ließ mich weiter drangsalieren. Von Vorgesetzten und Kollegen, die sich inzwischen in der Kunst des Mobbings eine gewisse Fertigkeit angeeignet hatten. Allerdings genoss ich in den eigenen Reihen als Kreativ Direktor Respekt, und nicht selten saßen ganz Gruppen um meinen Schreibtisch, um meine Meinung und meinen Rat einzuholen. So auch an dem denkwürdigen Tag, als unter meine Ehe endgültig der Schlussstrich gezogen wurde. Schrill, so als hätte man mit Kreide an einer Schultafel gekratzt.

„Diese Produkttexte müsstest du bis heute Mittag kurz umschreiben. Der Kunde will den Fön und den Gartengrill emotionaler haben. Der Akuschrauber ist okay so, und die hochflorige Badematte kann auch so bleiben ...“
Mir entgleiste das Gesicht. Ich starrte den Trainee entgeistert an. „Was meinst du mit emotionaler? Ich meine – ein Fön? Wollen wir doch mal ehrlich sein ...“
„Was weiß doch ich! Emotionaler halt. Bist du die Kreativ Direktorin oder ich, Uli? Und dann brauche ich auch noch einen neuen Text für die ersten beiden Kataloginnenseiten. Weißt schon, diese Doppelseiten über den Frühling. Der Kunde meint, das wäre alles noch ein wenig uninspiriert ...“
„Uninspiriert?“ Ich schaute resigniert die lange Warteschlange an, die sich vor meinem Schreibtisch gebildet hatte.
Erika, die Etat-Direktorin, ergriff die Gelegenheit und warf mir schnell einen Stapel Papier auf den Schreibtisch. „Aber vorher musst du unbedingt den Bank-Newsletter Korrektur lesen. Das muss heute noch raus. Ich brauche deine Korrekturen bis 12.00 Uhr, sonst können wir den Termin nicht halten. Sind ja nur die paar Seiten.“
„Könnte das nicht unser lieber Chef machen?“
„Hab' ich schon gefragt. Der meint, er muss für sein neues Haus noch ein paar Steckdosen planen. Muss er fertig haben, bevor sein Architekt heute hier vorbeikommt. Er sitzt schon dran. Toll, was man da heute technisch alles schon über seinen Laptop machen kann. Da kann man quasi die kompletten Elektro-Pläne online verändern.“

„Verstehe …"
Jetzt drängte sich die Junior-Kontakterin Kathrin mit zwei Grafikerinnen nach vorne. „Wir müssen auch noch ein Konzept für dieses Einkaufszentrum-Mailing machen. Da brauchen wir ganz schnell Texte für Brief, Broschüre und Antwortkarte. Und natürlich ein grafisches Konzept, das auch für Anzeigen funktioniert. Am besten bleiben wir gleich hier und setzen uns zum Brainstorming zusammen. Das eilt leider auch ganz schön. Der Kunde will heute noch drei Vorschläge sehen."
In diesem Moment klingelte das Telefon.
„Du willst da doch jetzt nicht etwa drangehen?" Kathrin starrte mich entrüstet an. „Wir sind quasi in einem Meeting. Lass das besser auf die Zentrale umspringen, sonst kommen wir hier nie voran."
Die Kollegen sprachen jetzt alle durcheinander. Jeder fuchtelte aufgeregt mit Papieren und Layouts vor meiner Nase herum und war der Meinung, der Anruf könne nur unwichtig sein und alles andere habe jetzt Vorrang. Schließlich hatte die Agentur doch nur noch drei Kunden. Und die mussten jetzt schnell und zuverlässig bedient werden.
„Momentchen mal, ja? Das könnte ein wichtiger Anruf sein. Wenn wir unsere Kunden so behandeln, verlieren wir auch noch die letzten drei. Dann können gleich dicht machen."
Trotz heftiger Proteste griff ich zum Hörer. „3D Kommunikation, guten Tag. Oh …Martin …du, das ist jetzt ganz schlecht …" Ich hielt den Hörer kurz zu und raunte den wartenden Kollegen zu „das ist mein Mann".
Die Kollegen signalisieren mit eindeutigen Handzeichen, dass ich diesen privaten Anruf besser sofort abwürgen sollte. Doch ich hob abwehrend die Hand.
„Was? Du willst dich scheiden lassen …?"
Die Gruppe der Kollegen verstummte augenblicklich. Schnell hatte sich jeder einen Stuhl organisiert und um meinen Schreibtisch herum Platz genommen. Erika sichtete den Ausdruck des Newsletters. Der Trainee schaute sich den Föntext noch einmal konzentriert an. Die anderen malten kleine Männchen in ihre Layoutblocks. Ich dagegen fuchtelte wild mit der Hand herum, um die Kollegen aus dem Raum zu scheuchen. Aber mein Zeichen wurde geflissentlich ignoriert. Plötzlich hatten alle Zeit, und sämtliche Ohren waren unauffällig gespitzt.

„Aber warum denn?“ Das blanke Entsetzen war mir ins Gesicht geschrieben. Die Kollegen beugten sich unauffällig aber interessiert nach vorne.
„Du willst wieder heiraten? Aber du bist doch mit mir ... ach so. Natürlich. Du willst die Scheidung ...“
„Wen will er denn heiraten?“ mischte sich der Trainee in das Telefonat ein. Ich blickte kurz in seine Richtung. „Deine Assistentin?“
Die Kollegen waren empört. Die Assistentin! Aber das ging doch nicht. Kathrin lag mir inzwischen fast auf der Schulter, um mehr vom Telefonat mitzubekommen.
„Die ist doch höchstens 22“, protestierte ich schwach ins Telefon und dachte an meinen anstehenden 41 Geburtstag. Erika zog hörbar den Atem ein. 22!!! Wir beide waren die Ältesten in der Agentur. Sie schenkte mir sofort alle Sympathien. Auch die anderen waren solidarisch gestimmt und warfen sich entsprechende Blicke zu.
„Aber warum willst du denn unbedingt heiraten, Martin? Warte doch erst mal ab, wie .... Ach so. Schwanger.“
Der Trainee war empört. „Die Schlampe ist schwanger“, raunte er in die Gruppe, als hätten die anderen das nicht längst mitgekriegt.
„Ich .... Natürlich. Ja, Martin. Wenn das so ist, dann lassen wir uns scheiden. Klar. Eine Scheidungsvoraberklärung beim Notar. Ja. Ja. Du auch. Tschüss.“ Ich ließ den Hörer sinken und starrte fassungslos in die Runde der Kollegen. „Mein Mann hat seine Assistentin geschwängert und will sich von mir scheiden lassen.“
„Nein!!!“ Die Gruppe schützte ob dieser Information anstandshalber Überraschung vor. Ich sollte nicht denken, man habe das Telefonat belauscht. Nach einigem Hüsteln und tröstendem Schulterklopfen beschlossen die Kollegen dann, das Feld lieber zu räumen. Die ach so dringende Arbeit hatte plötzlich Zeit.
Erika blieb noch einen Moment am Schreibtisch stehen. „Sag mal, so was erzählt dir dein Mann einfach mal eben so am Telefon? Wie krank ist das denn? Auf der anderen Seite – immerhin hat er angerufen und es dir persönlich gesagt. Er hätte auch eine SMS schicken können.“
„Ich hab mein Handy nicht an. Und die Sache scheint zu eilen.“ Ich starrte immer noch fassungslos vor mich hin und suchte nach Erklärungen. „Weißt du, Martin ist viel unterwegs und immer wahnsinnig im Stress. Und dann hat er seine Prioritätenliste. Da stehen ungefähr 20 Posten drauf. Ich habe

es nie auf diese Liste geschafft. Mein Mann hat ganz eigene Prioritäten. Und ich bin irgendwie nie dabei."
„Na toll. Dann ist der Verlust vielleicht nicht allzu groß. Und was willst du jetzt machen?"
„Ich weiß nicht. Zum Glück habe ich ja meinen Job und kann mich finanzieren. Ich glaube, ich nehme mir jetzt mal ein paar Minuten für eine Krise."
„Uli, mein Schatz, kann das nicht ein bisschen warten? Du weißt, der Newsletter muss noch raus und die anderen warten noch auf ihr Meeting."
„Natürlich. War nur so eine Idee. Das hat natürlich Zeit. Ich kann mich der Krise auch später widmen." Bemüht zuversichtlich winkte ich die wartenden Kollegen zu mir an den Schreibtisch.
Jetzt war wirklich kein guter Zeitpunkt für eine Krise. Das musste bis zur Mittagspause warten. Schließlich hatte ich das mit der Scheidung am Telefon doch auch ganz locker hinbekommen. Aber so war mein Ex-Mann in spe. Ein Anruf genügte. Was sollte man da lange diskutieren? Obwohl ich mich von ihm schon lange getrennt hatte, brach für mich an diesem Tag noch einmal meine kleine Welt zusammen. Martin würde mich durch eine Frau recyceln, die meine Tochter hätte sein können. Und mit ihr würde er die Kinder haben, die ich mir immer gewünscht hatte.
Zum ersten Mal in meinem Leben fühlte ich mich richtig alt. Ich war wie ein geleastes Auto abgeliebt und durch ein neueres Modell ausgetauscht worden.

Ich machte in diesem Moment noch den Fehler, mir mein eigenes Sexleben vor Augen zu führen. Aus dem „Verkehr" hatte man mich schon längst gezogen. Ich sah nichts. Ich war trotz Verlust meiner Jungfräulichkeit im Alter von 17 Jahren fast unberührt durchs Leben gegangen. Nun war ich über 40 Jahre alt. Frauen meines Alters hatten auf diesem Gebiet nicht mehr viel zu erwarten. Was blieb, war die Erfüllung im Beruf. Wie sollte ich das machen? Mein Beruf brachte mich physisch und psychisch um.
Auf der anderen Seite hatte das mein Mann im Prinzip auch getan. Und er hatte mich sogar finanziell durch meine Darlehensbeteiligungen in den Ruin getrieben. Am Ende zahlte man als Frau wohl immer drauf.
Auf diesen Stress reagierte ich sofort physisch. Ich bekam Schlafstörungen und heftige Probleme mit den Bandscheiben. Ein Vierteljahr musste ich rund um die Uhr ein Stützkorsett tragen. Dieses rieb mir bis zum Abend so

die Haut auf, dass ich vor Schmerzen kaum in der Agentur sitzen konnte. Nach Hause durfte ich aber nicht gehen. Verständnis hatte keiner. Ich fragte vorsichtig, ob ich vielleicht einen Bürostuhl haben könne, der den Rücken etwas mehr stützt. Aus dieser Frage wurde ein Politikum. Man wollte für diesen Scheiß kein Geld ausgeben. Könnte ja jeder kommen, sagte mir einer meiner Chefs, als er lässig in einem weichen Ledersessel ruhte.

Am Ende hatte jemand Mitleid, weil ich nur noch mit schmerzverzerrtem Gesicht herum saß. Ich bekam ein Billigmodell vor die Füße geschmissen. In Orignalverpackung. Ich kniete an diesem Tag in meinem Stützkorsett auf dem Boden auf dem Korridor der Agentur und versuchte, den Stuhl zusammenzubauen. Meine Kollegen wanderten alle achtlos an mir vorbei. Nur die Chef-Sekretärin erbarmte sich und half mir bei der Montage. Sonst interessierte das keinen. Solange ich denken und arbeiten konnte, war doch alles in Ordnung.

Kapitel 21

Mit einer geschickten Handbewegung klatschte Herr Dr. Liebmann eine Schmeißfliege auf seinem Schreibtisch zu Tode.
„Ein Desaster", murmelte er dabei nachdenklich.
Ich blicke kurz auf den Leichnam der toten Fliege, die jetzt auf meiner Akte klebt.
„Ja, ein Desaster."
Herr Dr. Liebmann kratzt den blutigen Fliegenkörper von seinen Aufzeichnungen und bleibt mit dem Blick auf ein paar Eintragungen hängen.
„Wieso sind Sie eigentlich nicht Kreativ Direktorin geblieben? Das war doch ein schöner Posten für eine Frau. Sicher haben Sie gut verdient."
„Wie man's nimmt. Man hat uns Führungskräften gleich nach meiner Beförderung die Gehälter gekürzt, weil es der Agentur nicht gut ging."
„Pech. Aber zumindest hatten Sie einen gewissen beruflichen Erfolg. Gerade in der Werbung schaffen es ja nicht so viele Frauen an die Spitze."
„Stimmt."
„Also müssen Sie doch richtig gut gewesen sein."
„Schon möglich. Mein Chef hat mir mal gesagt, warum er mich befördert hat. Er sagte, ich sei die billigste Lösung gewesen. Ich habe sicher 40 Prozent weniger als ein männlicher Kollege auf gleichem Posten gekostet."
„Ach. Aber immerhin. Sie hätten ja noch mal in eine andere Agentur wechseln und das korrigieren können."
„In meinem Alter musste ich froh sein, überhaupt einen Job in einer Agentur zu haben. In dem Alter gibt es dort keine Kreativen mehr. Die sind entweder in den Freitod gegangen, haben sich die Leber tot gesoffen oder das Hirn weggekokst. Oder sie haben eine Finca auf Mallorca. Manche fahren auch Taxi."
„Es gab sicherlich auch für Sie Perspektiven ..."
„Perspektiven in der Agenturszene? Ich mache mir nichts aus Alkohol. Ich vertrage nicht mal Kaffee oder schwarzen Tee."
„Und was haben Sie dann gemacht?"
„Ich habe Früchtetee getrunken."
„Das meinte ich nicht. Es muss doch für jemanden wie Sie auch was anderes gegeben haben? Sie hatten studiert. Auch im Ausland. Immerhin Oxford

und Bristol. Sie sprechen Fremdsprachen, sie haben Karriere gemacht. Da muss es doch Alternativen gegeben haben."
Und die gab es. Für Frauen meines Alters gab es die Wahl zwischen Pest und Cholera ...

Ich musste meinem Leben eine neue Richtung geben. Sonst hatte ich nicht mehr lange die Kraft, das alles zu ertragen. Ich bewarb mich, wo und wann es möglich war. Ich war bereit, alles zu machen – außer wieder in eine Agentur zu gehen. Ich hatte seit der ersten Schließung einer meiner Agenturen nie aufgehört, mich in anderen Branchen zu bewerben. Seit vielen Jahren gingen die Umschläge regelmäßig an die Firmen der Umgebung. Immer wieder studierte ich Stellenanzeigen. Ich intensivierte meine Bemühungen in dieser Phase. Zumal in den eigenen Reihen der jetzigen Agentur die Gier Einzug hielt.
Die Agentur wurde um eine Internet-Abteilung erweitert, von der man sich höhere Profite versprach. Es wurden drei neue Geschäftsführer allein für diesen Bereich eingestellt. Alle mit Firmenwagen und entsprechenden Gehältern. Da den Damen und Herren unsere Einrichtung nicht gefiel, wurde die Internet-Abteilung neu ausgestattet: bis zum Bleistift und Papierkorb war alles hochwertiges Designer-Material. Es wurden keine Kosten gescheut. An dieser Stelle musste ich ab und zu an meinen schäbigen Rückenstuhl denken. Aber das war ein anderes Thema.
Der Inhaber der Agentur war plötzlich auch der Meinung, man müsse keinem Network angehören. Wir waren damals Teil eines amerikanischen Networks. Der Vorteil: In schlechten Zeiten stand das Network finanziell zur Seite. Der Nachteil: In guten Zeiten musste man die Profite teilen. Wir hatten schlechte Zeiten. Deutschland trat in eine Rezession ein.
Die Geschäftsführer konnten sich über das weitere Geschick der Agentur nicht einigen. Tim beschloss auszusteigen. Und ich werde es nie vergessen, wie lieb sich Tim von mir verabschiedet hat. Wenn man bedachte, wie sehr wir uns am Anfang gehasst hatten. Aber so sehr hatten wir uns am Ende auch geschätzt. Ich habe nie mehr mit einem Vorgesetzten so gut und so gern zusammengearbeitet wie mit Tim. Auf seiner Abschiedsfeier habe ich sogar geweint. Mit Tim ging der Teil der Herzlichkeit unserer Agentur verloren.
Danach herrschten nur noch Intrigen, Mobbing-Attacken und Machtkämpfe. Meine Agentur sah sich schnell nicht mehr in der Lage,

unsere Gehälter zu bezahlen. Es half alles nichts. Man musste sich wieder in ein neues Network einkaufen.
Und die Wahl fiel nach vielen Querelen auf das Network, das Juliane und mich vor wenigen Jahren schon mal auf der Payroll hatte und rausgeschmissen hatte. Ich warnte mit Leibeskräften vor diesem französischen Network. Doch es hieß, ich würde nur unken und sei ein unverbesserlicher Pessimist. Man zog die Sache durch und schon bald standen Juliane und ich wieder auf der Payroll des alten Arbeitgebers. Ich prophezeite der Agentur für die Zukunft, dass wir in Wellen solange Mitarbeiter entlassen würden, bis wir nur noch so wenige waren, dass man die Agentur mühelos schließen konnte. Abfindungen würde es keine geben, dafür würden wir alle Kisten für das Network packen, bevor die letzten rausflogen, die das Licht ausmachten. Ach was, sagten die anderen. Und ich schickte immer mehr Bewerbungen raus.

In einer der kommenden Mittagspause zeigte sich, dass ich als Kassandra der Neuzeit eine große Karriere gemacht hätte. Ein Meeting hatte länger gedauert, weil die Ideen nicht so recht sprudelten. Die Zeit reichte gerade mal, um zu dem Gemüselädchen an der Ecke zu spurten und sich etwas Obst zu holen. Zurück in der Agentur beschloss ich, in der Küche aus den Früchten einen Obstsalat zu machen. Während ich ein paar saftige Orangen filetierte und lieblos in eine Schüssel warf, kam Ilse, eine Chefin, an der Küche vorbei.
„Ach, Uli, hier steckst du. Sieht ja lecker aus. Hast du gerade mal eine Minute?“
An meinen Händen lief der Saft der Orangen runter. „Um was geht’s denn?“
„Ich brauche hier eine Unterschrift.“
„Ilse, das ist jetzt ganz schlecht, ich habe klebrige Finger und keinen Stift greifbar.“
„Ich habe einen“, unterbrach Ilse gut gelaunt, „und die paar Flecken stören nicht.“
„Was ist es denn?“ Ich versuchte einen Blick auf das Papier zu erhaschen.
„Das ist deine Kündigung. Wir schließen die Firma. Von unseren letzten drei Kunden haben heute noch zwei den Vertrag aufgelöst.“

Mir entgleisten die Gesichtszüge. Ich hielt die klebrigen Hände hilflos hoch und ließ den Saft die Arme entlang rinnen. Dann las ich mich doch kurz in das Schreiben ein.
„Hier steht, dass mir die Hintergründe zu meiner Kündigung in einem persönlichen Gespräch erläutert werden. Am besten unterschreibe ich, wenn wir drüber sprechen. Dann sind auch meine Hände sauber."
„Aber das ist es doch gerade. Ich spreche doch gerade mit dir."
„Ach so. Hier? In der Küche? Das ist alles?" Ich schaute Ilse irritiert an.
„Jetzt sei nicht so empfindlich und unterschreibe hier unten rechts. Mehr gibt es dazu gar nicht zu erzählen. Oder doch! Ihr bekommt alle keine Abfindung, weil die Agentur komplett geschlossen wird. Kannst es ja gern noch mal juristisch prüfen lassen, aber du hast keine Chancen. Kann ich dir gleich sagen."
Ich griff nach Ilses teurem Montblanc-Kugelschreiber und gab mir Mühe, ihn besonders klebrig zu machen. Kaum hatte ich unterschrieben, schwebte Ilse auch schon davon. Ich musste mich kurz sammeln. Der Appetit auf den Obstsalat war schlagartig vergangen. Ich warf die Früchte einfach in den Abfalleimer.
Während ich zum Schreibtisch zurückkehrte, versuchte ich, das Ganze im Kopf zu sortieren. Dort musste ich mich erst mal setzen. Martin hatte seine jugendliche Assistentin geschwängert und wollte die Scheidung. Die Agentur hatte mich gefeuert und schloss in wenigen Tagen. Eine Abfindung würde es nach acht Dienstjahren nicht geben.
Ich griff rasch zum Telefon und vereinbarte für den folgenden Tag einen Termin beim Notar und für den übernächsten Tag einen Termin für den Arbeitsrechtanwalt. Dann rief ich beim Arbeitsamt an, um zu hören, wann ich vorbeikommen konnte und was ich mitbringen musste. Mist.
Angesichts dieser Termine konnte die nächsten Tage nicht mal geheult werden. Heute ging es nicht, weil da noch ein Meeting war. Das dauerte sicher länger. Nachts ging es auch nicht. Morgen und übermorgen wollte ich nicht mit geschwollenen Augen vor den Anwälten sitzen. Auch beim Arbeitsamt wollte ich so nicht aufschlagen. Ich blätterte im Kalender. Dann war da am Freitag noch ein Termin bei der Druckerei. Eine Druckabnahme. Auch schlecht. Und ein Mittagessen mit den Eltern am Samstag. Ganz schlecht. Die sollten damit erst mal nicht belastet werden. Am Sonntag war noch das Treffen mit Ex-Kollegen aus anderen Agenturen. Das ging auch nicht. Ich konnte jetzt keinen Gesichtsverlust riskieren. Ich blätterte weiter

im Kalender. Das hieß, frühestens in einer Woche konnte geheult werden. Falls nicht neue Termine dazwischen kamen. Dann musste diese Krise erst mal ohne Tränen ablaufen. Aber ich war ja kreativ. Ich musste mir erst mal so helfen. Ach lieber Gott, fragte ich mich da, warum war nicht einfach meine Waschmaschine kaputt gegangen? Wäre doch auch was gewesen. Aber nein. Völlig zermürbt winkte ich schließlich das Team zum Brainstormen ins Zimmer. Wenn ich nicht so spät aus der Agentur käme, wäre vielleicht noch Zeit für eine kleine depressive Phase allein daheim. Zum Beispiel bei einem Abendessen mit düsteren Gedanken. Oder mit einem stillen Aus-dem-Fenster-Starren. Oder einem einfachen trostlosen Liegen auf dem Teppichboden. Mal sehen. Jetzt musste ich mich erst mal zusammenreißen. Ich war ein Vollprofi. Für Gefühle war in diesem Geschäft weder Platz noch Zeit.

Es war fast Mitternacht als ich nach Hause kam. Das Team hatte sich mit dem Brainstormen sehr schwer getan. Woher auch die Motivation nehmen? Für ein Abendessen mit düsteren Gedanken und andere Alternativen war es jetzt schon zu spät. Vielleicht konnte ich die Waschmaschine mit der Zeitschaltuhr noch so programmieren, dass eine Trommel über Nacht gewaschen und morgen früh fertig sein würde. Wann sollte ich sonst die Zeit dafür nehmen?
Ich sortierte rasch die wichtigsten Wäschestücke zusammen und ging mit der Zeitschaltuhr in den Keller. Dort stellte ich fest, dass die Waschmaschine nicht reagierte. Wütend trat ich gegen das Gehäuse. Manchmal sollte das ja wahre Wunder bewirken. Doch leider nicht bei diesem 12 Jahre alten Modell. Womit hatte ich das verdient? Da fiel mir ein, dass ich dieses Unglück nahezu selbst heraufbeschworen hatte. Hatte ich nicht den lieben Gott explizit um dieses Malheur gebeten?
„Willst du mich verarschen, lieber Gott? Ich bete hier ständig um ganz viele wichtige Sachen. Nie hörst du mir zu. Aber das mit der Waschmaschine, das bekommst du mit. Hast du nichts Besseres zu tun? Beten andere nicht um viel wichtigere Sachen als das? Hast du keine Prioritätenliste? Oder willst du mir zeigen, dass du Humor hast? Ich finde das aber leider gar nicht witzig. Hörst du? Das ist nicht witzig! Jetzt fällst du mir auch noch in den Rücken. Anstatt dich um den Weltfrieden oder so was zu kümmern, musst du mein Waschmaschinen-Gebet erhören. Und jetzt komme ich bestimmt so schnell nicht wieder dran. Richtig? Dabei könnte ich dich jetzt

echt gut gebrauchen. Kleine Wunder sind doch dein Ding, oder nicht? Jetzt könntest du echt mal bei mir glänzen. Aber nein. Du musst mit der Waschmaschinen-Nummer kommen."
Echt. Eine handfeste Krise mit Heulen und Toben wäre diesem Tag durchaus angemessen gewesen. Aber ich hatte Termine und wollte keine geschwollenen Augen riskieren. Ich blieb deshalb einfach nur matt vor der Waschmaschine sitzen. Morgen war auch noch ein Tag. Neben den Terminen beim Arbeitsamt, Arbeitsanwalt und Notar musste ich auch eine neue Wohnung finden und den Umzug organisieren. In dieser Bockenheimer Bruchbude konnte ich auf Dauer nicht weiterleben. Und dann würde ich eventuell noch aus der Kirche austreten.

Auf dem kleinen Zettel stand die Adresse der Arbeitsagentur. Ich hatte das Gebäude gefunden. Es sah wenig einladend aus. Ich straffte die Schultern und ging durch die Schwingtür hinein. Was konnte schon passieren? Ich war ja nicht die erste, die hier antreten musste. Bei meinen Qualifikationen würde ich sicherlich schnell vermittelt werden.
Eine Ex-Kollegin hatte mir berichtet, dass es für Akademiker sogar eine separate Etage gab. Das war doch tröstlich.
Gleich am Eingang musste ich mich an das Ende einer langen Schlange stellen. Das Publikum war sehr gemischt. Ich hielt schon mal Ausschau nach der Etage für die hochqualifizierten Arbeitskräfte, konnte aber nichts erkennen. Offensichtlich mussten sich alle erst mal am Counter anmelden. Dort waren drei Damen im Einsatz, die die Angaben der Arbeitslosen in einen Computer eingaben und dann weitere Anweisungen gaben. Ich runzelte die Stirn. Das war ja alles ziemlich öffentlich. Ich hatte mir das etwas privater vorgestellt. Während ich so meinen Gedanken nachhing und die anderen beobachtete, verging die Zeit. Nur langsam rückte ich in der Schlange nach vorn. Endlich war ich dran.
„Name?"
„Löblich, ich bin ...."
„Waren Sie schon mal arbeitslos?"
„Nein, ich ..."
„Dann füllen Sie bitte diese Formulare aus und warten Sie, bis Sie aufgerufen werden."
„Wohin muss ...."
„Der Wartebereich ist da drüben. Der Nächste bitte."

Zugegeben. Diese Situation verlangte nicht wirklich nach Privatsphäre.
Beklommen näherte ich mich dem Wartebereich. Wo war denn diese Etage für die Akademiker? Ich wendete mich an einen Security-Mann. Die besagte Etage gab es nicht mehr. Der Mann deutete auf eine Sitzgruppe in einem Großraumbüro. In der Mitte dieses Raumes saßen alle Bildungsschichten auf kleinen Klappstühlen in einem Kreis wie beim Arzt. Um die Wartegruppe herum standen die Schreibtische der Mitarbeiter der Arbeitsagentur.
Nur wenige der Tische waren besetzt. Vor einem Mitarbeiter saß ein Arbeitsloser, die anderen beschäftigten sich mit der Eingabe irgendwelcher Daten in ihre Computer. Es wurde in der nächsten Stunde niemand aufgerufen. Langsam gingen die Sitzgelegenheiten aus, und die Wartenden füllten im Stehen ihre Papiere aus.
„Ich war 20 Jahre lang Abteilungsleiter. Das müssen Sie sich mal vorstellen", wandte sich mir ein Mann zur Linken zu. „20 Jahre und dann werde ich gefeuert. Aus betrieblichen Gründen. Dass ich nicht lache." Der Mann hatte Tränen in den Augen. Er war ungefähr so alt wie ich.
„Ich war Kreativ Direktorin einer Agentur. Auch ziemlich lange."
„Sie werden sehen, in Ihrem Alter nimmt Sie kein Mensch mehr." Nach diesen aufmunternden Worten wendete sich der Mann wieder seinen eigenen Angelegenheiten zu.
Ich wühlte in der Handtasche nach meinem Schminkspiegel. Sah ich heute wirklich so alt und elend aus?
Die Formulare waren längst ausgefüllt, und ich hatte Zeit, mir die anderen Wartenden näher anzusehen. Einer davon war offensichtlich Alkoholiker. Man konnte es an seiner dunkelroten Gesichtsfarbe und an seinem Körpergeruch erkennen. Dann saßen zwei junge Türken da, die sich sichtlich über die Wartezeit aufregten. Die anderen waren schwer einzuordnen. Gemeinsam beobachteten die Wartenden, wie einer der Mitarbeiter mit einer jungen Nachwuchskraft von Computer zu Computer ging und überall ein paar Dinge eingab.
„Eh, Alter, seid Ihr jetzt an allen Schreibtischen gewesen, oder was? Kommen wir auch mal dran? Wir haben auch nicht den ganzen Tag, verstehst du?" meldete sich einer der Türken zu Wort.
Sofort näherten sich die Security-Leute und beobachteten die Wartegruppe genauer. Der Türke verstummte wieder. Dann wurden die beiden aufgerufen. Zu meinem Entsetzen konnte man vom Wartebereich

aus mühelos der Unterhaltung folgen. Jetzt wäre etwas mehr Privatheit doch sehr angenehm gewesen. Ich musste an mein eigenes Gespräch denken, das bald dran sein müsste, und mir wurde schlecht. Die hörten dann alle zu, wie sie über meine Kündigung sprachen? Entsetzlich! Es dauerte auch gar nicht lange, da kam es zwischen dem Mitarbeiter und den beiden Türken zu einem lautstarken Disput.
„Wie? Du erzählst mir jetzt, dass ein Formular fehlt? Weißt du eigentlich, wie oft ich schon hier war? Und ich habe noch keinen Cent von Euch bekommen. Das hättest du mir doch beim letzten Mal schon sagen können, dass ich das Formular noch bringen muss. Was denkt Ihr euch, wer Ihr seid? Und jedes Mal sitze ich hier stundenlang. Dafür habe ich keine Zeit, auch wenn ich arbeitslos bin, verstehst du, was ich meine?“ Der Türke war äußerst aufgebracht.
Doch schon kamen zwei Security-Leute und begleiteten die wütenden jungen Männer nach draußen. Der Termin war zu Ende. Jetzt mussten die beiden sowieso noch mal wieder kommen und konnten bei dieser Gelegenheit sicher auch das noch fehlende Formular mitbringen. Ich hoffte, alle Dokumente dabei zu haben.
Irgendwann war ich auch an der Reihe und saß einer Mitarbeiterin gegenüber, deren Name auf ausländische Wurzeln im Osten Europas schließen ließ. Sie sprach mit einem heftigen Akzent. Doch zunächst ließ sie mich einfach stumm am Schreibtisch sitzen, während sie etwas in ihren Computer einklöppelte.
„Ich ...“
„Gleich“ unterbrach sie meinen Versuch, das alles zu beschleunigen. Danach wurde diskutiert, warum ich gefeuert wurde, was ich verdient hatte und andere Dinge, die ich ganz gern weniger öffentlich dargelegt hätte. Am Ende sollten Papiere ausgedruckt werden, die an anderer Stelle zu einem neuen Termin vorgelegt werden mussten. Doch der Drucker streikte.
„Jetzt Drucker kaputt!“ Die Dame schaute mich vorwurfsvoll an. „Ohne Drucker keine Papiere. Aber jetzt Drucker kaputt.“
Irgendwie bekam ich das Gefühl, ich sei an dem Fiasko ursächlich beteiligt. Hoffentlich musste ich nicht noch mal wiederkommen. Nachdem sich die Mitarbeiterin hinreichend über die desolate Technik ausgelassen und mehrere Tasten gedrückt hatte, kam ein Rucken in die Druckmaschine. Die Papiere wurden ausgespuckt. Ich war sichtlich dankbar dafür. Dann bekam

ich einen Termin für mein nächstes Vorsprechen an anderer Stelle in die Hand gedrückt. Beim nächsten Termin würde geklärt, wie viel Arbeitslosengeld bewilligt würde, dann ginge es weiter zum persönlichen Berater. Na toll. Das würde dauern.
Aber jetzt ging es erst mal zurück in die Agentur zum Kisten packen. Die Umzugskisten wurden bereits geliefert. Die beiden Chefs hatten sich persönlich darum gekümmert. Die konnten wohl nicht schnell genug die Pforten schließen.
Na ja, die mussten ja auch Häuser bauen und sich mit knapp 40 zur Ruhe setzen, weil sie all die Jahre so gut verdient hatten. Das musste man schon verstehen.
In der Agentur waren die Kreativen bereits am Packen, und ich ging sofort zur Hand. Die Kontakter hielten sich aus den Aktivitäten völlig heraus. Die laufenden Jobs müssten noch abgewickelt werden, hieß es. Es dauerte fast den ganzen Tag, bis das Wichtigste verpackt war. Irgendwann sollten die Kollegen dann aus der Zentrale in Düsseldorf kommen und den Rest erledigen.
Am Abend ging ich noch einmal durchs Haus auf der Suche nach den Kollegen. Bestimmt wurde zum Abschied irgendwo noch ein Fläschchen aufgemacht. Doch nein. Die meisten hatten schon die Mäntel an und wollten nach Hause. Komisch. Sonst wurde wegen jedem Mist ein Fläschchen aufgemacht, nur heute nicht. Vielleicht waren die Vorräte im Keller auch längst erschöpft? Ich trank eigentlich nur selten Alkohol, aber ich hätte es schön gefunden, sich mit Stil von den anderen zu verabschieden. Doch keiner wollte was von mir wissen. Man ging einfach. Ohne Handschlag und warme Worte. Nach all den Jahren, die man rund um die Uhr miteinander verbracht hatte. Scheinbar war das wie nach einer langen Ehe, man sah zu, dass man schnell und störungsfrei weg kam. So wie Martin. Mist. Da mussten ja auch bald Kisten für meinen nächsten Umzug gepackt werden.

Kapitel 22

Herr Dr. Liebmann ist heute von einer ausgesuchten Energie beseelt. Ich werde sofort misstrauisch. Was hat er sich jetzt wieder einfallen lassen?
„Sagen Sie, Frau Löblich, sagen Sie mal ... was halten Sie davon, wenn wir uns mal Ihre Träume genauer ansehen."
„Träume? Ich bin doch keine Frau, die noch Träume hat."
„Das meine ich nicht. Ich meine, was so in Ihrem Kopf vorgeht, wenn Sie nachts schlafen."
„Ich schlafe kaum. Deswegen bin ich ja unter anderem bei Ihnen in Behandlung."
Herr Dr. Liebmann schaut mich ein paar Sekunden mit offenem Mund an. „Ach so. Ja. Aber ein paar Minuten schlafen Sie doch sicher. Es würde mich doch sehr interessieren, womit Sie sich da nachts so beschäftigen. Also im Traum. Rein tiefenpsychologisch natürlich."
Mir war schon klar, dass er mich nicht nach meinen Masturbations-Techniken fragen wollte. Aber Träume?
„Ich liege meist nur wach da, und mache mir Gedanken."
„Gedanken. Ja natürlich. Und die schreiben Sie mir bitte einfach mal auf. Also, was Sie träumen. Ich bin sicher, dass das sehr aufschlussreich sein wird."
„Ich werde mich bemühen, aber versprechen kann ich nichts", versuche ich diese unnötige Texterarbeit noch abzuwehren. Aber ich habe keine Chance. Herr Dr. Liebmann ist von seiner eigenen Idee nahezu gefesselt.
„Gut, dann bringen Sie doch bitte für die nächste Sitzung Ihre Aufzeichnungen gleich mit. Apropos Aufzeichnungen. Sie sind tatsächlich aus Bockenheim weggezogen? Konnten Sie sich das angesichts der Arbeitslosigkeit leisten?"
„Meine Eltern haben damals beschlossen, mich zu unterstützen, jetzt wo klar war, dass die Ehe mit Martin vor der Scheidung stand. Mein Vater hat für mich eine Eigentumswohnung in Sachsenhausen gekauft. Die habe ich dann sogar langsam möbliert und schön eingerichtet. War meine erste Wohnung, die ich selbst gestaltet habe."
„Und sie waren da ..."
„Richtig. Ich war schon über 40."

„Immerhin. Da waren Sie ja noch ... da waren Sie immerhin. Zumindest ... Und der Job? Wie war es mit der Jobsuche? In dem hohen Alter sicher ziemlich problematisch.“
„Das hat mich zumindest von anderen Dingen abgelenkt“, erkläre ich resigniert. Und das hatte es. Für eine Weile zumindest. Es ging damals um meine Existenz und mein Überleben. Und da habe ich nichts unversucht gelassen ....

Das Arbeitsamt ist für einen Arbeitslosen – ganz gleich aus welcher Branche und Altersgruppe – keine große Hilfe. Im Gegenteil. Meine Daten waren in einen Computer aufgenommen worden, und gelegentlich erhielt ich auf dieser Grundlage ein unpersönliches Schreiben vom Arbeitsamt mit entsprechenden Arbeitsplatzangeboten. Diese entsprachen in der Regel weder meinem Qualifikationsprofil, noch meinen Ambitionen. Was nicht weiter schlimm war. Denn die Angebote waren sowieso alle nicht mehr aktuell. Einige dieser Firmen waren unseriös. Andere existierten gar nicht mehr. Ich musste also nicht fürchten, irgendwohin verbannt zu werden, wo ich nicht sein wollte.

Da ich zumindest auf dem Papier eine hochkarätige Führungskraft der Agentur-Szene gewesen war, kontaktierte ich zahlreiche Headhunter, die mir eine baldige Vermittlung auf höchstem Niveau in Aussicht stellten.
Ich bekam auch bald einen Termin im Frankfurter Messeturm. Der Headhunter hatte mich flüchtig am Telefon auf das Gespräch gebrieft und mich wissen lassen, dass ich ihn gleich nach dem Interview anrufen und über den Erfolg berichten sollte. Es ging schließlich um seine Provision. Ich landete dann bei einer edlen Firma, die mir eine famose Aussicht bot. Zumindest, was den Blick aus den Fenstern betraf. Für das Interview wurde ich in einen abgelegenen Raum vor ein TV-Gerät gesetzt, über das eine Videokonferenz mit meinem Ansprechpartner geführt werden sollte. In einem grisseligen Bild erschien das Gesicht einer netten Dame, die mir erklärte, dass man einen neuen Chef für die Vertriebsmannschaft suche. Ich war noch nie zuvor im Vertrieb tätig gewesen. Es stellte sich insgesamt schnell heraus, dass ich keine der gesuchten Anforderungen erfüllte und deshalb den Job nicht bekommen könne.
„Sie sind wirklich sympathisch. Hätte ich eine Position im Marketing zu vergeben, dann würde ich Sie sofort nehmen“, tröstete mich das grisselige

Bild auf dem TV-Gerät. Aber so wurde aus dem Arbeitsplatz nichts. Zumindest hatte ich für einen kurzen Moment eine herrliche Aussicht aus dem Fenster genossen.
Der Headhunter reagierte auf mein Versagen beleidigt. „Große Firmen scheitern einfach daran, dass sie nicht den Mut haben, auch mal querzudenken und entsprechende Leute einstellen."
Ich fand, dass große Firmen nur dann scheitern, wenn sie Leute für Posten einstellen, für die sie nicht geeignet sind. Vor allen Dingen auf Chefposten. Ich selbst hatte oft genug unter solchen unfähigen Menschen gelitten und war froh, diesen Job nicht bekommen zu haben.

Aufgrund meiner Erfahrungen mit dem Arbeitsamt und verschiedenen Headhuntern beschloss ich, mein weiteres berufliches Fortkommen lieber selbst in die Hand zu nehmen. Ich schaffte es auch eine ganze Weile zu den verschiedensten Vorstellungsgesprächen.
Oft verdankte ich dies nur der Tatsache, dass ich in meinen Bewerbungsunterlagen mein Alter verschwieg. Der Nachteil war, dass man mich diese Unterlassung teilweise sehr unfreundlich spüren ließ.
So trug es sich beispielsweise zu, dass mir der Personalchef einer namhaften Frankfurter Firma gleich zur Begrüßung deutlich machte, was er von reifen Frauen meines Alters hielt.
„Wissen Sie, ich hasse Frauen, die in den Wechseljahren sind", legte er mir sofort unwirsch dar, „die schwitzen ja ganz ekelerregend. Und dann sind die dauernd schlecht gelaunt oder depressiv."
Mein Blick fiel auf die großen Schweißränder, die sich unter seinen Achseln gebildet hatten, und ich überlegte mir, warum Frauen wie ich wohl so depressiv waren. Ich behielt diesen Gedanken aber lieber für mich und konterte: „Dafür müssen Sie sich keine Sorgen mehr machen, dass ich schwanger werde."
Der Personalchef sah mich prüfend an. „Ganz sicher nicht. Nicht bei Ihnen. Da haben Sie Recht. Aber trotzdem."
„Was heißt denn trotzdem? Wann wäre denn für mich ein guter Zeitpunkt für eine Karriere in Ihrem Haus gewesen?"
„Wenn Sie mich so fragen – nie".
Ich war froh, diesen Job nicht bekommen zu haben. Aber meine Finanzen und mein Selbstbewusstsein litten erheblich unter diesem Tiefschlag gegen meine Weiblichkeit. Ich setzte also mein Geburtsdatum wieder in die

Bewerbungsunterlagen ein, und schon ließen die Einladungen zu einem Gespräch merklich nach. Hier und da bekam ich zwar noch Termine, aber meist war ich überqualifiziert, zu alt und zu teuer für die Posten, die offen waren.
Je länger ich als Arbeitsloser auf dem Arbeitsmarkt zur Verfügung stand, desto mehr sank mein Marktwert. Ich setzte meine Ansprüche entsprechend immer weiter runter. Nicht nur, was meine Verdienstmöglichkeiten anging.
Ich bewarb mich immer häufiger für Stellen, die weit unter meinen fachlichen Qualifikationen angesiedelt waren. Das seltsame war, dass sich auch die Qualität der Bewerbungsgespräche nach unten bewegte. Waren die Gespräche rund um Führungspositionen noch in einem angenehmen Plauderton bei einer Tasse Kaffee geführt worden, so fanden sie für niedrigere Tätigkeiten immer mehr ohne Kaffee und in rüden Tonlagen statt. Ich hielt durch und biss die Zähne zusammen.
Ich hatte meinen Dunstkreis inzwischen auf ganz Deutschland ausgeweitet. Ich musste Arbeit finden. So fuhr ich mit dem Intercity kreuz und quer durch die Lande, um zu Vorstellungsterminen zu eilen. Allein für einen Posten in Hamburg trat ich zweimal die lange Reise an. Einmal sogar mit über 40 Grad Fieber. Die Stelle wurde dann am Ende gar nicht besetzt. Weder durch mich, noch durch einen anderen.
Und schließlich bewarb ich mich auf einem Niveau, das zwar weit unter meiner fachlichen Würde lag, aber immer noch besser als Hartz IV war. Für diese Posten war es jetzt sogar erforderlich, sich durch sogenannte Assessment Center zu quälen.
Beispielsweise bewarb ich mich für eine Stelle im Call Center einer namhaften Bank. Natürlich für die Nachtschicht. Für die Tagschicht war mein Marktwert bereits zu niedrig. Ich musste Rollenspiele und Rechenaufgaben, Intelligenztests und private Gespräche über mich ergehen lassen. Aber ich habe die Stelle nicht bekommen.
Dann bewarb ich mich als Assistentin einer Sekretärin. Hatte ich doch alles schon mal gemacht. Warum nicht wieder alte Hüte aus dem Keller fischen, Blumen ernten, Koffer umtauschen? Ich musste beruflich und finanziell wieder auf die Beine kommen. Aber es half nichts.
Und nach einigen Monaten bekam ich auch keine einzige Einladung mehr zu einem Interview für Arbeit unter meinem Niveau. Ich hatte bereits alle

Klinken in Frankfurt und Deutschland geputzt, die für mich auch nur annähernd in Frage kamen.
Was blieb, war der Weg in die Selbständigkeit. Mein Schwager Oliver ließ seine Verbindungen spielen und verschaffte mir die Gelegenheit, kostenlos an einem Business Training der Industrie und Handelskammer teilzunehmen. Auch hier nahm ich an lustigen Rollenspielen mit anderen verkrachten Existenzen teil. Dabei konnte ich nach langer Zeit endlich mal wieder glänzen und mich in einem kleinen Erfolg sonnen: Ich war die Teilnehmerin, die sich im Rahmen einer fiktiven Firmengründung am schnellsten und souveränsten in die Insolvenz gerechnet hatte.
Zumindest hatte ich bei dieser Veranstaltung einen netten älteren Herrn kennengelernt, der vorhatte, sich mit dem Verkauf von Kosmetikprodukten selbständig zu machen. Er fragte mich, ob ich nicht mitmachen wolle. Ich sagte zu. Ich war alt, hatte Zeit und brauchte das Geld. Und so wanderte ich wie eine Avon-Verkäuferin von Kosmetikstübchen zu Kosmetikstübchen und versuchte, unsere Waren zu verkaufen. Die Inhaberinnen, mit denen ich dabei verhandelte, waren zum großen Teil Frauen mit Immigranten-Hintergrund. Sie kamen meist aus Russland, Polen oder Asien und hatten sich in Deutschland so gut verheiratet, dass sie in der Lage waren, einen Kosmetiksalon zu eröffnen. Ich habe keiner einzigen dieser Damen auch nur eine Tube Kosmetik verkaufen können. Nach einem Jahr gab ich diese unbezahlte Tätigkeit frustriert wieder auf. Mein Marktwert befand sich jetzt auf dem Nullpunkt.
Zu dieser Zeit konnte ich über meine Schwester Katharina einen weiteren Kontakt nutzen. Meine Schwester bewegte sich im Gegensatz zu mir auf den obersten Sprossen der gesellschaftlichen Leiter – während ich inzwischen auf der untersten stand. Sie hatte eine Freundin, die sich recht erfolgreich ein kleines Schmuckimperium aufgebaut hatte. Dafür reiste sie häufig nach Asien, um sich Halbedelsteine für die Produktion ihres Schmuckes zu besorgen. Katharina meinte, die könne eine versierte Marketingfachfrau sicher gut einsetzen, zumal ich auch Fremdsprachen beherrschte. Ich fuhr zu einem Gespräch hin und kehrte mit einer Schatulle zurück, die alles enthielt, um Schmuck in Heimarbeit herzustellen. Man hatte mir keinen Job als Marketingfrau angeboten. Ich sollte Schmuck auffädeln. Für ein Armband oder eine Kette hätte ich dann 10 Euro bekommen. Also machte ich mich ans Werk.

Während ich an einem Sonntagabend routinemäßig meinen Tatort-Krimi im Fernsehen verfolgen wollte, angelte ich mir die Schatulle und setzte mich mit ihrem Inhalt auseinander. Es gab darin Zangen und Instrumente, um Verschlüsse und Ähnliches an den Schmuckstücken anzubringen. Dann gab es die einzelnen Elemente und Steine, die aufgefädelt werden mussten. Als Vorlage lag ein Foto bei, das wie ein Briefing war. Also machte ich mich ans Werk.
Ich habe allein zwei Stunden an einem Schlüsselanhänger gearbeitet. Dabei habe ich mir fast zwei Finger mit den Zangen amputiert und mir mit einem Draht beinahe das Auge ausgestochen. Am Ende wollte ich die Schatulle nur noch durch die geschlossene Scheibe werfen oder jemanden umbringen. Im Fernsehen hat das jemand im Tatort-Krimi erledigt. Ich selbst kam nicht dazu. Ich arbeitete bis weit nach Mitternacht, bis ich mit blutigen Händen und halb blind einige Schlüsselanhänger fertig hatte. Diese übergab ich am nächsten Tag meiner Auftraggeberin. Ich hatte mir längst ausgerechnet, dass ich bei meinem Geschick für einen Stundenlohn von 3 Euro gearbeitet hatte. Am Ende bekam ich nicht mal das. Ich erhielt keinen Cent für meine Schlüsselanhänger und habe daraufhin den Kontakt sofort eingestellt.
Jetzt konnte ich mich mit meinem Oxford-Studium, meinen akademischen Graden, meiner langjährigen Erfahrung als Führungskraft in der Werbung und all meinen sonstigen Talenten nur noch als Verkäufer in ein Spargelhäuschen setzen. Oder bei McDonald's arbeiten. Aber da würde ich vielleicht ehemaligen Chefs und Mitarbeitern begegnen. Und das hätte mir die letzte Würde geraubt. Beruflich war ich hiermit am Boden angelangt.
Als wäre dies nicht schon schlimm genug, bauten sich auch im privaten Umfeld Spannungen auf. Und zwar zwischen mir und meinen Freunden und Bekannten, die allerdings nur ich empfand.
Natürlich hatte man mich anfangs nach meinen Fortschritten hinsichtlich der Jobsuche befragt. Hier und da wollte man für mich auch gern mal Kontakte spielen lassen. Auf die Frage, was ich denn suchte, gab ich immer die gleiche Antwort:
„Ich mache alles, außer Agentur."
Einige überhörten dies geflissentlich oder verstanden meine Antwort nicht. Immer wieder trat man mit Vorschlägen an mich heran. „Ich kenne da jemanden, der gerade einen sucht. Es ist eine kleine, nette Agentur ..."

Irgendwann wusste ich nicht mehr, ob man meine Sprache sprach. Dennoch nahm ich diese Versuche, mich bei der Arbeitssuche zu unterstützen mit einem Lächeln an. Ich war meinem Werbergefängnis endgültig entkommen, aber man wollte dies wohl nicht zulassen. Und irgendwann hörten die Angebote aus meinem Bekanntenkreis endlich auf. Was nicht aufhörte, waren die aufmunternden Worte, die ich stets zu hören bekam, wenn ich von einem weiteren Fehlschlag berichtete. Ich kann mich noch gut an Sätze wie
„Kopf hoch, das wird schon", oder „halt die Ohren steif" oder „lass dich nicht unter kriegen" erinnern. Ich fragte mich nur, wann die Menschen um mich herum bemerken würden, dass man mich schon längst untergekriegt hatte.
Erst reagierte ich fassungslos. Dann Ärger und Frust. Und schließlich blanke Aggression. Um die Menschen in meinem Umfeld nicht gänzlich zu verprellen, entschied ich mich, gar nichts mehr über mich zu erzählen. Ich stand allein auf weiter Flur und wollte weder weitere Jobangebote für Agenturen, noch aufmunternde Sprüche hören. Ich habe mich selten so missverstanden und allein gelassen gefühlt.
Keinem fiel weiter auf, dass ich immer weniger von mir preisgab. Und dass ich auf die Frage „wie geht's?" nur noch mit „Danke der Nachfrage" oder „wie immer" antwortete.
Und so schlug ich mich eben allein durch die Talsohle meiner kümmerlichen Existenz in der Hoffnung, dass es irgendwann wieder aufwärts gehen würde.
Es ging dennoch kein Weg um die Selbständigkeit herum. Ich musste versuchen, die Ressourcen und Talente zu nutzen, über die ich verfügte, denn für eine Umschulung kam ich aufgrund meines Alters nicht mehr in Frage. Was konnte ich also? Schreiben. Ich musste mich zähneknirschend wieder als Texter betätigen, wenn auch außerhalb der Agentur-Szene. Und genau das war der Beruf, den ich mit jeder Faser meines Herzens hasste. Ich fragte mich oft, welchen Käfer ich in einem früheren Leben wohl zertreten hatte, um in diesem Leben als Texterin mein Dasein fristen zu müssen. Ich würde den Beruf nie loswerden. Nur würde ich ihn jetzt unter schwereren Bedingungen und für weniger Geld ausüben. Gleichwohl machte ich mich ans Werk und setzte für das Arbeitsamt einen Businessplan auf. Wozu hatte ich an diesem Training teilgenommen? Mein Betreuer auf dem Arbeitsamt schätze meine Bemühungen so sehr, dass er

den Plan ohne jegliches Murren akzeptierte. Schließlich würde ich dann aus der Statistik der Arbeitslosen fallen und ihm einen kleinen persönlichen Vermittlungserfolg bescheren. Was tatsächlich aus mir wurde, war dann nicht mehr Gegenstand seiner Befugnisse.
Ein kleiner Höhepunkt gleich zu Beginn dieser neuen Karriere war ein Empfang im Frankfurter Römer, zu dem die Bürgermeisterin Petra Roth die neuen Existenzgründer offiziell eingeladen hatte. Ich fühlte mich geehrte, machte mich im Rahmen meiner Möglichkeiten schön und ging hin. Wer nicht kam, war Petra Roth.
Leider hatte ich mir für meine Existenzgründung einen denkbar schlechten Zeitpunkt ausgesucht. Die Welt befand sich mal wieder in einer Wirtschaftskrise. Im Marketing wurde wie all die Jahre zuvor am ehesten gespart, und die Kunden schrieben ihre Texte selbst. Ich verdiente kein Geld und versuchte deshalb wie verrückt, Kunden zu akquirieren.
Eine ehemalige Grafik-Kollegin unterstützte mich dabei und stellte den Kontakt zu einem der wundervollsten Kunden vor, den man sich nur vorstellen kann. Dieser Mann war mein Lebensretter. Er war fair, kompetent und äußerst nett. Wir haben uns über unserer Zusammenarbeit sogar befreundet.
Irgendwann bekam ich dann über eine Freundin eine weitere Adresse zugespielt. Es handelte sich um eine junge Frau, die einen Escort-Service betrieb – das hieß, sie hatte einige Damen an der Hand, die ihre Liebesdienste im Internet feil boten. Für jedes Pferdchen, das sie im Stall hatte, musste für die Website ein Profil geschrieben werden. Und hier kam ich ins Spiel. Ausgerechnet ich, die ich das wohl sexloseste Leben aller Zeiten führte. Ich wusste kaum, was ich über die Ladys schreiben sollte. Ich litt unter der Aufgabe. Worunter ich jedoch noch viel mehr litt, war die Tatsache, dass die Damen über 200 Euro in der Stunde verdienten, ich dagegen gerade mal 20 Euro. Das machte mich nachdenklich. Aber lange musste ich nicht nachdenken. Ich bekam schon sehr schnell keine Aufträge mehr von dieser Kundin, was sicherlich daran lag, dass ich mich nur bedingt in dieses Themengebiet hineinzuversetzen vermochte. Für meine Referenzliste war dieser Auftraggeber auch kein Highlight. Wer wirbt schon dafür, dass er für das Rotlicht-Milieu textet?
Leider konnte ich es mir finanziell nicht mehr leisten, meine Auftraggeber allzu kritisch zu hinterfragen. Ich war nicht nur beruflich, sondern auch

finanziell in eine bedenkliche Lage geraten, die mir wenig Aussicht auf Besserung ließ.
Hätte ich damals nicht diesen Kunden gehabt, den mir meine Grafik-Kollegin vermittelt hatte, dann weiß ich nicht, was aus mir geworden wäre.

Kapitel 23

Ich sitze mit einem zusammengerollten Stück Papier in der Hand vor dem Sprechstundenzimmer von Dr. Liebmann. Ich muss über den Traum nachdenken, den ich gestern Nacht – als ich für wenige Minuten eingedöst bin – hatte. Ich hatte geträumt, dass ich in einer sehr hässlichen, spießigen Wohnung lebte. Statt Tapeten gab es seidene Vorhänge mit schrecklichen Mustern. Dahinter fand ich die Schminktasche einer ehemaligen Mieterin. Ich ekelte mich plötzlich vor der Wohnung. Diese war dann irgendwann ein Hotelzimmer. Im Hotel traf ich unten an der Lobby eine alte Schulkameradin, die mit ihrem Freund Urlaub machte. Der Typ war äußerst unappetitlich und zeigte viel nackte Haut von seiner behaarten Brust. Das Hotel lag am Meer, und plötzlich hieß es, keiner könne mehr ins Wasser. Es gäbe eine Rochen-Warnung. An dieser Stelle bin ich aufgewacht.
Es war mir sofort klar, dass ich diesen Traum nicht gern tiefenpsychologisch von Dr. Liebmann durchleuchten lassen mochte. So komme ich nie aus diesen Therapie-Sitzungen heraus. Als gute Texterin habe ich den Traum deshalb einfach umgeschrieben.
„Da sind Sie ja, Frau Löblich. Kommen Sie doch herein, damit wir gleich anfangen können. Früchtetee?“
Oh je. Der Arzt scheint heute richtig Zeit zu haben.
„Haben Sie einen Traum dabei? Lassen Sie doch gleich mal sehen“, muntert mich der Doktor auf, während er mir einen Tee zuschiebt und die Hand in Richtung Papierrolle streckt. Ich reiche ihm mein Werk.
„Ach ja. Da, da, da ... Urlaub haben Sie gemacht. Da, da, da ... Scheint ja ein nettes Hotel gewesen zu sein. Schönes, helles Zimmer. Nette Freunde nebenan. Hm, hm .... Und dann waren Sie mit den Delphinen schwimmen. Klingt ja alles sehr nett.“ Herr Dr. Liebmann ist etwas enttäuscht. Zu Recht. Misstrauisch nimmt er seine Brille ab und sieht mich scharf an. „Und das träumen Sie wirklich?“
„Davon träume ich. Ganz richtig.“
„Vielleicht sollten Sie mal wieder Urlaub machen. Oder .... Besser nicht. Sie nicht.“
„Ja, wäre keine so gute Idee, würde ich sagen.“
„Aber scheinbar möchten Sie mehr mit Ihren Freunden zusammen sein. Die tauchen immerhin auf. Sie haben doch Freunde ...?“ fragt der Arzt vorsichtig nach.

Die Vorsicht ist nicht ganz unangebracht....

Wenn man arbeitslos ist, wenden sich automatisch viele Menschen von einem ab. Vielleicht aus Furcht, man könne sie um Geld oder einen Gefallen bitten. Auf diese Weise erkennt man sehr schnell, ob und welche Freunde man hat. Ich hatte noch welche. Aber ich verlor sie doch irgendwie aus den Augen.
Ich verbrachte damals viel Zeit mit der Gruppe von Freunden, mit denen ich ab und zu noch segeln ging. Armin war immer unser Skipper. Allerdings war er gerade drauf und dran, seinen Lebensmittelpunkt nach Mallorca zu verlegen. Er hatte sich dort eine Eigentumswohnung gekauft, eine Yacht im Hafen liegen und war nur noch selten in Deutschland. Auch andere Freunde hatte es in alle Winde zerstreut.
Teilweise waren sie aus beruflichen Gründen ins Ausland gegangen, teilweise aus privaten. Im Gegensatz zu mir hatten die anderen auch bessere Karrieren hingelegt, die sie in die Lage versetzten, sich schon frühzeitig dem Golf zu widmen und den vorzeitigen Ruhestand zu genießen.
Uli 2, mit der ich bislang die meiste Zeit verbracht hatte, hatte sich verliebt und zog in eine andere Gegend. Und von Marina hatte ich eine geraume Zeit nichts gehört.
Bis ich diesen Anruf von ihrer Schwägerin erhielt, bei dem ich erfuhr, dass Marina im Krankenhaus lag. Sie hatte Brustkrebs, wollte aber im Vorfeld keinen alarmieren, weil sie dachte, die Sache könne ambulant beseitig werden und sich als ganz harmlos erweisen. Doch das Leben hatte es mal wieder anders geplant.
Marina war gerade operiert worden, als ich sie anrief. Noch leicht von der Narkose im Bewusstsein getrübt ließ sie mich wissen, dass sie keinerlei Besuch wünsche. Ich konnte ihr diesen Wunsch nicht erfüllen. Marina war krank. Sie war meine Freundin und brauchte mich. Ich besorgte Blumen und fuhr unverzüglich in die Klinik. Inzwischen war Marina vollständig bei sich und erklärte mir unter Tränen, wie sie die unheilvolle Diagnose aufgenommen hatte. Was hätte ich jetzt dafür gegeben, endlich diese verdammten heilenden Hände zu besitzen, die ich mir immer gewünscht hatte. Ich musste auf andere Ressourcen zurückgreifen. Wozu war ich immer Bühnenkind und Entertainer für Gott und die Welt gewesen? Ich schluckte meine eigenen Tränen und Sorgen herunter und versprühte

meinen gesamten Esprit, um Marina zum Lachen zu bringen. Es dauerte auch gar nicht lange, da war nur noch Gackern und Lachen aus diesem Krankenzimmer zu hören.
Der behandelnde Arzt, der gerade an der offenen Tür vorbeilief, blieb abrupt stehen und meinte Kopf schüttelnd: „Ich habe noch nie erlebt, dass eine Krebspatienten kurz nach der OP lachend im Bett saß. Wie haben Sie das hingekriegt?"
Ich wusste es selbst nicht. Auch Armin ließ sich noch mit einem Blumenstrauß blicken, den er ausversehen in einem Uringläschen unterbrachte, den er für eine Blumenvase gehalten hatte. Gemeinsam verbrachten wir einen recht vergnügten Abend in diesem Krankenhaus.
Als ich mich verabschiedete und außer Sicht- und Hörweite war, musste ich mich erst mal heulend in den Korridor des Krankenhauses setzen. Ich hatte alle meine Kräfte verpulvert. So viele Freunde hatte ich nicht mehr. Und die wenigen, die ich noch hatte, wollte ich nicht verlieren. Sie bedeuteten mir zu viel. Und Marina kannte ich seit über 20 Jahren. Mit wem sollte ich lachen, wenn sie an Brustkrebs starb? Sie starb nicht. Fast jeden Tag war ich im Krankenhaus und lachte und scherzte mit Marina, was das Zeug hielt. Ihre Zimmernachbarin bedauerte oft, dass wir uns für unsere Gespräche in den Krankenhauspark zurückzogen, um sie nicht zu stören. Als sie entlassen wurde, sagte sie zu mir, sie hätte so gern mal mit gelacht.
Als auch Marina endlich das Krankenhaus verlassen durfte, stand ihr ein schwerer Weg bevor. Chemotherapie und Bestrahlung. Also gingen wir zusammen Perücke kaufen und andere Dinge, die notwendig waren. Auch eine Lesebrille, die jetzt plötzlich von Nöten war, besorgten wir gemeinsam. Meine Freundin sollte so schön wie möglich aussehen und ich tat alles, um dazu beizutragen. Und so haben wir diese Krise gemeinsam gemeistert. Bis heute ist der Krebs nicht wieder zurückgekehrt.
Und dann war da noch mein adoptierter kleiner Bruder Charly. Charly, der es genau wie ich nicht schaffte, eine glückliche Beziehung zu einem Partner aufzubauen. Der genau wie ich in finanziellen Schwierigkeiten steckte und auch beruflich keine nennenswerten Erfolgserlebnisse vorzuweisen hatte. Unter der Last seiner Probleme war er eines Tages zusammengebrochen und hatte einen Tabletten-Cocktail geschluckt, der ihn in aus diesem Dasein herauskatapultieren sollte. Ganz so weit schaffte er es nicht. Er landete in einem Krankenwagen und bekam in einem Krankenhaus in

Sachsenhausen den Magen ausgepumpt. Er überlebte diesen Selbstmordversuch mit einigem Glück.
Und wieder raste ich ins Krankenhaus an die Seite eines geliebten Menschen. Ich kümmerte mich darum, dass Charly ein privates Zimmer für sich allein erhielt und setzte mich Nächte lang an seine Seite. Nicht nur, weil ich für ihn da sein wollte. Das Krankenhaus hatte keine Psychologiestation, weshalb man Charly in eine entsprechende Einrichtung verlegen wollte. Das hätte für ihn aber bedeutet, dass er nicht so schnell wieder aus einer geschlossenen Abteilung entlassen worden wäre. Ich übernahm die volle Verantwortung und musste im Gegenzug jede Nacht als Aufsicht nehmen ihm sitzen. Ich tat es und hörte in diesen Nächten die alten Leute auf der Station schreien und toben, als ginge man ihnen an den Kragen. Ein bisschen war es wie in einer Irrenanstalt. Und auch Charly wurde nach ein paar Tagen entlassen und sofort in meine Obhut gegeben. Ich musste ihn für das Wochenende in meiner Zwei-Zimmer-Wohnung beaufsichtigen, bevor er montags einem Facharzt für eine weitere ambulante Behandlung zugewiesen werden konnte.
Charly brachte mich aus Frustration an diesem Wochenende fast um. Wenn er mich nur ansah, war blanker Hass in seinen Augen. Und trotzdem versorgte ich ihn liebevoll und lenkte ihn von seinem Kummer ab, so gut ich nur konnte. Charly war mein kleiner Bruder. Etwas anderes zählte nicht. Ich konnte mir ein Leben ohne ihn nicht vorstellen. Irgendwann zog er wieder seiner Wege. Und die waren auch nach dem Selbstmordversuch nicht heiterer als zuvor.
Auch meine Eltern mussten zu dieser Zeit abwechselnd immer wieder ins Krankenhaus. Schlaganfall. Herzschwäche. Diabetes. Ich verbrachte damals viel Zeit an der Bettseite all der Menschen, die mir wichtig waren im Leben.

Natürlich war es eine Frage der Zeit, wann auch ich unter all den Belastungen zusammenbrechen würde. Ich schlief immer weniger, was meinen Körper weniger störte als meinen Geist und meine Psyche. Wenn es dunkel wurde, wurden meine Ängste und Sorgen immer größer und die Depressionen kehrten zurück. Ich musste handeln.
Da ich sowieso kein Auge schließen konnte, beschloss ich, einen Ausflug ins Frankfurter Nachtleben zu wagen. Ich wollte nicht eher nach Hause zurückkehren, bis ich einen willigen Liebhaber für die Nacht gefunden hatte. Ich wollte den Arm eines Mannes um meine Schultern spüren und

mich einfach mal anlehnen. Wenn ich ehrlich war, war dies auch der einzige Teil der männlichen Anatomie, an dem ich tatsächlich Interesse verspürte. Unerfahren wie ich war, war es erforderlich, mir für das nächtliche Unterfangen ein wenig Mut anzutrinken. Da ich selten Alkohol zu mir nahm, musste eine kleine Piccolo herhalten, die ich mal geschenkt bekommen hatte. Viel war es nicht, aber ich hatte auch nicht allzu viel vor. Ich schminkte mich, zog mir was Nettes an und ging in angetrunken heiterer Stimmung in die Stadt. In einer Szene-Bar beschloss ich mir einen Drink an der Bar zu gönnen und sah mich um.
Den Großteil des männlichen Publikums hätte ich ungern morgens aus meinem Bad kommen sehen. Ich trank einen Schluck Wein und redete mir Mut zu. Ich musste meine Erwartungen einfach nur runter schrauben. Nach einer Stunde vergeblichen Ausschauhaltens war ich soweit, mich mit einem Mann einzulassen, der wenigsten aufrecht ging, Kenntnisse im primitiven Werkzeuggebrauch versprach und nicht sabberte. Näherte sich jemand meiner Person, wanderte die Messlatte unverzüglich wieder nach oben.
Aber dann ging die Tür auf und es erschien ein finsteres Element, vor dem meine Mutter mich sofort gewarnt hätte. Er hatte lange dunkle Haare, war unrasiert und trug zerrissene Jeans, ein weißes T-Shirt und eine maskuline schwarze Lederjacke. Der Mann war allein und nahm unweit von mir an der Bar Platz. Nach einem weiteren Glas Wein fasste ich Mut und sprach den Mann an.
„Was muss man tun, um mit einem Mann wie dir eine Nacht zu verbringen?“
Der Mann sah mich abschätzig von Kopf bis Fuß an, grinste breit und meinte „Einfach 100 Euro rüberwachsen lassen.“
Bestimmt hatte er damit gerechnet, dass das Gespräch damit sein jähes Ende finden würde. Tat es nicht. Ich war am Bankautomaten gewesen und konnte so triumphierend die geforderte Banknote auf den Tresen legen. Der Mann zögerte nur einige Sekunden, bevor er das Geld einsteckte.
„Ich verschwinde noch mal kurz, dann können wir los. Bin gleich wieder da.“ Und schon verschwand er in der Menge auf dem Weg zur Toilette. Ich wartete und dachte nach. Warum hatte er die berühmte Frage nicht gestellt. Bei dir oder bei mir?
Als er nach einer halben Stunde noch nicht zurück war, wusste ich es. Der Mann war einfach mit meinem Geld getürmt. Also nicht mal für Geld wollte mich einer haben. Wie tief konnte man als Frau noch sinken? Ich

begab mich unverzüglich auf den Rückzug aus dieser aussichtslosen Position. Da meine Geldmittel doch begrenzt waren, konnte ich mir einen weiteren Versuch dieser Art nicht mehr leisten.
Als ich zu Hause ankam, konnte ich immer noch nicht schlafen. Ich rief Marlene in München an, die ich zwar aus dem Bett holte, die mir aber dennoch einen guten Rat gab. „Wenn dich wieder mal so ein Anfall überkommt und du meinst, du brauchst einen Kerl – dann denk an die Top 5 aller Dinge, über die du dich bei einem Mann immer geärgert hast. Wirst sehen, dann hast du keinen Bock mehr drauf."
Ich habe diese probate Taktik seither mit großem Erfolg angewandt. Ich habe nie mehr als zwei Posten vor meinem geistigen Auge vorbeiziehen lassen müssen, bis jedes aufkommende Lustgefühl im Keim erstickt war.
Wenn da diese Sehnsucht nach einem starken Männerarm vorzugsweise mit anhängender Schulter nicht gewesen wäre.
Diese Sehnsucht hätte ich fast schon bei meinem nächsten Flohmarktbesuch am Sachsenhäusener Mainufer stillen können. Dort erspähte ich einen aufblasbaren Gorilla, der eigentlich nur aus Kopf, Schultern und Armen bestand. Fast hätte ich mir den aufblasbaren Krüppel für nachts im Bett gekauft. Aber der hätte sicherlich bald eine undichte Stelle bekommen und sich mit furzendem Geräusch wie ein davonfliegender Luftballon von mir verabschiedet. Ich verkniff mir also diese Anschaffung.

Kapitel 24

Ich weiß, dass ich bei meiner letzten Therapiesitzung Herrn Dr. Liebmann etwas enttäuscht habe. Mein Traum war zu positiv. Ich muss vorsichtiger sein, damit er nicht misstrauisch wird. Ich reiche ihm die neueste editierte Version meiner nächtlichen Traumwelt.
Herr Dr. Liebmann wird in diesem Moment von einem allergischen Niesreiz gepackt. Er kann sich gerade noch ein großes Taschentuch aus der Hosentasche zerren, bevor er fast explodiert. Geräuschvoll putzt er sich die Nase und reinigt sich danach mit dem gleichen Taschentuch die Brille, die etwas von der Explosion in Mitleidenschaft gezogen worden war. Dann greift er nach meiner neuen Papierrolle und liest sich ein.
„Das ist doch mal aufschlussreich. Sie haben von einer Papierstadt geträumt? Aha! Das ist doch mal nett. Ein wenig prä…" Herr Dr. Liebmann muss noch einmal niesen und kommt nicht dazu, den Satz zu vollenden.
„Ja, der Traum war ganz nett."
Wieder trifft mich ein misstrauischer Blick. „Sehr nett. Bei dem, was Sie so durchmachen, müssten Ihre Träume eine andere Qualität haben."
„Ich bin Texterin, vielleicht schreibe ich sie zu virtuos auf", versuche ich meine Lügen zu erklären.
„Sie müssen sich nicht so viel Mühe geben. Ich bin Arzt und kein Lektor."
„Natürlich." Und ich bin Texterin und keine Schriftstellerin. Obwohl mein letztes Werk so schlecht nicht ist. Ich hatte geträumt, dass ich in einer Stadt aus lauter kleinen unscheinbaren Papierhäuschen wohnte, die in einem Tal lag. Völlig abgeschnitten von der Welt. Ich habe im Traum Frankfurt vermisst. Frankfurt ist groß und kosmopolitisch.
Aber diese Papierstadt war ein Witz und hatte gar nichts zu bieten. Erschrocken hatte ich sie im Traum aus der Vogelperspektive betrachtet – was die Stadt noch unbedeutender und kleiner gemacht hat. Aber so steht es in meinem Traumprotokoll natürlich nicht drin.
„Wissen Sie", nimmt Herr Dr. Liebmann den Faden wieder auf, „ Sie könnten als Texterin aus Ihren Träumen ein Buch machen. Sie schreiben doch ganz nett. Es würde anderen Frauen sicherlich helfen, wenn sie wüssten, welche Probleme andere haben und wie man damit umgeht. Bei Ihrem Humor."
„Humor. Ja, den braucht man bei einem Leben wie meinem. Aber ich glaube nicht, dass ich mit meinen Träumen anderen Frauen helfen kann",

füge ich noch vorsichtig hinzu. Es wäre nicht das einzige Buch auf dem Markt, das nur auf Lügen basiert.
„Aber sagen Sie mal, wie ging es denn eigentlich mit Ihrem Ex-Mann weiter. Da war doch noch diese Scheidung. Oder habe ich was verpasst?“ Zur Sicherheit putzt sich Herr Dr. Liebmann noch einmal die Nase und blättert in seinen Aufzeichnungen ein paar Seiten zurück.
„Nein, nein“, beruhige ich ihn sofort, „ Sie haben nichts verpasst.“
Diese Scheidung ging den Weg, den eine Scheidung wohl üblicherweise so geht ...

Der Termin beim Notar war wenig vergnüglich. Aber ich zeigte mich kooperativ und wollte die finanziellen Verhältnisse mit Martin zügig ordnen. Leider war ich auf das, was auf mich zukam, nur schlecht vorbereitet.
Ich saß in einem mondänen Konferenzzimmer, und selbst Martin hatte die Zeit gefunden, dort persönlich zu erscheinen. Das war wohl irgendwie auf die Prioritätenliste gelangt. Nach einer kurzen Begrüßung griff sich der Herr Notar ein Diktaphon und murmelte eine Vereinbarung hinein, die alle abnicken mussten.
Er blickte kurz in meine Richtung und meinte gönnerhaft „Sie sind ja ganz attraktiv und werden sicher wieder heiraten. Da können wir ganz schnell durch die Sache gehen.“ Damit meint er sicher, man müsse sich nicht allzu lange über meinen Belangen aufhalten.
Ich hatte verstanden und nickte grinsend flüchtig ob dieser männlichen Einstellung. Der Notar griff dies als Zustimmung auf und beschloss daraufhin sofort, gegenseitigen Unterhalt der Eheleute auszuschließen. Dann kam er auf das Wesentliche.
Martin und ich hatten aus steuerlichen Gründen ja diese zwei Wohnungen gekauft, und diese belasteten seither die Finanzen ganz erheblich. Obwohl ich die größten Teile meines Vermögens, das ich in die Ehe mitgebracht hatte, bereits investiert hatte, um die Tilgung überhaupt möglich zu machen. Zu dumm, dass ich die Darlehensverträge als Ehefrau mit unterzeichnet hatte und aus den Verbindlichkeiten nicht mehr herauskam. Zumal jetzt, wo ich meinen Job verloren hatte.
Der Notar befand deshalb, dass Martin die Immobilien schnellst- und bestmöglich verkaufen sollte. Gewinne sollten fair geteilt, Verluste von Martin allein getragen werden, da er als Geschäftsführer einer Event-

Agentur besser verdiente als ich. Es wurde nicht geregelt, was geschehen sollte, falls Martin nicht verkaufte. Das fiel in diesem Moment keinem der Anwesenden weiter auf.
Darüber hinaus wurde ein beträchtlicher Teil der Einkünfte Martins aus der Aufteilung von Hab und Gut herausgenommen. Mich beschlich langsam ein Gefühl, als würde ich wie eine Kuh auf dem Markt verkauft. Komisch, ich verlor alles, was ich vor der Ehe besaß und eingebracht hatte. Martin behielt alles, was er während der Ehe erwirtschaftet hatte und im Zuge einer Zugewinngemeinschaft durchaus hätte teilen müssen.
Egal. Ich saß nur stumm da und hörte zu, wie der Herr Notar in sein Diktaphon murmelte und die Herren mein Leben großzügig aufteilen.
Martin konnte noch nie mit Geld umgehen und war fast gewohnheitsmäßig in finanziellen Schwierigkeiten. Ich wollte kein Geld von ihm. Er würde es für seine weitere Zukunft mit Frau und Kind brauchen können. Ich versuchte einfach, die Verluste mit Würde zu tragen. Ich war ja eine qualifizierte Fachkraft, die schnell wieder Arbeit finden würde und nicht auf finanzielle Unterstützung angewiesen sein sollte. Ich wollte das alles einfach nur hinter mich bringen. Mit einem Minimum an Ärger.

Inzwischen hatte auch der Arbeitsanwalt einen Gerichtstermin erwirkt. Er wollte trotz aller Widrigkeiten versuchen, für mich eine kleine Abfindung zu erwirken. Am Tag der Verhandlung saß ich deshalb mit ihm in einem der vielen Korridore des Arbeitsgerichts in Frankfurt und wartete darauf, aufgerufen zu werden. Diesmal musste ich nicht lange warten. Ich betrat mit meinem Anwalt den Raum und sah mich verwundert um. Der Raum hatte mehrere Sitzreihen, die mit Zuschauern gefüllt waren.
„Was sind das für Leute?“ wandte ich mich an meinen Anwalt.
Der klärte mich darüber auf, dass es sich hierbei um die Kläger und Anwälte der nachfolgenden Verhandlungen handele – wieder gab es keine Privatsphäre.
Der Richter kam auch gleich zur Sache und bat die Anwälte, die Lage zu schildern. Dabei las er sich mit freundlichem Lächeln in die Akte ein.
„Rechtlich steht Ihnen keine Abfindung zu, Frau Löblich“, befand der Richter schon nach wenigen Minuten, und auch hier einigten sich alle beteiligten Herren gleich auf die für mich schlechteste Ausgangslage.
Doch mein Anwalt meldete sich dennoch kurz zu Wort. „Aber meine Mandantin hat das Anrecht auf ein ausgezeichnetes Zeugnis.“

Der Gegenanwalt würgte den Einwand sofort ab. „Mit einem solchen Zeugnis macht sich Ihre Mandantin doch nur verdächtig. Diese übertriebenen Formulierungen stehen doch in jedem Zeugnis. Das glaubt doch kein Mensch."
„Trotzdem, meine Mandantin hat ein Recht darauf."
Mein Anwalt schien durchdrungen zu sein, wenigstens irgendwas aus der Sache herauszuschlagen, und das Zeugnis sollte es sein. Ich versuchte, das Publikum zu ignorieren und wünschte, ich könnte im Boden versinken. Aber den lieben Gott wollte ich nicht darum bitten. Wer weiß, in welcher Laune der gerade wieder war.
Nach einigen Minuten sprach mir der Richter das Recht auf ein ausgezeichnetes Zeugnis zu. Komisch. Es wurde keine Sekunde für möglich gehalten, dass ich ein solches Zeugnis verdient haben könnte. Ich dachte an die vielen Überstunden und Wochenenden, die ich der Agentur geopfert hatte. Auch an die Preise und Auszeichnungen, die ich erhalten hatte. Und an die vielen gewonnenen Präsentationen. Aber was will man machen? Man ließ mich vor Gericht nicht mal zu Wort kommen. War vielleicht besser so. Vielleicht hätte mich das am Ende noch das gute Zeugnis gekostet.

Kapitel 25

Es wird Zeit, dass ich diese Therapie-Sitzungen bei Dr. Liebmann beende. Diese Anti-Stress-Therapie bereitet mir immer mehr Stress. Ich habe keine Zeit dafür, keine Lust mehr und irgendwie hilft mir das Ganze nicht weiter. Ich habe jetzt nachts noch mehr Druck einzuschlafen, weil ich weiß, dass der Arzt auf die Aufzeichnung meiner Träume wartet. Und ich habe keine Lust, meine Träume aufzuschreiben. Am Ende weist mich der Mann in die Psychiatrie ein. Freies Erfinden bereitet mir als Texterin zwar keine Mühe, ich habe nur Bedenken, dass der Mann weiter insistiert, ich müsse mein Werk veröffentlichen, um anderen Karrierefrauen etwas Sinnvolles mit auf den Weg zu geben. Ich hole tief Luft, bevor ich die Tür zu Dr. Liebmanns Praxisbüro öffne.
Herr Dr. Liebmann springt sofort von seinem Schreibtischstuhl auf und bedeutet mir, Platz zu nehmen.
„Ah, Frau Löblich. Da wären wir also wieder. Wie geht es Ihnen heute Morgen?"
„Danke der Nachfrage", weiche ich der Antwort aus, denn ich bin gestresst und krank wie zuvor.
„Schön, schön, das freut mich aber. Wir machen also Fortschritte. Am besten sehe ich mir gleich Ihren Traum an. Sie haben doch geträumt?" fragt er mit streng erhobenem Zeigefinger.
„Selbstverständlich. Bitte schön", reiche ich ihm mein neuestes Opus pflichtbewusst zu. Ich hatte geträumt, dass ich ein einer Luxus-Villa zu einer Party eingeladen war. Der Gastgeber war mir völlig unbekannt. Natürlich war es meine Aufgabe, für sämtliche Gäste in der Küche das Essen zuzubereiten – ich war nicht als Partygast da.
In der Küche gab es ein Dach, das wie eine Glaskuppel war. Kaum war ich mit Kochen fertig, explodierte diese Glaskuppel und das ganze Essen wurde ins Orbit gesaugt. Ich hatte versagt.
„Ach, Sie haben letzte Nacht Party gemacht", lacht Herr Dr. Liebmann leise auf. Und gekocht haben Sie auch. Das können Sie ja gut. Schön, dass es allen geschmeckt hat. Da, da, da ... und der Gastgeber hat die ganze Nacht mit Ihnen getanzt. Dann sind Sie jetzt sicher ein wenig müde", schiebt er noch einen Scherz hinterher.
„Ja. Ich bin müde", pflichte ich bei und unterschlage, dass es eher damit zu tun hat, dass ich auch letzte Nacht nicht schlafen konnte.

„Sie sollten vielleicht öfter Party machen. Dann lernen Sie vielleicht doch noch einen netten ...“
„Auf Partys lernt man keine netten Männer kennen“, unterbreche ich ihn unwirsch. „Außerdem bin ich nie eingeladen.“
„Aber Sie müssen doch raus. Raus ins Leben. Zu Hause allein rumsitzen schlägt sich doch ganz sicher negativ auf die Gedanken nieder.“
Auch rausgehen ins Leben schlägt sich meiner Ansicht nach auf das Gemüt nieder.
„Ich gehe ja raus“, lenke ich ein. „Und ich lerne durchaus Leute kennen.“
„Sie müssen vielleicht lernen, den ersten Schritt zu wagen. Wer nicht wagt, der nicht gewinnt.“
Und wer wagt, verliert auch öfters mal...

Seit der Trennung von Martin glich mein Leben, was Männer anging, etwa dem bunten Treiben in der Wüste Gobi. Damit meine ich die entlegene Sanddünen und nicht etwa die lebhafteren Oasen-Plätze. Gelegentlich fühlte ich mich einem Sandsturm ausgesetzt, den mir nicht selten mein geliebter Ex-Mann hinterher schickte.
In all den Jahren, und es waren inzwischen über 16 Jahre seit unserer Trennung vergangen, hörte ich immer wieder von ihm. Und zwar immer dann, wenn er die Bankdarlehen nicht ordnungsgemäß bediente. Ich erhielt dann Drohbriefe von der Bank, die mich unverzüglich dazu veranlassten, mich auf flach auf den Teppich zu legen und meine Atmung zu beruhigen. Manchmal erhielt ich auch Post von Anwälten und Gerichten. Denn wir hatten an eine Frau in Schwetzingen einen Erbbauzins zu entrichten, den Martin auch hier und da vergaß. Wie durch ein Wunder erhielt ich unangenehme Post seitens der Banken, Anwälte und Gerichte meist an einem Freitag oder Samstag, so dass ich über das Wochenende gebührend Stress aufbauen konnte, bevor ich am Montag endlich aktiv werden und mich um die Angelegenheiten kümmern konnte. Martin erreichte ich grundsätzlich nicht. Auf seinem Festnetzanschluss oder Mobiltelefon konnte ich ihm Nachrichten auf der Mailbox hinterlassen, auf die er nicht reagierte. Ich konnte ihm auch eine E-Mail ins Büro oder nach Hause schicken, auf die er ebenfalls nicht reagierte. Er ließ mich so oft Tage und Wochen hinter ihm herlaufen, bevor er sich bequemte, mich mit einer fadenscheinigen Antwort abzuspeisen. Es war im Prinzip wie früher. Ich

rannte ihm hinterher, und er hatte im günstigsten Fall die Gnade, mich nach langem Warten mit einem Gruß zu versehen.
Im Prinzip war so die Trennung von Martin nach all den Jahren immer noch nicht vollzogen. Immer noch war ich zumindest finanziell und juristisch fest an diesen Mann gekettet und konnte die Fesseln einfach nicht sprengen. Auf diese Weise konnte ich auch die Ehe nie richtig zum Abschluss bringen. Und wie ein Damoklesschwert hing diese Sache mit den Immobilien über mir und machte mir seit 20 Jahren das Leben zur Hölle.

Es war keine Frage, dass mich die Ehe, die Trennung von Martin und die juristischen und finanziellen Folgen der Immobiliengeschichten schwer traumatisiert hatten. Trotzdem fasste ich hier und da den Mut, es noch einmal mit einer Partnerschaft zu versuchen. Ich war offen für eine Beziehung. Es sprach mich nur keiner an. Da ich von Natur aus zurückhaltend war und nie den ersten Schritt gemacht hätte, beschloss ich, mich zu ändern.
So ließ ich es beispielsweise zu, dass ich in einem kleinen HL-Markt an der Salattheke von einem kleinen Griechen angesprochen wurde. Er war so klein, dass ich ihn hinter den Plastikschalen, in die man den Salat schichtete, kaum ausmachen konnte. Aber er war ein Mann. Und er sprach mich an. Ich war nicht in der Position, wählerisch zu sein. Wir verabredeten uns zum Abendessen. Ich gab mir Mühe, mich optisch aufzurüschen und steckte von meinen kargen finanziellen Reserven genügend ein, um mein Essen selbst bezahlen zu können. Als Frau wollte ich mir so meine Unabhängigkeit bewahren. Außerdem erachtete ich es als fair, für meine Kosten selbst aufzukommen.
Wir trafen uns in einer kleine Szene-Kneipe in der Frankfurter Innenstadt.
„Ich heiße Ares", eröffnete mir der kleine Grieche gleich zu Beginn. Und ich hätte am liebsten gesagt, „ich heiße Aphrodite." Es wäre ein ebenso unpassender Name gewesen. Hätte der Held in der griechischen Sage die Statur meines Gegenübers gehabt, wäre die Sage sicherlich sehr kurz ausgefallen.
Nachdem wir ein paar belanglose Nebensächlichkeiten ausgetauscht und die persönlichen Steckbriefe durchgegangen waren, kam der Mann zur Sache.
„Ich suche eine Frau, die gesund ist und arbeitet. Ich selbst möchte mich aus diesem Feld ganz zurückziehen. Im Prinzip möchte ich zurück in meine

Heimat und segeln gehen. Das muss natürlich finanziert werden. Durch die Frau, versteht sich. Aber im Gegenzug bekommt sie von mir alles, was sie will. Wenn ich sie zu einem Event oder Familientermin begleiten muss – hier bin ich. Sie muss nur rechtzeitig Bescheid geben. Das ist doch fair."
Ich beschloss, dem Griechen rechtzeitig Bescheid zu geben. Ich verabschiedete mich und ließ ihn meine Rechnung mitzahlen. Aus Prinzip. Was bildete sich der Mann eigentlich ein?

Mir war klar, dass ich die Auswahl meines künftigen Partners nicht dem Mann überlassen durfte. Ich musste selbst aktiv werden. Im gleichen Supermarkt entdeckte ich auch kurze Zeit später ein männliches Exemplar, das hinreichend in mein Beuteschema passte. Es war ein hochgewachsener, sportlich scheinender Mann mit langen braunen Haaren und dunklen Augen. Indianisch wirkte er nicht. Irgendwie mehr wie ein Relikt aus der guten alten Hippie-Zeit. Aber fein. Ich wollte mein Glück mal versuchen.
Der Mann schob seinen Einkaufswagen langsam an den Regalwänden im HL-Markt vorbei, ohne mich eines Blickes zu würdigen, obwohl ich ihm mit meinem Wagen dicht auf den Fersen folgte. Was tun? Als er seinen Wagen für einige Augenblicke aus den Augen ließ, um hinter einem Regal zu verschwinden, ließ ich einen kleinen Camembert hinein gleiten. Kurze Zeit darauf tat ich so, als hätte ich den Wagen mit meinem verwechselt und ging auf ihn zu.
„Halt, Moment mal. Ich habe Ihnen da ausversehen Käse in den Wagen gelegt."
„Was?"
„Da, " ich deute auf den Camembert. „Das ist meiner."
„Hab ich gar nicht bemerkt. Den können Sie gern wiederhaben. Ich habe eine Laktose-Allergie."
Ich greife nach der kleinen Käseschachtel. „Ach. Käse." Mein Blick fällt auf die Ware, die der Mann unter seinem Arm trägt. Es ist eine Packung Pampers. Er ist also Vater. Es bleibt mir nichts anderes übrig, als mit meiner Käseschachtel den Rückzug anzutreten.

Ich sinke zurück in meine Passivität. Aufgrund meines Alters bin ich nur noch ein schwacher Punkt auf dem Radar der Männer um mich herum. Nur hier und da zeigt noch jemand Interesse an mir. Meist handelt es sich dabei

um einen ganz bestimmten Männertypus: dick, behaart, tätowiert und mit moderaten geistigen Fähigkeiten gesegnet. Meine größten Erfolge verbuche ich, wenn ich mich in der Nähe eines LKW-Fahrers aufhalte. Wenn ein Mann in einem 7-Tonner an mir vorbeifährt, kann ich sicher sein, dass gehupt und gewunken wird.
Das sind die Männer, die im Auto ihre Namen auf Pappkartons geschrieben haben. Horst, Rolf, Günther. Je nach Stimmungslage winke ich mal zurück. Meist unterlasse ich es jedoch. An besonders trüben Tagen male ich mir manchmal aus, wie es wäre, nachts auf einem Autobahnrasthof durch den Bereich zu laufen, in dem die LKW-Fahrer Pause machten. Ich wäre sicher eine Pausenschnitte für den einen oder anderen. Mein Marktwert als Frau war inzwischen ähnlich gesunken wie der als Arbeitskraft. Ich hatte das Verfallsdatum überschritten.

Den absoluten Tiefpunkt in meinem weiblichen Selbstbewusstsein erreichte ich, als ich eines Abends nach dem Sport zur U-Bahn eilen wollte. Ich passierte gerade eilends den Bereich der Schließfächer an der Hauptwache, als ich von einem trunkenen Penner angelallt wurde.
„Kannst du mir mal mit meinem Schließfach helfen? Ich krieg das nicht auf, ich bin zu blau. Da ist mein Schlafsack drin."
Da ich das Helfer-Syndrom besitze, konnte ich ihm meine Hilfe nicht verwehren. Ich griff nach dem Schlüssel, den mir der Penner entgegenhielt, obwohl ich mir fast ein Herpesbläschen anekelte. Ich konnte das Schließfach mühelos öffnen und eine Schlafsack freigeben, der auch schon bessere Tage gesehen hatte. Aber für den Mann war er ein wertvoller und unverzichtbarer Besitz. Schnell wollte ich wieder den Weg zu meiner U-Bahn fortsetzen, aber da hielt mich der Penner schon wieder fest.
„Wo fährst du hin, Süße?"
„Nach Sachsenhausen. Warum?"
„Kannst du mich auf deine Fahrkarte mitnehmen?"
„Klar, aber mach hin. Ich will nach Hause."
Der Mann rannte sofort mit seinem Schlafsack unter dem Arm hinter mir die Rolltreppe zur U-Bahn runter. Wir erwischten sofort einen Zug, und der Mann nahm mir gegenüber Platz.
„Du bist so eine Süße, ehrlich. Und wie du mir geholfen hast. Einfach klasse. Willst du mich heiraten?"
„Heiraten?"

„Ja. Klar. „Willst du einen Mann, der Geld hat oder lieber einen, der gut zu dir ist? Ich wäre ein guter Mann für dich.“
„Definieren wir gut.“
„Ich habe ein Motorrad. Das ist abbezahlt. Und zwei Helme. Die setzen wir uns auf und lassen all den Scheiß hinter uns. Kannst du dir ein Leben am Rande der Gesellschaft vorstellen?“
Ich konnte. Ich hatte mein ganzes Leben am Rande der Gesellschaft verbracht. Nur etwas anders als dieser Mann. Ich wich aus, weil ich den Mann nicht verletzten wollte.
„Du bist betrunken. Wenn du morgen nüchtern bist, bist du froh, dass ich abgelehnt habe.“
„Ich? Quatsch. Du wirst es morgen bereuen. Ich schwöre es dir. Morgen, wenn du aufwachst, tut es dir leid.“
Am Südbahnhof habe ich mich sehr eilig von dem Penner verabschiedet. Und als ich am nächsten Morgen aufgewacht bin, tat es mir nicht leid. Aber ich fragte mich, ob dies die letzte Chance meines Lebens gewesen war.

Kapitel 26

„Herr Dr. Liebmann, die Patientin ist jetzt da."
Die Sprechstundenhilfe schiebt mich eilig in das Büro des Arztes, der sich zum Zeitvertreib bereits mit meinen Unterlagen beschäftigt, während er auf mich wartet.
„Tut mir leid. Die U-Bahn. Es gab eine Betriebsstörung."
„Ah? Na jetzt sind sie ja hier", begrüßt mich mein Arzt. „Eine Betriebsstörung", fügt er noch nachdenklich murmelnd hinzu. „Haben Sie einen Traum dabei?"
„Ich kam nicht mehr dazu, was aufzuschreiben. Aber ich kann ihnen meinen Traum kurz zusammenfassen. Also ich habe geträumt, dass ich in Urlaub fahren wollte. Irgendwohin in die Sonne. Ich stand mit dem Taxi im Stau und dann saß ich im Flieger und dann ..."
„Irgendwas Besonderes?"
„Och. Das war's eigentlich. Ich bin dann aufgewacht." Ich unterschlage dem Mann, dass ich im Traum von zahlreichen Menschen fast daran gehindert worden war, den Flughafen zu erreichen. Dass es ein wahrer Albtraum war, der damit endete, dass ich kein Flugticket hatte und gar nicht in den Urlaub fuhr.
„Na wenigstens im Traum klappt das ja mit dem Urlaub. Ansonsten war Ihr ganzes Leben eine einzige Betriebsstörung, nicht wahr?" Er sieht mich prüfend an. „Aber wir sind ja auf einem guten Weg.
Ich werde sofort misstrauisch. Auf einem guten Weg? Ich fahre inzwischen schon seit vielen Jahren nicht mehr in Urlaub. Ich bin sicher, dass ich keine Lust habe, Herrn Dr. Liebmann auf seinen gedanklichen Pfaden zu folgen. Und er enttäuscht mich auch heute nicht. Seine Assoziationen gehen schnurstracks auf das Thema zu, das ich am liebsten gemieden hätte.
„Betriebsstörungen im Sexualleben." Er lässt seine Aufzeichnungen sinken und sieht aus dem Fenster. „Selbst eine ältere Frau, die nicht umwerfend attraktiv ist, hat doch ein Sexleben. Und sie haben doch zumindest keinen Buckel oder Warzen."
„Nein", pflichte ich bei und stelle fest, dass selbst Herr Dr. Liebmann, der mir als Arzt sehr gewogen ist, in mir kein Objekt der sexuellen Begierde sieht. „Aber ältere Frauen müssen schon tief in die Trickkiste greifen, um einen Mann auf sich aufmerksam zu machen. Die haben uns nicht mehr auf

dem Radar, wenn wir mal jenseits der 35 sind. Die interessieren sich nur für junge Dinger."
„Aber doch nicht alle!"
„Nein, nicht alle. Wenn sie selbst 70 sind, finden die eine 50jährige schon ganz sexy. Aber wer will sich einen potenziellen Pflegefall anlachen?"
Die beleidigte Mine des Arztes erinnert mich daran, dass der Doktor selbst schon ein fortgeschrittenes Alter erreicht hat.
„Und warum haben Sie nicht tief in die Trickkiste gegriffen? Ein bisschen Make-up, die richtige Kleidung ..."
„Ich meinte da eher die Kiste mit den finanziellen Rücklagen."
„Was? Sie meinen Sie bezahlen die Männer dafür, dass sie ..."
So ungefähr. Ich habe es zumindest mal versucht...

Als ich Mitte 40 war, fand Charly, dass es Zeit wäre, einmal seine Heimat kennenzulernen. Jamaika. Eine nicht ganz ungefährliche Insel, weshalb Charly auch als mein Bodyguard unbedingt mitfahren wollte. Er musste sowieso in Kingston etwas rund um seine Führerscheinpapiere erledigen.
Also fuhren wir auf die Sonneninsel, die nicht nur einen gewissen Ruf für ihre weißen Sandstrände genießt, sondern auch ein beliebtes Reiseziel für ältere Single-Frauen ist, die sich im Urlaub gegen Bezahlung einen Liebhaber leisten wollen. Ich fuhr jedenfalls aus touristischen Gründen hin, Charly wegen der dortigen Behördenangelegenheit.

Ich hatte über das Internet ein super Schnäppchen für uns entdeckt und gebucht. Es handelte sich um eine 5-Sterne-Hotelanlage im Norden der Insel. All inklusive. Wie all inklusive würde ich bald merken.
Als wir eintrafen, stieß Charly sofort auf den zuständigen Fitness-Direktor der Anlage. Die beiden kannten sich aus der Zeit, als Charly noch auf der Insel ebenfalls als Fitness-Trainer gearbeitet hatte. Mir schenkte der Mann keinerlei Beachtung. Aber ich ihm. Der Jamaikaner war über 1,96 groß, honigfarben, hatte einen gut definierten, muskulösen Körper und dunkle Augen. Was mich jedoch am meisten beeindruckte, waren seine schulterlangen schwarzen Haare. Winnetou – zumindest ging es optisch in die Richtung. Meine Hormone, die sich schon seit Jahren in den Ruhestand begeben hatten, tauchten unvermittelt wieder in meinem Blutkreislauf auf und sorgten dafür, dass ich weiche Knie bekam. Anfangs schrieb ich das

Phänomen der tropischen Wetterlage zu, erst später merkte ich, dass mein Körper sexuell auf den Fitness-Direktor reagiert hatte.
Nun saßen Charly und Edward fast bei jeder Mahlzeit gemeinsam an unserem Tisch. Mit mir unterhielt sich Edward nicht, nur mit Charly. Als dieser dann für ein Animationsprogramm kurz auf eine kleine Bühne gezogen wurde, musste Edward mit mir sprechen. Aus Höflichkeit. Wir fingen mit belanglosem Small Talk an.
„Dein Lover macht sich gut auf der Bühne", kommentierte er Charlys Auftritt.
„Das ist nicht mein Lover, das ist mein bester Freund."
„Aber ihr habt doch ein Zimmer zusammen. Läuft da nichts?"
„Nein, wieso?"
In diesem Moment hatte ich plötzlich die volle Aufmerksamkeit des Jamaikaners. Von da an streckte er seine Fühler nach mir aus, obwohl er zeitgleich mit seiner Assistentin liiert war. Doch welchen gesunden Mann stört eine solche Nebensächlichkeit?
Für Edward war ich aus verschiedenen Gründen einen Seitensprung wert. Ich war unter den anwesenden amerikanischen Hotelgästen, die einzige, die schlank und Single war. Auch im Alter lag ich noch im unteren Drittel. Hinzu kam, dass Edward mich für äußerst wohlhabend hielt, weil er den üblichen Preis der Hotelanlage kannte – nicht aber den Schnäppchenpreis, zu dem Charly und ich uns den Urlaub gerade mal so leisten konnten. Und schließlich reiste die Assistentin schon nach wenigen Tagen wieder ab.
Ich selbst war beim Flirten nicht auf Empfang eingestellt, obwohl der Mann meinem Beuteschema durchaus entsprach. Ich wusste, dass ich für ihn als Frau so gut wie unsichtbar sein musste und achtete auf keines der Zeichen, das er mir verstohlen hier und da gab.
Ganz anders war da eine Russin, die sich unter den Hotelgästen befand. Es handelte sich dabei um eine alleinstehende Witwe, die jeden Abend zum Hoteljuwelier marschierte, um sich ein neues Collier zu kaufen.
Was sollte man sonst in einer solchen Hotelanlage tun? Wenn Edward Aqua Aerobic im Hotelswimmingpool gab, nahm sie wie alle anderen Frauen selbstverständlich daran teil. Dabei wusste sie es einzurichten, dass ihr stets bei einer der Übungen der Träger des Badeanzugs von der Schulter glitt, um eine welke Brust freizugeben, die wie eine leere Socke an ihrem Brustkorb hing.

„I am a bad girl“, lachte sie dann nur, „when you don’t stop looking I will give you the number of my room. “ Dabei rollte sie das “r” wie ein Raubtier, das zum Sprung auf die Beute ansetzte. Edward war an der alten Dame nicht interessiert, obwohl diese deutlich zahlungskräftiger anmutete als ich. Und das wollte sie ihm auch beweisen. An der Hotelbar machte sie ihm eine großherzige Offerte, die Edward dennoch dankend ausschlug. Die Russin hatte ihm 500 US Dollar für eine Nacht geboten.
Als Charly dann nach einigen Tagen die Hotelanlage verließ, um wegen seiner behördlichen Angelegenheiten nach Kingston zu fahren, ging Edward bei mir zum Angriff über. Beim abendlichen Tanz in der Disco schnappte er meine Hand, zog mich in eine dunkle Ecke und küsste mich leidenschaftlich. Entwöhnt wie ich war, habe ich wie eine gezündete Rakete auf ihn reagiert. Ich hatte keine Mittel, mich gegen ihn zu wehren. Zwei Tage später führte er mich zum Essen außerhalb des Hotels aus und fuhr anschließend zu sich nach Hause. Dort bin ich ihm erlegen. Meine Hormone hatten alle Schranken in meinem Hirn niedergerissen. Ich war alt, ich war zu lange ohne Mann und ich brauchte etwas Liebe. Der Sex war hart und leidenschaftlich. Für mich war er nach all den Jahren der sexuellen Enthaltsamkeit eine Sensation. Ich hatte noch nie zuvor so viel Feuer und Leidenschaft in mir verspürt wie in den Armen dieses Jamaikaners.
Trotzdem warnte mich eine kleine Stimme im Hinterkopf vor dem Mann. Ich war froh, dass er auf einer fernen Insel wohnte und ich bald nach Deutschland und in die Normalität meines Lebens zurückkehren konnte. Ich wollte mit diesem Mann nicht wirklich eine Beziehung eingehen. Für den Urlaub war Edward eine atemberaubende Erfahrung, für das tägliche Leben hatte ich zu viel Angst, von ihm verletzt zu werden. Mir hingen die Erfahrungen mit Martin noch zu sehr im Blut. Und im Gegensatz zur Russin bekam ich Edwards Körper völlig umsonst. Dachte ich damals.
Als der Tag der Abreise kam, war ich am Boden zerstört. Mein Herz zerbrach, als ich von Edward Abschied nehmen musste. Plötzlich schien mir die Distanz zu dieser Insel doch unerträglich weit. Für die wenigen Stunden Glück musste ich am Ende doch mit viel Herzblut bezahlen.
Ich nahm noch ein letztes Mal an Edwards Aqua Aerobic Unterricht im Pool teil, bevor ich mich anzog und für die Abreise vorbereitete. Edward nahm mich noch einmal auf den Schoß und trocknete mir mit einem Handtuch liebevoll die nassen Haare. Dann brachte er mich zum Shuttlebus, der

Charly und mich zurück zum Flughafen bringen sollte. Charly hatte meine kurze Urlaubsliaison mit Edward nicht gutgeheißen und war froh, dass wir endlich abreisten.
„Wehe du heulst jetzt im Bus. Das kann ich nicht ab", warnte er mich noch. Und schon löste ich mich im Bus völlig in Tränen auf.
„Na komm schon her. Kannst meine Schulter haben."
Und während aus meinen Augen Wassermengen flossen, die ich nie in meinem Körper vermutet hatte, rannte Edward noch ein kurzes Stück neben dem abfahrenden Bus her.
Der Urlaub war vorbei. Ich musste zurück nach Deutschland. Aber nach 10 Jahren Trennung von Martin hatte ich wieder in den Armen eines Mannes gelegen.
Edward und ich hielten Kontakt. Was eher an mir lag als an Edward, der sich nach meiner Abreise sicherlich bald einer neuen Touristin zugewandt haben dürfte. Wir telefonierten dennoch regelmäßig. Und dabei kam uns die Idee, Edmund könne mich doch einmal in Deutschland besuchen.
Das Problem war nur, dass Jamaika ein Visum pflichtiges Land ist. Edward brauchte jemanden, der für ihn sämtliche Reisekosten trug, eine Versicherung abschloss und für die Dauer seines Aufenthalts in Deutschland eine Bürgschaft für alle entstehenden Kosten übernahm. Im Prinzip musste man sich das wie die Unterschrift unter den Darlehensverträgen meiner Immobilien vorstellen. Doch wo Hormone sausen, arbeiten die Hirnzellen nicht mehr. Ich erledigte sofort alle Ämtergänge und entschied, noch einmal allein nach Jamaika zu fahren, um die Papiere persönlich zu Edward zu bringen. Ich wollte ihn auf dem Rückflug dann mit in meine Heimat nehmen.
Fast wäre das Vorhaben an der tropischen Wetterlage gescheitert. Hurrikan Francis zog über das karibische Meer. Die Flüge zu den entsprechenden Destinationen wurden gestrichen. Ich hing ununterbrochen am Telefon, um bei Condor in Erfahrung zu bringen, ob ich nach Montego Bay fliegen könne. Wie durch ein Wunder konnte ich. Ich machte mich allein auf den Weg zu einer Insel, auf der die Kriminalitätsquote so hoch war, dass sie im rekordverdächtigen Bereich war. Es hielt mich nicht ab.
Ich war schon bald in Jamaika und bei meinem dunkelhäutigen Lover.
Keine drei Tage später gab es die nächste Hurrikan-Warnung. Ivan zog über das Meer heran. Noch stand nicht fest, ob er Jamaika treffen würde. Von

früh bis spät verfolgten Edward und ich die Nachrichten im jamaikanischen Fernsehen. Es wurde schnell klar, dass der Hurrikan direkt über Jamaika hinweg ziehen würde – genau gesagt über Kingston, wo Edward und ich wohnten.
In den letzten Nachrichten, die wir im Fernsehen verfolgen konnten, forderte der jamaikanische Präsident die Bevölkerung zum Beten auf. Danach wurde aus Sicherheitsgründen auf der Insel der Strom abgestellt. Jamaika versank in Finsternis. In größter Hektik gingen Edward und ich noch mal Vorräte einkaufen, weil man nicht wissen konnte, wann dies wieder möglich sein würde. Die Läden waren bereits so gut wie leer. Wir konnten gerade noch ein paar Kerzen, Streichhölzer, Taschenlampen, Wasser und Konserven organisieren. Bretter, um die Fenster zu vernageln, waren schon aus. In ganz Kingston hörte man jetzt nur noch ein Geräusch. Das der Hämmer, die Bretter vor Glasfenster und Türen nagelten.
Dann wurde es still auf der Insel. Ich saß mit Edward und dessen Nachbarn im Hof seines Hauses. Man spielte dort eine Partie Domino und hatte einen Ghettoblaster an, der neueste Wettermeldungen brachte. Ivan war auf dem Weg zu uns und sollte gegen Mitternacht eintreffen. Wo man zuvor Mockingbirds gehört hatte, war jetzt Stille. Kein Vogel zwitscherte mehr. Auch die bunten Schmetterlinge hatten sich in unbekannte Höhlen zurückgezogen. Außer dem Ghettoblaster, uns und den Nachbarn konnte man kaum noch Geräusche hören.
Das Wetter war bis dahin ruhig. Die Sonne versank pünktlich und mit dem typischen Abendrot im Meer. Doch kurz vor Mitternacht bemerkte ich, dass sich wieder Abendrot gebildet hatte.
„Schau mal Edward, das sieht ja toll aus."
„Scheiße", antworteten mir die Jamaikaner und rafften im Handumdrehen die spielenden Kinder, das Dominospiel und den Ghettoblaster zusammen. Wir eilten alle zum Haus zurück. Hätten wir nur etwas gezögert, hätten einige von uns das Haus schon nicht mehr erreicht.
Es war ein Betongebäude, das an den jeweiligen Enden offen war. So konnte Ivan nun unvermittelt quer durchs Treppenhaus blasen. Und das tat er binnen Sekunden. Ich hing wie ein Blatt Papier an Edwards muskulösem Arm, als er mich in unsere Wohnung brachte. Dort legte ich mich weit vom Fenster entfernt unters Bett. In meine Ohren war ein solcher Druck, dass ich dachte, mir platze das Trommelfell. Mein Puls raste, als hätte man mir einen Teilchenbeschleuniger geimpft. In wenigen Minuten hatte es einen

so dramatischen Druckabfall in der Atmosphäre gegeben, dass einem die Ohren und die Haut schmerzten.
Irgendwann verbarrikadierte ich mich mit Edward im innenliegenden, fensterlosen Bad. Dort hatten wir bereits die Badewanne vorsorglich mit Trinkwasser volllaufen lassen und jeden Topf, den Edward besaß, ebenfalls mit Wasser angefüllt. Hier lauschten wir auf das Toben einer der schlimmsten Naturkatastrophen, die der Mensch je erlebt hat.
Ivan zog mit Stärke 5 über uns hinweg – das ist die höchste Stufe, die nur möglich ist. Wir konnten hören, wie Bäume barsten und durch die Luft geschleudert wurden.
Auch Autos und halbe Gebäude flogen durch die Luft. Es war ein Ohren betäubender Lärm um uns herum. Wir fragten uns, wann wohl ein Baum durch unser Fenster krachen und uns durchbohren würde.
Wir saßen eine Nacht und einen Tag in dem kleinen Badezimmer fest. Dann herrschte plötzlich wieder eine fast unwirkliche Stille. Wir verließen das Bad, um uns den Schaden anzusehen. Wir lebten noch. Aber um uns herum war nichts mehr, wie es war.
Wo zuvor dicke schöne Bäume gestanden hatten, gab es nur noch Holzreste. Vom Gebäude gegenüber war ein kompletter Teil abgerissen und ins Landesinnere geschleudert worden. Jetzt fehlte an dem Haus das komplette Badezimmer. Autos waren wie vom Erdboden verschluckt. Kurz: Die Welt sah aus, als hätte sie einen Bombenangriff erlebt. Die Flughäfen im Norden und Süden der Insel existierten nicht mehr. Sie waren unter Sand und Wasser begraben. Ich hatte keine Ahnung, ob und wann wir die Insel je verlassen konnten. Im Landesinneren wurden tote Fische gefunden, die die enormen Flutwellen dorthin transportiert hatten. Die Straßen waren überflutet oder unter Schlammmassen begraben. Wir saßen in der Wohnung fest.
Innerhalb weniger Stunden fuhr das Militär mit Panzern aus, weil die ersten Schießereien und Plünderungen erfolgten. Es wurde eine Ausgangssperre verhängt. Nun saßen wir eine Woche lang ohne Strom, ohne Nahrung und ohne Wasser in Edwards Wohnung fest. Zum Glück hatten wir rechtzeitig ein wenig Wasser gesammelt. Nach einer Woche forderten die Behörden die Bevölkerung auf, das Wasser, das wieder aus den Hähnen kam und braunem Schlamm glich, durch Bleichmittel zu reinigen.

Dann traten die ersten Krankheiten auf. Sie ergriffen vor allen Dingen diejenigen, die in sogenannten Shelters Zuflucht vor dem Hurrikan gesucht hatten. Eine Epidemie brach in der Bevölkerung aus. Gleichzeitig wurden Frauen und Kinder vergewaltigt. Es wurde der Notstand ausgerufen, während auf den Straßen immer häufiger geschossen, geplündert und gemordet wurde. Anstatt Urlaub erlebte ich in Jamaika kriegsähnliche Zustände, die ich mir im meiner Phantasie nicht grauenvoller hätte ausdenken können.
Wie durch ein Wunder überlebte ich diesen Urlaub. Ich nahm Edward in die Heimat mit und dachte, nun hätte ich das Schlimmste hinter mir.
Zu Hause habe ich meine Familie mit Urlaubserzählungen verschont. Aber richtig interessiert hatte es auch keinen. Katharina meinte nur lapidar: „Wie schade das mit diesem Ivan, da hat es sicher viel geregnet." Weiteres Interesse schlug mir seitens meiner Familie nicht entgegen. Ich war aus einem Krisengebiet zurückgekehrt. Was war schon dabei? Katharina und Oliver hatten zeitgleich eine Reise durch Marokko absolviert. Bei herrlichstem Wetter. Wir sind an einem Abend alle Essen gewesen und haben uns die herrlichen Erzählungen über diese Reise angehört. Ich selbst erzählte nichts.
Eigentlich erzählte ich bei diesen Familienzusammenkünften schon seit Jahren nichts mehr. Einerseits fragte mich keiner nach meinem Leben, andererseits wollte ich auch die Treffen nicht durch Details meines beruflichen wie persönlichen Versagens stören. So saß ich meist stumm am Rande des Tisches und gab mich meinen Gedanken hin. Es wäre niemandem aufgefallen, wenn ich gar nicht da gewesen wäre.
Manchmal spielte ich sogar mit dem Gedanken, mich einfach auf meinem Stuhl mit einem „uff" auf den Lippen nach hinten fallen zu lassen. Aber auch das wäre vielleicht niemandem weiter aufgefallen.
Und nun war Edward in meiner Wohnung. Auch das hatte ich meiner Familie wohlweislich unterschlagen. Edward wurde wie Martin von mir bekocht, verwöhnt und betreut. Ich organisierte ihm sogar Zugang zu meinem Fitness Studio, wo er kostenlos trainieren durfte. Wir hätten zusammen dorthin gehen können, doch meist ging Edward lieber allein. Überhaupt tat er vieles lieber allein.
Kaum war er in Deutschland, war sein Interesse an mir merklich abgekühlt. Edward machte nicht viel. Er schlief, rauchte, aß, trank, schaute Fernsehen und ging ab und zu zum Sport. Mich wollte er wie Martin springen lassen.

Fast als wäre ich seine Dienerin. Aber diesmal sprang ich nicht. Ich hatte aus diesem Fehler zumindest meine Lehre gezogen.
Es war dann an einem Mittwochmorgen. Ich wollte um 9.00 Uhr das Haus verlassen, um an einem Kurs von Charly teilzunehmen. Edward schlief. Ich wollte zurück sein, wenn er aufwachte, was normalerweise nicht vor Mittag sein würde. An diesem Morgen war es anders.
Edward schlief auf einem ausziehbaren Sofa im Wohnzimmer, weil er mein Schlafzimmer nicht mochte. Auch wenn es unbequem war, leistete ich ihm dort jede Nacht Gesellschaft. An diesem Morgen wachte er gerade auf, als ich zur Tür hinaus wollte.
„Wo willst du hin?“ herrschte er mich schlaftrunken vom Sofa aus an.
„Ins Training, wie jeden Mittwochmorgen. Das weißt du doch. Ich bin schon spät dran.“
„Ich will nicht, dass du gehst.“
„Wieso nicht. Haben wir was vor?“
„Ich will es einfach nicht.“
„Hör zu, ich bin ja gleich wieder da. Bis du aufgestanden bist und geduscht hast, bin ich zurück.“
„Ich habe gesagt, du sollst hierbleiben.“ Ich dachte, er scherzte, nahm meine Trainingstasche auf die Schulter, warf ihm eine Kusshand zu und öffnete die Tür.
Schnell wie der Blitz war Edward hinter mir. Seine Arme fuhren an meinem Kopf vorbei und stießen mit Wucht die Tür wieder zu. Dann presste er mich mit seinem fast 100 Kilo schweren Körper von hinten gegen die Tür. Ich wog gerade mal die Hälfte und ging ihm gerade bis zur Schulter. Deshalb wurde mein Gesicht jetzt brutal gegen die Tür gequetscht. Ich dachte, mir brechen alle Rippen im Leib und einige Knochen im Gesicht. Das war kein Spaß mehr. Bevor ich mich sammeln konnte, riss mich Edward herum und trug mich zum Sofa. Ich strampelte und wehrte mich, denn ich begriff, dass dies ernst war.
Am Sofa riss mir Edward so heftig die Trainingstasche vom Arm, dass ich dachte, der Arm würde gleich mit aus der Schulter getrennt. Dann warf er mich auf den Rücken in die zerwühlten Kissen des Sofas. Bevor ich die Flucht ergreifen konnte, war er auch schon auf mir und drückte mich mit aller Kraft nieder. Ich bekam meine Luft mehr. Einen Arm hatte er mir quer über den Kehlkopf gelegt, um meinen Oberkörper unten zu halten. Ich fühlte mich an den einen Urlaub erinnert, in dem ein anderer Karibik-

Schwarzer mich fast erwürgt hatte. Edward war größer, stärker und brutaler als dieser Mann. Und er wollte kein Geld, sondern Sex.
Mich überkam ein solcher Ekel, dass ich sicherlich gebrochen hätte, wenn meine Kehle durch Edwards Arm nicht so verengt gewesen wäre. Ich krallte mich mit beiden Händen und allen Fingernägeln in Edwards Arm, um mein Leben zu retten.
So konnte er mir mühelos die Kleider vom Leib reißen, schließlich brauchte ich meine Arme an anderer Stelle. Und dann versuchte er, in mich einzudringen. Ich schrie, ich schlug um mich, ich kratzte und biss zu wie eine Wildkatze. Ich konnte es nicht verhindern.
Mit einem grausamen Ruck rammte er mir seinen riesigen Penis wie einen Holzpfahl zwischen die Beine. Ich war nicht vorbereitet und trocken. Der Schmerz war unerträglich, der mich durchfuhr. Und dann hatte Edward den Nerv, in eine Frau zu stoßen, die schreiend und weinend unter ihm um ihr Leben rang. Es schien ihn anzutörnen. Ich habe noch nie zuvor in meinem Leben eine solche Verzweiflung erlebt.
Während dieser harte Fremdkörper durch meinen Unterleib fuhr, spürte ich, wie in mir Dinge rissen. Edward holte sich in mir einen Orgasmus. Und dann entleerte sich in einem Schwall plötzlich Urin und Blut aus mir. Edward hatte mir die Blase aufgerissen. Vor Wut stieß er mich zurück und beschimpfte mich in Patois – einem jamaikanischen Dialekt, den ich nicht verstand. Aber er ließ endlich von meinem geschundenen Körper ab.
Ich sammelte sofort die Reste meiner Kleidung ein, um meine Blöße und meinen geschundenen Körper zu bedecken und flüchtete ins Bad. Ich musste mich waschen, waschen, waschen. Ich stürzte unter die Dusche und begann, wie wild an mir zu schrubben. Ich wollte jede noch so kleine Spur von Edward unwiederbringlich abwaschen. Und da erschien er plötzlich und sah mich hasserfüllt an.
„Da, nimm dies, du Schlampe, du hast es nicht besser verdient." Und damit richtete er seinen Penis auf mich und pinkelte mich von oben bis unten an. Erst dann verließ er das Bad.
Ich weiß nicht, wie lange ich unter der Dusche zubrachte. Als ich mich restlos gereinigt hatte, schminkte ich mein verweintes Gesicht, band meine Haare zum Pferdeschwanz zusammen und blendete alles um mich herum aus. Meine Gedanken, meine Erinnerung an das Geschehene und mich selbst. Ich ging stumm an Edward vorbei ins Schlafzimmer und zog mir frische Kleidung an, dann verließ ich mit meiner Trainingstasche meine

Wohnung und ging ins Training. Edward hatte sich wieder schlafen gelegt und hinderte mich nicht daran.
Es grenzte an ein Wunder. Aber keiner im Training hatte bemerkt, was mit mir geschehen war. Nicht einmal mein bester Freund Charly. Ich konnte es ihm auch nicht sagen, denn er wäre sofort in meine Wohnung gefahren und hätte Edward umgebracht. Dann hätte Charly im Gefängnis gesessen. Das konnte ich nicht zulassen. Es war wohl meine größte schauspielerische Leistung an diesem Tag. Und an vielen Tagen und Wochen danach. Aber keiner hat mir etwas angemerkt und keiner hat mich etwas gefragt. Hätte man gefragt, hätte ich auch etwas gesagt. So behielt ich das Erlebnis für mich. Ich habe nicht einmal die Beratung eines Psychologen in Anspruch genommen. Ich blendete einfach alles aus.
Doch damit war das Erlebnis bei weitem noch nicht ausgestanden. Edward wohnte immer noch in meiner Wohnung. Und dorthin musste ich nach dem Training zurückkehren. Als ich es tat, war er weg. Und so verhielt es sich für den Rest seines Aufenthaltes. War ich hier, war er fort, war ich fort, war er zu Hause.
Er ging mir weitestgehend aus dem Weg. Trotzdem hatte ich panische Angst, ihn um mich zu haben. Ich zog mich nachts wieder in mein Schlafzimmer zurück und verschloss die Tür. Natürlich hätte er sie mühelos eintreten können. Aber andere Möglichkeiten, mich vor Edward zu schützen hatte ich nicht.
Ich war mir nicht sicher, ob man mir geglaubt hätte, wenn ich zur Polizei gegangen wäre. Sein Wort hätte gegen meines gestanden. Und dann wäre er umso wütender in meine Wohnung zurückgekehrt. Ich konnte Edward auch nicht ins Hotel schicken oder auf einen früheren Flug in die Heimat senden – ich war finanziell dazu nicht in der Lage. Überhaupt musste ich jeglichen Ärger mit Edward vermeiden, denn ich hatte eine finanzielle Bürgschaft für ihn übernommen. Im schlimmsten Fall hätte er auf meine Kosten ganz Deutschland zertrümmern können. Ich hätte gezahlt. Also waren mir die Hände gebunden. Ich saß in der Falle.
Als Edward nach drei Monaten endlich abreiste, brachte ich ihn noch zum Flughafen. Danach raste ich nach Hause und putzte meine Wohnung wie nie zuvor. Hätte man Germany's Next Top-Putzfrau gesucht – der Titel hätte mir eindeutig zugestanden.
Am Abend rollte ich mich weinend in meinem Bett zusammen und hielt mir den Unterleib. Edwards Aufenthalt in Deutschland hatte mich sehr viel

Geld kostet. Am Ende hatte ich für mein kurzes Sexerlebnis mit ihm weit mehr bezahlt, als die Russin in Jamaika bereit gewesen wäre zu geben. Und im Prinzip war es nicht einmal ein Sexerlebnis. Es war um nichts anderes gegangen als um Gewalt, Unterdrückung und Erniedrigung.
Edward stand nun am Ende einer langen Reihe von Männern, die mir in allen nur erdenklichen Versionen Schaden zugefügt hatten.
Martin hat mich psychologisch und finanziell in den Ruin getrieben. Einige Männer haben mich einfach auf der Straße beraubt und gewürgt. Die meisten anderen haben mich einfach übersehen und ausgeblendet. Beruflich hatte man mich ins Seitenaus gemobbt. Dann wurde ich brutal vergewaltigt. Wenn ich bei dieser Steigerungskurve blieb, dann würde der nächste Liebhaber nur eine logische Konsequenz bedeuten: Ein Polizist würde um meine Leiche den finalen Kreidestrich ziehen.
Keine Frage, das Thema Mann hatte ich in seiner Gänze ausgeschöpft. Ich konnte mich guten Gewissens endgültig selbst aus dem Verkehr ziehen.

Kapitel 27

Ich sitze Herrn Dr. Liebmann unbehaglich gegenüber. Meine Eröffnungen in der letzten Sitzung haben den Arzt aus dem Gleichgewicht gebracht. Ich habe mir beim Ändern meiner Träume deshalb besonders viel Mühe gegeben. Wie hätte ich ihn auch erzählen können, dass ich geträumt habe, ich sei bei einer ehemaligen Kollegin vorbei gefahren, um einen Fernseher abzuholen. Ihr Haus lag an einem schwarzen, sumpfigen Teich, durch den ich mit dem TV-Gerät waten musste. Es war ein fieser Morast, und ich habe mich zu Tode geekelt. Es wäre eine gute Übung für das Dschungelcamp gewesen. Als ich endlich wieder an Land war, begegnete ich einem Mann, der mir mit seiner Zigarette ein Loch in meine Jeans brannte. Ich bekam eine Brandblase, bevor ich aufwachte. Kann man bei solchen Träumen nicht auch mal früher aufwachen? Die Version, die ich Herrn Dr. Liebmann auftische, ist viel freundlicher. Der See ist romantisch, es gibt einen prima Fußweg außenherum. Ein netter Mann hilft mir beim Tragen des TV-Geräts und bietet mir dann eine Zigarette an.
Auch wenn diese Version gar nicht schlecht ist, sieht der Doktor seinen therapeutischen Erfolg in Frage gestellt. Ich muss ihm helfen. Was bin ich doch auch für ein Idiot und erwähne Edward? Kein guter Weg, um endlich aus diesen zeitraubenden Sitzungen herauszukommen.
„Wissen Sie, Herr Dr. Liebmann, das alles ist ja schon einige Jahre her."
„Ja, aber ein solches Trauma geht doch nicht einfach weg."
„Nein, nein. Aber ich konnte es gut wegstecken."
„Offensichtlich nicht."
„Wie kommen Sie auf diese Idee."
„Na, Sie werden doch bis ans Ende ihrer Tage nicht als asexuelles Wesen leben wollen."
„Wer sagt das denn?"
Herr Dr. Liebhaber blättert eilig in seinen Notizen. „Sie haben doch ... hier steht es, na, wo haben wir es doch gleich? Hier? Nein. ...Habe ich denn was verpasst?"
„Nein. Wieso? Ich habe doch nur gesagt, dass ich mich von Männern gewissermaßen verabschiedet habe. Hat sich als Konzept für mich nicht bewährt."
„Ja, aber das heißt doch .... Ach, Sie masturbieren?" Herr Dr. Liebmann sieht mich interessiert an.

„Warum nicht. Machen das nicht alle normalen Menschen?“
„Normal? Ja, wenn Sie mich so fragen. Doch. Schon.“ Herr Dr. Liebmann beugt sich mir verschwörerisch entgegen. „Und das befriedigt Sie. So richtig? Da fehlt nichts? So gar nichts?“
„Och. Das ist alles eine Frage der Technik.“
„Technik““
Wenn der Doktor wüsste...

Da ich inzwischen für den Großteil der männlichen Bevölkerung als Frau keine nennenswerte Rolle mehr spielte, konnte ich mich in Ruhe in mein Schattendasein zurückziehen. Selbst wenn ich mal mit einem Mann netter ins Gespräch kam, konnte ich mich darauf verlassen, dass er mich am folgenden Tag bereits vergessen haben würde. Flurschaden konnte so keiner mehr bei mir anrichten.
Zu dieser Zeit fand wieder einmal eine Abitur-Feier statt. Wir hatten 30jähriges Jubiläum. Natürlich bin ich hingegangen. Es war ein schöner Abend. Die meisten ehemaligen Schulkameraden haben mich entweder gar nicht erkannt oder sich grundsätzlich nicht daran erinnert, dass wir mal zusammen zur Schule gegangen waren. An andere Frauen konnten sie sich seltsamerweise recht gut erinnern.
„Weißt du noch, Claudia? Das war ein Feger. Und Ingried erst. Was ist eigentlich aus der geworden, ist die hier?“
„Nee. Aber die stand auch bei mir ganz oben auf der Liste.“
„Welche Liste?“ mischte ich mich in die spannende Unterhaltung ein.
„Na, die Liste der tollsten Frauen unseres Jahrgangs. Jeder Junge hat damals eine gemacht. Da standen immer 10 Namen drauf. Also Ingrid war bei jedem drauf, dann war da Stefanie, und die Claudia ...“
„War ich auch auf der Liste?“
„Du? Nein.“
„Oh.“ Ich zeigte mich enttäuscht.
„Du warst aber auch nicht auf der Liste der blöden Kühe.“
„Ach diese Liste gab es auch. Und nicht mal da war ich drauf?“
„Du warst auf keiner Liste. Du warst einfach da. Weder positiv, noch negativ.“
Wenig schmeichelhaft. Doch dann erspähte ich den ehemaligen Mitschüler, dem ich seinerzeit einmal die Hausaufgaben vorbeibrachte, als

dieser wegen Krankheit ein halbes Jahr der Schule fern bleiben musste. Der würde sich sicherlich an mich erinnern.
Ich sprach ihn sofort darauf an.
„Du hast mir Hausaufgaben gebracht? Weiß ich gar nicht mehr. Marlies hat mir öfters welche gebracht. Auf die stand ich damals ganz schön. Weißt du noch, Marlies? Aber vielen Dank, dass du damals an mich gedacht hast."
Immerhin ein Dankeschön für meine Mühe nach nur 40 Jahren. Ich brach das Gespräch schnell ab und wandte mich zügig einem anderen Mitschüler zu. Er war inzwischen Jurist, und wir sprachen über unsere gescheiterten Ehen, unsere berufliche Perspektiven und dies und das. Bereits am folgenden Tag begegneten wir uns wieder rein zufällig in der Stadt. Der Mann hatte mich längst vergessen. Als ich ihn begrüßen wollte, wich er mir ängstlich aus und verschwand eilig in der Menschenmenge.

Was mich an dem Umstand fesselte, dass ich nahezu unsichtbar für den Großteil der männlichen Bevölkerung war, war die Tatsache, dass mir dies interessante berufliche Perspektiven eröffnete. Ich hätte vermutlich eine Bank ohne Maske überfallen können. Bestimmt hätte sich keiner an mich erinnert oder mich identifizieren könne. Den geklauten Betrag hätte ich dann nur Stunden später zu einer Kontoeröffnung in der gleichen Bank nutzen können.

Es hatte durchaus Vorteile, nicht beachtet zu werden. Geschah dies dennoch aus unerfindlichen Gründen, ging bei mir im Kopf ein Alarm los und meine Hand wanderte automatisch zu meiner Handtasche. Zumindest reagierte ich äußerst überrascht und schaltete auch sofort auf Abwehr. Ich hatte meine Lektion gelernt.
Als ich mich mal im Sommer mit einem Buch in der Hand auf einer Bank am Mainufer sonnte, sprach mich ein männlicher Passant an. Er wollte wissen, was ich Schönes lese. Ich antwortete sofort: „Ich koche nicht, ich putze nicht, ich wasche nicht und ich mache mir nicht das Geringste aus Sex. Ich habe auch kein Geld und kenne keinen, der ihnen einen Job verschaffen könnte. Aber wenn sie mich nach dem Weg fragen möchten, gebe ich gerne Auskunft." Der Passant machte sich eilends aus dem Staub.

Doch es war nicht so, als würde mir was fehlen. Trotz meiner umfassenden widrigen Erfahrungen mit dem männlichen Geschlecht, mochte ich

Männer. Ich mochte sie, war mir aber der Gefahr bewusst, die von ihnen ausgehen konnte. Und so hatte ich letztendlich etwas für mich entdeckt, was ein guter Ersatz für einen echten Mann sein konnte. Ich ging in der Nähe der Konstablerwache in ein Geschäft, das nur Frauen betreten dürfen. Es handelte sich um einen Sex-Shop nur für Frauen. Dort wollte ich einen Dildo käuflich erwerben.

Ich begab mich in dem Laden direkt zu einer Wand, wo in einem Regal auf rund drei Quadratmetern Sexspielzeuge für Frauen in allen Formen, Farben und Ausführungen erhältlich waren. Ich war überrascht, welche Phantasie für das Design aufgebracht worden war. Ich unterzog gerade das Regalfach mit den neonfarbenen Modellen einer genaueren Prüfung, als mich eine Fachverkäuferin ansprach.
„Gefallen dir die?"
„Ich weiß nicht. Zumindest findet man die im Notfall auch im Dunkeln."
„Stimmt. Hab ich noch gar nicht dran gedacht. Willst du was mit Batterie oder ohne?"
Die Frage erinnerte mich an den Klassiker an Pommes-Buden – Ketchup oder Mayo?
„Mit Batterie vielleicht", antwortete ich zögerlich.
„Klar. Wenn schon Spaß, dann richtig. Soll ich dir mal die richtig guten Teile zeigen?"
Ach so? Die Delfine in Neongrün waren gar nicht die richtig guten Teile. Ich war begeistert. „Klar. Gern. Wohin?"
„Mir nach."
Gemeinsam trotteten wir zu einer Glasvitrine, in der sich die Designermodelle der jüngsten Generation befanden. „Das sind die Rolls-Royce-Modelle unter den Dildos. Gute Optik, hochleistungsfähig und feinste Technik."
Das sind Prädikate, die kaum ein echter Mann verliehen bekam. „Welche Technik genau?"
Die Frau öffnete mit einem Spezialschlüssel die Vitrine und holte ein elegantes Schwarz-Weiß-Modell für mich heraus. Sie betätigte daran einen Knopf und schon begann das kleine Ding zu schnurren wie ein Kätzchen. „Fass mal an, ist das nicht geil?"
Von der Textur her fühlte es sich fast wie ein echter Penis an, zumindest soweit ich mich daran erinnern konnte. Auch die Form erinnerte mich vage

an Dinge, die in meiner Vergangenheit durchaus eine kleine Rolle gespielt hatten. Der Dildo summte und brummte leise in meiner Hand und stimulierte aufs Erfreulichste meine Handinnenfläche. Ich wagte nicht, mir auszumalen, was er an anderer Stelle bewirken könnte.
„Und hier beginnt der eigentliche Spaß. Kannst an dem Regler das Tempo und den Rhythmus einstellen. Und zwar so." Schon drückte die Verkäuferin an dem Schalter des Dildos herum.
„Wie geil ist das denn?" Der Dildo beherrschte einfach alles, was ein passionierter Liebhaber können sollte. In der Realität können es die wenigsten. Er surrte auf Hochtouren oder pumpte ganz sachte bis hart – einfach alles, was das Herz begehrte.
„Zwei Stunden kann er, bevor du den Akku wieder aufladen musst. Aber das reicht auch, denke ich. Was meinst du, gefällt er dir?"
„Den nehme ich. Pack ihn ein."
Die Verkäuferin stellte das Probeexemplar an seinen Platz zurück und angelte ein originalverpacktes aus der Vitrine. Zur Sicherheit unterzog sie es an der nächsten Steckdose einem Test (wo kann man im echten Leben einen Mann so einfach testen?) und rief dann quer durch den Laden zu einer Kollegin, „Astrid, haben wir noch was von dem Gleitgel?" Zu mir gewandt erläuterte sie, „das kriegst du gratis mit, falls es am Anfang etwas schwer ist."
Das war ja wie bei Douglas, wo man auch diese Pröbchen bekam. Ich war von dem Laden begeistert.
„Und zwei Jahre Garantie hat der auch. Heb also die Quittung gut auf."
Zwei volle Jahre Garantie? Auf Sex? Die meisten Kerle machten sich weit früher aus dem Staub. Die Mindest-Garantie war hier höchstens eine Nacht. Ich war überglücklich und nahm meinen neuen Liebehaber, der mir in einer dezenten Plastiktragetüte mit Rosendesign überreicht wurde, dankbar entgegen.
Ich musste nicht mehr als 80 Euro für ihn aufwenden. Hinzu kam das bisschen Strom für den Akku. Das war aber trotz steigender Energiepreise ein zu vernachlässigender Posten in meiner Rechnung. So preiswert war ich noch nie an einen Liebhaber gekommen. Stolz verließ ich den Laden und beschloss, mir zu Hause schon bald einen netten Abend zu gönnen.

Mein Dildo und ich waren bald ein unzertrennliches Paar. Ich hatte viel zu viele Jahre dafür verschwendet, mir einen Mann zu suchen, der mir

irgendetwas geben konnte, ohne gleichzeitig mein Hab und Gut und meine Person zu zerstören. Es war Schluss mit dem lieben alten Aussitzen der Krise. Endlich hatte ich einen Liebhaber, der mir exklusiv zur Verfügung stand, ohne etwas dafür zu verlangen. Er würde mir nie untreu werden, mich nie verlassen, mich nie belügen, ausbeuten, erniedrigen oder zu Sklavendiensten zwingen. Der Dildo hatte keine andere Daseinsbestimmung, als mich glücklich und zufrieden zu machen. Und das tat er. Wann ich wollte. Wie ich wollte. Wo ich wollte. So oft und so lange ich wollte. Er kritisierte meine Kleidung nicht, übersah die Cellulitis an meinem Po und hört mir geduldig zu, wenn ich ihm mein Herz ausschüttete, ohne mich zu unterbrechen. Klar. Er antwortete auch nicht. Und er trug auch den Müll nicht runter. Aber wollen wir mal ehrlich sein – das haben auch andere Männer auch nicht für mich getan. Ich hatte sogar mal in Erwägung gezogen, ein Foto von meinem Dildo in einen hübschen silbernen Bilderrahmen zu packen, den ich einmal von Katharina geschenkt bekommen hatte. Schließlich war er der neue Liebhaber meines Lebens.
Ich ließ dann aber doch lieber das original Papierfoto drin, mit dem der Bilderrahmen geliefert wurde. Es war ein netter junger Mann darauf abgebildet, der quasi als Platzhalter zeigte, wie der Bilderrahmen hätte wirken könnte. Das Bild eines Dildos hätte mich bei dem einen oder anderen Besucher in Erklärungsnot bringen können. Also verzichtete ich darauf, das Spielzeug über Gebühr zu würdigen. Und wenn er eines Tages zusammenbrach? Dann würde ich ihn einfach durch ein jüngeres Modell ersetzen. So machten es die Männer mit uns Frauen schließlich auch. Mein lieber Ex-Mann Martin hatte hier auch keine Ausnahme gemacht.

Kapitel 28

„Sie haben eine Immobilie mit Goldbarren gekauft?"
Ich deute auf das Papier, das vor Herrn Dr. Liebmann auf dem Schreibtisch liegt. „Ja, im Traum hatte ich davon reichlich." Was nicht auf dem Papier steht, ist, dass ich bei der Transaktion selbst in meinen Träumen vom Makler und den Banken über den Tisch gezogen worden war. Am Ende bekam ich nur eine kleine Ecke des Grundstückes, das ich haben wollte. Hätte ich 10 kleine güldene Goldbarren mehr investiert, hätte ich das komplette Grundstück inklusive eines schönen Hauses erworben. Aber so. Aus gutem Grund hatte ich diese Details in meinen Aufzeichnungen verschwiegen. Ich wollte diese Therapiesitzungen endgültig zum Abschluss bringen.
„Belasten Sie denn Ihre Immobiliengeschäfte mit Ihrem Ex-Mann heute noch? Ich dachte, das sei jetzt gute 20 Jahre her ..."
„Der Kauf ist 20 Jahre her. Die Unterschrift unter den Darlehensverträgen ist 20 Jahre alt. Aber wir schulden den Banken immer noch 220.000 Euro."
„Sie hatten doch notariell vereinbart, dass die Wohnungen verkauft werden."
„Hat Martin aber nicht gemacht."
„Zumindest hat er sich um die Darlehen gekümmert."
„Hat er auch nicht gemacht. Drum gibt es ja immer wieder Ärger mit den Banken. Und mit Anwälten und Gerichten. Ich glaube, das hatte ich schon einige Male erwähnt."
„Da sind sie in keiner beneidenswerten Lage", versichert mir der Doktor und sagt mir damit auch nichts Neues. „Es wäre Zeit, das langsam mal zum Abschluss zu bringen."
Ich kann dem Arzt nur beipflichten ...

In der Tat war selbst ich langsam zu der Einsicht gelangt, dass ich nach 20 Jahren lange genug das Problem mit Martin, den Darlehen und den Banken ausgesessen hatte.
In all den Jahren habe ich ein sehr ambivalentes Verhältnis zu meinem Briefkasten entwickelt. Denn wie schon einmal erwähnt, erreichten mich unangenehme Briefe und Dokumente stets an Freitagen oder Samstagen, um mir gänzlich das wohlverdiente Wochenende zu verderben.

Manchmal wagte ich an diesen Tagen kaum den Briefkastenschlüssel zu zücken, weil ich schon eine unheilvolle Ahnung hatte. Oft beschränkte ich mich darauf, nur montags, dienstags und mittwochs meine Post zu sichten. Und nun wollte ich endlich mal wieder angstfrei an meinen Briefkasten gehen.
Gerade in letzter Zeit erreichten mich wieder zahlreiche Klagen eines Anwalts wegen des nicht gezahlten Erbbauzinses. Daneben flatterte eine Klage vom Gericht bei mir ins Haus. Und schließlich bat mich die Bank um eine Selbstauskunft, bei der ich fast sprichwörtlich die Hosen runter lassen musste, was meine finanzielle Lage anging. Was sich offenbaren würde, war nicht viel. Ich hangelte mich in meiner Selbständigkeit von Monat zu Monat. Jedes Jahr sanken meine Einkünfte weiter in den Keller.
Dummerweise hatte mein Vater mir meine Eigentumswohnung vor ein paar Jahren überschrieben, um mir nach seinem Tod die Erbschaftssteuer zu ersparen. Jetzt drohte meine geliebte Wohnung unter den Hammer zu kommen. Tja. Wenn man glaubt, dass man schon alles verloren hat, gibt es doch immer wieder Überraschungen. Konnte es wirklich sein, dass ich nun auch noch das Dach über dem Kopf verlieren würde? Es konnte. Und die Bank strecke bereits die Finger danach aus.
Zum Glück hatte mein Vater bei der Überschreibung der Immobilie mitgedacht. Er hatte notariell verfügt, dass im Falle einer Zwangsvollstreckung, Pfändung oder Insolvenz meinerseits die Wohnung zurück in seine Hände fallen sollte. Das Problem war nur, dass es ihm gesundheitlich leider nicht gerade gut ging. Es würde durchaus zu meinem Leben passen, wenn er nun völlig überraschend aus dem Leben schied. Das würde mich sofort obdachlos machen. Ich musste handeln.
Die letzten 20 Jahre hatte ich damit verbracht, Martin zu kontaktieren, wenn die Bank an mich herantrat. Er hatte in unserer notariellen Scheidungsvorabvereinbarung schließlich alle Verantwortlichkeiten übernommen. Leider musste ich über die Jahre feststellen, dass das Blatt Papier nicht einen Pfifferling wert war. Martin hielt sich an keine Abmachungen, und ich war machtlos dagegen.
Also blieben wir über all die Jahre in Kontakt, wann immer Banken, Anwälte und Gerichte was von uns wollten. Das heißt, ich beschäftigte mich Tage und Wochen lang damit, ihn zu erreichen, während er sich tot stellte. Erwischte ich ihn mal, bekam ich ausweichende Antworten. Manchmal wurde er aktiv, meist ohne langfristige Erfolge. Er war immer

noch der Chaot, der er immer gewesen war. Er öffnete seine Post nicht, streute sie wild auf unzähligen Stapeln in seiner Wohnung und ordnete der Angelegenheit immer eine niedrige Prioritätenstufe zu. Dass er mich damit mit ins Verderben riss, brachte ihn nicht weiter aus der Ruhe.
Ich biss die Zähne zusammen und blieb all die Jahre nett und freundlich. Ich wusste, wenn ich fordernder würde, würde er mich eiskalt ins Messer laufen lassen. Manchmal fragte ich mich sogar, was mich mehr quälte: Das Gezänk um die Immobilien oder der Zwang, nett zu Martin sein zu müssen. Wir waren doch geschieden.
Wie lang konnte es dauern, den Mann ein für alle Mal mit einem dicken weißen Strich aus meinem Leben zu entfernen?
Wann immer nur Martins Name in meinem Umfeld fiel, schnürte es mir sofort in Panik die Kehle zusammen. Das war der Mann, der bis zum heutigen Tage meine Existenz in der Hand hatte. Und er würde sie eines Tages skrupellos darin zermalmen. Da war ich mir sicher.
Ich nahm mir einen Anwalt in der Hoffnung, dass ich diesmal an einen Mann geraten würde, der nicht das zwingende Bedürfnis verspüren würde, mich über den Tisch zu ziehen. Allzu gute Erfahrungen hatte ich mit Notaren und Anwälten bislang nicht gemacht. Ich ließ mir einen kompetenten Anwalt über eine ehemalige Schulkameradin empfehlen. Immerhin bezahlte ich den Mann gut dafür, dass er mir half, und es sah fast so aus, als hätte ich diesmal die richtige Entscheidung getroffen. Jetzt war es eine Frage der Zeit, wie schnell ich mich mit der Bank einigen konnte. Ich konnte nur hoffen, dass meine Eltern sich bis dahin aller bester Gesundheit erfreuten. Und darüber hinaus. Ich hing schließlich sehr an ihnen. Zu viel Verlust auf einmal konnte nicht mal ich ertragen, obwohl ich inzwischen einiges gewohnt war.
So verbrachte ich oft stille Minuten in meinen vier Wänden. Den ersten vier Wänden, die mir ganz allein gehörten und dich ich eingerichtet hatte. Wie lange würde ich hier noch wohnen? Der Gerichtsvollzieher konnte täglich bei mir eintreffen, um all mein Hab und Gut zu pfänden und unter den Hammer zu bringen. Das Problem war nur, dass ich eigentlich nicht viel besaß. Trotzdem ließ mich das nicht optimistischer in die Zukunft blicken.
Zumindest hatte ich einen Strategiewechsel eingeläutet. Statt Aussitzen wählte ich jetzt aktives Agieren. Ich war gespannt, wie weit es mich bringen würde.

Vielleicht würde ich eines Tages wieder entspannt an meinen Briefkasten gehen können. Oder einen ruhigen Puls bewahren, wenn das Telefon klingelte und ich die Nummer auf dem Display nicht sofort identifizieren konnte.

Möglicherweise würde ich auch endlich weniger Allergien, Schlafstörungen und andere gesundheitliche Beeinträchtigungen durchleiden, die sicherlich auch auf diese eine zentrale Fehlentscheidung meines Lebens zurückzuführen waren:

Die Ehe mit Martin inklusive des Erwerbs von zwei Immobilien, um Steuern zu sparen.

Bis heute mache ich übrigens keine Geschäfte mit Banken mehr. Ich habe ein Girokonto und eine Kreditkarte. Allem anderen stehe ich mit gesundem Misstrauen gegenüber. Mein neuer Anwalt erlangte mein umfassendes Vertrauen, als er mich anwies, nie wieder ohne ihn zu fragen auf einer Linie zu unterzeichnen. Daran würde ich mich halten.

Kapitel 29

Es ist ein besonders milder Morgen, als ich völlig verschlafen bei Herrn Dr. Liebmann in der Praxis eintreffe. Der Doktor ist selbst etwas verschlafen und leicht ungnädig deswegen. An seinem Kaffee verbrennt er den Mund und stellt die Tasse mit einem leisen Fluch zurück auf die Untertasse. Auf seiner Unterlippe zeigt sich eine leichte Rötung, die sich durchaus zu einer kleinen Brandblase entwickeln könnte. Vielleicht hat Herr Dr. Liebmann aber auch Herpes. Ich weiß es nicht genau.
„Was?" schrecke ich aus meinen Überlegungen hoch.
„Ihr Traum."
„Bitte schön." Ich reiche ihm mein jüngstes Werk, auf das ich einen gewissen Stolz verspüre. Ich bin sicher, dass ich den unwilligen Arzt damit aufheitern kann. Der beginnt sich auch sofort einzulesen, während er flüchtig seine Unterlippe massiert.
„Ha! Das ist ja lustig."
Ich weiß sofort, an welcher Stelle der Doktor angekommen ist. Ich habe in diesem Traum an einer Ski-Langlaufmeisterschaft teilgenommen. Nicht, dass ich diese Sportart beherrschte. Doch ich befand mich in Schussfahrt auf einer steilen Abfahrt und lag gut im Rennen. Und dann stand plötzlich Howard Carpendale neben mir und fragte mich nach dem Weg. Ich machte Halt und studierte mit ihm die Karte, die er in Händen hielt. Und dann bin ich aufgewacht. Der Traum war so gut, dass ich kaum was hinzufügen musste.
„Howard Carpendale? Wie sind Sie denn auf den gekommen?"
„Weiß nicht. Meine Eltern hören sich solche Musik gern an. Vielleicht lief das bei denen im Radio und ist unterbewusst hängengeblieben."
„Verbringen Sie viel Zeit mit der Familie?"
„In letzter Zeit immer mehr. Meine Eltern machen mir ziemliche Sorgen."
„Sorgen? Was für Sorgen?"
„Man kann den beiden zusehen, wie sie immer mehr abbauen. Körperlich und geistig. Eigentlich können die beiden gar nicht mehr allein in ihrem Haus leben. Aber sie weigern sich, in ein Heim zu gehen."
„Der gute alte Altersstarrsinn. Ich kenne das. Nicht einfach für Sie."
Nein, das ist ganz und gar nicht einfach für mich. Aber wo ich schon dabei bin, alles zu verlieren, was ich besitze – warum nicht gleich auch meine Familie, die bislang mein einziger Rückhalt im Leben war?

Meine Eltern waren für mich die einzigen Menschen in meinem Leben, die mich rückhaltlos geliebt haben. Egal, was ich anstellte. Egal, wie sehr ich versagte. Und das tat ich immer wieder. Beruflich wie privat. Im Vergleich zu meiner Schwester Katharina brachte ich nichts Nennenswertes auf die Reihe. Ich hatte den falschen Mann geheiratet und es nicht einmal geschafft, Kinder mit ihm in die Welt zu setzen. Als die Ehe scheiterte, waren meine Eltern fassungslos.
„Aber Kind, man trennt sich doch nicht einfach so von einem Mann“, klagte meine Mutter damals, als ich ihr erklärte, dass ich ihn aus psychologischer Not heraus verließ. Sie war der Meinung, solange er mich nicht schlüge oder Alkoholiker war oder andere unverzeihliche Dinge tat, käme doch eine Scheidung nicht in Betracht.
Katharina stellte sie mir als leuchtendes Beispiel vor Augen. Diese Ehe war ein voller Erfolg, warum konnte ich nicht die Zähne zusammenbeißen und es wenigstens versuchen?
„Ich habe immer eine Hose genäht, wenn ich deinen Vater verlassen wollte“, erklärte sie mir den Erfolg ihrer Ehe. Ich konnte nicht nähen. Meine Mutter besaß aber eine herrliche Auswahl selbstgenähter Hosen in ihrem Kleiderschrank. Ganz einfach war die Ehe mit meinem Vater wohl nicht.
Sie gestand mir auch einmal in einem schwachen Moment, dass sie selbst ihre Koffer auch schon einmal gepackt hatte, um meinen Vater zu verlassen. Leider fand sie genau da heraus, dass sie mit mir schwanger war. Mit einem Kind hätte sie es vielleicht gewagt, mit einem zweiten nicht mehr. Durch meine Existenz hatte ich meiner Mutter somit den Fluchtweg unwissentlich abgeschnitten. Damals hätte es durchaus ein hohes Maß an Mut verlangt, eine Ehe zu beenden. Eine geschiedene Frau war zu dieser Zeit gesellschaftlich vernichtet. Außerdem war meine Mutter wirtschaftlich von meinem Vater abhängig gewesen.
Die Zeiten hatten sich geändert, als ich in die gleiche Lage versetzt wurde und meinen Mann verlassen wollte. Geschiedene Frauen waren inzwischen durchaus akzeptiert. Dafür wurden zu viele Ehen geschieden. Es erforderte dennoch Mut, selbst wenn man wie ich finanziell auf eigenen, wenn auch wackligen Beinen stehen konnte.

Was meine Eltern nicht nachvollziehen konnten, waren meine Beweggründe für die Trennung. Ich musste mich aus meinen Depressionen und Selbstmordwünschen befreien. Das war der Grund.
Und das konnte ich nur, wenn ich mich ganz aus dem Dunstkreis meines Mannes löste. Und das tat ich. Gegen den Widerstand der eigenen Familie.
Natürlich war ich davon überzeugt, mal wieder eine große Enttäuschung für alle zu sein. Während meine Schwester Katharina zwei prachtvolle Kinder aufzog und immer noch an der Seite ihres Mannes weilte, versagte ich mal wieder. Fast zeitgleich landete ich immer wieder in der Arbeitslosigkeit. Ich hätte meinen Eltern so gern mal mit einer Erfolgsmeldung eine Freude gemacht. Ich konnte jedoch keine herbei zaubern.
Erst viele Jahre später gestand meine Mutter mir einmal, wie sehr sie mich eigentlich bewunderte. Für meinen Mut, den Mann zu verlassen, und für all meine beruflichen Bemühungen.
„Was du alles auf dich genommen und überstanden hast. Ich kann nur sagen Respekt. Ich bewundere dich für deine Kraft. Das hätte ich dir nie zugetraut."
Da wurde mir zum ersten Mal bewusst, wie stark ich tatsächlich war. In der Tat haben das Leben und die Menschen mir immer wieder ins Gesicht geschlagen. Ich war getaumelt und bin auch oft wie bei einem Boxkampf angezählt worden. Aber ich habe nie aufgegeben und bin immer wieder aufgestanden. Ich war froh, dass meine Mutter mir das noch sagen konnte, bevor die Demenz von ihr Besitz ergriff.

Diese Demenzerkrankung war wie ein Fluch. Sie hatte schon sehr bald von beiden Eltern Besitz ergriffen. Man konnte von Woche zu Woche zusehen, wie sich in den Köpfen meiner Eltern einzelne Bereiche abschalteten. Meine Mutter, die eine der besten Köchinnen der Welt für mich gewesen war, konnte nach einigen Wochen nicht mal mehr den Herd einschalten. Heute kann sie sich nicht mehr waschen, morgen schon nicht mehr frisieren. Bei meinem Vater war der Prozess langsamer und schleichender, aber er war da und ließ sich nicht mehr aufhalten. Gespräche mit den beiden waren nur noch vereinzelt möglich. Meine Mutter lebte geistig nur noch in der Vergangenheit. In der Zeit ihrer Kindheit und Jugend vor dem Krieg. Die Zeit danach schien aus ihrer Erinnerung gelöscht worden zu sein.

Katharina und ich waren immer mehr gefordert. Wir mussten uns um unsere Eltern kümmern. Leider weigerten sich diese standhaft, irgendeine Form von Hilfe anzunehmen. Meine Mutter war inzwischen auch herzkrank und Diabetikerin. Sie musste sich Insulin spritzen und eine ganze Reihe von Medikamenten über den Tag verteilt einnehmen. Mein Vater war so gut wie taub, hatte einige Schlaganfälle hinter sich, litt unter dauerhaften Schwindelanfällen und Herzrhythmusstörungen.
Das Positive an der ganzen Sache war, dass ich mit Katharina wieder mehr Kontakt bekam. Wir telefonierten wegen unserer Eltern häufiger als in den Jahren zuvor. Dazu hatte Katharina endlich den Mut, sich mit E-Mails auseinanderzusetzen. Sie meldete bei Yahoo eine Adresse an, und so konnten wir uns auch auf diesem Weg austauschen.
Ich glaube, ich hatte selten so viel und so netten Kontakt mit Katharina wie in dieser Zeit, obwohl das Thema unserer Konversation meist ein trauriges war.
Jedes Wochenende verbrachte ich inzwischen damit, Kuchen und manchmal auch Essen für die Eltern zu zaubern. Dann setzte ich mich in die S-Bahn fuhr in den Taunus und verbrachte Zeit mit den beiden. Meist kehrte ich am Boden zerstört und müde nach Hause zurück. Und doch fuhr ich immer wieder jedes Wochenende raus zu den Eltern. Es waren die einzigen Eltern, die ich hatte. Im Gegensatz zu anderen Menschen haben sie mich tatsächlich gesehen und wahrgenommen. Bis zu dem Tag, an dem meine Mutter mich zum ersten Mal fragte: „Ist Ulrike schon gegangen?"
„Aber Mami, ich bin's doch, ich bin doch hier."
Aber meine Mutter sah einfach an mir vorbei ins Leere. Nun existierte ich auch für meine Eltern nicht mehr. Sie fingen an, mich zu vergessen. Wie viele andere es zuvor auch schon getan hatten.
Bald mussten Katharina und ich unsere Mutter in ein Heim geben. Wir arrangierten eine Tagespflege für sie, in der sie wider Erwarten richtig aufblühte. So erfuhren wir, dass sie nachmittags sogar Fußball gespielt hatte. Meine Mutter hatte sich in ihrem ganzen Leben noch nicht für Fußball interessiert. Woher also jetzt die Begeisterung?
„Weißt du", sagte Katharina zu mir am Telefon, „Mutter lebt im Geist nur noch in der Vergangenheit. Unseren Vater hat sie am Fußballplatz kennengelernt. Da hat er ihre Hand in seine Hosentasche gesteckt, weil ihr so kalt war. Vielleicht denkt sie an diese schöne Zeit zurück."

Ja, vielleicht. Wenn ich auch einmal Demenz haben würde – ob es dann bei mir auch so wäre? Dann müsste ich eines Tages auf einem Balkon stehen und Kirschkerne ins Weite spucken. So wie damals, als ich meinen ersten Freund kennenlernte und auf der Porta Nigra in Trier Kirschkern-Weitspucken machte. Ja. Ich würde Kirschkerne von einem Balkon spucken. Das war meine Zukunft.

Und doch gab es in dieser Zeit auch schöne Momente. Mein Abitur-Jahrgang hatte irgendwann entschieden, dass wir uns in kürzeren Intervallen treffen wollten. Zumindest diejenigen von uns, die immer noch im Rhein-Main-Gebiet wohnten. Es kam zu so genannten Regionaltreffs, an denen ich gern teilnahm. Meist waren wir eine kleine Gruppe von rund 10 bis 14 Personen, obwohl wir über 200 Schüler in meinem Jahrgang gewesen waren. Und ich war ein fester Bestandteil dieser Gruppe. Ich schloss nach 30 Jahren mit Menschen Freundschaft, die mit mir die Schulbank gedrückt hatten, aber damals kaum das Wort an mich gerichtet und mich auch nie zu den vielen privaten Partys eingeladen hatten. Ich war damals einfach unsichtbar für sie. Heute sah man mich. Die Frauen, die damals auf den Hit-Listen ganz oben gestanden hatten, waren nie anwesend bei diesen Treffen. Aber ich war da. Und man fragte oft im Vorfeld, ob ich auch wirklich käme, weil man sich doch so nett mit mir unterhalten könne. Einer der Herren schickte mir sogar mal über Fleurop einen Blumenstrauß, weil ich ihn so herrlich entertaint hatte. Ein anderer kochte für mich biologisch einwandfreie Marmelade und schickte sie mir in kleinen Care-Paketen. Selbst zum Kuchenbacken kam er ab und zu bei mir vorbei. Und ein dritter kommentierte diese Vorkommnisse ganz lapidar:
„Was strengen die sich alle plötzlich so an? Die sollen es doch machen wie ich. Ich ruf die Löblich an und sag, dass wir einen trinken gehen. Bei mir klappt's doch auch. Die schicken Blumen und Marmelade, aber ich gehe mit der Löblich einen saufen. Ist doch cool."
Ja. Cool fand ich es auch. Es war doch schön, endlich bemerkt zu werden.

Das Leben hielt also doch noch unerwartet schöne Momente für mich bereit. Einer davon war mein 50. Geburtstag. Ich feierte ihn im Kreise meiner engsten Freunde und Familienangehörigen. Alle waren erschienen. Charly sang für mich. Nur für mich. Und neben mir saß mein guter alter Freund Hugh aus alten Oxford-Tagen, der extra aus Großbritannien für

mich angereist war. Auch Marlene war angereist. Marina war da und sah aus wie das blühende Leben. Der Krebs war nicht wiedergekehrt. Und Uli 2 war mit ihrem neuen Lebensgefährten da und prostete mir zu. Genauso wie meine Ex-Kolleginnen Susi, die heute keine Wohnungen mehr für Lover dekoriert und renoviert, und Irene. Und meine Familie und ein paar Freunde aus dem Fitness-Studio. Selbst meine Freundin Conny, die mir durch ihre Boutique zu einem attraktiveren Kleidungsstil verholfen hatte war erschienen. Nur Armin und Hartmut segelten durchs Mittelmeer. Aber sonst waren alle da. Für mich. Und man ließ mich den ganzen Abend hochleben.
„Auf die Uli!“ Und ich war überglücklich. In dem italienischen Restaurant, in dem meine Geburtstagsfeier stattfand, feierten auch nicht geladene Gäste mit mir. Speziell eine Gruppe ganz junger Leute feierte mich wie einen Star. Ein junges Mädchen schwärmte sogar „Wenn ich mal so alt bin wie du, möchte ich deine Figur haben. Und genauso toll sein wie du.“
Ich war stolz auf mich. Die italienischen Kellner hatten sogar den Anstand, mich über die Tanzfläche zu wirbeln. So tanzte ich vergnügt zwischen den Tira mi su Vitrinen zu Charlys Liedern. Es war ein gelungener Abend. Man hatte mir viel Zuneigung entgegengebracht. Und ich sog sie wie ein Schwamm auf.

Sogar in meinem Fitness-Studio erlebte ich etwas Besonderes. Dort trainierte schon seit geraumer Zeit ein junger Marokkaner, der vor allen bei den Mädels hoch im Kurs stand. Eines Tages kam er auf mich zu und streckte mir die Hand entgegen. „Wir kennen uns doch.“
Ich konnte nicht anders, als die Hand nehmen. Die Tatsache, dass er lange schwarze Haare und dunkle Augen nebst einem herrlich durchtrainierten Körper besaß, beschleunigte meine Reaktion sicherlich. Seitdem unterhalten wir uns regelmäßig miteinander.
Als Edward dann Jahre nach unserer Trennung anfing, mich telefonisch zu terrorisieren, flüchte ich eines Abends ins Fitness-Studio, um mich auf dem Laufband abzureagieren. Der Marokkaner entdeckte mich und fragte mich besorgt, ob es mit gut ginge. Er verstand es, die richtigen Fragen zu stellen. Und wenn man mich etwas direkt fragte, bekam man eine direkte und ehrliche Antwort. Ich erzählte ihm von meinem Peiniger. Ich weiß nicht, warum ich dem jungen Mann, der fast 20 Jahre jünger war als ich, in dem

Moment so vertraute. Aber es war der Beginn einer schönen Freundschaft. Wir sitzen oft stundenlang zusammen und sprechen miteinander.
„Ich spreche mit vielen Leuten im Studio. Aber am längsten spreche ich mit dir“, sagte mir der junge Marokkaner einmal.
Natürlich sieht er in mir nicht die Frau. Dafür bin ich zu alt für ihn. Aber anstatt mich völlig wegzublenden, nimmt er mich war.
Er sieht mich nicht nur mit den Augen, sondern auch mit dem Verstand und dem Herzen. Und was er sieht ist der Mensch. Nicht die Frau. Dafür habe ich ihn in mein Herz geschlossen.

Und etwas ganz Ähnliches erlebte ich noch in meinem beruflichen Umfeld. Als ich einen Kundentermin im Rheingau hatte, lernte ich die Assistentin des dortigen Geschäftsführers kennen. Sie sprach mich auf ein Buch an, das sie gerade schrieb. So wie ich auch meines schrieb. Durch einige Andeutungen konnte ich plötzlich ahnen, was der Inhalt sein würde.
Ich sah ihr direkt in die Augen und sagte „Es kann sein, dass wir über das Gleiche schreiben.“ Und ich hatte Recht.
Wir haben schnell entdeckt, dass wir vieles gemeinsam haben, und haben uns angefreundet. Auch diese Frau hat in mir nicht nur den Texter und Dienstleister gesehen. Sondern den Menschen. Es gibt diese Leute also doch noch im Leben. Man muss sie nur finden. Der Rest ergibt sich von allein.

Kapitel 30

„Ich muss Ihnen Recht geben, Frau Löblich, ich denke wir können unsere Therapie-Sitzungen heute beenden. Ihre Träume stimmen mich recht zuversichtlich. Und insgesamt machen Sie doch einen recht guten Eindruck auf mich."

„Ich gebe mein Bestes", pflichte ich eilig bei und schiele schon zu meinem Mantel, den ich an einen Garderobenständer gehängt hatte. Vielleicht kann ich heute zügig nach Hause gehen.

Herr Dr. Liebmann schließt meine inzwischen umfassende Krankenakte, in der sich seine Notizen, Aufzeichnungen unserer Gespräche und meine leicht frisierten Träume befinden. Er ist ja immer noch der Meinung, ich könne die veröffentlichen. Ich tue auch so, als würde ich das in Erwägung ziehen. Hauptsache, ich muss nicht mehr in diese Gesprächstherapie, die mir gesundheitlich nicht viel gebracht hat. Meine Allergien sind in voller Blüte, mein Reizdarm peinigt mich täglich, und meine Nächte sind weiterhin schlaflos. Ich mache mir eine mentale Notiz, dass ich mich bezüglich meiner Allergie doch besser noch mal an einen Allergologen wende. Bestimmt weiß der probatere Mittel als eine Psychotherapie.

„Und die Männer vom Abi-Treff? Wäre da nichts dabei?"

„Lieber nicht. Ich freunde mich mit denen gerade so nett an. Wäre doch schade, wenn es am Sex scheitern würde."

„Auch wahr. Wie sagte Harry in dem berühmten Film „Harry und Sally" doch so richtig? Männer und Frauen können nicht befreundet sein. Immer kommt ihnen der Sex dazwischen."

„Ja, so ist es. Und der hat oft lästige Spätfolgen."

„Hat er? Gibt es was, was Sie mir verschwiegen haben?"

„Äh ...", ich bin prompt in eine Falle gelaufen und muss schnell den Schaden begrenzen.

„Edward hat mich unjüngst angerufen."

„Wollte er sich nach all den Jahren entschuldigen?"

„Nein, er wollte mich bedrohen. Er hat sich ein paar Tage als Stalker betätigt. Am Telefon und per E-Mail. Dann habe ich ihn von meinem E-Mail-Account geblockt und gehe nicht mehr ans Telefon, wenn ich seine Nummer auf dem Display erkenne. Was kann der von Jamaika aus schon anrichten."

„Könnte er denn nicht eines Tages bei Ihnen vor der Tür auftauchen?" fragt mein Arzt besorgt.

„Jamaika ist immer noch ein Visum pflichtiges Land. Der müsste schon einen Depp wie mich finden, der ihn einlädt und alles für ihn bezahlt. Zum Glück habe ich hier wenigstens einmal mitgedacht und mir die richtige Insel ausgesucht, von der ein Liebhaber nicht so schnell wegkann."
„In der Tat. Gut mitgedacht", lobt mich Herr Dr. Liebmann etwas zögerlich. „Dann sind sie ja vor unliebsamen Überraschungen sicher." Der Arzt setzt seine Brille ab und legt sie auf meine geschlossene Patientenakte.
In puncto Überraschungen kann ich dem Arzt nicht ohne Weiteres beipflichten. Aber ich behalte meine Gedanken lieber für mich. Das ganze Leben steckt voller Überraschungen. Meist sind sie negativer Natur. Auf die bin ich bestens vorbereitet. Ich würde mich heute als einen Menschen beschreiben, den nichts und niemand mehr überraschen kann.
Ganz gleich, ob mein Partner mich mit einer viel jüngeren betrügt. Oder mit einer deutlich älteren. Er könnte sich auch plötzlich zum Schwulendasein bekennen. Beruflich gehen gute Jobs an meinen Händen stets vorbei. Die schlechten dagegen landen zielsicher bei mir. Wenn mich jemand über den Tisch ziehen kann, dann wird er es tun. Was sollte mich also noch überraschen?
„Frau Löblich, ich finde es schön, dass Sie sich heute in einem positiveren Licht sehen als zu Beginn unserer Therapie. Damals glaubten Sie noch, Sie könnten gar nichts. Aber ich glaube, dass Sie vieles können, was andere nicht können."
Oh ja. Das Leben in den Sand setzen. Das kann ich richtig gut. Besser als alle anderen. Aber auch das behalte ich für mich. Ich habe mein Können in diesem Bereich doch nun oft genug unter Beweis gestellt. Meine Karriere hatte früher kleine Aufs und dramatische Abs. Inzwischen bin ich als Humankapital nichts mehr wert auf dem Arbeitsmarkt. Souverän habe ich alles verloren, für das ich Zeit meines Lebens durch die Hölle ging, um es zu erreichen. Dazu tat ich mich schwer zu verdauen, dass ich als Partner mal durch eine jüngere ersetzt wurde. Es wäre nicht nötig gewesen, dieses Trauma beruflich und privat zu durchleben. So kommt man auf keinen grünen Zweig. Und da fragen mich die Menschen immer noch, warum ich nicht ein klein wenig mehr Optimismus aufbringen kann? Die Frage beschäftigt mich nicht mehr.
Herr Dr. Liebmann erhebt sich von seinem Schreibtisch und schüttelt mir herzlich die Hand zum Abschied. Ich bin sicher, dass er mich als

therapeutischen Erfolg betrachtet. Ich möchte ihm diese Hoffnung nicht nehmen. Ich möchte nur noch heim.
Heim in meine Wohnung, die ich immer noch besitze und hoffentlich an keine Bank verliere. Mein Zuhause ist mein Paradies. Hier quälen mich keine alkoholsüchtigen Chefs, keine mobbenden Kollegen, keine verlogenen Liebhaber. Wenn ich noch in jungen Jahren dachte, eine stille Wohnung wäre ein Albtraum, habe ich jetzt schätzen gelernt, dass es eher ein Eldorado ist. Heute ist für mich ein gelungener Tag ein Tag ohne Post, ohne E-Mail und ohne Anrufe. Außer sie kamen von Freunden.
„Ich wünsche Ihnen alles Gute, Frau Löblich. Und schauen Sie nicht zurück. Schauen Sie im Leben immer nach vorne."
„Ja, das werde ich tun", lüge ich behende und nehme meinen Mantel, bevor ich endgültig gehe.
Auf was will eine Frau jenseits der 50 schauen, wenn sie nach vorne schaut? Auf Ihr Alter? Auf den körperlichen und geistigen Verfall? Ich werde irgendwann sterben. Aber ich will dann nicht die letzte sein. Es soll nicht wie im Urlaub sein, wo ich immer alle an der Kaimauer verabschiedet habe. Ich will bei den ersten sein, die gehen, weil ich es immer noch hasse, verlassen zu werden.
Als ich ins Freie trete, schaue ich kurz zum Himmel hoch. Ich frage mich, ob ich als Mitglied der Babyboomer-Generation wohl noch einen Platz auf dem Friedhof bekomme. Vielleicht ganz am Rand, hinten neben dem Bio-Kompost? Aber wer soll mich da auch besuchen? Ich habe keine Kinder. Aber bis dahin ist noch ein wenig Zeit.
Es hat angefangen zu regnen. Ich spanne meinen Schirm auf. Bis ich sterbe, ist noch ein kleiner Weg vor mir.
Und mit diesen Gedanken gehe ich durch den Regen zurück nach Hause. Ich habe viele unschöne Erlebnisse in meinem Leben gehabt. Aber noch bin ich hier. Ich habe sie alle überlebt. Vielleicht liegt es daran, dass ich alles mit Humor nehmen kann. Wenn man ein Leben wie ich führt, braucht man Humor. Aber jetzt ist es Zeit, unter all das einen dicken fetten weißen Strich zu ziehen.
Ich habe gelernt, mich heute mit anderen Augen zu sehen. Zugegeben, ich würde mit meinem Äußeren auch heute noch kein Verkehrschaos auslösen, falls ich irgendwo in der Frankfurter Innenstadt eine Straße überquerte. Es würde aber auch nicht der Sperrmüllwagen halten, um mich am Straßenrand einzusammeln. Ich habe inzwischen gelernt, dass bei einer

Frau wie mir ein guter Friseur, die Kosmetikindustrie sowie ein raffinierter Mode-Designer doch einiges reißen können. Hinzu kommt, dass ich aufgrund meines Fitness-Trainings einen Körper besitze, der so manche 20jährige vor Neid erblassen lässt. Und was noch viel mehr ist, ist die Tatsache, dass ich die Gabe habe, mit meinem Humor und meiner Redekunst die Menschen in meinem Umfeld durchaus zu fesseln und in meinen Bann zu ziehen. Ich habe Persönlichkeit. Ich bin zu einer starken, klugen und reifen Frau herangereift, Qualitäten die mir viel wichtiger sind als ein strahlendes Äußeres. Und wenn ich ehrlich bin, ist das in den Augen einiger Menschen gar nicht mal so mies.
Mit einem Lächeln laufe ich weiter in Richtung der U-Bahn-Station. Und was soll's? Irgendwann werde ich wohl meinen Eltern auf dem Weg folgen. Genau wie sie werde ich vielleicht einmal an Demenz leiden. Dann werde auch ich vergessen können, dass ich über weite Strecken meines Lebens eine unsichtbare Frau war. Eine Frau, an die man sich nicht erinnert. Ich werde mich dann selbst vergessen. Vergessen, was ich war und was ich bin.

„Mein Leben war so unwichtig, dass ich darüber schreiben musste."
(Unbekannter Autor)